COLECCIÓN
CUESTIONES ACTUALES
DEL DERECHO DEL TRABAJO Y DE LA SEGURIDAD SOCIAL

7

EL RÉGIMEN JURÍDICO-LABORAL DE LA TRIPULACIÓN EN EL TRANSPORTE AÉREO TRANSFRONTERIZO

Determinación de la ley aplicable y de la competencia judicial internacional en los contratos de trabajo del personal de vuelo

COLECCIÓN
CUESTIONES ACTUALES
DEL DERECHO DEL TRABAJO Y DE LA SEGURIDAD SOCIAL

José Luis Goñi Sein
Catedrático Derecho del Trabajo y de la Seguridad Social, Universidad Pública de Navarra

Julen Llorens Espada
Profesor Contratado doctor Derecho del Trabajo y de la Seguridad Social, Universidad Pública de Navarra

María Inmaculada Marín Alonso
Catedrática Derecho del Trabajo y de la Seguridad Social, Universidad de Sevilla

Mirentxu Marín Malo
Profesora ayudante doctora Derecho del Trabajo y de la Seguridad Social, Universidad Pública de Navarra

Domenico Mezzacapo
Professore ordinario di Diritto del lavoro, Sapienza Università di Roma. Presidente della Commissione di certificazione dei contratti di lavoro

David Montoya Medina
Profesor Titular Universidad de Alicante (acreditado a Catedrático)

Gratiela Florentina Moraru
Profesora ayudante doctora Derecho del Trabajo y de la Seguridad Social, Universidad de Castilla La Mancha

Pilar Ortiz García
Profesora Titular de Sociología, Universidad de Murcia

M.ª Magnolia Pardo López
Profesora Titular Derecho Administrativo, Universidad de Murcia

Ana Isabel Pérez Campos
Profesora Titular Derecho del Trabajo y de la Seguridad Social, Universidad Rey Juan Carlos

Jesús Rentero Jover
Magistrado jubilado de la Sala de lo Social del Tribunal Superior de Justicia de Castilla La Mancha

Guillermo Rodríguez Iniesta
Profesor Titular de Derecho del Trabajo y de la Seguridad Social, Universidad de Murcia

Beatriz Rodríguez Sanz de Galdeano
Profesora titular Derecho del Trabajo y de la Seguridad Social, Universidad Pública de Navarra

María José Romero Rodenas
Catedrática de Derecho del Trabajo y de la Seguridad Social, Universidad de Castilla La Mancha

Yolanda Sánchez-Urán Azaña
Catedrática Derecho del Trabajo y de la Seguridad Social, Universidad Complutense de Madrid

Mercedes Sánchez Ruiz
Profesora Titular de Derecho Mercantil, Universidad de Murcia

Carmen Sánchez Trigueros
Catedrática Derecho del Trabajo y de la Seguridad Social de la Universidad de Murcia y Directora de la Unidad de Igualdad de la Universidad de Murcia

Concepción Sanz Sáez
Profesora asociada Derecho del Trabajo y del la Seguridad Social, Universidad de Castilla La Mancha

Alejandra Selma Penalva
Catedrática Derecho del Trabajo y de la Seguridad Social, Universidad de Murcia

Carmen Solís Prieto
Profesora Contratada Doctora de Derecho del Trabajo y de la Seguridad Social, Universidad de Extremadura

Eduardo Enrique Taléns Visconti
Profesor Titular de Derecho del Trabajo y de la Seguridad Social, Universidad de Valencia

COLECCIÓN
CUESTIONES ACTUALES
DEL DERECHO DEL TRABAJO Y DE LA SEGURIDAD SOCIAL

7

EL RÉGIMEN JURÍDICO-LABORAL DE LA TRIPULACIÓN EN EL TRANSPORTE AÉREO TRANSFRONTERIZO

Determinación de la ley aplicable y de la competencia judicial internacional en los contratos de trabajo del personal de vuelo

Noelia Fernández Avello

La tesis doctoral de la que es producto la presente monografía se elaboró en el marco de una beca para la formación de personal investigador [FPI 2019-2023 (ref. PRE2018-086204)] vinculada al proyecto de I+D+i «Obstáculos a la movilidad de personas en los nuevos escenarios de la UE» (MINECO DER2017-86017R).

COLEX 2024

© Editorial Colex, S.L.
Calle Costa Rica, número 5, 3.º B (local comercial)
A Coruña, 15004, A Coruña (Galicia)
info@colex.es
www.colex.es

I. S. B. N.: 978-84-1194-798-5
Depósito legal: C 1889-2024

SUMARIO

CAPÍTULO II

EL RÉGIMEN DEL CONTRATO DE TRABAJO TRANSFRONTERIZO DEL PERSONAL DE VUELO: DELIMITACIÓN Y APLICACIÓN DE NORMAS IMPERATIVAS

PARTE II.
LEY APLICABLE AL CONTRATO DE TRABAJO DE LA TRIPULACIÓN Y LITIGIOS LABORALES TRASFRONTERIZOS

CAPÍTULO III

DETERMINACIÓN DE LA LEY APLICABLE Y DE LA COMPETENCIA POR LA EJECUCIÓN DEL TRABAJO

CAPÍTULO IV

DETERMINACIÓN DE LA LEY APLICABLE Y DE LA COMPETENCIA POR CIRCUNSTANCIAS AJENAS A LA EJECUCIÓN DEL TRABAJO

ABREVIATURAS

AEDIPr	*Anuario Español de Derecho Internacional Privado*
AG	Abogado-a General
BAG	Bundesarbeitsgericht
CC	Código Civil
CDT	*Cuadernos de Derecho transnacional*
DIPr	Derecho internacional privado
Directiva 96/71/CE	Directiva 96/71/CE del Parlamento Europeo y del Consejo de 16 de diciembre de 1996 sobre el desplazamiento de trabajadores efectuado en el marco de una prestación de servicios
DS	*Droit Social*
ERL	*Erasmus Law Review*
ET	Estatuto de los trabajadores
ETT	Empresa de trabajo temporal
EuZA	*Europäische Zeitschrift für Arbeitsrecht*
GPR	*Zeitschrift für das Privatrecht der Europäischen Union*
ICLQ	*The International and Comparative Law Quarterly*
IPRax	*Praxis des Internationalen Privat- und Verfahrensrechts*
JDI	*Journal du droit international*
JPIL	*Journal of Private International Law*
JTT	*Journal des tribunaux du travail*
LOPJ	Ley Orgánica del Poder Judicial
OACI	Organización de Aviación Civil Internacional
R. des C.	*Recueil des Cours de l'Académie de droit international de La Haye*
RabelsZ	*Zeitschrift für ausländisches und internationalen Privatrecht*
RBIb	Reglamento (UE) n.° 1215/2012, relativo a la competencia judicial, el reconocimiento y la ejecución de resoluciones judiciales en materia civil y mercantil (Reglamento Bruselas I bis)
RDCE	*Revista de Derecho Comunitario Europeo*
RDS	*Revista de Derecho social*

RDT	*Revista de Derecho del transporte*
REDI	*Revista Española de Derecho Internacional*
REEI	*Revista Electrónica de Estudios Internacionales*
Rev. crit. dr. int. pr.	*Revue critique de droit international privé*
RGDE	*Revista General de Derecho Europeo*
RGDTSS	*Revista General de Derecho del Trabajo y de la Seguridad Social*
Riv. dir. int. pr. proc.	*Rivista di diritto internazionale privato e processuale*
RJL	*Revista de Jurisprudencia Laboral*
RRI	Reglamento (CE) n.º 593/2008 sobre ley aplicable a las obligaciones contractuales (Reglamento Roma I)
RRII	Reglamento (CE) n.º 864/2007 sobre ley aplicable a las obligaciones extracontractuales (Reglamento Roma II)
STJUE	Sentencia del Tribunal de Justicia de la Unión Europea
STS	Sentencia del Tribunal Supremo
STSJ	Sentencia de Tribunal Superior de Justicia
TJUE	Tribunal de Justicia de la Unión Europea
TS	Tribunal Supremo
YPIL	*Yearbook of Private International Law*
ZeuP	*Zeitschrift für Europäisches Privatrecht*

INTRODUCCIÓN

I. Contexto y especialidades de las relaciones laborales de las tripulaciones en el sector aéreo

1. Las especialidades que presenta la aplicación de las normas de DIPr en los contratos de trabajo de las tripulaciones aéreas vienen determinadas por tres aspectos fundamentales: la naturaleza extraterritorial y móvil de la ejecución del trabajo, la incidencia del Derecho aeronáutico sobre los contratos de trabajo y la extensión de situaciones de trabajo atípico y de múltiples empleadores.

2. La movilidad y la extraterritorialidad inherentes al trabajo del personal de vuelo llevan implícitos **problemas para localizar espacialmente estos contratos de trabajo** y, correlativamente, dificultades en la determinación de la ley aplicable y la competencia. No obstante, estas dificultades para la determinación de la ley aplicable y de la competencia no solo se derivan de la naturaleza del trabajo, sino que a esta problemática «tradicional» se suman las dificultades introducidas por los modelos seguidos por las aerolíneas en la gestión de sus tripulaciones. Así, los problemas para identificar el Estado de trabajo habitual ya no solo se deben a la extraterritorialidad y a la movilidad, sino también a la extensión de prácticas tendentes a la deslocalización de los trabajadores. Al mismo tiempo, en ocasiones, la extraterritorialidad y la movilidad facilitan la deslocalización de la relación laboral por parte de las compañías aéreas, con el objetivo de que esta quede regida por ordenamientos menos protectores.

En la actualidad no puede sostenerse la inexistencia de un lugar de trabajo habitual del personal de vuelo con carácter general. La conexión y el foro del lugar de trabajo habitual resultan aplicables y en los Reglamentos Roma I (RRI) y Bruselas I bis (RBIb) se asimilan al lugar a partir o desde el cual los trabajadores prestan servicios. La posibilidad de que la nacionalidad de la aeronave determine el Estado de trabajo habitual debe considerarse excluida: no cabe sostener una «ficción de territorialidad» en virtud de la cual el trabajo se consideraría ejecutado en el Estado de registro de la aeronave. La conexión/foro del lugar de trabajo habitual únicamente dejarán de aplicarse cuando no pueda identificarse un Estado a partir del cual se trabaja habitualmente, lo que puede suceder, particularmente, cuando los trabajadores prestan servicios simultánea o sucesivamente desde múltiples Estados.

3. El régimen transfronterizo de los contratos de trabajo del personal de vuelo se caracteriza por la **fragmentación**[1]: se encuentra parcialmente afectado por las normas de **Derecho aeronáutico**, mientras que, por lo demás, *a priori* se aplican las normas laborales de un ordenamiento nacional, determinado por la remisión del art. 8 RRI.

El Derecho aeronáutico incide en los contratos de trabajo del personal de vuelo y, en particular, altera de diversas formas su régimen transfronterizo. En primer lugar, el acceso y la permanencia en las profesiones de piloto y de auxiliar de vuelo se condicionan a la previa obtención de las preceptivas licencias y a su mantenimiento. Igualmente, una materia típicamente contractual en otros sectores, como es el tiempo de trabajo, se regula en este caso por normas cuyo objetivo es preservar la seguridad aérea.

Adicionalmente, el Derecho aeronáutico regula expresamente el alquiler de aeronaves con tripulación. Se trata de un contrato por medio del cual una aerolínea pone a disposición de otra compañía aérea una aeronave de la que es propietaria, junto con la tripulación, contratada por la primera, que prestará servicios en esa aeronave. Su relevancia desde el punto de vista de las normas de DIPr se debe a que la inclusión de los trabajadores en un contrato de este tipo puede incidir en la (in)existencia de un Estado de trabajo habitual y, particularmente, en la identificación de los empleadores.

Significativamente, el concepto de «base de operaciones», aunque procedente del Derecho aeronáutico, se toma en otros sectores del ordenamiento e influye de distintos modos sobre la aplicación de las normas de DIPr. Así, la base de operaciones asignada al personal de vuelo adquiere relevancia en la identificación del lugar de trabajo habitual e, indirectamente, en la conexión de los vínculos más estrechos. Además, incide en la aplicación de los convenios colectivos y puede determinar una eventual inclusión de los trabajadores en procesos colectivos.

4. La extensión de modalidades de contratación atípicas[2] y de situaciones en las que múltiples sujetos se encuentran involucrados en la parte empleadora provoca dificultades para determinar si existe o no un vínculo de carácter laboral. Así, de las tendencias actuales en la contratación laboral del per-

---

1 *Cf.* A. TRIMARCHI, *International Aviation Labour Law,* Routledge, Nueva York, 2022, p. XXI.

2 Por «trabajo atípico» ha de entenderse toda forma de empleo distinta de un contrato de trabajo indefinido: Y. JORENS Y OTROS, *Atypical employment in aviation*, Comisión Europea, Bruselas, 2015, p. XII. Normalmente, el término abarca el trabajo que queda fuera del ámbito de la «relación laboral estándar», entendida como el trabajo a tiempo completo, indefinido, en el marco de una relación laboral subordinada y bilateral (OIT, *Non-standard employment around the world*, Ginebra, 2016, p. 7).

sonal de vuelo se derivan, entre otros, problemas específicos de calificación, determinantes de la aplicación de las normas laborales protectoras de DIPr.

Las aerolíneas recurren a distintas **modalidades contractuales atípicas** con el objetivo de reducir costes sociales y laborales, y estas generan problemas de calificación específicos en cada caso. Entre estas se encuentra la contratación de los pilotos como trabajadores por cuenta propia, el recurso a pilotos en formación que no se encuentran contratados, modalidades contractuales a demanda o «cero horas» en las que no existe tiempo de trabajo preestablecido y la contratación por medio de compañías intermediarias.

Adicionalmente, en el sector aéreo se dan fórmulas de cooperación que dificultan la calificación de la relación existente entre el personal de vuelo y la aerolínea u otras sociedades implicadas en la relación. Junto a los grupos multinacionales de aerolíneas, coexisten otras modalidades de cooperación propias del sector, como las alianzas y acuerdos estratégicos y, destacadamente, los mencionados contratos de alquiler de aeronaves con tripulación. Al igual que sucede con los grupos multinacionales, estas formas de cooperación también dificultan la **identificación de la o las sociedades empleadoras**, es decir, todas aquellas que mantienen una relación con el trabajador que debe regirse por la ley del contrato de trabajo y a las que este puede demandar invocando los foros laborales.

La aplicación de las conexiones y foros laborales protectores de los Reglamentos Roma I y Bruselas I bis solo cabe si la relación entre el personal de vuelo y la aerolínea u otra sociedad es calificada como de trabajo por cuenta ajena conforme al concepto autónomo europeo de contrato de trabajo, lo que obliga a valorar la concurrencia de las notas que definen este concepto en cada una de las modalidades a las que se ha hecho referencia.

5. En la práctica, el **régimen de DIPr** de estos contratos de trabajo viene determinado por el hecho de que la empleadora sea una aerolínea *low cost* o una aerolínea tradicional, pues los problemas en la actualidad se suscitan fundamentalmente cuando las empleadoras son las primeras.

La competitividad de las **aerolíneas *low cost*** se basa en una optimización máxima de sus recursos y una reducción drástica de la mayoría de los costes, particularmente, de los costes laborales y sociales[3]. Por ello, tanto el recurso

3 Se produce, así, una contraposición entre los intereses de consumidores y trabajadores: mientras que los primeros pueden considerarse los beneficiados por la extensión del modelo *low cost* en el sector aéreo, los segundos son quienes sufren sus consecuencias. *Vid.* en este sentido: L. M. Barnier, C. Calame, J. Vandewattyne, «Le low cost dans le secteur aérien», *La nouvelle revue du travail*, n.° 12, 2018, esp. p. 2 (paginación electrónica); I. Contreras de la Rosa, «Eficiencias competitivas en el mercado aéreo asociadas a los modelos de empleo de las aerolíneas y las nuevas tendencias europeas ante este fenómeno», *RDT*, n.° 22, 2018, pp. 61-79; L. Gamet, «Personnel des aéronefs et lois sociales françaises: les compagnies low cost dans les turbulences du droit social français», *DS*, n.° 5, 2012, pp. 502-509; F. Domanico, «The European Airline Industry: Law and Economics of Low Cost Carriers», *Eur. J. Law Econ.*,

a modalidades de trabajo atípico como la deslocalización de los trabajadores son tendencias propias de estas compañías. En este último sentido, ha de señalarse que generalmente las aerolíneas *low cost* operan desde multitud de Estados, circunstancia determinante de las dificultades en la identificación del lugar de trabajo habitual de su personal de vuelo. Ello porque los trabajadores suelen circular entre los distintos aeropuertos desde los que opera la compañía, debiendo trabajar desde diferentes Estados[4]. Adicionalmente, el establecimiento de estas aerolíneas en los Estados desde los que operan ha tendido a ser inestable, siendo relativamente común el abandono o cierre de bases de operaciones, con los correspondientes efectos sobre los contratos de trabajo de las tripulaciones[5].

Las compañías aéreas *low cost* suelen perseguir la localización de los contratos de trabajo en Estados cuyo ordenamiento establece estándares laborales y sociales más bajos, por lo que sus prácticas pueden inscribirse en el concepto amplio de ***dumping* social**[6]. En ocasiones, se produce un uso

---

n.° 23, 2007, pp. 199-221; P. Morvan, «Y a-t-il du droit français dans l'aviation? (Réflexions sur les salariés *low cost*, de Air afrique à easiyJet)», *DS*, n.° 2, 2007, pp. 191-196. Para un estudio profundo y exhaustivo del proceso de liberalización del sector aéreo y su evolución hasta desembocar en la aparición y consolidación de las aerolíneas *low cost*, centrado en las problemáticas laborales a ellas asociadas, consúltese la monografía resultante de la tesis doctoral de R. M. Rodríguez Romero: *La liberalización del sector aeronáutico y su impacto sobre las relaciones laborales individuales del personal a bordo de aeronaves*, Aranzadi, Navarra, 2022.

4 Por contraposición, las aerolíneas tradicionales suelen tener un número reducido de bases de operaciones en Estados distintos a los del domicilio de la aerolínea. Es común que solo existan bases de operaciones en el Estado del domicilio de la aerolínea, desde las que se operan vuelos hacia otros Estados. Generalmente, no existen problemas para localizar el Estado de trabajo habitual del personal de vuelo que trabaja para estas aerolíneas, porque la tripulación presta servicios con carácter estable desde el Estado en el que se encuentra su base de operaciones. A la mayor parte del personal de vuelo de estas compañías se le aplica el ordenamiento del Estado en el que la compañía se encuentra domiciliada, pues este es, al mismo tiempo, el Estado desde el que prestan servicios. *Vid.* en este sentido J. Restellini, *Labour Relations in Aviation*, Wolters Kluwer, Países Bajos, 2022, p. 55.

5 Las aerolíneas *low cost* suelen establecerse en aeropuertos secundarios en los que el margen de beneficios *a priori* es menor. El establecimiento de las aerolíneas suele incentivarse por las administraciones locales con el objetivo de favorecer la actividad de estos aeropuertos. Cuando desaparecen estos incentivos o las autoridades laborales intervienen para salvaguardar las condiciones de trabajo y empleo del personal de vuelo, existe el riesgo de que se abandone esa base de operaciones, dando lugar a los correspondientes despidos colectivos. Las aerolíneas tradicionales, en cambio, operan desde los aeropuertos principales y han centrado su estrategia frente a las aerolíneas *low cost* en proporcionar una mayor cobertura de vuelos internacionales a través de la cooperación con otras aerolíneas tradicionales. *Vid.* J. Restellini, *Labour Relations in Aviation*, *op. cit.*, pp. 48-57; P. Beria, A. Laurino, M. N. Postorino: «Low-cost Carriers and Airports: A Complex Relationship», en J. D. Bitzan, J. H. Peoples (eds.), *The Economics of Airport Operations*, Emerald Publishing, UK, 2017, pp. 361-386.

6 Aunque el término «dumping social» se utiliza habitualmente en el discurso público y político, se caracteriza por su ambigüedad y por ser utilizado de la manera que mejor se

instrumental de las normas de DIPr con este objetivo. Una correcta interpretación y aplicación de las normas de DIPr se convierte, así, en presupuesto necesario para atajar el *dumping* social en el sector aéreo cuando este se debe a prácticas fraudulentas[7].

Una aerolínea *low cost* en particular, ***Ryanair,*** acapara el protagonismo en la casuística a la que se hará referencia, pues durante los últimos años esta compañía aérea ha provocado un gran número de litigios laborales, individuales y colectivos, y, en consecuencia, una muy abundante jurisprudencia. Ello se debe a la «agresividad» de las prácticas de esta compañía y, específicamente, a las maniobras empleadas con el objetivo de influir sobre la determinación de la ley aplicable y de la competencia en los contratos de trabajo de su personal de vuelo[8].

---

adapta a los argumentos particulares de quienes lo emplean. De forma amplia, puede sostenerse que son prácticas de *dumping* social las llevadas a cabo por los participantes en el mercado eludiendo la normativa social vigente con el fin de obtener una ventaja competitiva. *Cf.* M. Bernaciak, «Introduction: Social Dumping and the EU Integration Process», en M. Bernaciak (ed.), *Market Expansion and Social Dumping in Europe*, Routledge, Londres, 2015, pp. 1-2.

7 En este sentido: E. de Götzen, «The EU Private International Law of Employment: Can It Be a Possible Shift Towards More Labour Protection in Europe?», en M. Borraccetti (ed.), *Labour Migration in Europe*, vol. II, 2018, p. 48. *Vid.* É. Bocquet, *Rapport d'information sur le dumping social dans les transports européens*, Senado francés, Comisión ordinaria de 2013-2014, n.° 450, 2014, pp. 31-53; H. Guichaoua, «Une avancée remarquable dans la lutte contre le travail illégal et le dumping social du fait des entreprises étrangères: les arrêts Easy Jet et Vueling», *Le Droit Ouvrier*, n.° 791, 2014, pp. 385-791 ; M. Morsa, «Dumping social dans le secteur du transport européen: Appel à un meilleur encadrement auropéen des pratiques sociales?», *JTT*, n.° 1200, 2014, pp. 421-430; Trafikstyrelsen, *Report of working group on «social dumping» in aviation*, 2014.

8 Las prácticas de esta compañía en la gestión de sus tripulaciones, con el objetivo de lograr una reducción de los costes laborales y sociales, han generado abundante jurisprudencia tanto en España como en otros Estados miembros durante los últimos años. En el asunto *Nogueira* [STJUE de 14 de septiembre de 2017, asunto C-168/16 (ECLI:EU:C:2017:688)], en el que el TJUE se pronunció sobre la identificación del lugar de trabajo habitual del personal de vuelo, la empleadora era, asimismo, *Ryanair*. *Vid.* C. Fratea, «Transporte aéreo *low cost* y protección de los trabajadores: ¿el derecho internacional privado de la Unión Europea como herramienta de política social?», en P. Jiménez Blanco y Á. Espiniella Menéndez, *Nuevos escenarios del derecho internacional privado de la contratación*, Tirant lo Blanch, Valencia, 2021, pp. 458-496; P. Juárez Pérez, «El conflicto de *Ryanair*: una lectura desde el Derecho internacional privado», *CDT*, vol. 11, n.° 1, 2019, pp. 372-407; M. Miñarro Yanini, «Descentralización productiva y precariedad laboral: la "cara B" del "low cost" en el sector de la aviación», *Trabajo y derecho: nueva revista de actualidad y relaciones laborales*, n.° 62, 2020, pp. 26-43; *id.*, «Contrato internacional de trabajo y "expatriados" de Ryanair: ¿Cuál es el lugar habitual de trabajo?: Comentario a la Sentencia del Tribunal de Justicia de la Unión Europea de 14 de septiembre de 2017 (asuntos C-168 y 169/2016)», *Revista de Trabajo y Seguridad Social. CEF*, n.° 416, 2017, pp. 169-178; R. M. Rodríguez Romero, «Trabajadores aéreos en el ámbito comunitario y su protección frente al dumping social intracomunitario: A propósito de la STJUE de 14 de septiembre de 2017», *Revista General de Derecho del Trabajo y de la Seguridad Social*, n.° 47, 2017;

Ryanair ha puesto a prueba la eficacia del principio de protección de los trabajadores que inspira las normas de DIPr laboral europeas al tratar de imponer la aplicación del ordenamiento del Estado en el que se encuentra domiciliada (Irlanda) y la competencia de sus tribunales. Para ello ha empleado distintos mecanismos, a menudo de forma simultánea: asimilación del lugar de trabajo habitual con la nacionalidad de las aeronaves de la aerolínea, elección —e imposición— del ordenamiento irlandés[9], acuerdos de sumisión a los tribunales de este Estado, o falsos desplazamientos temporales por medio de los cuales este se fija como Estado de origen[10]. En la actualidad, la aerolínea se ha visto forzada a poner fin a algunas de estas prácticas o estas han dejado de tener efectos, pero en fechas recientes aún persistían, entre otros, problemas relativos a las condiciones laborales del personal de vuelo contratado por medio de compañías intermediarias o en relación con el ejercicio del derecho de huelga por los trabajadores.

II. Aplicación de las normas de DIPr a la contratación laboral del personal de vuelo: problemas generales y específicos

6. La **falta de previsibilidad** caracteriza particularmente la determinación de la ley aplicable (art. 8 RRI) y de la competencia (arts. 4, 6, 7.5, 8.1, 20-23 RBIb) en los contratos de trabajo del personal de vuelo. Ello resulta contrario

---

A.L.M, SIA, «Sulla recente giurisprudenza della Corte di Giustizia UE e alcune possibili consequenze sul modello di business delle compagnie low cost», en M. V. PETIT LAVALL, A. PUETZ (dirs.), *El transporte como motor del desarrollo socioeconómico*, Marcial Pons, Madrid, 2018, pp. 535-545; M. C. VAQUERO LÓPEZ, «La determinación del lugar de ejecución de la prestación laboral del personal de vuelo como foro de competencia judicial internacional», *La Ley UE*, n.º 54, 2017.

9 Las compañías *low cost* utilizan la cláusula de elección de ley para tratar de garantizar la aplicación del ordenamiento del Estado en el que se encuentran domiciliadas, aunque este resulte menos protector para los trabajadores en comparación con el ordenamiento objetivo. La elección de ley solía combinarse con la fijación del lugar de trabajo habitual en el mismo Estado mediante la pretendida asimilación de la nacionalidad de la aeronave con el lugar de trabajo habitual.

10 En situaciones de falso desplazamiento temporal se crea la apariencia de la existencia de un Estado de origen que en realidad no es tal, de modo que el supuesto Estado de destino es, en realidad, el Estado de trabajo habitual. Aunque a los trabajadores se les aplica el núcleo duro de condiciones de trabajo del «Estado de destino», permanecen afiliados al sistema de Seguridad Social del Estado de origen ficticio y la ley de este Estado rige en todas las materias no incluidas en el núcleo duro de la Directiva de desplazamiento temporal [Directiva 96/71/CE sobre el desplazamiento de trabajadores efectuado en el marco de una prestación de servicios (*DO* L 018 de 21 de enero de 1997), modificada por la Directiva (UE) 2018/957, que modifica la Directiva 96/71/CE sobre el desplazamiento de trabajadores efectuado en el marco de una prestación de servicios (*DO* L 173/16 de 9 de julio de 2018)].

al principio de protección de los trabajadores, que no podrán conocer con seguridad conforme a qué ordenamiento se están fijando sus condiciones laborales, en qué Estado podrán plantear una demanda, ni tampoco prever qué ordenamiento regirá la pretensión que, en su caso, dirijan contra la(s) empleadora(s). La alta probabilidad de que el régimen del contrato se corrija una vez planteado un litigio es, además, incompatible con una concepción de la ley aplicable como régimen del contrato desde su celebración, de la que debe partirse al afrontar un estudio sobre el contrato de trabajo internacional.

7. Para identificar el **Estado de trabajo habitual** en los contratos de trabajo del transporte internacional debe emplearse un sistema basado en el análisis de la concurrencia de ciertos indicios —o circunstancias de la ejecución del trabajo— en un determinado Estado. En 2017, el TJUE confirmó en el asunto *Nogueira* que este método, ya aplicado previamente en otros sectores del transporte internacional, debe seguirse también para la identificación del Estado de trabajo habitual del personal de vuelo. Ello contribuye a justificar el interés y la necesidad de un estudio específico sobre el régimen laboral transfronterizo del personal de vuelo, pero no solo por las soluciones que aporta la Sentencia, sino más bien por las dificultades que persisten en la identificación del Estado de trabajo habitual, tanto a efectos de la determinación de la ley aplicable como de la competencia.

El **sistema indiciario** se caracteriza por su complejidad[11], por la apertura hacia soluciones específicas para el caso concreto[12] y por la pervivencia de un nivel de flexibilidad significativo en su interpretación y aplicación por parte de los tribunales de los Estados miembros. Una de las cuestiones problemáticas que suscita este sistema es, precisamente, la necesidad de determinar el nivel de elasticidad que admite la interpretación del concepto de «lugar de trabajo habitual» sin que este llegue a sufrir una deformación contraria a la consecución de sus objetivos como conexión y como foro.

8. Correlativamente, tampoco existe seguridad sobre los casos en los que la conexión y el foro subsidiarios del establecimiento contratante deben entrar en juego. Serán aquellos en los que, a pesar de la amplitud del concepto de lugar de trabajo habitual, no sea posible sostener que el personal de vuelo trabaja de forma estable desde un Estado.

La **identificación del establecimiento contratante** puede resultar **controvertida** en casos de intermediación en la contratación o de múltiples empleadores, comunes en el sector aéreo. La eficiencia de esta conexión/foro

11 En este sentido: M. V. Polak, «"Laborum dulce leninem"? Jurisdiction and Choice of Law Aspects of Employment Contracts», en J. Meeusen, M. Pertegas and G. Straetmans, *Enforcement of international contracts in the European Union: convergence and divergence between 'Brussels I' and 'Rome I'*, Intersentia, Amberes, 2004, p. 330.

12 Incide en esta perspectiva A. van Hoek: «Private International Law Rules for Transnational Employment: Reflections from the European Union», en A. Blackett, A.Trebilcock (eds.), *Research handbook on transnational labour law*, Elgar, 2015, pp. 438-454.

resulta dudosa con carácter general, pues su valor en términos de proximidad, previsibilidad y protección, tanto conflictuales como procesales, puede ser nulo, particularmente cuando se dan tales prácticas en la contratación de los trabajadores.

9. Los Reglamentos Roma I y Bruselas I bis comparten los conceptos de lugar de trabajo habitual y de establecimiento contratante y hasta el momento ambos han sido objeto de una **interpretación única** por parte del TJUE. Es decir, han sido interpretados de la misma forma en el sector de la ley aplicable y en el de la competencia, por lo que *a priori* deben aplicarse del mismo modo cuando actúan como conexiones y cuando actúan como foros. No obstante, se trata de una solución excesivamente simple, que *a priori* facilita la interpretación y aplicación de estas conexiones/foros por parte de los tribunales nacionales, pero que, en realidad, omite la distinta dimensión que en ambos sectores pueden adquirir los principios de previsibilidad, proximidad y protección, a los que deben obedecer tanto conexiones como foros, aunque en ocasiones se traducen en exigencias diferentes.

Por ello, es necesario identificar los problemas, lagunas e inconsistencias que presenta la interpretación única de estos conceptos. En algunos casos, el distinto juego de estos **conceptos comunes** en el sector de la ley aplicable y en el sector de la competencia es expreso. En la mayor parte de las ocasiones, sin embargo, las diferencias no son evidentes y las inconsistencias de la interpretación única se ponen de manifiesto al analizar el juego en la práctica de ambos conceptos en cada uno de los sectores[13].

10. En la determinación de la ley aplicable, en cualquier caso, la conexión de los vínculos más estrechos puede servir para neutralizar las posibilidades de que el ordenamiento del Estado de trabajo habitual o, en su defecto, el del Estado en el que se encuentra el establecimiento contratante, se apliquen cuando no presentan suficiente proximidad. La conexión de los vínculos más estrechos presenta esta potencialidad, pero la discrecionalidad del tribunal competente caracteriza su aplicación, pues la selección de los indicios de proximidad y su valoración le corresponden. Excluida cualquier orientación material en la aplicación de la conexión[14], persiste, no obstante, la necesidad de seleccionar cuidadosamente los elementos que se toman como indicios de proximidad, excluyendo aquellos que hayan quedado fijados de forma artificial o fraudulenta o que respondan exclusivamente a la voluntad del empleador.

Adicionalmente, ha te tenerse en cuenta que en situaciones de deslocalización de los trabajadores los indicios de proximidad tenderán a presentarse diseminados en múltiples Estados. Por ello, identificar un Estado que

13 *Vid.* M. Virgós Soriano, *Lugar de celebración y de ejecución en la contratación internacional*, Tecnos, Madrid, 1989, pp. 24-25.

14 STJUE de 12 de septiembre de 2013, asunto C-64/12 - *Schlecker* (ECLI:EU:C:2013:55).

presente suficiente proximidad con el contrato de trabajo puede resultar complejo, incluso a través de los vínculos más estrechos. En estos casos, sostener la existencia misma de un Estado suficientemente próximo puede resultar artificioso.

11. Al pasar a compartir una metodología común, en la determinación de la ley aplicable en los contratos de trabajo del transporte internacional se suscitan problemas para **articular las conexiones del lugar de trabajo habitual y de los vínculos más estrechos**. Ambas requieren un análisis de la concurrencia de ciertas circunstancias del contrato de trabajo en un determinado Estado, y es probable que tanto una como otra tengan el efecto de que el régimen contractual se corrija una vez se plantea un litigio. Si bien usualmente se critica la discrecionalidad y la falta de previsibilidad y seguridad jurídica de la conexión de los vínculos más estrechos, estas críticas también pueden extenderse a la conexión del lugar de trabajo habitual.

12. En el análisis de la **autonomía de la voluntad** ha de partirse de que la existencia de una elección de ley implica que no pueda hablarse de «una ley del contrato» o de «un ordenamiento rector del contrato», sino de un «**régimen contractual**» caracterizado por la **fragmentación**, al ser producto de la combinación del ordenamiento objetivo y del ordenamiento elegido. Por ello, cuando existe una elección de ley, todas las referencias a la ley o al ordenamiento rector del contrato han de entenderse como hechas a la combinación resultante de la comparación entre ambos ordenamientos.

Asimismo, es necesario partir de una distinción evidente entre trabajadores «privilegiados», con capacidad para negociar con el empleador, y el resto de los trabajadores. Los primeros son los principales beneficiarios del sistema de la autonomía de la voluntad de los arts. 8 RRI y 23 RBIb, que preservan la posibilidad de que puedan pactar con el empleador la aplicación de un ordenamiento que les resulte favorable y la competencia de unos tribunales que les resulten cercanos. Sin embargo, el personal de vuelo se encuentra generalmente incluido en el segundo sector de trabajadores y en la práctica no cuenta con tal posibilidad.

A priori, en caso de tener efectos, la autonomía de la voluntad solo debería favorecer a estos trabajadores, pero la ley elegida unilateralmente por la aerolínea empleadora suele aplicarse pese a no resultar más beneficiosa que la ley objetiva. En esta situación, corresponde reaccionar a los trabajadores. En cualquier caso, ha de respetarse el mínimo de protección indisponible del ordenamiento objetivo, que delimita el margen en el que puede desplegar efectos el ordenamiento elegido, y la identificación de las normas imperativas del ordenamiento objetivo a estos efectos puede resultar compleja. Si bien el sistema de la autonomía de la voluntad del art. 8 RRI aspira a garantizar su protección en todo caso, **la carga que se atribuye a los trabajadores puede resultar desproporcionada** y se otorga también al juez el papel de corregir el ordenamiento aplicable una vez se plantea un litigio.

13. Adicionalmente, la eventual **aplicación de nomas internacionalmente imperativas** del foro o del Estado de ejecución (art. 9 RRI) **incrementa la incertidumbre** respecto al régimen del contrato de trabajo. La aplicación de determinadas normas nacionales que protegen a los trabajadores como normas internacionalmente imperativas se encuentra sometida a límites y, además, los Estados mantienen distintas posturas al respecto, de modo que en ocasiones pueden irrumpir incrementando la protección del trabajador, pero en otras se rechaza tal función de las normas de policía.

III. Plan de exposición

14. El objeto del trabajo es la determinación de la ley aplicable y de la competencia en los contratos de trabajo del personal de vuelo, es decir, de pilotos y auxiliares de vuelo, que conforman las tripulaciones aéreas. Un estudio específico del régimen transfronterizo de estos contratos de trabajo se encuentra justificado por dos motivos fundamentales: la **complejidad** que siempre ha revestido la determinación de la ley aplicable y la competencia en estos contratos de trabajo, fundamentalmente por las dificultades para aplicar el concepto de «lugar de trabajo habitual»; y la **actualidad**, por la evolución de las relaciones laborales en el sector aéreo durante las últimas décadas, con la extensión de modalidades contractuales y prácticas de las aerolíneas empleadoras que inciden de distintas formas sobre la aplicación de las normas de DIPr y han provocado una profusa litigiosidad.

Los contratos de trabajo tanto de pilotos como de auxiliares de vuelo se encuentran afectados por las especialidades mencionadas al inicio, por lo que, desde la óptica de DIPr, debe optarse por un tratamiento unitario de la tripulación aérea. Así, se parte de la existencia de un **régimen transfronterizo común** a ambas profesiones, sin que se excluya el análisis de situaciones que afectan en exclusiva a pilotos o a auxiliares de vuelo[15].

El trabajo se centra en el régimen del contrato de trabajo individual transfronterizo. Se omite el tratamiento de la dimensión colectiva de las relaciones laborales en el sector aéreo, salvo en aquellos casos en los que esta adquiere relevancia, ya sea directa o indirectamente, sobre la determinación de la ley aplicable en el contrato individual de trabajo. Por ello, se atiende a aquellas situaciones en las que la **delimitación** entre la **ley que rige los procesos colectivos** y la **ley rectora del contrato** de trabajo resulta controvertida.

Igualmente, el **régimen de Derecho público** de estos contratos de trabajo solo se aborda tangencialmente. Así, se introduce la determinación del Estado de afiliación a la Seguridad Social y de tributación de las rentas del

15 Un análisis diferenciado se requiere en las situaciones de trabajo atípico, pues las compañías aéreas emplean modalidades distintas en la contratación de pilotos y de auxiliares de vuelo.

trabajo por la **incidencia indirecta** que estas cuestiones pueden tener sobre la determinación de la ley aplicable a través de la conexión de los vínculos más estrechos, al ser consideradas como indicios de proximidad a estos efectos.

15. El trabajo se estructura en dos partes. La primera se dedica al marco regulador de los contratos de trabajo del personal de vuelo. Se parte de las especialidades que presentan estas relaciones laborales en el contexto actual, para poner de manifiesto las formas en las que estas inciden sobre la aplicación de las normas de DIPr y sobre el régimen contractual (capítulo I), que posteriormente se delimita tomándolas en consideración (capítulo II).

16. En la estructura del **Capítulo I**, se parte de las **especialidades** ya mencionadas para describir la **configuración de estos contratos de trabajo desde la perspectiva de las normas de DIPr**: los problemas para identificar el Estado de trabajo habitual por la naturaleza extraterritorial y móvil del trabajo, la incidencia de las normas de Derecho aéreo sobre el régimen transfronterizo de los contratos y las dificultades para calificar la relación en casos de trabajo atípico y de múltiples empleadores.

Así, en primer lugar, se describen las dificultades que plantea la aplicación del concepto de «lugar de trabajo habitual», para posteriormente analizar el eventual valor de la nacionalidad de la aeronave para revertir la extraterritorialidad del trabajo, así como su posible incidencia sobre la determinación de la ley aplicable y de la competencia por otras vías.

A continuación, se examinan las normas de Derecho aeronáutico con incidencia sobre el régimen transfronterizo de los contratos de trabajo. El análisis se centra en las normas sobre licencias y tiempo de trabajo y en el concepto de «base de operaciones», identificando las distintas vías a través de las cuales este adquiere relevancia en la aplicación de las normas de DIPr.

Por último, en este capítulo se estudian los problemas de calificación de la relación. Tanto las situaciones de trabajo atípico y como las de múltiples empleadores se estudian desde esta perspectiva. En cuanto al trabajo atípico, se aborda la situación de los pilotos que trabajan sin estar contratados por las aerolíneas, la de los pilotos que prestan servicios contratados como trabajadores por cuenta propia y la de los trabajadores con contratos a demanda o «cero horas». Posteriormente, se estudian las situaciones de múltiples empleadores, comenzando por las distintas fórmulas de colaboración entre aerolíneas —grupos multinacionales, alianzas y acuerdos estratégicos—, dedicando un apartado específico a las contratas de arrendamiento de aeronaves con tripulación y terminando con la contratación a través de compañías intermediarias.

Ha de advertirse que los contratos de arrendamiento con tripulación pueden constituir una forma de colaboración entre aerolíneas. Se les dedica un apartado en exclusiva por presentar una dinámica particular y generar problemáticas específicas. Adicionalmente, ha de tenerse en cuenta que, como se ha visto, estos contratos se admiten expresamente en las normas de Derecho aeronáutico. Así, se trata, en realidad, de otra vía por la que el Derecho aeronáutico puede influir sobre el régimen transfronterizo de los contratos de trabajo. No obstante, incluir estos contratos en el apartado dedicado a las situaciones de múltiples empleadores contribuye a una estructuración más clara y coherente desde una perspectiva de DIPr. Por los mismos motivos, la contratación a través de compañías intermediarias se incluye en este apartado, a pesar de que en puridad es otra de las formas de trabajo atípico habituales en el sector.

17. El **Capítulo II** se dedica a la composición y a la delimitación del régimen del contrato de trabajo del personal de vuelo. Se ha considerado adecuado analizar el régimen contractual en primer lugar, antes proceder al examen de la determinación de la ley aplicable (Capítulos III y IV). Ello porque es necesario conocer qué materias quedan incluidas en el régimen del contrato y estas van a ser las mismas con independencia de cuáles sean, concretamente, el ordenamiento objetivo y el elegido y de su regulación sustantiva sobre esas materias.

El capítulo se inicia con una necesaria referencia a la **composición del régimen contractual** cuando existe elección de ley, partiendo del hecho de que generalmente las aerolíneas empleadoras incluyen estas cláusulas en los contratos de trabajo del personal de vuelo. Se plantean también algunas situaciones problemáticas en relación con la autonomía de la voluntad en las modalidades de trabajo atípico analizadas previamente. En el caso de los contratos a demanda, se trata de modalidades admitidas en el ordenamiento elegido que, en cambio, pueden ser incompatibles con las normas imperativas del ordenamiento objetivo. Cuando se trata de pilotos formalmente contratados como trabajadores por cuenta propia, la fragmentación del régimen contractual resultante de la autonomía de la voluntad adquiere una dimensión específica, pues la calificación de la relación puede ser diferente en el ordenamiento elegido y en el ordenamiento objetivo.

A continuación, se analiza, desde la misma perspectiva, la aplicación del núcleo duro de condiciones de trabajo del Estado de destino de la Directiva 96/71/CE en situaciones de desplazamiento temporal. Esta se observa también desde el prisma de la fragmentación del régimen contractual a que da lugar: al suponer la aplicación de ciertas condiciones de trabajo del Estado de destino durante la duración del desplazamiento, se trata de una alteración temporal del régimen contractual que afecta transitoriamente a su composición. Resulta obligado examinar la controvertida naturaleza del núcleo duro y, con ello, la articulación de su aplicación en el régimen contractual.

En este capítulo se abordan también las **dificultades de aplicación específicas que plantean las Directivas laborales y los convenios colectivos**. Una Directiva o un convenio pueden presentar vocación de aplicarse a un determinado contrato de trabajo, por encontrarse este incluido en su ámbito de aplicación, tal y como este se haya definido en cada Directiva o convenio.

Sin embargo, a pesar de ello, en ocasiones la norma de transposición de la Directiva o el convenio no forman parte del ordenamiento objetivo ni del elegido, siendo ajenos al régimen contractual y encontrándose, por tanto, excluida *a priori* su aplicación. Ambas problemáticas se han contemplado como **límites del régimen contractual**, puesto que este no alcanza en todos los casos para garantizar la aplicación de la protección establecida en las Directivas ni tampoco de los convenios colectivos en los que el contrato de trabajo se encuentra incluido. Por ello, se examinan las posibles vías para articular la aplicación de las normas de transposición de las Directivas y de los convenios cuando no forman parte del régimen contractual.

Una vez estudiada su composición y sus límites, se pasa a delimitar el régimen contractual. Se trata de un estudio no exhaustivo en el que se ha optado por seleccionar materias y supuestos específicos. Para la selección se han seguido dos criterios: por un lado, se han introducido cuestiones que resultan particularmente problemáticas en la actualidad, con carácter general, en los contratos de trabajo internacionales; por otro lado, se han examinado materias y casos específicos, identificadas a partir la casuística particular del sector aéreo.

El análisis se centra especialmente en los casos que plantean problemas de delimitación del régimen contractual y en los que la articulación del régimen contractual con otras normas que inciden sobre el contrato de trabajo resulta controvertida. Al realizar este estudio, se ha tenido en cuenta que la aplicación del régimen contractual puede quedar restringida o resultar afectada por normas internacionalmente imperativas y de otro tipo, ajenas al régimen contractual, pero que inciden sobre el contrato de trabajo y su régimen de DIPr.

Partiendo de estos presupuestos, se ha optado por estructurar este apartado a partir de un planteamiento temporal. Así, se analizan en primer lugar los supuestos problemáticos en cuanto a la delimitación del régimen contractual que se dan en la fase de formación del contrato. Se tratan los daños derivados de la vulneración de derechos fundamentales en los procesos de selección, la responsabilidad precontractual cuando la aerolínea proporciona formación al trabajador o cuando el trabajador sufraga su formación sin que llegue a celebrarse un contrato de trabajo posteriormente, así como la incidencia de las licencias sobre la validez del contrato.

Se continúa con los supuestos problemáticos relativos a las condiciones de trabajo: el régimen de la contratación transfronteriza por medio de ETT; la regulación del tiempo de trabajo, afectada por las normas de Derecho aeronáutico; la aplicación de las normas de prevención de riesgos laborales; la articulación de los procesos colectivos de modificación de las condiciones de trabajo y la integración de tales modificaciones en el régimen contractual; la protección de los trabajadores en los casos de sucesiones de aerolíneas; y las consecuencias del ejercicio del derecho de huelga por parte del personal de vuelo sobre el contrato.

Posteriormente, se analiza la posible aplicación —directa o indirecta— del régimen contractual a la responsabilidad por los eventuales daños derivados del contrato de trabajo: en primer lugar, los causados por los trabajadores durante la huelga; posteriormente, los acaecidos durante la ejecución, tanto los daños causados por el personal de vuelo como los sufridos por los trabajadores, centrando el análisis en este último caso en los accidentes laborales.

Para concluir este capítulo, se examina la delimitación del régimen contractual en las distintas modalidades de extinción del contrato de trabajo, tanto individuales como colectivas (despido colectivo e insolvencia de la aerolínea).

18. En la segunda parte se aborda la determinación de la ley objetivamente aplicable y de la competencia incluyendo también el juego de la autonomía de la voluntad en ambos sectores. El bloque consta de dos capítulos: Determinación de la ley aplicable y de la competencia por la ejecución del trabajo (III) y Determinación de la ley aplicable y de la competencia por circunstancias ajenas a la ejecución del trabajo (IV). Al abordar la **determinación de la ley aplicable y de la competencia con base en la ejecución del trabajo**, el Capítulo III se centra sustancialmente en el análisis de la conexión/foro del lugar de trabajo habitual. En el Capítulo IV, se estudian las conexiones y foros ajenos a la ejecución, es decir, los basados en la figura del empleador, y se incluye, asimismo, la autonomía de la voluntad en ley aplicable y en competencia, por tratarse de un incremento de la protección del trabajador o de los tribunales disponibles para este también independiente de las circunstancias de la ejecución del trabajo.

En ambos capítulos se efectúa un **análisis paralelo de la determinación de la ley aplicable y de la competencia**, aconsejable por el hecho de que en ambos sectores se compartan los conceptos de «lugar de trabajo habitual» y de «establecimiento contratante». Ha de admitirse que tal planteamiento no está exento de riesgos y que en ciertos momentos puede dificultar la comprensión al lector, pero sus ventajas se han considerado mayores que sus inconvenientes. En primer lugar, el análisis así enfocado permite una correcta estructuración del trabajo, al evitar reiteraciones. Adicionalmente, permite superar una perspectiva litigiosa —previo análisis de la competencia y posterior determinación de la ley aplicable— que no se compadece con una concepción realista del régimen del contrato, que debe identificarse desde su celebración. Significativamente, contribuye al objetivo de poner de manifiesto las lagunas y los límites de la interpretación única de que formalmente han sido objeto ambas conexiones/foros.

El efecto de los **vínculos más estrechos**, haciendo que decaigan las presunciones del lugar de trabajo habitual o, en su defecto, del establecimiento contratante, justifica un análisis **«transversal»** de esta conexión en ambos capítulos. Es decir, la conexión de los vínculos más estrechos se trata en diversos apartados de ambos capítulos, para valorar su impacto en relación con cada una de las presunciones y en casos de elección de ley.

19. El **Capítulo III** comienza con el examen de la evolución de la **jurisprudencia del TJUE** sobre la **identificación del Estado de trabajo habitual**. Este recorrido, aunque descriptivo, resulta indispensable para poner de relieve los **puntos críticos** de esta jurisprudencia en su aplicación a los contratos de trabajo del personal de vuelo y las inconsistencias de la interpretación única en ambos sectores, así como para poder analizar posteriormente la articulación de los criterios manejados por el TJUE en la búsqueda de soluciones cuando el personal de vuelo trabaja en múltiples Estados. Se incluye un análisis de la relevancia de la base de operaciones asignada a los trabajadores en la identificación del lugar de trabajo habitual y, en particular, los problemas que se suscitan en la aplicación de los convenios colectivos, en los que se suele tomar la base de operaciones como criterio delimitador de su ámbito de aplicación.

Posteriormente, se aborda la compleja **relación entre la conexión de los vínculos más estrechos y el concepto amplio de lugar de trabajo habitual** establecido por el TJUE. Para ello es preceptivo un examen previo de los elementos tomados como indicios de proximidad en la conexión de los vínculos más estrechos, establecidos por el TJUE (Estado de afiliación a la Seguridad Social, Estado de tributación de las rentas del trabajo y Estado cuyo ordenamiento influye en la fijación del salario u otras condiciones laborales).

A continuación, se analizan las situaciones en las que la identificación del Estado de trabajo habitual resulta más compleja, por ejecutarse el trabajo en varios Estados. A estos efectos, se ha efectuado una **clasificación de las distintas situaciones de trabajo en múltiples Estados**, lo que, ha de admitirse, puede suponer una simplificación de los supuestos que pueden darse en la práctica. Así, se examinan en primer lugar los supuestos de cambio estable del lugar de trabajo habitual, posteriormente las situaciones en las que los trabajadores prestan servicios sucesiva y simultáneamente desde distintos Estados y, finalmente, las situaciones de desplazamiento temporal. Cuando se produzca un encaje en las modalidades y requisitos de la situación de desplazamiento de la Directiva 96/71/CE, deberá aplicarse el núcleo duro de condiciones de trabajo del Estado de destino. En cambio, cuando el personal de vuelo preste servicios temporalmente en un Estado distinto del de trabajo habitual, fuera de las situaciones de desplazamiento temporal de la Directiva, se aplicará exclusivamente el Reglamento Roma I. Igualmente, el juego de los vínculos más estrechos se analiza en cada una de las situaciones de trabajo en múltiples Estados examinadas.

20. Como ya se ha adelantado, en el **Capítulo IV** se incluyen las **conexiones y foros basadas en la figura del empleador** y el juego de la autonomía de la voluntad en ley aplicable y en competencia. En defecto de lugar de trabajo habitual, el establecimiento contratante juega como presunción en ley aplicable y el trabajador cuenta con la alternativa de plantear la demanda en el Estado donde este se encuentre. En primer lugar, se aborda la **identificación del establecimiento contratante** cuando distintos sujetos intervienen en la

contratación del personal de vuelo. A continuación, se examina el **juego de la conexión de los vínculos más estrechos**, que puede llevar a que la presunción del establecimiento contratante decaiga, pero también a que este sea el ordenamiento objetivo incluso cuando sí existe lugar de trabajo habitual. Posteriormente, se aborda el juego del foro del domicilio del empleador o de los empleadores codemandados y la posible aplicación de los foros basados en la sucursal (art. 7.5 y 20.2 RBIb), tomando en consideración la particular relevancia que puede asumir la base de operaciones asignada al personal de vuelo a estos efectos. Finalmente, por su complejidad, se requiere un análisis de la **articulación de los criterios de competencia basados en la figura del empleador**, lo que permite identificar posibles solapamientos, situaciones en las que se reducen las alternativas disponibles para los trabajadores.

En este contexto, desde la perspectiva de la competencia, también presenta interés el análisis de las situaciones en las que el demandante es el empleador. Así, resulta adecuado un análisis específico del foro del domicilio del trabajador en estos casos, así como el tratamiento de sus posibles excepciones (sumisión tácita del trabajador y reconvención del empleador).

Si en el Capítulo II se analizaron exclusivamente los efectos de la existencia de una elección de ley sobre la composición del régimen contractual, en el Capítulo IV se examina la forma en la que se ejerce la **autonomía de la voluntad en ambos sectores y su articulación con otras conexiones y foros**. En particular, en cuanto a la autonomía de la voluntad conflictual, el análisis se centra en las dificultades que presenta el mecanismo protector del art. 8 RRI: la distinción entre elecciones de ley tácitas y la conexión de los vínculos más estrechos, la elección del modelo de comparación y la prueba del Derecho objetivo y del Derecho elegido. Igualmente, se requiere un análisis de la validez de las cláusulas de elección de ley y de la eventual incidencia de los convenios colectivos en este ámbito.

21. Con este planteamiento se ofrece un estudio integrado de las problemáticas de DIPr en los contratos de trabajo transfronterizos del personal de vuelo, incluyendo el régimen de ley aplicable y de competencia judicial internacional. La perspectiva utilizada ha sido esencialmente práctica y se han tratado de aportar conclusiones y soluciones concretas para un sector con una profusa litigiosidad.

PARTE I.

MARCO REGULADOR DE LAS RELACIONES LABORALES DEL PERSONAL DE VUELO

CAPÍTULO I

CONFIGURACIÓN DE LAS RELACIONES LABORALES DEL PERSONAL DE VUELO

I. Naturaleza móvil y extraterritorial del trabajo

1. Dificultades de aplicación del concepto de «lugar de trabajo habitual»

A) Localización espacial

22. Cuando el personal de vuelo presta servicios en vuelos internacionales, atraviesa a bordo de la aeronave tanto espacios aéreos nacionales como espacios que no se encuentran sometidos a la jurisdicción estatal. El trabajo se caracteriza por una movilidad constante y por ejecutarse en el territorio de distintos Estados, así como en espacios ajenos a la soberanía estatal, por lo que la localización espacial de estos contratos de trabajo resulta particularmente compleja[16].

---

16 Por los paralelismos existentes, el análisis de la evolución del trabajo en el sector marítimo durante las últimas décadas resulta particularmente útil a la hora de abordar el estudio de las relaciones laborales en el sector aéreo. Como sucede en todos los sectores del transporte internacional, el trabajo del personal de vuelo se caracteriza por una movilidad intrínseca. Con el sector marítimo se comparte, además, la extraterritorialidad de la ejecución del trabajo. Adicionalmente, durante los últimos años las prácticas de las compañías aéreas se han aproximado a las utilizadas previamente por las empleadoras en el sector marítimo. Tendencias características de este sector, como el recurso a banderas de conveniencia y a fórmulas de interposición en la contratación de los trabajadores, posteriormente se extendieron también en el sector aéreo. *Vid.* P. Rodière, «Le droit du travail international et le transport aérien (à propos d'Air Afrique)», *DS*, n.º 9-10, 1986, p. 710; O. Fotinopoulou Basurko, «El trabajo "transnacional". Retos presentes y futuros de la ejecución de servicios extraterritoriales», *Labos*, vol. 4, n.º 1, 2023, p. 29.

Actualmente, debe considerarse descartada la posibilidad de asimilar el lugar de trabajo habitual del personal de vuelo con el Estado de la nacionalidad de la aeronave[17]. Tampoco cabe sostener una inaplicación general del concepto de lugar de trabajo habitual sobre la base del carácter móvil y extraterritorial del trabajo, de modo que no resulta admisible un salto directo a la conexión/foro subsidiario del establecimiento contratante.

La inaplicación de la conexión/foro del Estado de trabajo habitual, y el correspondiente salto a la conexión/foro del establecimiento contratante, solo cabe cuando se constate la inexistencia de un Estado de partida y retorno habitual que presente suficiente proximidad. Esta es la solución adoptada en los Reglamentos Roma I y Bruselas I bis, en los que, para salvaguardar la aplicación de la conexión/foro del lugar de trabajo habitual, este se asimila al Estado de partida y retorno habitual del personal de vuelo, en el que, además, deben concurrir otros elementos de la ejecución del trabajo para que se encuentre garantizada una proximidad suficiente[18].

23. La movilidad define el trabajo del personal de vuelo, al constituir su propio objeto. No obstante, en ocasiones, esta movilidad inherente a la prestación de servicios coexiste con otra vertiente de **movilidad que no se debe a la naturaleza del trabajo**, sino a los modelos seguidos por las aerolíneas empleadoras en la gestión de sus tripulaciones con el objetivo de maximizar el rendimiento de los trabajadores y reducir costes. Al carácter intrínsecamente móvil del trabajo, se suman prácticas tendentes a la **deslocalización de los trabajadores**, que se ven facilitadas, precisamente, por la naturaleza del trabajo del personal de vuelo.

En ocasiones, el personal de vuelo presta servicios durante cortos periodos de tiempo desde sucesivos Estados, mientras que, en otros casos, el trabajo se ejecuta simultáneamente desde múltiples Estados. En estas situaciones, determinar en qué medida pueden continuar resultando aplicables la conexión y el foro del lugar de trabajo habitual y, en su caso, su identificación, resultará controvertido y requerirá un análisis pormenorizado de las circunstancias de la ejecución del trabajo en el caso concreto. Puede adelantarse ya que serán estas las situaciones en las que *a priori* será más probable que no sea posible identificar un Estado habitual de partida y regreso, de modo que la aplicación de la conexión/foro quede descartada[19]. La inaplicación de la

---

17 *Vid.* Capítulo I: I.2. Irrelevancia de la nacionalidad de la aeronave.

18 Esta interpretación lleva implícita la omisión del tiempo trabajado a bordo de la aeronave a efectos de la identificación del Estado de trabajo habitual. El trabajo territorial, es decir, el tiempo de trabajo transcurrido en el aeropuerto del que parten y al que regresan los vuelos puede adquirir relevancia. *Vid.* Capítulo III: I. Identificación del Estado de trabajo habitual del personal de vuelo.

19 *Vid.* Capítulo III: III.2. Aplicación del sistema indiciario en casos de cambio sucesivo del Estado de partida y retorno y III.3. Aplicación del sistema indiciario en casos de trabajo simultáneo desde múltiples Estados.

conexión/foro del lugar de trabajo habitual puede venir, así, determinada por la voluntad de la compañía aérea empleadora.

24. Al igual que ocurre con carácter general en el transporte internacional, el sector aéreo es proclive al ***dumping* social**. Por las características de la prestación de servicios, las aerolíneas cuentan con facilidades para seleccionar el Estado de trabajo habitual del personal de vuelo. En ocasiones, las compañías aéreas pueden operar los mismos vuelos con independencia del Estado en el que se encuentre el lugar de trabajo habitual de la tripulación, de modo que este tiende a localizarse en Estados cuyas legislaciones laborales resultan menos protectoras para los trabajadores, es decir, menos exigentes en términos de costes sociales y laborales para las aerolíneas.

Como es sabido, en la UE se considera lícito el aprovechamiento de los distintos niveles de protección social y laboral existentes en los distintos Estados miembros por parte de los empleadores[20]. Ciertas prácticas tendentes a la reducción de costes laborales y sociales en este contexto podrían considerarse incluidas en el concepto amplio de «*dumping* social», pero no se considerarán fraudulentas. Una fijación del lugar a partir del cual trabaja el personal de vuelo basada en el ahorro de costes sociales y laborales deberá admitirse a efectos de la aplicación de las normas de DIPr siempre que este sea el Estado de trabajo habitual real, para cuya identificación deberá efectuarse un análisis de las circunstancias de la ejecución del trabajo concurrentes en ese Estado.

B) Adaptación del criterio de habitualidad y deficiencias de proximidad

25. La asimilación del Estado de trabajo habitual con el Estado de partida y regreso conlleva una adaptación del requisito de «habitualidad», que debe concurrir en cualquier caso para que este opere como conexión en ley aplicable y como foro de competencia. El Estado de trabajo habitual pasa a ser aquel del que habitualmente parten los trabajadores y al que habitualmente retornan, y ya no se configura como aquel en el que habitualmente se prestan los servicios, debido al carácter móvil y extraterritorial de una parte sustancial del trabajo[21]. Al margen de las críticas de carácter dogmático de

20 En efecto, en la jurisprudencia del TJUE se ha considerado legítimo de forma explícita que las compañías empleadoras ejerzan las libertades europeas con estos fines. Estas pueden llegar a prevalecer sobre los derechos de huelga y negociación colectiva [*vid.* STJUE de 11 de diciembre de 2007, asunto C-438/05 - *The International Transport Workers' Federation and The Finnish Seamen's Union* (ECLI:EU:C:2007:772) y STJUE de 18 de diciembre de 2007, asunto C-341/05 - *Laval un Partneri* (ECLI:EU:C:2007:809)].

21 La (extra)territorialidad del trabajo se configura como un elemento con incidencia sobre el régimen jurídico de los contratos de trabajo del transporte internacional, por generar especialidades en la identificación del lugar de trabajo habitual. La solución, no obstante,

las que esta adaptación puede ser objeto[22], lo cierto es que su aplicación práctica resulta problemática por varios motivos.

En primer lugar, porque la proximidad real que presente el Estado del que se parte y al que se regresa puede venir determinada por la **periodicidad** con la que los trabajadores retornan a este Estado. Los supuestos problemáticos serán aquellos en los que el trabajador inicie una serie de vuelos desde un Estado, y retorne al mismo, pero después de un periodo de tiempo que puede ser considerado excesivo. La apreciación sobre la existencia o no de habitualidad en ese Estado dependerá de la interpretación de los tribunales y es probable que se den soluciones divergentes, pues no existen criterios interpretativos al respecto en la jurisprudencia del TJUE.

En segundo lugar, y directamente relacionado con lo anteriormente expuesto, ha de tenerse en cuenta que esta interpretación amplia de la conexión/foro del lugar de trabajo habitual es compartida en los sectores de ley aplicable y competencia, y en ambos se asienta formalmente en la protección de los trabajadores. En su jurisprudencia, el TJUE parece partir de la convicción de que la existencia de un lugar de trabajo habitual siempre beneficiará al trabajador y, como argumento a favor de esta interpretación, se ha invocado expresamente la conveniencia de evitar el salto al establecimiento contratante, asumiendo que este, en términos generales, es ineficiente en términos de proximidad. Sin embargo, tal **interpretación común** presenta inconsistencias porque los criterios de **proximidad y protección presentan un alcance y significado diferentes** en los sectores de ley aplicable y de competencia.

26. La determinación de la **ley aplicable** se asienta sobre la presunción prioritaria de mayor proximidad del Estado de trabajo habitual. De existir, el Estado de trabajo habitual deberá ser el más próximo al contrato. Si no lo es, la aplicación del ordenamiento más próximo debe quedar garantizada en

---

es sustancialmente la misma para el transporte internacional por carretera y para el sector ferroviario: el lugar de trabajo habitual será aquel en el que se inician usualmente los trayectos de los trabajadores y el que estos retornan. Por ello, puede sostenerse que la adaptación del concepto de lugar de trabajo habitual se fundamenta exclusivamente en la movilidad del trabajo y no en la extraterritorialidad. No obstante, en el sector del transporte por carretera y ferroviario, el carácter territorial del trabajo permite que los Estados que atraviesan los trabajadores pueda adquirir relevancia. En este sentido, ha de hacerse una referencia a los problemas particulares que se dan a la hora de identificar y distinguir situaciones de desplazamiento temporal de trabajadores en estos sectores. *Vid.* O. FOTINOPOULOU BASURKO, «El trabajo "transnacional". Retos presentes y futuros de la ejecución de servicios extraterritoriales», *op. cit.*, p. 25.

22 La transformación del concepto de «habitualidad» que tal interpretación supone y, con ello, de la conexión y el foro del lugar de trabajo habitual, es objeto de críticas, pues en ocasiones se considera contraria a la naturaleza de la conexión y del foro, difícilmente conciliable con el concepto de «prestación característica» e injustificada. *Vid.* Capítulo III: I.2.A) Transformación del concepto de «lugar de trabajo habitual» y deficiencias de proximidad.

todo caso por medio de la conexión de los vínculos más estrechos. La **amplitud de la interpretación del concepto de lugar de trabajo habitual pierde relevancia**, porque en cualquier caso deberá aplicarse el ordenamiento que presente mayor proximidad, sea este u otro. Así, los supuestos efectos protectores de tal interpretación decaen frente al criterio de proximidad y ha de asumirse que la protección con la que cuenta el trabajador en el sector de la ley aplicable consiste únicamente en la limitación de los efectos de la autonomía de la voluntad.

La relevancia de la interpretación amplia del lugar de trabajo habitual **se sustanciaría en el sector de la competencia**[23]. La protección del trabajador en el Reglamento Bruselas I bis consiste en la puesta a disposición del trabajador de varios foros alternativos, generales y especiales, y entre estos últimos se encuentra el del lugar de trabajo habitual. Este foro se ha configurado como aquel que debe resultar más próximo de entre los disponibles, facilitando la competencia del tribunal mejor situado para conocer del litigio, y también como aquel en el que el trabajador debería poder presentar una reclamación contra la(s) empleadora(s) con más facilidad y con menores costes, atendiendo a la necesidad de garantizar una protección adecuada a la parte débil de la relación laboral[24].

No obstante, no ha de perderse de vista que, paradójicamente, esta interpretación amplia, a pesar de fundamentarse formalmente en la protección de los trabajadores, puede conducir a **Estados poco próximos**, lo que no beneficiará al trabajador. En ley aplicable, siempre que exista otro Estado que presente mayor proximidad, la presunción decaerá. En competencia, simplemente será una de las opciones con las que contará el trabajador, y si este Estado no le resulta próximo, previsiblemente la demanda se planteará ante otro de los tribunales competentes. Los problemas se suscitan cuando se dan prácticas de deslocalización de los trabajadores, pues en algunos casos la existencia de un Estado que presente suficiente proximidad, tanto en términos procesales como conflictuales, puede llegar a encontrarse descartada.

2. Irrelevancia de la nacionalidad de la aeronave

27. Al atravesar zonas ajenas a la jurisdicción territorial, la aeronave debe estar vinculada no solo a su propietario, una persona privada, sino también a un sujeto de Derecho internacional capaz de ejercer su jurisdicción y con-

23 En el mismo sentido: R. Clerici, «Rapporti di lavoro, ordine pubblico e Convenzione di Roma del 1980», *Riv. dir. int. pr. proc.*, 2003, pp. 817-818.

24 En este sentido se pronuncia el TJUE en los asuntos *Mulox* [STJUE de 13 de julio de 1993, asunto C-125/92 (ECLI:EU:C:1993:306), ap. 19], *Rutten* [STJUE de 9 de enero de 1997, asunto C-383/95 (ECLI:EU:C:1997:7), ap. 24], *Weber* [STJUE de 27 de febrero de 2002, asunto C-37/00 (ECLI:EU:C:2002:122), ap. 39-40] o *Nogueira* (ap. 58).

trol sobre esta. La matrícula es el acto de registro necesario para establecer esta conexión administrativa de la aeronave con un determinado Estado. La atribución de una nacionalidad a la aeronave por medio de la matriculación tiene como finalidad fundamental la designación del Estado al que corresponde asumir los controles para prevenir los daños que pueda causar la aeronave y, en consecuencia, en última instancia, la protección de las potenciales víctimas[25].

La adquisición de la nacionalidad del Estado que otorga la matrícula se establece en el artículo 17 del Convenio de Chicago[26], en el que no se exige expresamente la existencia de un vínculo efectivo o relación sustancial entre la aeronave y el Estado que otorga su nacionalidad[27]. En su lugar, cada Estado fija las condiciones que determinan su atribución. Generalmente, el propietario o explotador escoge libremente el país en el que se registra la aeronave, siempre que se cumplan los requisitos exigidos en el ordenamiento del Estado de que se trate.

28. La relevancia de la nacionalidad de la aeronave en la aplicación de las normas de DIPr en los contratos de trabajo del personal de vuelo se ha articulado de distintas formas: partiendo de su asimilación con el lugar de trabajo habitual[28], sobre la base de una asimilación con el establecimiento

---

25 *Cf.* N. Aloupi, *La nationalité des véhicules en droit international public*, Pedone, Paris, 2020, pp. 12-33.

26 Convenio sobre Aviación Civil Internacional firmado en Chicago el 7 de diciembre de 1944. La escueta regulación de la nacionalidad de las aeronaves se complementa con lo establecido en el artículo 18, en el que se excluye la posibilidad de doble matriculación, pero se admite la posibilidad de cambio de matrícula. En el artículo 19 se establece la regla de la libertad de los Estados, en virtud de la cual la matriculación y el cambio de matrícula se efectúa en cada Estado contratante de acuerdo con sus normas. Según el artículo 20 toda aeronave empleada en la navegación aérea internacional deberá llevar las correspondientes marcas de nacionalidad y matrícula. Por último, en el artículo 21 se establece la obligación de los Estados contratantes de suministrar información relativa a la matrícula y la propiedad de cualquier aeronave matriculada en dicho Estado a petición de cualquier otro Estado contratante o de la OACI (Organización de Aviación Civil Internacional). Además, todo Estado contratante debe proporcionar a la OACI los datos pertinentes sobre la propiedad y control de las aeronaves matriculadas en ese Estado que se empleen habitualmente en la navegación aérea internacional. *Vid.* D. Van Het Kaar, *International Civil Aviation: Treaties Institutions and Programmes*, Eleven international publishing, Países Bajos, 2019, pp. 48-50.

27 *Cf.* N. Aloupi, *op. cit.*, p. 47. No obstante, pese a la inexistencia de una disposición expresa en el Convenio en la que se exija la existencia de un vínculo real entre el Estado de la matrícula y la aeronave, una vinculación genuina debería exigirse siempre con base en el principio de eficacia. *Cf.* M. Henze, *Die Anknüpfung von mobilen Arbeitsverhältnissen anhand des Art. 8 Rom I-Verordnung*, Nomos, Alemania, 2017, p. 345.

28 En el pasado, la nacionalidad de la aeronave como determinante del lugar de trabajo habitual había adquirido un arraigo significativo tanto en la jurisprudencia como en la doctrina. *Vid.* H. Gaudemet-Tallon, «Sur l'affaire Air Afrique», *Droit Social*, n.º 5, 1986, pp. 406-418; E. Zabalo Escudero, *El contrato de trabajo en el Derecho internacional priva-*

contratante[29] o tomándose como un indicio de proximidad en la conexión de los vínculos más estrechos[30].

29. La postura más común había consistido en una asimilación del Estado que otorga la nacionalidad con el Estado de trabajo habitual. Usualmente esta asimilación se sustenta sobre una **ficción de territorialidad**[31], pero también sobre la consideración de la nacionalidad de la aeronave como el criterio más adecuado en estos contratos de trabajo. Se adoptaría, así, una solución paralela a la empleada en los contratos de trabajo del sector marítimo, caracterizados también por la extraterritorialidad, y en los que el recurso a la bandera del buque para fijar el lugar de trabajo habitual había gozado tradicionalmente de un gran arraigo.

30. La ficción de territorialidad ha sido mantenida por algunas aerolíneas, que sostenían que la aeronave ha de ser considerada como una extensión del territorio del Estado que otorga la nacionalidad. El recurso a las «banderas de conveniencia» en el sector aéreo había generado una abundante jurisprudencia en distintos Estados durante las últimas décadas[32]. Algunas aerolíneas consideraban el trabajo a bordo de la aeronave como ejecutado en el Estado de la nacionalidad de esta con el objetivo de que indirectamente se aplicase

---

do español, Bosch, Barcelona, 1983, p. 138. No obstante, más recientemente también se ha continuado utilizando en ocasiones por los tribunales de distintos Estados miembros, mientras, en paralelo, otros tribunales ya seguían el criterio de la base. *Vid.*, entre otras, Sentencia del BAG de 21 de julio de 2009 (9 AZR 404/08) [https://openjur.de/u/171877.html]; Sentencia del LAG Berlín de 13 de febrero de 2014 (42 Ca 1022/14) [https://www.ra-kotz.de/wirksamkeit-einer-versetzung.html]; o Sentencia del Tribunal de Roma de 7 de febrero de 2017, n.° 13018 [https://www.studiocerbone.com/tribunale-roma-ordinanza-07-febbraio-2017-n-13018-rapporto-lavoro-agenzia-lavoro-interinale-dequalificazione-professionale-assenza-dal-lavoro-rifiutato-riprendere-lavoro/], con nota de N. Vascella: «Giurisdizione e legge applicabile al rapporto di lavoro del personale impiegato a bordo di aeromobili tra nazionalità dell'aeromobile e base di servicio», *Diritto delle relazioni industriali: rivista della Associazione lavoro e riceche*, vol. 28, n.° 2, 2018, pp. 629-637.

29 *Vid.* P. Rodière, *op. cit.*, p. 710.

30 *Vid.* U. Grušić, *The European Private International Law of Employment,* Cambridge, Cambridge University Press, 2015, p. 176; O. Deinert, *International Labour Law under the Rome Conventions,* Beck/Hart/Nomos, Alemania, 2017, pp. 163-165.

31 *Cf.* O. Fotinopoulou Basurko, «El trabajo "transnacional". Retos presentes y futuros de la ejecución de servicios extraterritoriales», *op. cit.*, p. 26. *Vid.* R. M. Moura Ramos, *Da lei aplicável ao contrato de trabalho internacional*, Almedina, Portugal, 1991, pp. 928-932.

32 Se ha advertido de la clara inspiración que ha constituido el fenómeno de las banderas de conveniencia en el sector marítimo para la incorporación de esta práctica en el sector aéreo. *Vid.* Nota de estudio de la Federación Internacional de Trabajadores del Transporte: *Consecuencias negativas de la constante liberalización: tendencia hacia las banderas de conveniencia al estilo del sector marítimo*, presentada en el 38.° periodo de sesiones de la asamblea de la OACI, 2013 [https://www.icao.int/Meetings/a38/Documents/WP/wp291_rev1_es.pdf]; P. Snodgrass, «Aviation Flags of Convenience: Ireland and the Case of Norwegian Airlines International», *Issues in Aviation Law and Policy*, vol. 14, n.° 2, 2015, pp. 245-276, esp. pp. 271-273.

el ordenamiento del Estado del domicilio de la compañía, menos protector para los trabajadores que el del Estado de partida y retorno.

En los contratos de trabajo del personal de vuelo de *Ryanair* se incluye una cláusula según la cual el Estado de trabajo habitual es Irlanda porque las aeronaves a bordo de las cuales los trabajadores de esta compañía prestan servicios tienen la nacionalidad de este Estado, en el que se encuentra la sede social de la aerolínea. La cláusula introducida en los contratos de trabajo puede encontrarse en algunas de las sentencias que han resuelto los litigios iniciados por los trabajadores de *Ryanair* y suele presentar la siguiente redacción: *«UBICACIÓN: Como las aeronaves del cliente están matriculadas en la República de Irlanda y como Ud. Realizará sus tareas en estas aeronaves, su empleo se basa en la República de Irlanda»*[33].

Tal posición, sin embargo, no cuenta con sustento en las normas de Derecho internacional público y, en cualquier caso, actualmente se encuentra expresamente descartada. La ausencia de soberanía estatal en los territorios atravesados por la aeronave es la circunstancia que conduce a la necesidad de atribuir una nacionalidad a esta, pero la matriculación tiene un objeto y efectos limitados, y no implica en ningún modo que la aeronave pueda considerarse como una extensión del territorio del Estado de matriculación. Adicionalmente, en el asunto ***Nogueira*** el TJUE ha establecido expresamente que **no cabe asimilar el concepto de lugar de trabajo habitual** con la nacionalidad de la aeronave a bordo de la cual el personal de vuelo presta servicios[34].

Así, actualmente, el ordenamiento del Estado de la nacionalidad de la aeronave solo debería regir el contrato en caso de que este resulte coincidente con aquel al que conduzca la aplicación del art. 8 RRI. Igualmente, el trabajador solo podrá demandar en el Estado de la nacionalidad de la aeronave si sus tribunales son competentes con base en alguno de los foros de los que le provee el Reglamento Bruselas I bis.

Sin embargo, aun así, posteriormente la Sentencia del TSJ Valencia de 9 de enero de 2018 estableció que el lugar de trabajo habitual de un piloto contratado por *Ryanair* era Irlanda, por ser este el país de la nacionalidad de la aeronave a bordo de la cual prestaba servicios, en el que además concurrían otras circunstancias de la relación laboral[35]

---

33 STSJ Valencia de 9 de enero de 2018 (ECLI: ES: TSJCV:2018:239).

34 Apartados 75 y 76 del asunto *Nogueira*. Por los motivos expuestos, desde el punto de vista de su coherencia con el concepto de la nacionalidad de la aeronave en Derecho internacional público, el pronunciamiento del TJUE en el asunto *Nogueira* debe considerarse correcto. No obstante, las posiciones doctrinales al efecto difieren, pues parte de la doctrina sostiene que la omisión de la nacionalidad del buque o la aeronave como determinante del lugar de trabajo habitual es lo que resulta realmente contrario a las normas de Derecho internacional público. *Vid.* en este sentido: P. Mankowski, «Europäisches Internationales Arbeitsprozessrecht - Weiteres zum gewöhnlichen Arbeitsort», *IPRax*, 2003, pp. 21-28.

35 *Vid.* una valoración crítica de esta Sentencia en: O. Fotinopoulou Basurko, «¿Cuál es el lugar de desempeño habitual de la prestación de servicios de un tripulante aeronáutico?:

Resulta de interés detenerse en los razonamientos del TSJ en esta Sentencia, en la que se rechazó la competencia de los tribunales españoles, aunque el auxiliar de vuelo demandante trabajaba de forma estable desde el aeropuerto valenciano de Manises. En la Sentencia se sostuvo que el trabajador demandante no ejecutaba su trabajo en el aeropuerto *«sino en una aeronave propiedad de Ryanair y de nacionalidad irlandesa»*, por lo que *«Es indiferente que se salga de Manises y se vuelva a Manises puesto que su lugar habitual de trabajo es el avión y no el aeropuerto valenciano, habiendo sido contratado el trabajador en Dublín por Crewlink Ireland Limited, empresa de nacionalidad irlandesa y con sede en Dublín, sin agencia o delegación en España, mediante la suscripción de un contrato en lengua inglesa, que se sometió a la legislación irlandesa y a la jurisdicción de los Tribunales de Irlanda»*. En palabras del TSJ, lo determinante era que el piloto *«prestaba servicios a bordo de una aeronave de nacionalidad irlandesa, estando sometido a las órdenes de trabajo impartidas desde Dublín (cuadrantes de trabajo) y al régimen disciplinario impartido desde allí, con sumisión a la legislación de Seguridad Social irlandesa, y percibiendo el salario en una cuenta titularidad del actor abierta en Irlanda»*. Como se ve, el tribunal recurre a una valoración de las circunstancias de la contratación y de la ejecución del trabajo para identificar el Estado de trabajo habitual, dando una importancia preponderante a la nacionalidad de la aeronave. El fallo entra en clara colisión con la jurisprudencia del TJUE, pues el TSJ no sigue los criterios establecidos en el asunto *Nogueira*.

31. Los motivos de la exclusión de esta asimilación entre nacionalidad de la aeronave y lugar de trabajo habitual no se encuentran en la Sentencia del asunto *Nogueira*, en la que solo se rechaza, sin justificarla[36]. Por ello, es preciso analizar esta cuestión desde una perspectiva de Derecho internacio-

---

El avión como *locus laboris* a efectos del *forum* (sic)», *Jurisdicción social: Revista de la Comisión de lo Social de Juezas y Jueces para la Democracia*, n.º 189, 2018, pp. 57-64.

36 En cambio, para el AG los motivos son los siguientes: 1) los Reglamentos de DIPr europeos no hacen ninguna remisión al Convenio de Chicago, que establece la obligación de matrícula de las aeronaves, ni a la nacionalidad de las aeronaves; 2) el Convenio no establece una ficción de extraterritorialidad en virtud de la cual el trabajo a bordo del avión deba considerarse realizado en el territorio del Estado que otorga la nacionalidad; 3) el concepto de «nacionalidad» solo se utiliza para prohibir que los Estados realicen distinciones con base en la nacionalidad de la aeronave y para delimitar el ámbito de aplicación de varios artículos del Convenio, que solo se aplican a las aeronaves que tengan la nacionalidad de un Estado parte. Como se ve, el AG recurre a argumentos formales para excluir cualquier relevancia de la nacionalidad de la aeronave a estos efectos. No obstante, aunque en la Sentencia no consten los motivos, puede deducirse que la exclusión de una asimilación nacionalidad de la aeronave/Estado de trabajo habitual se debe a que es un elemento fácilmente manipulable por la aerolínea empleadora, que podría fijar el lugar de trabajo habitual en Estados que le resulten más favorables. En este sentido, A.S. de Sousa Gonçalves, «The Crewlink and Ryanair cases and the international employment contract», en M. Miguel Carvalho (ed), *Law&Technology E.Tec Yearbook*, Universidad de Minho, Portugal, 2018, pp. 73-74.

nal público, teniendo en cuenta el tratamiento dado a otras prestaciones de servicios ejecutadas en espacios ajenos a la soberanía estatal, como son el trabajo marítimo y las prestaciones de servicios ejecutadas en la plataforma continental[37].

El TJUE ya había descartado previamente la posibilidad de asimilar nacionalidad del buque y lugar de trabajo habitual, de modo que la solución del asunto *Nogueira* era previsible[38].

En el asunto *Voogsgeerd*[39] el trabajador había ejercido como ingeniero de máquinas a bordo de buques. Tras ser despedido, argumentaba que debía aplicarse la legislación belga, pues su lugar de trabajo había sido Bélgica, por ser el lugar al que regresaba y en el que había recibido las instrucciones de trabajo. El TJUE estableció que el lugar de trabajo habitual de los trabajadores marítimos es el lugar a partir del cual llevan a cabo sus misiones de transporte. Este lugar debe identificarse a partir del análisis de una serie de elementos de la relación laboral, que actúan como indicios. Este «método indiciario» en la identificación del lugar de trabajo habitual ya había sido utilizado inmediatamente antes en el asunto *Koelzsch*[40] para el transporte por carretera, y posteriormente se ha extrapolado también al sector aéreo en el asunto *Nogueira*. En el asunto *Voogsgeerd* se omite cualquier referencia a la nacionalidad del buque, de forma que implícitamente se excluye su consideración a efectos de la determinación del lugar de trabajo habitual de los trabajadores del mar. La omisión, aunque no expresa, fue, en cualquier caso, muy

37 La identificación del lugar de trabajo habitual en otras prestaciones de servicios que también se desarrollan en espacios ajenos a la soberanía estatal, como son las relaciones laborales ejecutadas en la Antártida, el Ártico o las estaciones espaciales, se encuentra aún sin resolver. *Vid.* al respecto: O. Fotinopoulou Basurko, *Habitualidad vs temporalidad en los contratos de trabajo ligados al transporte internacional*, Barcelona, Atelier, 2019, pp. 72-74. El TJUE también se ha pronunciado sobre la existencia de una eventual dimensión de extraterritorialidad en las prestaciones de servicios en misiones diplomáticas, rechazándola. Así, en el asunto *Mahamdia* (Sentencia de 19 de julio de 2012; C-154/11, ECLI:EU:C:2012:491) —trabajo en una embajada— y en el asunto *Generalno konsulstvo na Republika Bulgaria* (Sentencia de 3 de junio de 2021; C-280/20, ECLI:EU:C:2021:443) —trabajo en un consulado—, el TJUE negó cualquier asimilación de las oficinas diplomáticas con el territorio del Estado al que estas pertenecen.

38 El paralelismo en las soluciones adoptadas en el sector aéreo y marítimo no siempre se considera oportuno. Para algunos autores la nacionalidad es una conexión razonable en los contratos de trabajo marítimos, mientras que sería inaceptable en el caso del trabajo aeronáutico. *Vid.* M. Casado Abarquero, *La autonomía de la voluntad en el contrato de trabajo internacional,* Aranzadi, Navarra, 2008, pp. 244-247 y 252-256.

39 Sentencia de 15 de diciembre de 2011, asunto C-384/10 (ECLI:EU:C:2011:842).

40 Sentencia de 15 de marzo de 2011, asunto C-29/10 (ECLI:EU:C:2011:151). El demandante en el asunto *Koelzsch* era un conductor residente en Alemania, donde se encontraban estacionados los camiones con los que realizaba viajes a destinos situados principalmente en Alemania, pero también en otros países europeos. Tras ser despedido, sostenía que el ordenamiento jurídico alemán resultaba aplicable por ser el del Estado en el que se encontraba su lugar de trabajo habitual.

significativa, teniendo en cuenta el arraigo del que había venido gozando el pabellón como criterio determinante del lugar de trabajo habitual de los trabajadores del mar[41].

En ocasiones se ha criticado la escasa adecuación de la solución del asunto *Voogsgeerd* a la naturaleza del trabajo en el sector marítimo, alegando que el ordenamiento jurídico del Estado de la nacionalidad del buque es el que debería regir el contrato porque este Estado se encuentra internacionalmente obligado a garantizar el cumplimiento de ciertas condiciones de vida y trabajo[42]. En efecto, en la Convención de las Naciones Unidas sobre el Derecho del Mar sí se exige expresamente un vínculo sustancial *(genuine link)* o «relación auténtica» entre el Estado y el buque (art. 91), y también se establece el deber de este Estado de tomar las medidas necesarias para garantizar la seguridad en el mar en lo que respecta a la dotación de los buques, las condiciones de trabajo y la capacitación de las tripulaciones (art. 94). Además, significativamente, el Convenio sobre el trabajo marítimo[43] establece condiciones de empleo y trabajo cuya aplicación y control se encomienda a los Estados del pabellón. Así, en ocasiones se ha considerado la aplicación del ordenamiento del Estado del pabellón como una alternativa más adecuada porque en el sector marítimo es más probable que no exista un Estado de inicio y retorno habitual, y el Estado de la nacionalidad está llamado a desempeñar un papel relevante para garantizar ciertas condiciones de trabajo mínimas[44].

En cualquier caso, estas críticas —reveladoras en parte de la complejidad y especificidad que reviste la aplicación de las normas de DIPr en los contratos de trabajo del sector marítimo— no son extrapolables al sector aéreo, porque el Estado de la nacionalidad de la aeronave no asume obligaciones en cuanto a las condiciones de vida y trabajo del personal de vuelo. En los contratos de trabajo aeronáuticos **no se produce**, por tanto, esta **ruptura** considerada

---

41 La importancia del asunto *Voogsgeerd* se incrementa porque en esta Sentencia, además de utilizarse el sistema indiciario para la determinación del lugar de trabajo habitual, se interpreta el concepto de «establecimiento contratante» del artículo 8.3 RRI, para el caso de que este lugar no pudiese identificarse. *Vid.* Capítulo IV: I.1. *Inexistencia de lugar de trabajo habitual: la conexión y el foro del establecimiento contratante.*

42 *Cf.* L. CARBALLO PIÑEIRO, *International Maritime Labour Law*, Springer, Hamburgo, 2015, p. 197. Se sostiene que la solución adoptada en esta Sentencia implica ignorar el Derecho internacional público marítimo (*ibidem*, p. 101).

43 OIT, 2006. Se ha planteado la conveniencia de que se adopten Convenios del estilo de los que han visto la luz en el sector marítimo para tratar de garantizar cierto nivel de protección de los trabajadores del sector aéreo, ello sin obviar los limitados efectos que la adopción de tales textos podría tener en la práctica. *Vid.* A. TRIMARCHI, *op. cit.*, pp. 138-145.

44 *Vid.* A. ZANOBETTI, *Il rapporto internazionale di lavoro marittimo*, Bolonia University Press, Bolonia, 2008, pp. 146 y ss; *id.* «Employment Contracts and the Rome Convention: The Koelzsch Ruling of the European Court of Justice», *CDT*, vol. 3, n.° 2, 2011, pp. 351-353.

indeseable entre Estado obligado a garantizar ciertas condiciones laborales y el ordenamiento jurídico que rige el contrato.

32. La solución paralela adoptada en los asuntos *Nogueira* y *Voogsgeerd* debe, por otro lado, ponerse en relación con el previo pronunciamiento del TJUE en el asunto *Weber.* En este caso, el TJUE estableció que el trabajo ejecutado en la zona de la plataforma continental adyacente a un Estado debe considerarse ejecutado en el territorio de ese Estado, a los exclusivos efectos de la determinación de la competencia judicial internacional en el contrato de trabajo[45].

En el asunto *Weber* el trabajador demandante había prestado servicios durante algo más de seis años en la zona de la plataforma continental adyacente a los Países Bajos, a bordo de buques y en instalaciones mineras. Durante los últimos tres meses de la relación laboral, en cambio, prestó servicios a bordo de un barco-grúa en aguas territoriales danesas. En el caso, se daban al mismo tiempo dos circunstancias problemáticas para la determinación del lugar de trabajo habitual: la prestación de servicios se ejecutó en espacios ajenos a la soberanía territorial estatal y, además, se produjo un cambio estable del lugar de trabajo[46].

Algunos sectores doctrinales han considerado que la solución del asunto *Weber* no se concilia con las vistas para los sectores marítimo y aéreo[47]. Ello porque el asunto *Weber* sí se admitió una interpretación funcional de las normas de Derecho internacional público, estableciéndose de algún modo una ficción de territorialidad para la determinación del lugar de trabajo habitual de quienes prestan servicios en la plataforma continental[48]. Sin embargo, en

45 *Vid.* F. Thomas, *Les relations de travail offshore: Contribution à l'étude du pluralisme juridique*, Presses Universitaires d'Aix-Marseille, Francia, 2019, p. 124.

46 *Vid.* Capítulo III: III.1. Cambio estable del lugar de trabajo.

47 *Vid.* A. Junker, «Gewöhnlicher Arbeitsort und vorübergehende Entsendung im Internationalen Privatrecht» en S. Lorenz, A. Trunk, H. Eidenmüller (eds.), *Festschrift für Andreas Heldrich zum 70 Geburtstag*, Beck, Munich, 2005, p. 730. Podría invocarte en apoyo a este razonamiento también el fallo del TJUE en el asunto *Torline* [STJUE de 5 de febrero de 2004, asunto C-18/02 (ECLI:EU:C:2004:74)], en el que sí se admitió una eventual asimilación entre Estado del pabellón y Estado de producción de los hechos dañosos generados por acciones de conflicto colectivo llevadas a cabo en un buque.

48 En el asunto *Weber* se realizó una interpretación funcional de las normas de Derecho internacional público que permitió su adaptación al caso. La solución adoptada ha sido criticada por considerar que el TJUE en su búsqueda de una conexión territorial inequívoca a los efectos de determinar la competencia judicial habría realizado una interpretación poco respetuosa con las normas de Derecho internacional público relativas al régimen jurídico de la plataforma continental. *Vid.* J. A. González Vega, «Instalaciones "*offshore*" y competencia judicial: el Convenio de Bruselas de 1968, el TJCE y la "obsesión por el territorio"», *La Ley*, n.º 4, 2002, pp. 1779-1787. Posteriormente, el TJUE resolvió de una forma similar la cuestión en el asunto *Salemink* [Sentencia de 17 de enero de 2012, asunto C-347/10 (ECLI:UE:C:2012:17)], en el que se planteaba si debería aplicarse el Derecho holandés en materia de Seguridad Social a quienes trabajan en una estructura de explotación gasística situada sobre la plataforma continental del Mar del Norte, asimilándose

los asuntos *Voogsgeerd* y *Nogueira* se descartó una interpretación como la del asunto *Weber*, que podría llevar a considerar el trabajo como ejecutado en el Estado de la nacionalidad del buque/aeronave. No obstante, las causas del diferente posicionamiento del TJUE pueden deberse a la muy distinta naturaleza del vínculo existente entre el Estado ribereño y la plataforma continental y del vínculo existente entre el Estado que otorga su nacionalidad y el buque/aeronave. Tal incompatibilidad en las soluciones adoptadas en realidad no existiría porque se trataría de situaciones que no resultan comparables entre sí[49].

33. Del asunto *Weber*, en cambio, sí puede deducirse que el rechazo de la asimilación nacionalidad/lugar de trabajo habitual por parte del TJUE no se fundamenta en la intención de preservar una aplicación de las normas de DIPr coherente con normas de Derecho internacional público, pues ya se habría admitido una adaptación previamente en aquel caso.

En este sentido, se ha sugerido que los motivos para rechazar la asimilación nacionalidad de la aeronave/lugar de trabajo habitual podrían ser un tanto **forzados**[50]. Ello porque la aplicación del ordenamiento de la nacionalidad de la aeronave y la competencia de los tribunales de este Estado había sido defendida por parte de la doctrina sobre la base de que este sería el criterio más eficiente a estos efectos, pero sin partir de una ficción de territorialidad. Quienes defienden la pertinencia de la consideración de la nacionalidad de la aeronave como determinante del lugar de trabajo habitual en ocasiones no lo hacen sobre la base de que tal asimilación con el territorio estatal encuentre fundamento en las normas de Derecho internacional público. Se admite que en las normas de Derecho internacional público el hecho de que se otorgue una nacionalidad a la aeronave

este espacio al territorio de dicho Estado. El TJUE estableció tal asimilación, considerando la actividad ejecutada en territorio holandés. No obstante, se ha sostenido que en este caso el TJUE actuó con una mayor corrección desde el punto de vista de las normas de Derecho internacional público, pues no se recurrió al argumento de la territorialidad, sino que se basó en las competencias estatales sobre dicho espacio atendiéndose a las normas de Derecho del Mar. *Vid.* J. A. González Vega, «¿A vueltas con la "obsesión por el territorio"?: el Tribunal de Justicia, la plataforma continental y la aplicación espacial del Derecho de la UE (Comentario a la Sentencia TJUE de 17 de enero de 2012, A. Salemink c. Raad van Bestuur van het Uitvoeringsinstituut werknemersverzekeringen, asunto C-347/10)», *RGDE*, n.° 30, 2013. Este enfoque ha tenido continuidad en la jurisprudencia posterior relativa a la aplicación de las normas europeas en materia de Seguridad Social [STJUE de 19 de marzo de 2015, asunto C-266/13 - *Kik* (ECLI:EU:C:2015:188); STJUE de 8 de mayo de 2019, asunto C-631/17 - *Inspecteur van de Belastingdienst* (ECLI:EU:C:2019:381)]. *Vid.* O. Fotinopoulou Basurko, «El trabajo "transnacional". Retos presentes y futuros de la ejecución de servicios extraterritoriales», *op. cit.*, pp. 45-53. Ha de destacarse que para el TJUE parece resultar indiferente la bandera que ostenten estas instalaciones, así como que se trate de una instalación fija o flotante (*Cf. ibidem*, p. 48).

49 Así, se ha sostenido que sería más difícil subsumir a las aeronaves en el término «lugar» del Reglamento Roma I que en el trasfondo del asunto *Weber*: M. Henze, *op. cit.*, p. 341.

50 *Vid.* en este sentido, respecto al rechazo de tal asimilación en el asunto *Nogueira*: J. L. Iriarte Ángel, «La precisión del lugar habitual de trabajo como foro de competencia y punto de conexión en los reglamentos europeos», *CDT*, vol. 10, n.° 2, 2018, p. 496.

no implica una extensión del territorio estatal y la identificación del lugar de trabajo habitual con el Estado de la nacionalidad se fundamentaría en que no existe un lugar de trabajo habitual y la nacionalidad de la aeronave se erige en la conexión más adecuada para estos contratos de trabajo[51].

No ha de perderse de vista que, en realidad, esta postura implicaría que se introdujese, de forma velada, una conexión específica para la determinación de la ley aplicable y de la competencia en los contratos de trabajo del personal de vuelo y marítimos, tratando de **forzar artificialmente su encaje** en el art. 8 RRI por medio de su asimilación con el Estado de trabajo habitual[52].

34. Adicionalmente, ha de tenerse en cuenta que circunstancias de índole práctica revelan la **inoperancia de la nacionalidad de la aeronave** a estos efectos. Si el personal de vuelo ejecuta su trabajo simultáneamente en distintos aviones cuya nacionalidad difiera, de admitirse tal asimilación, el trabajo *a priori* debería considerarse ejecutado en cada uno de los Estados de matriculación[53]. Igualmente, un cambio de la nacionalidad de la aeronave supondría también un cambio del Estado de trabajo habitual.

En el caso del personal que únicamente presta servicios en vuelos internos, si lo hiciera a bordo de aeronaves matriculadas en otros Estados, la nacionalidad de la aeronave podría llegar a ser el único elemento internacional del contrato de trabajo. Una interpretación coherente implicaría que en estos casos deba considerarse también la nacionalidad de la aeronave como determinante del lugar de trabajo habitual. Ello conduciría al absurdo de considerar que los trabajadores prestan servicios en otro Estado[54].

---

51 Así, se sostiene que razones sistemáticas y dogmáticas exigen la aplicación de la ley de la nacionalidad del avión como *lex loci laboris*: P. Mankowski, «Employment Contracts under Article 8 of the Rome I Regulation», en F. Ferrari, S. Leible (eds), *Rome I Regulation: The Law Applicable to Contractual Obligations in Europe*, Sellier European Law Publishers, Munich, 2009, p. 178. *Vid.* en el mismo sentido M.V. Polak, *op. cit.*, p. 331.

52 Como puede leerse en el informe *Giuliano-Lagarde* (p. 24), la inexistencia de normas especiales para los trabajadores del mar respondió a la voluntad en tal sentido de los redactores del Convenio de Roma (CR), de modo que la toma en consideración de la nacionalidad del buque como si de una conexión específica se tratase debería haberse excluido desde la entrada en vigor del Convenio. Con la omisión de la nacionalidad del buque y de la aeronave como criterios determinantes del lugar de trabajo habitual se tienden a eliminar las especificidades de los contratos de trabajo del transporte internacional, quedando incluidos estos contratos en las normas generales de DIPr que, no obstante, son objeto de una interpretación específica. En este sentido, *vid.* E. Pataut : «A la recherche du lieu d'exécution du travail: les travailleurs des transports entre droit international privé et droit de l'Union», en C. Lemaire, F. Martucci, L. Idot, *Concurrence et Europe. Liber amicorum Laurence Idot*, Concurrences, Francia, 2022, pp. 427-442.

53 En este sentido: O. Deinert, *op. cit.*, p. 164; H. Gaudemet-Tallon, *op. cit.*, p. 409. En contra de descartar la nacionalidad de la aeronave por estos motivos: A. Junker, *op. cit*, p. 732.

54 La solución en estos casos consistiría en ignorar la nacionalidad de la aeronave y admitir que el trabajo se ejecuta en el Estado dentro de cuyas fronteras se operan los vuelos. *Vid.* en este sentido M. Henze, *op. cit.*, pp. 353-354.

35. En algunos casos, se ha partido de que no existe un lugar de trabajo habitual del personal de vuelo, dada la extraterritorialidad que caracteriza el trabajo, de modo que procedería un salto a la conexión/foro del establecimiento contratante, y este se asimilaría con la nacionalidad de la aeronave. La aeronave sería el establecimiento contratante, considerado como el **establecimiento del empleador en el que se prestan los servicios**, de modo que la conexión/foro quedaría determinada por el Estado de registro de la aeronave[55].

Tal posibilidad actualmente se encuentra absolutamente descartada: la conexión/foro del lugar de trabajo habitual sí resulta aplicable al personal de vuelo, y solo puede aplicarse la conexión subsidiaria del establecimiento contratante si no puede identificarse un Estado habitual de inicio y retorno. También ha de considerarse excluida por no resultar compatible con el concepto de establecimiento manejado en los Reglamentos y, en particular, con el concepto de establecimiento contratante de los arts. 8.3 RRI y 21.1 b)ii) RBIb, según fue interpretado por el TJUE en el asunto *Voogsgeerd*. El establecimiento contratante es aquel por medio del cual se celebró el contrato de trabajo, y no aquel en el que se ejecuta el trabajo, de modo que no podría asimilarse en ningún caso a la aeronave[56].

36. En cuanto a la toma en consideración de la nacionalidad de la aeronave en la conexión de los vínculos más estrechos, debe descartarse, por tratarse de una circunstancia **sin valor en términos de proximidad**.

Para la aplicación de la conexión de los vínculos más estrechos, en primer lugar, han de identificarse las circunstancias significativas de la relación laboral y, posteriormente, estas deben valorarse globalmente. Una sola circunstancia, como la nacionalidad de la aeronave, por sí misma no podría justificar la aplicación del ordenamiento del Estado que la otorga, sino que se requiere la concurrencia de varios elementos relevantes en términos de proximidad conflictual en ese Estado[57]. Si bien cabría plantearse su toma en

---

55 Así, se parte de que el personal de vuelo no realiza habitualmente su trabajo en un mismo país, por lo que debería aplicarse la ley del país en el que se encuentre el establecimiento que haya contratado al trabajador, es decir, «la *lex loci delegationis*, de la que es pura variante la ley del pabellón». *Cf.* A. CÁMARA BOTÍA, *El contrato de trabajo aeronáutico*, Civitas, Madrid, 1994, p. 49.

56 Como se verá, la interpretación del concepto de «establecimiento contratante» de los artículos 8.3 RRI y 21.1 b) ii) RBIb, ceñida estrictamente a las circunstancias de la celebración del contrato, no está exenta de críticas. *Vid.* Capítulo IV: I.1. Inexistencia de lugar de trabajo habitual: la conexión y foro del establecimiento contratante.

57 En el asunto *Schlecker,* el TJUE estableció los elementos que han de tomarse como indicios de proximidad a la hora de valorar la existencia de un Estado más próximo que aquel al que apunten las presunciones del lugar de trabajo habitual o del establecimiento contratante: el Estado de afiliación a la Seguridad Social, el Estado de tributación por las rentas del trabajo y los parámetros relacionados con la fijación del salario u otras condiciones de trabajo. El Estado de la nacionalidad de la aeronave no adquiere relevancia tampoco indirectamente por esta vía, pues no resulta determinante en la fijación de ninguno de

consideración como uno de los indicios de proximidad, varios argumentos llevan a sostener la posición contraria: la nacionalidad de la aeronave carece de incidencia sobre las condiciones de trabajo, pues no atribuye al Estado de la matrícula obligaciones en materia laboral; y, significativamente, su determinación responde a la voluntad exclusiva de la aerolínea propietaria o explotadora, que puede optar por el registro en uno u otro Estado, siempre que se cumplan los requisitos establecidos en los respectivos ordenamientos.

Ha de señalarse que, de tomarse en consideración, el criterio que adquiriría relevancia indirectamente en los vínculos más estrechos sería la **condición exigida en cada Estado para atribuir su nacionalidad** a la aeronave.

Tomando como ejemplo el criterio empleado en la legislación española, según la Ley 48/1960 sobre Navegación Aérea[58], procede la atribución de la nacionalidad española a la aeronave siempre que la sociedad propietaria tenga nacionalidad española. Así, indirectamente, la nacionalidad de la compañía propietaria adquiriría relevancia sobre la determinación de la ley aplicable a los contratos de trabajo. Si bien ello podría resultar admisible cuando la aerolínea empleadora es la propietaria de la aeronave, el personal de vuelo en ocasiones presta servicios en aeronaves pertenecientes a compañías distintas de la empleadora[59].

II. Incidencia del Derecho aeronáutico sobre el régimen transfronterizo de los contratos de trabajo

1. Garantía de la seguridad aérea

A) Licencias de acceso a la profesión

37. El acceso y la continuidad en las profesiones de piloto y de auxiliar de vuelo se encuentra condicionado a la obtención previa de las respectivas licencias y a su mantenimiento. Con la licencia se acredita que los trabajado-

---

estos tres indicios. Cabe mencionar que, en el sector marítimo, en cambio, la bandera del buque actúa generalmente como criterio determinante del Estado de afiliación a la Seguridad Social, de modo que puede adquirir relevancia indirectamente. No obstante, el TJUE no descartó la posible toma en consideración de otros elementos de la relación laboral, entre los que podría encontrarse la nacionalidad de la aeronave, que habrán de valorarse globalmente junto con los mencionados.

58 Art. 18 de la Ley 48/1960, de 21 de julio, sobre Navegación Aérea (*BOE* núm. 176, de 23 de julio de 1960).

59 Como se verá posteriormente, las aerolíneas recurren a modalidades contractuales que implican el intercambio y uso compartido de las aeronaves. El arrendamiento de aeronaves con o sin tripulación es una de estas modalidades es. *Vid.* Capítulo I: III.2.B) El arrendamiento de aeronaves con tripulación.

res han superado la formación y entrenamiento requeridos y que se encuentran en el estado físico y psíquico óptimo para ejercer la profesión.

Las licencias del personal de vuelo se regulan en el Derecho aeronáutico internacional y europeo[60]. En la UE, todas las cuestiones relativas a la obtención de las licencias se encuentran reguladas en el Reglamento (UE) 1178/2011[61], en el que se establecen de forma pormenorizada las condiciones para expedir, mantener, modificar, limitar, suspender o revocar las licencias de pilotos y auxiliares de vuelo, así como las atribuciones y responsabilidades de los titulares de dichas licencias y certificados[62]. Las cuestiones relativas a la capacitación y a la habilitación del personal de vuelo han sido objeto de regulación uniforme en la UE por su trascendental incidencia sobre la seguridad aérea, pero también porque se trata de una cuestión que podría incidir negativamente sobre la libre circulación en la UE y sobre la competencia entre las compañías aéreas[63]. La existencia de estas normas garantiza el

---

60 El Convenio de Chicago establece la obligación de contar con las preceptivas licencias en el art. 32, y dedica el Anexo I a su regulación.

61 Reglamento (UE) 1178/2011 por el que se establecen requisitos técnicos y procedimientos administrativos relacionados con el personal de vuelo de la aviación civil en virtud del Reglamento (CE) 216/2008 del Parlamento Europeo y del Consejo (*DO* L 311/1, de 25 de noviembre de 2011). El Reglamento 1178/2011 ha sido modificado en muchas ocasiones, e incluye el texto de los numerosos Reglamentos que han introducido estas modificaciones sucesivamente. En particular, ha de tenerse en cuenta que el régimen de licencias y certificados de los auxiliares de vuelo se introdujo con la modificación operada por el Reglamento (UE) 290/2012 (*DO* L 100/1, de 5 de abril de 2012). El ámbito de aplicación del Reglamento 1178/2011 quedaba determinado por el establecido en el Reglamento 216/2008, que ha sido sustituido por el Reglamento (UE) 2018/1139 sobre normas comunes en el ámbito de la aviación civil y por el que se crea una Agencia de la Unión Europea para la Seguridad Aérea y por el que se modifican los Reglamentos (CE) 2111/2005, (CE) 1008/2008, (UE) 996/2010 y (UE) 376/2014 y las Directivas 2014/30/UE y 2014/53/UE y se derogan los Reglamentos (CE) 552/2004 y (CE) 216/2008 y el Reglamento (CEE) 3922/91 (*DO* L 212/1, de 22 de agosto de 2018). En virtud del art. 2 del Reglamento (UE) 2018/1139, las normas europeas sobre licencias del personal de vuelo se aplican, con carácter general, cuando el personal de vuelo participe en la operación de aeronaves que se encuentren en las siguientes situaciones: matriculadas en un Estado miembro, a menos que el Estado miembro haya transferido sus responsabilidades de conformidad con el Convenio de Chicago a un tercer Estado y que la explotación de la aeronave recaiga en un operador de tercer Estado; matriculadas en un tercer Estado y explotadas por un operador de aeronaves establecido, residente o con un centro de actividad principal en el territorio de la UE; y utilizadas por un operador de tercer Estado en vuelos con entrada o salida o dentro del territorio de la UE.

62 Igualmente, se regulan en detalle, entre otras cuestiones, los certificados médicos requeridos a los pilotos, la evaluación médica de los auxiliares de vuelo, la certificación de los formadores y evaluadores de los pilotos, y las condiciones para expedir, mantener, modificar, limitar, suspender o revocar los certificados de organismos de formación de pilotos y de centros médico-aeronáuticos implicados en la cualificación y la evaluación aeromédica del personal de vuelo de aviación civil.

63 *Cf.* M. D. Ripoll Martínez de Bedoya, «El régimen jurídico de las profesiones aeronáuticas», en A. Menéndez Menéndez (dir.) *La regulación de la industria aeronáutica*, Civitas, Navarra, 2016, p. 1105.

reconocimiento mutuo de las licencias expedidas por otros Estados miembros y el tránsito de los trabajadores en la UE[64].

Tanto la obtención como el mantenimiento de las licencias se supeditan a la superación de pruebas médicas por parte de los trabajadores. Mediante preceptivos certificados médicos debe acreditarse que el personal de vuelo se encuentra en un estado de salud física y mental óptimo para desempeñar sus funciones, pues estas pueden comprometer la seguridad aérea. La acreditación del estado de salud determina la obtención de la licencia, pero también la continuidad en el ejercicio de la profesión, e implica que los trabajadores deban someterse a controles sistemáticos de su estado físico y psíquico, así como a controles aleatorios para prevenir el consumo de sustancias psicoactivas. En caso de que no se superen estos controles, la licencia puede ser objeto de suspensión temporal, limitación o retirada definitiva, con los correspondientes efectos sobre el contrato de trabajo.

La obtención de las licencias se encuentra sometida en la UE a específicos límites en cuanto a la edad tanto en el caso de los pilotos y como en el de los auxiliares de vuelo. La edad mínima para acceder a estas profesiones se establece por encima de la edad mínima para trabajar (18 años en el caso de los auxiliares y 21 años en el de los pilotos). En el caso de los pilotos, existen, además, límites específicos de edad también para la continuidad en la profesión y superada la edad máxima (65 años) no puede continuar ejerciéndose como piloto.

La obtención de la licencia de piloto se condiciona a la superación progresiva de una serie de fases. Una vez superada la formación teórica requerida, se obtiene una licencia que, no obstante, se encuentra «congelada». Para completar la licencia el piloto debe formarse para operar un tipo de aeronave particular y haber alcanzado 1500 horas de vuelo[65]. Solo tras la superación de estas tres fases el piloto podrá actuar como comandante de la aeronave. Como se verá, la necesidad de acumular horas de vuelo para ascender profesionalmente es aprovechada por algunas compañías aéreas, que han convertido la formación de los pilotos en una fuente de ingresos. Así, los pilotos en formación en ocasiones pagan a las aerolíneas, trabajan sin obtener remuneración o lo hacen a cambio de muy bajas remuneraciones para poder pilotar sus aeronaves en vuelos comerciales y alcanzar de este modo el número de horas de vuelo requerido para completar la licencia. Tal práctica, conocida como *«pay to fly»* resulta problemática porque puede compro-

64 Las licencias expedidas por terceros Estados deberán ser validadas por las autoridades competentes de los Estado miembros. El Convenio de Chicago establece que los certificados y las licencias expedidos o convalidados por el Estado contratante en el que esté matriculada la aeronave se reconocerán como válidos por los demás Estados contratantes, siempre que los requisitos conforme a los cuales se hayan expedido o convalidado dichos certificados o licencias sean iguales o superiores a las normas mínimas que se establezcan en aplicación del Convenio.

65 *Cf.* J. Restellini, *Labour Relations in Aviation, op. cit.,* p. 180.

meter la seguridad aérea y, significativamente, porque los pilotos en esta situación prestan servicios en las mismas condiciones que los contratados por las aerolíneas, de modo que ha de plantearse su posible consideración como trabajadores por cuenta ajena[66].

38. La regulación de las licencias del personal de vuelo corresponde al Derecho administrativo aeronáutico, al tratarse de una materia **ajena** al **régimen del contrato de trabajo**. El fundamento de la aplicación de estas normas no se encuentra en el Reglamento Roma I, que solo alcanza a las normas de Derecho privado contractual. No obstante, pese a tratarse de normas que no tienen un contenido contractual, sí tienen un impacto directo sobre el contrato en distintos momentos: en todos los casos, en la celebración, pues esta solo podrá tener lugar una vez el personal de vuelo ha obtenido la licencia; durante su desarrollo, porque una eventual suspensión de las licencias implicará que el trabajo no podrá continuar ejecutándose temporalmente; y en la extinción, porque una pérdida definitiva de la licencia puede conllevar el fin del contrato de trabajo.

Así, pese a tratarse de normas de Derecho público, estas normas tienen efectos sobre el contrato, que serán los previstos en cada una de estas situaciones por la ley del contrato de trabajo. Por ello, es necesario examinar cómo se coordina la regulación de Derecho público sobre licencias y el régimen del contrato de trabajo, con arreglo al cual se establecerán los efectos privados de la falta inicial o sobrevenida de la licencia[67]. Ello implica que, con carácter previo, sea necesario valorar las posibles vías para articular los efectos privados de la regulación de Derecho público de las normas sobre licencias en el Reglamento Roma I.

En primer lugar, cabría considerar que, al tratarse de una materia de Derecho público, ajena al Reglamento Roma I, una eventual falta de la licencia debe asumirse como una circunstancia de hecho. Desde este punto de vista, la solución se simplifica: únicamente procedería identificar sus consecuencias conforme a la ley del contrato determinada por el art. 8 RRI[68].

66 *Vid.* Capítulo I: III.1.A) Pilotos que trabajan sin remuneración.

67 *Vid.* Capítulo II: III.1.C) Incidencia de las licencias sobre la validez del contrato; III.4.A) Despido individual: extinción por pérdida de las licencias.

68 Se trataría de normas de policía ajenas al Derecho privado contractual, pero que interfieren en el contrato de trabajo y, por tanto, en la aplicación del Reglamento Roma I, al igual que sucede con las normas en materia de Seguridad Social, tributación, y autorizaciones de extranjería. En este sentido, *vid.* Á. Espiniella Menéndez, *La relación laboral internacional*, Tirant lo Blanch, Valencia, 2022, p. 100. Desde esta perspectiva, solo podrían ser normas de policía del art. 9 aquellas que tengan un contenido de Derecho privado contractual y respondan a intereses públicos. Las normas sobre licencias se encontrarían excluidas de esta categoría por tratarse de normas de Derecho público, de modo que su aplicación no se encontraría limitada a las admitidas en el art. 9 RRI.

Desde otra perspectiva diferente, el despliegue de efectos sobre el contrato de trabajo quedaría condicionado a la consideración de las normas sobre licencias como normas internacionalmente imperativas[69]. Cabe admitir un encaje en el concepto de norma de policía del art. 9 RRI, pues en estas normas concurrirían intereses públicos y generales al perseguir el objetivo de garantizar la seguridad aérea. No obstante, ello implicaría que, *a priori*, una eventual falta de licencia solo pueda tener «efectos privados» si la obligación de contar con la licencia es una norma internacionalmente imperativa del foro o de los lugares de ejecución[70]. Aunque el sometimiento a las categorías admitidas en el art. 9 RRI a primera vista puede considerarse problemático, ha de tenerse en cuenta que, una vez planteado un litigio relativo a los efectos de la falta de licencia sobre el contrato de trabajo en cualquier Estado miembro de la UE, las normas europeas sobre licencias deberían aplicarse como normas internacionalmente imperativas del foro. Así, quedaría garantizado en todos los casos el despliegue de efectos de la falta de licencia sobre el régimen del contrato de trabajo.

B) Regulación del tiempo de trabajo

39. El tiempo de trabajo del personal de vuelo se regula en varios Reglamentos europeos, esencialmente, en el Reglamento (UE) 965/2012[71], que debe aplicarse a todos los trabajadores que presten servicios en aviones que aterricen en aeropuertos situados en la UE (art. 1). En el Reglamento se

---

69 Las normas sobre licencias se consideran como normas internacionalmente imperativas en P. Menéndez Sebastián, *Competencia judicial y ley aplicable al contrato de trabajo con elemento extranjero*, Lex Nova, Valladolid, 2006, p. 132. Esta sería la alternativa más convincente teniendo en cuenta el tratamiento dado a las normas de Derecho público por parte de la doctrina, que ha partido de su encaje en el concepto de «norma de policía» del Convenio de Roma y del Reglamento Roma I. *Vid.* A. L. Calvo Caravaca, J. Carrascosa González, «Contratos internacionales I», en A. L. Calvo Caravaca, J. Carrascosa González (dirs.), *Tratado de Derecho internacional privado* (tomo II), Tirant lo Blanch, Valencia, 2022, pp. 3078-3117; F. J. Garcimartín Alférez, *Contratación internacional y medidas de coerción económica*, Beramar, Madrid, 1993, esp. pp. 97-136.

70 Ello sin ignorar otras posibles vías de aplicación de las normas internacionalmente imperativas. Así, cabe plantear la posible aplicación de las normas internacionalmente imperativas del ordenamiento rector del contrato. Sobre el debate en torno a la admisibilidad o no de la aplicación de las normas internacionalmente imperativas del ordenamiento rector, *vid.*: Capítulo II: I.1.B) Identificación de las normas imperativas del ordenamiento objetivo. Asimismo, ha de tenerse en cuenta la posible toma en consideración de una norma internacionalmente imperativa perteneciente a un ordenamiento diferente al del foro y al de los Estados de ejecución como una circunstancia de hecho, siempre que así lo admita el ordenamiento rector del contrato [*vid.* STJUE de 18 de octubre de 2016, asunto C-135/15 - *Nikiforidis* (ECLI:EU:C:2016:774)].

71 Reglamento (UE) 965/2012 por el que se establecen requisitos técnicos y procedimientos administrativos en relación con las operaciones aéreas en virtud del Reglamento (CE) 216/2008 del Parlamento Europeo y del Consejo (*DO* L 296, de 25 de octubre de 2012).

establecen con detalle normas obligatorias respecto a periodos de actividad, tiempos de vuelo y de descanso y turnos, pero también otro tipo de obligaciones, como requisitos documentales respecto a la base de operaciones asignada. La asignación de una base de operaciones se configura como una obligación para las compañías aéreas, pues el cómputo de los periodos de descanso y de actividad se efectúa a partir del momento de partida y retorno a la base. Estas normas obligan tanto a las aerolíneas como al personal de vuelo, que debe cumplir todas las limitaciones y abstenerse de trabajar en caso de no encontrarse en las condiciones adecuadas[72].

En las normas sobre tiempo de trabajo del personal de vuelo confluye al mismo tiempo una doble naturaleza: son normas cuyo objetivo primordial es preservar la seguridad aérea, pero la consecución de este objetivo solo puede garantizarse con la introducción de normas que aseguren la protección de los trabajadores. Tanto pilotos como auxiliares de vuelo asumen funciones que pueden comprometer la seguridad aérea si no se encuentran en las condiciones óptimas para desempeñar su trabajo, de modo que la protección de los trabajadores se convierte en presupuesto para garantizar la seguridad aérea[73].

40. Estas normas no persiguen el objetivo de regular las condiciones laborales del personal de vuelo, sino que excluyen el tratamiento del tiempo de trabajo como una materia laboral, prevaleciendo su función instrumental como garantía de la seguridad aérea[74]. Al igual que sucede con las normas sobre licencias, se trata de una regulación de Derecho público, ajena al Reglamento Roma I, y que no encuentra el fundamento de su aplicación en este. Cabe adoptar la misma postura en cuanto a la articulación de los eventuales efectos de estas normas sobre el régimen contractual. Así, las disposiciones relativas al tiempo de trabajo también han de considerarse **normas internacionalmente imperativas** del art. 9 RRI. Se aplican con independencia de

72 *Cf.* J. Restellini, *Labour Relations in Aviation, op. cit.*, p. 92.

73 Las normas sobre seguridad y salud en el trabajo aplicables al personal de vuelo guardan estrecha relación con la seguridad aérea, de modo que no es posible establecer una frontera nítida entre ambas materias. En este sentido: OIT, *La aviación civil y los cambios en su entorno laboral*, Ginebra, 2013, p. 28.

74 Una cuestión en principio laboral como es el tiempo de trabajo se convierte en un aspecto técnico que se regula desde normas no laborales. En España, la competencia para el control del cumplimiento de las limitaciones de tiempo de vuelo, actividad y requisitos de descansos del personal de vuelo corresponde a la Agencia Estatal de Seguridad Aérea y no a la Inspección de Trabajo. Así, los organismos encargados de la inspección aeronáutica son los encargados de controlar el cumplimiento de la normativa sobre tiempo de trabajo y descansos, sin que exista participación en tal sentido por parte de los organismos laborales. *Vid.* R. M. Rodríguez Romero, «Tiempo de trabajo, registro de jornada y trabajadores móviles: el caso particular del personal aéreo», *El Estatuto de los Trabajadores. 40 años Después, XXX Congreso Anual de la Asociación Española de Derecho del Trabajo y de la Seguridad Social*, Ministerio de trabajo y Economía Social, 2020, Madrid, pp. 905-924; J. Restellini, *Labour Relations in Aviation, op. cit.,* p. 97.

cuál sea la ley aplicable al contrato de trabajo y producen efectos sobre el régimen contractual siempre que encajen en alguna de las categorías del art. 9 RRI.

En la STSJ de Islas Baleares de 19 de febrero de 2021[75] la trabajadora demandante, auxiliar de vuelo de la aerolínea *Ryanair*, se había negado a continuar trabajando, alegando que no se encontraba en condiciones para ello una vez superado el número de horas de vuelo máximo, por lo que fue despedida. El TSJ reconoció la improcedencia del despido aplicando la legislación laboral española, si bien sin mencionar que la trabajadora habría actuado en cumplimiento de las normas internacionalmente imperativas en materia de seguridad aérea, ajenas al régimen contractual.

41. Pese a incidir directamente sobre las condiciones de trabajo del personal de vuelo, la regulación sobre el tiempo de trabajo se sustrae —parcialmente— del ámbito de aplicación típico de la ley del contrato. El tiempo de trabajo también se regula desde las normas laborales, de modo que es objeto de una regulación paralela, en el Derecho aeronáutico y en el Derecho del trabajo. Significativamente, ha de tenerse en cuenta que la Directiva 2000/79/CE[76] regula el periodo de vacaciones mínimo, el tiempo máximo de vuelo anual y los días libres del personal de vuelo. Al contrario que el Reglamento (UE) 965/2012, la Directiva regula el tiempo de trabajo desde una perspectiva sociolaboral y, por tanto, la aplicación de las normas que la transponen sí queda sujeta a la remisión del art. 8 RRI. Como se verá, el ámbito de aplicación de la Directiva resulta problemático y la existencia de este «doble régimen» en la regulación del tiempo de trabajo genera dificultades particulares en la delimitación del ámbito de aplicación de la ley del contrato de trabajo determinada por el art. 8[77].

2. Relevancia de la base de operaciones

A) Concepto de base de operaciones

42. El concepto de base de operaciones se define en la actualidad como el lugar asignado por la aerolínea empleadora a cada miembro de la tripulación,

---

75 ECLI:ES:TSJBAL:2021:184. *Vid.* respecto a esta Sentencia: P. Juárez Pérez, «Tripulantes de cabina de pasajeros y contrato internacional de trabajo (STSJ de Islas Baleares núm. 54/2021, de 19 de febrero)», *CDT*, vol. 14, n.º 1, 2022, pp. 745-757.

76 Directiva 2000/79/CE, de 27 de noviembre de 2000, relativa a la aplicación del Acuerdo europeo sobre la ordenación del tiempo de trabajo del personal de vuelo en la aviación civil celebrado por la Association of European Airlines (AEA), la European Transport Workers' Federation (ETF), la European Cockpit Association (ECA), la European Regions Airline Association (ERA) y la International Air Carrier Association (IACA) (*DO* L 299 de 18 de noviembre de 2003).

77 *Vid.* Capítulo II: III.2.B) Tiempo de trabajo.

en el que habitualmente el personal de vuelo comienza y termina un período de actividad o una serie de períodos de actividad y en el que, en condiciones normales, la aerolínea no se responsabiliza de su alojamiento[78]. El término es utilizado para hacer referencia al aeropuerto en el que la aerolínea establece la base de sus aeronaves y de sus tripulaciones, desde el cual opera sus rutas[79].

La aerolínea empleadora debe asignar una base de operaciones a cada miembro de la tripulación y usualmente esta figura en el contrato de trabajo[80]. Puede ser modificada por voluntad de la aerolínea y no existen limitaciones expresas en cuanto al número o la periodicidad de los cambios. Tampoco se excluye expresamente la posible asignación de más de una base de operaciones al mismo trabajador. Esta se encontrará en uno de los aeropuertos desde los que opera la aerolínea y los períodos de descanso del personal de vuelo difieren en función de si el tiempo de descanso se les atribuye fuera de la base o en la propia base. Así, la obligación de que la aerolínea atribuya una base de operaciones en la que concurran sus notas definitorias a todos los miembros de la tripulación ha de considerarse una norma internacionalmente imperativa, al igual que el resto de las normas que regulan el tiempo de trabajo.

43. Como se ve, se trata de un **concepto técnico-operacional**, introducido en el Derecho aeronáutico para computar tiempos de vuelo y descanso del personal de vuelo y hacer efectivas las limitaciones al respecto[81]. No obs-

78 Anexo III del Reglamento (CEE) 3922/91, de 16 de diciembre de 1991, relativo a la armonización de normas técnicas y procedimientos administrativos aplicables a la aviación civil (*DO* L 373, de 31 de diciembre de 1991). Anteriormente, el concepto de base de operaciones se definía como el lugar a partir del cual el personal de vuelo comienza sistemáticamente su jornada de trabajo y en el cual la termina, organizando en él su trabajo cotidiano, y cerca del cual los empleados, durante el periodo de cumplimiento de su contrato de trabajo, han establecido su residencia y están a disposición del transportista aéreo. Posteriormente, el anexo III del Reglamento (CE) 3922/91 fue sustituido por el Reglamento 965/2012 que, a su vez, fue modificado por el Reglamento (UE) 83/2014 (*DO* L 28/17 de 31 de enero de 2014). Como puede observarse, en la definición vigente se omite la mención a la residencia del personal de vuelo en un lugar próximo a la base, tampoco consta ya que esta deba ser el lugar desde el que se organiza el trabajo, y el retorno a la base no debe producirse al final de la jornada laboral, sino tras un periodo o periodos de actividad.

79 *Cf.* J. Restellini, *op. cit.*, p. 53.

80 No obstante, ha de tenerse en cuenta que la asignación de la base de operaciones corresponde en puridad al «operador de la aeronave», que no es necesariamente en todo caso la aerolínea empleadora. *Vid. ibidem*, pp. 123-124.

81 En este sentido, V. J. Anaya López, «Aspectos legales y estratégicos en los procesos de cierre de bases», en I. Sánchez del Río Moreta (dir.), *Derecho laboral aéreo solidario por el covid-19*, Universidad Pontificia Comillas de Madrid, Madrid, 2020, p. 173. En las normas de Derecho aeronáutico no se toma en consideración la dimensión social que adquiere la base de operaciones ni su trascendencia sobre los contratos de trabajo. El Reglamento (CE) 1008/2008 sobre normas comunes para la explotación de servicios aéreos en la

tante, el concepto de base de operaciones adquiere **relevancia directa e indirectamente** en otros ámbitos:

- En la determinación de la ley aplicable y de la competencia, se ha excluido expresamente una asimilación directa de la base de operaciones con el lugar de trabajo habitual del personal de vuelo. Formalmente, la base de operaciones asignada constituye únicamente una de las circunstancias o indicios que deben tomarse en consideración para la identificación del Estado de trabajo habitual.
- En el ámbito de la Seguridad Social, en cambio, actualmente la base de operaciones asignada determina automáticamente el Estado de afiliación a la Seguridad Social: asignada contractualmente una base de operaciones, en principio, el personal de vuelo debe quedar incluido en el sistema de Seguridad Social del Estado en el que esta se encuentre.
- La base de operaciones es el criterio utilizado usualmente para delimitar el ámbito de aplicación de los convenios colectivos en el sector aéreo. De este modo, *a priori* los convenios colectivos se aplican a todos los trabajadores de una aerolínea cuya base de operaciones se encuentre en un determinado Estado.
- Adicionalmente, ha de tenerse en cuenta que la base de operaciones ha sido tomada como el centro de trabajo del personal de vuelo en el Derecho laboral. La influencia de tal asimilación se evidencia en el caso de que tengan lugar procesos colectivos de despido o modificación de las condiciones de trabajo, que afectarán a un grupo de trabajadores asignado a una determinada base de operaciones.

B) Relevancia en la identificación del lugar de trabajo habitual

44. Al interpretar el concepto de lugar de trabajo habitual del Reglamento Bruselas I bis, el TJUE ha establecido que no puede asimilarse a ningún otro concepto utilizado en otras normas de la UE, descartándose tanto la nacionalidad de la aeronave como la base de operaciones a estos efectos. La exclusión de la asimilación directa de la base de operaciones con el foro del lugar de trabajo habitual se justificó en el asunto *Nogueira* recurriendo a argumentos que pueden considerarse formales: el Reglamento Bruselas I no remite

Comunidad (*DO* L 293/3, de 31 de octubre de 2008), únicamente establece lo siguiente: *Los Estados miembros deben velar por que se aplique adecuadamente la legislación social comunitaria y nacional por lo que se refiere a los empleados de una compañía aérea comunitaria que opere servicios aéreos desde una base operativa situada fuera del territorio del Estado miembro en el que esa compañía aérea comunitaria tenga su establecimiento principal* (Considerando n.º 9).

al Reglamento 3922/91, en el que se encontraba el concepto de base de operaciones, ni persigue los mismos objetivos, ya que este tiene por objeto la armonización de normas técnicas y procedimientos administrativos aplicables a la aviación civil (ap. 66). Tampoco tiene incidencia en este sentido la asimilación que sí existe entre lugar de trabajo habitual y base de operaciones en el ámbito de la Seguridad Social, pues el Reglamento 883/2004[82], en el que se encuentra tal remisión, y el Reglamento Bruselas I bis persiguen finalidades distintas. Mientras que el objetivo del Reglamento 883/2004 es garantizar la libre circulación de personas y contribuir a mejorar el nivel de vida y las condiciones de empleo de estas (ap. 74), el objetivo del Reglamento Bruselas I bis es unificar las reglas de competencia en la UE, evitando la multiplicidad de criterios de competencia respecto de una misma relación jurídica, reforzando la protección jurídica de las personas establecidas en la UE, y permitiendo al demandante conocer fácilmente el tribunal ante el que puede ejercitar una acción y al demandado prever razonablemente en qué Estado puede ser demandado (ap. 47)[83]. De este modo, como era previsible, el TJUE preserva la interpretación autónoma del concepto de «lugar de trabajo habitual» y, en particular, la aplicación de un «método indiciario» para su identificación, que ya había sido establecido previamente en los asuntos *Koelzsch* y *Voogsgeerd*, descartando el recurso automático a un concepto de Derecho uniforme de la UE[84].

45. La relevancia real de la base de operaciones a la hora de identificar el lugar de trabajo habitual permanece indeterminada en el asunto *Nogueira*[85].

---

82 Reglamento (CE) 883/2004, sobre la coordinación de los sistemas de seguridad social (*DO* L 166/1, de 30 de abril de 2004).

83 Así, en el asunto *Nogueira*, al negar la extrapolación automática de la noción de «base de operaciones» al foro del lugar de trabajo habitual, el TJUE subrayó la falta de paralelismo axiológico entre los Reglamentos Bruselas I bis, el Reglamento 3922/91 y el Reglamento 883/2004. *Cf.* S. Sánchez Lorenzo, «El principio de coherencia en el Derecho internacional privado europeo», *REDI*, vol. 70, n.º 2, p. 45. Las mimas razones —inexistencia de remisión expresa a otros instrumentos y diferentes objetivos— deben extrapolarse para excluir también su asimilación a la conexión del lugar de trabajo habitual del art. 8 RRI.

84 Se critican los argumentos esgrimidos para justificar la falta de asimilación en O. L. Knöfel: «Flugpersonal im Europäischen Arbeitsprozessrecht», *GPR*, vol. 16, n.º 1, 2019, pp. 46-47. El autor sostiene que hubiera sido conveniente otorgar una mayor relevancia la base de operaciones en la identificación del lugar de trabajo habitual. Por su incidencia sobre las condiciones de trabajo y en la determinación del Estado de afiliación a la Seguridad Social, cabría que fuese tomada a modo de orientación interpretativa, preservando al mismo tiempo la interpretación autónoma del concepto de «lugar de trabajo habitual». Aunque la exclusión de una asimilación con la base de operaciones puede deberse a las posibilidades de un uso fraudulento, no se considera que su designación se utilice deliberadamente por parte de las aerolíneas para manipular las conexiones y foros de DIPr.

85 Por ello, se ha sostenido que al establecerse los indicios que han de utilizarse para la identificación del lugar de trabajo habitual se contribuyó a satisfacer el objetivo de garantizar la seguridad jurídica, pero las dudas respecto al rol que debe jugar la base de operaciones perjudican la consecución de tal objetivo: F. Jault-Seseke, «De la competence du juge du

Aunque se excluye una asimilación directa, la base de operaciones sí tiene relevancia para la identificación del lugar de trabajo habitual y, literalmente, constituye un «indicio significativo» a estos efectos[86].

Por su propio contenido, el concepto de base de operaciones absorbe al resto de indicios establecidos por el TJUE en el asunto *Nogueira* para la identificación del lugar de trabajo del personal de vuelo[87]. El aeropuerto en el que se fije la base de operaciones del trabajador debe ser el lugar del que este parta y al que regrese habitualmente al finalizar la jornada de trabajo, y en el que debe tener lugar la organización del trabajo. De modo que esta debería coincidir con el lugar de trabajo habitual. Por ello, la diferenciación de la base de operaciones como un indicio por sí misma, e independiente del resto, puede resultar artificial[88].

La base de operaciones actuaría en realidad como una **presunción**[89], de manera que ha de comprobarse si el resto de circunstancias concurren en el Estado en el que esta se encuentra. Si los indicios no concurren en ese Estado, la presunción decae: el Estado de trabajo habitual será aquel en el que concurren realmente los elementos de la ejecución del trabajo y no el de la base de operaciones asignada[90].

---

lieu d´éxécution habituel du travail pour le personnel navigant des compagnies aériennes», *Rev. crit. dr. int. pr.*, n.° 2, 2018, pp. 288-289.

86 Su consideración varía en la propia Sentencia, pues previamente se dice que constituye un dato que puede desempeñar un papel significativo en la identificación de los indicios que permiten determinar el lugar a partir del cual los trabajadores desempeñan habitualmente su trabajo (ap. 69) y, posteriormente, que esta constituye en sí misma un indicio significativo (ap. 77).

87 Como se verá posteriormente, los indicios establecidos por el TJUE en el asunto *Nogueira* son los siguientes: el lugar a partir del cual el trabajador desempeña sus misiones de transporte, el lugar al que regresa una vez finalizadas sus misiones, el lugar donde recibe las instrucciones sobre sus misiones y organiza su trabajo, y el lugar en el que se encuentran las herramientas y están estacionados los aviones a bordo de los cuales se desempeña habitualmente el trabajo.

88 En las conclusiones del AG, en cambio, el papel de la base de operaciones es tratado con más claridad, al sostenerse que su pertinencia a la hora de identificar el lugar de trabajo habitual es solo indirecta y que solo ha de tenerse en cuenta en la medida en que corrobora el resto de indicios. *Vid.* apartados 116 y 117.

89 En este mismo sentido, considerando que la base de operaciones asignada actúa como una mera presunción en la identificación del lugar de trabajo habitual del personal de vuelo: F. Jault-Seseke, *op. cit.*, p. 289; A. Trimarchi, *op. cit.*, p. 108; A. Nuyts, «L'affaire Ryanair: Le for compétent pour les litiges avec le personnel de cabine», *Revue de droit commercial belge*, n.° 1, 2019, p. 87; A. L. Calvo Caravaca, J. Carrascosa González, «Contrato Internacional de Trabajo», *Tratado de Derecho internacional privado* (tomo III), 2.ª ed., Tirant lo Blanch, Valencia, 2022, p. 3536.

90 Como se verá a continuación, esta interpretación es coherente con el fallo en el asunto *INAIL e INPS* [STJUE de 19 de mayo de 2022, asunto C-33/21 (ECLI:EU:C:2022:402)], en el que se interpretó el concepto de la base de operaciones en el ámbito de la Seguridad Social.

Ha de mencionarse la postura particular adoptada en el ordenamiento francés, en el que, *de facto*, opera una asimilación directa de la base de operaciones con el lugar de trabajo habitual[91]. La incorporación del personal de vuelo a una base de operaciones ubicada en territorio francés supone que se aplique la legislación francesa y, con ello, se excluyen eventuales situaciones de desplazamiento temporal. La compatibilidad de las normas francesas con el Reglamento Roma I y con la Directiva 96/71/CE de desplazamiento temporal de trabajadores genera evidentes dudas[92].

C) Relevancia en la determinación del Estado de afiliación a la Seguridad Social

46. El Reglamento (CE) 883/2004 establece que el trabajo del personal de vuelo se considera realizado en el Estado miembro en el que se encuentre la base de operaciones asignada[93]. Así, actualmente, en el ámbito de la Segu-

---

91 *Vid.* art. R.330-2-1 Code de l'aviation civile: *En application de l'article L. 1262-3 du code dutravail, les entreprises de transport aérien sont assujetties aux dispositions du code du travail applicables aux entreprises établies sur le territoire national, notamment au titre de leurs bases d'exploitation situées sur les aérodromes français. Une base d'exploitation se définit par l'exercice d'une activité habituelle, stable et continue de transport aérien mettant en œuvre des moyens techniques, matériels et humains, dont le recours à des salariés ayant le centre effectif de leur activité professionnelle sur l'aérodrome concerné. Au sens des dispositions qui précèdent, le centre de l'activité professionnelle d'un salarié est le lieu où, de façon habituelle, il travaille ou celui où il prend et termine son service.* Véase también el art. L.1261-1 Code du Travail: *Un employeur ne peut se prévaloir des dispositions applicables au détachement de salariés lorsqu'il exerce, dans l'Etat dans lequel il est établi, des activités relevant uniquement de la gestion interne ou administrative, ou lorsque son activité est réalisée sur le territoire national de façon habituelle, stable et continue. Il ne peut notamment se prévaloir de ces dispositions lorsque son activité comporte la recherche et la prospection d'une clientèle ou le recrutement de salariés sur ce territoire. Dans ces situations, l'employeur est assujetti aux dispositions du code du travail applicables aux entreprises établies sur le territoire national.*

92 *Vid.* en este sentido: O. Deinert, *op. cit.*, p. 165; G. Busschaert, P. Pecinovsky, *The Application of the EU Posting Rules to Aircrew, EU project Research Report for a «Support for social dialogue» in the Civil Aviation Sector*, Comisión Europea, Bruselas, 2019, p. 43.

93 Art. 11.5 del Reglamento (CE) 883/2004, tras su modificación por el Reglamento (UE) 465/2012 de 22 de mayo de 2012 por el que se modifican el Reglamento (CE) n.° 883/2004, sobre la coordinación de los sistemas de seguridad social, y el Reglamento (CE) 987/2009, por el que se adoptan las normas de aplicación del Reglamento (CE) 883/2004 (*DO* L 149/4, de 8 de junio de 2012): *La actividad de un miembro de tripulación de vuelo o de cabina en el marco de una prestación de servicios de transporte aéreo de pasajeros o mercancías se considerará una actividad realizada en el Estado miembro en el que se encuentre la «base» con arreglo a la definición que figura en el anexo III del Reglamento (CEE) n.° 3922/91.* Este criterio rige plenamente desde el 28 de junio de 2022 para determinar el Estado de afiliación a la Seguridad Social del personal de vuelo. El artículo 87 bis del Reglamento 465/2012 contiene una disposición transitoria en virtud de la cual el personal de vuelo podía continuar afiliado al sistema de Seguridad Social previo a la introducción

ridad Social se establece una **asimilación directa entre lugar de trabajo y base de operaciones**[94] que, por el contrario, se descarta en la determinación de la competencia y de la ley aplicable a los contratos de trabajo. El recurso al concepto de base de operaciones se justifica porque facilita la aplicación del Reglamento y con ello la determinación del sistema de Seguridad Social al que deben permanecer afiliados los trabajadores.

El TJUE se ha pronunciado sobre la regla de la base de operaciones en materia de Seguridad Social en el asunto *INAIL e INPS*, en el que también se aborda la identificación del Estado de afiliación conforme a la regulación previa, antes de la introducción de la regla especial para el personal de vuelo en el Reglamento (CE) 883/2004.

> El INAIL (Instituto Nacional de Seguro contra Accidentes Laborales de Italia) y el INPS (Instituto Nacional de la Seguridad Social de Italia) iniciaron sendos litigios reclamando a *Ryanair* el pago de las cotizaciones a la Seguridad Social del personal de vuelo que había sido destinado en un aeropuerto italiano durante determinados periodos por la compañía aérea[95]. Los periodos reclamados por las instituciones de Seguridad Social italianas estaban cubiertos solo en parte por la nueva regulación (criterio de la base), mientras que para determinar si había procedido la afiliación a la Seguridad Social italiana en los periodos previos debía recurrirse a la regulación preexistente, cuando no existía regla específica para el personal de vuelo.
> Según las normas aplicables a los periodos previos, procedía la afiliación al sistema de Seguridad Social del Estado miembro en el que se encontraba la sucursal

de la regla de la base como máximo hasta esta fecha. Si la base de operaciones asignada se encuentra en un Estado miembro el personal de vuelo permanece afiliado al sistema de Seguridad Social de este Estado, aunque resida en un tercer Estado. La regla no resulta aplicable cuando la base de operaciones asignada se encuentra en un tercer Estado, aunque el trabajador resida en la UE. *Vid.* J. Restellini, *op. cit.*, pp. 121-122.

94 Se trata de una adaptación del criterio de la *lex loci laboris* al caso particular del personal de vuelo, a través de una ficción jurídica. Una vez identificada la legislación de Seguridad Social aplicable utilizando el criterio de la base de operaciones, se presume que el trabajador ejerce completamente su actividad y percibe la totalidad de sus ingresos en el Estado miembro al que remite la norma de conflicto. *Cf.* CACSS, *Practical Guide on the Aplicable Legislation in the European Union (UE), the European Economic Area (EEA) and in Switzerland*, Comisión Europea, Bruselas, 2013, p. 31; A. Martín Pozuelo López, *La Seguridad Social de los trabajadores migrantes en la Unión Europea: Ley aplicable a afiliación y cotización,* Tirant lo Blanch, Valencia, 2022, pp. 388-389; J. Restellini, *Labour Relations in Aviation*, *op. cit.*, p. 119; I. A. Rodríguez Cardo, «Capítulo II. Problemas de aplicación de las Seguridad Social en el espacio: el conflicto de leyes en Reglamento 883/2004», en C. Sánchez-Rodas Navarro (dir.), *Los reglamentos de coordinación de sistemas de seguridad social en la Unión Europea*, Laborum, Murcia, 2021, p. 54.

95 Las autoridades irlandesas habían emitido certificados E101 que acreditaban que la legislación de Seguridad Social irlandesa resultaba aplicable a una parte de los trabajadores. Por ello, solo se admitieron las reclamaciones de las autoridades italianas sobre el resto de trabajadores, que no se encontraban cubiertos por estos certificados pero que, aun así, se encontraban afiliados al sistema de Seguridad Social irlandés sin aparente justificación.

de la aerolínea en la que el trabajador se encontraba ocupado, siempre que esta se encontrase en un Estado miembro distinto al de la sede[96]. Así, debía analizarse la concurrencia de dos requisitos acumulativos: la equiparación de la base de operaciones a una sucursal y que los trabajadores afectados estuviesen empleados en dicha sucursal.

El TJUE recordó que los conceptos de «sucursal» y de «representación permanente» deben interpretarse autónomamente, y que estos se refieren a una forma de establecimiento secundario con carácter estable y continuo destinado a ejercer una actividad económica efectiva y que para ello disponga de medios materiales y humanos organizados y de cierta autonomía respecto del establecimiento principal.

Para determinar la existencia de una vinculación suficiente de los trabajadores con la sucursal/base de operaciones, el TJUE se remitió a los **indicios empleados en el asunto Nogueira** para identificar el lugar de trabajo habitual del personal de vuelo[97].

Para el TJUE, en la base en el aeropuerto italiano concurrían las circunstancias requeridas: esta era una sucursal de la aerolínea a la que los trabajadores se encontraban vinculados por la ejecución del trabajo. De este modo, procedía la afiliación a la Seguridad Social italiana incluso en los periodos previos a la introducción expresa de la regla de la base de operaciones[98].

---

96 Art. 14.2 a) del Reglamento (CEE) 1408/71 relativo a la aplicación de los regímenes de seguridad social a los trabajadores por cuenta ajena, a los trabajadores por cuenta propia y a los miembros de sus familias que se desplazan dentro de la Comunidad (*DO* L 149/2, de 5 de julio de 1971).

97 Para determinar el encaje con el concepto de sucursal con la que el personal de vuelo se encuentra vinculado, el TJUE enumera detalladamente las circunstancias que concurrían en el local de la aerolínea: estaba destinado a acoger a la tripulación y servía para gestionar y organizar los turnos de trabajo de su personal; estaba dotado de mobiliario; era utilizado por todo el personal para las actividades preparatorias y posteriores a cada turno y para comunicarse con la sede de la aerolínea en Irlanda; el personal que temporalmente no fuera apto para realizar los vuelos debía prestar servicios en ese local; en este se encontraba una persona de referencia para el personal, que coordinaba las tripulaciones, controlaba desde allí al personal que trabajaba en el aeropuerto y convocaba al personal de reserva que se encontraba en su domicilio. Significativamente, el personal de vuelo no podía residir a más de una hora de dicho local.

98 De este modo, la introducción de la regla de la base en el Reglamento (CE) 883/2004 vendría a concretar un criterio que, de todas formas, ya operaba cuando se aplicaba la regulación previa. Así, la introducción de la regla de la base no debería suponer cambios generalizados del sistema de afiliación a la Seguridad Social durante el transcurso de la relación laboral del personal de vuelo, cambios que podrían adquirir relevancia en la conexión de los vínculos más estrechos. Sin embargo, la casuística revela que hasta entonces era común que el personal de vuelo se encontrase afiliado al sistema de Seguridad Social de Estados distintos al de la base de operaciones asignada. Para ello, las aerolíneas habían venido empleando distintos mecanismos, como los falsos desplazamientos, por medio de los cuales se fijaba artificialmente el Estado en el que se encontraba domiciliada la aerolínea como Estado de origen, a cuyo sistema de Seguridad Social los trabajadores permanecían afiliados. Igualmente, la regla general para determinar el Estado de afiliación a la

Respecto a los periodos en los que resultaba ya aplicable el criterio de la base de operaciones, el TJUE estableció que procede la afiliación al Estado de la base de operaciones cuando la tripulación trabaja durante cierto periodo de tiempo en esa base, reside en el Estado miembro donde se encuentra la base, y trabaja el resto de su jornada a bordo de aeronaves. Por tanto, si en la base de operaciones asignada no concurren estas circunstancias, no cabe su utilización directa como criterio determinante del Estado de afiliación a la Seguridad Social[99].

47. Del asunto *INAIL e INPS* se deduce que en la base de operaciones asignada deben concurrir elementos adicionales para que esta pueda operar como criterio determinante del Estado de afiliación a la Seguridad Social. La asimilación del lugar de trabajo habitual con la base de operaciones en el ámbito de la Seguridad Social rige automáticamente, pero queda condicionada al hecho de que el Estado en el que esta se encuentra sea aquel desde el que verdaderamente se ejecuta el trabajo. Así, el Estado de afiliación a la Seguridad Social, determinado por la base de operaciones, debería coincidir con el lugar de trabajo habitual de las normas de DIPr[100]. De lo contrario, si

Seguridad Social de los trabajadores que prestan servicios en múltiples Estados conducía a este resultado en algunos casos porque facilitaba la selección del Estado de afiliación por parte de las aerolíneas. Con la regla de la base de operaciones tampoco se ha logrado poner fin a estas prácticas, pues también permite a las aerolíneas seleccionar el Estado de afiliación y no excluye una fijación fraudulenta de este Estado. *Vid.* O. Fotinopoulou Basurko, «La directiva sobre desplazamiento de trabajadores: convergencias y divergencias con los reglamentos de coordinación de sistemas de seguridad social europeos», *Revista del Ministerio de Empleo y Seguridad Social*, n.° 142, 2019, pp. 91-95. No obstante, su introducción se ha valorado positivamente por favorecer la seguridad jurídica y contribuir a la protección de los trabajadores. *Vid.* A. Martín-Pozuelo López, *op. cit.*, p. 390; J. Restellini, *op. cit.*, pp. 124-125.

99 Para el TJUE procede la afiliación a la legislación italiana porque en esta se encuentra la base de operaciones asignada al personal de vuelo en la que este *«trabaja durante 45 minutos al día en un local destinado a acoger a la tripulación»*, *«del que dicha compañía aérea dispone en el territorio de otro Estado miembro en el que ese personal de vuelo reside, mientras que el resto de la jornada de trabajo se encuentra a bordo de las aeronaves»*. Ha de repararse en el valor que el TJUE otorga estos criterios (domicilio de los trabajadores y trabajo en el aeropuerto), que no se tuvieron en cuenta en el asunto *Nogueira* para la identificación del lugar de trabajo habitual de las normas de DIPr.

100 En el asunto *Nogueira*, el TJUE rechazó la identificación automática del Estado de trabajo habitual con el Estado de la base de operaciones en la determinación de la competencia por tratarse de un concepto ajeno a las normas de Derecho internacional privado. Como se ha visto, el TJUE menciona expresamente que la utilización de la base de operaciones en la determinación del Estado de afiliación a la Seguridad Social es irrelevante a estos efectos, porque las normas de competencia y para la determinación del Estado de afiliación tienen distintos objetivos. Sin embargo, en el asunto *INAIL e INPS*, al aplicar el criterio de la base de operaciones en el ámbito de la Seguridad Social, el TJUE recurre a los criterios del asunto *Nogueira*. Por ello, los razonamientos del TJUE en ambos asuntos pueden considerarse contradictorios. *Vid.* en este sentido V. Lazić, «Rules on Jurisdiction in Weaker Party Disputes», en V. Lazić, M. Mankowski, *The Brussels I-Bis Regulation: Interpretation and Implementation*, Edward Elgar PL, Reino Unido/EEUU, 2023, pp. 272-273.

el Estado en el que se encuentra la base de operaciones asignada no es el de trabajo habitual, no cabría la afiliación al sistema de Seguridad Social de ese Estado y, en su caso, la afiliación debería corregirse.

Como se verá, el modo en que se determine el Estado de afiliación en los **casos en los que el criterio de la base de operaciones no resulta aplicable** puede tener incidencia en la aplicación de las normas de DIPr. Estas situaciones pueden darse cuando la base de operaciones asignada no se corresponde con el Estado de trabajo habitual real, o cuando no existe un Estado de trabajo habitual. Ello adquiere una trascendencia indirecta en la determinación de la ley aplicable, pues el Estado de afiliación a la Seguridad Social es una de las circunstancias que han de tomarse en consideración en la conexión de los vínculos más estrechos[101].

D) Relevancia en la aplicación de los convenios colectivos

48. La negociación colectiva en el sector aéreo se desarrolla generalmente a nivel de empresa, y el **ámbito de aplicación** de los convenios colectivos se extiende a todos los trabajadores de una aerolínea cuya base de operaciones se encuentra en un determinado Estado. Con el criterio de la base de operaciones se pretende que el convenio colectivo se aplique a los trabajadores que prestan servicios desde esa base, tomándose como equivalente al centro de trabajo del personal de vuelo.

En los convenios colectivos de Iberia, en cambio, el ámbito de aplicación se extiende a todos los centros de trabajo de la aerolínea, es decir, tanto a los que se encuentran en España como a los localizados en otros Estados desde los que opera la aerolínea. El TS negó que el convenio colectivo de auxiliares de vuelo de Iberia rigiese la contratación de trabajadores que prestaban servicios en otros Estados, porque el ordenamiento aplicable a estos contratos no era el español, al que pertenecían los convenios, sino el del Estado de trabajo habitual[102]. No obstante, la previsión de la aplicación del convenio colectivo a todos los trabajadores de la aerolínea se mantiene en los convenios vigentes[103].

La autora señala la dificultad para llegar a conclusiones claras sobre la interpretación que debe darse a los mismos conceptos cuando son utilizados en diferentes instrumentos de Derecho europeo.

101 *Vid.* Capítulo III: II.1.B) Estado de afiliación a la Seguridad Social.

102 STS 925/1994 de 16 de febrero de 1994 (ECLI:ES: TS: 1994:925). También se niega la aplicación de los convenios colectivos con base en los mismos argumentos en la STS 4830/1997 de 7 de julio de 1997 (ECLI:ES:TS:1997:4830).

103 *Vid.* art. 1 del Convenio colectivo Iberia y sus tripulantes de cabina de pasajeros (ámbito territorial): *El ámbito y aplicación del presente Convenio abarca todos los centros y dependencias de trabajo de la Compañía, tanto en España como en el extranjero, en relación*

La aerolínea *Ryanair* se ha negado generalmente a negociar convenios colectivos en los distintos Estados miembros en los que cuenta con bases de operaciones. La estrategia de la aerolínea había consistido en negar la legitimación de los sindicatos del Estado en el que se encontraba la base de operaciones de los trabajadores y en exigir la aplicación del ordenamiento irlandés a la negociación colectiva[104]. En este sentido, puede citarse la Sentencia del Tribunal del Trabajo de Dinamarca de 1 de julio de 2015[105], que resolvió el recurso interpuesto por un sindicato danés contra la aerolínea *Ryanair* para que se declarase la licitud de una huelga convocada para que la aerolínea accediese a negociar un convenio colectivo que cubriese a todo su personal de vuelo con base en Dinamarca. *Ryanair* sostenía que la pretensión de que se negociase un convenio en Dinamarca era infundada porque la vinculación de los contratos con este Estado miembro era muy reducida, subrayando el hecho de que el personal de vuelo pasaba muy poco tiempo de trabajo en los aeropuertos en los que tenía bases en Dinamarca. La negociación colectiva incidiría sobre los contratos de trabajo, a los que, según la compañía, correspondía aplicar la legislación irlandesa, por lo que deberían aplicarse exclusivamente convenios colectivos pertenecientes a este ordenamiento. El tribunal danés estableció que existía una vinculación suficiente de los contratos de trabajo con el territorio danés, por lo que los sindicatos daneses estaban legitimados para negociar un convenio colectivo[106].

49. *A priori*, para que quepa la aplicación del convenio colectivo, tiene que resultar aplicable el ordenamiento al que este pertenece y cumplirse, al mismo tiempo, el ámbito de aplicación del convenio. Es decir, la ley aplicable al contrato debe ser la del Estado en el que se encuentra la base de operaciones asignada al personal de vuelo. Así, los problemas de aplicación de los convenios colectivos

---

con el ámbito personal que se refleja en el Artículo siguiente (BOE n.º 62, de 14 de marzo de 2023). Igualmente, art. 1 del Convenio colectivo entre Iberia y sus tripulantes pilotos (ámbito territorial): *El ámbito y aplicación del presente convenio abarca todos los centros y dependencias de trabajo de la compañía, tanto en España como en el extranjero, en relación con el ámbito personal que se refleja en el artículo siguiente* (*BOE* n.º 311, de 28 de diciembre de 2022).

104 Durante los últimos años, *Ryanair* ha reconducido su postura al respecto y ha comenzado a negociar convenios colectivos en algunos Estados miembros. Así, recientemente la aerolínea ha firmado un primer convenio colectivo de pilotos en España. *Vid.* I Convenio colectivo de pilotos de Ryanair DAC en España (*BOE* n.º 153, de 28 de junio de 2023). El ámbito de aplicación del convenio queda definido del siguiente modo: *El ámbito territorial del presente Convenio incluye todas las bases de aeronaves de Ryanair DAC en España, así como pilotos en destacamentos fuera de España con un contrato español* (art. 2. *Ámbito territorial y personal*, apartado 5).

105 Asunto AR2015.0083.

106 La inexistencia de un convenio colectivo es particularmente grave en países como Dinamarca, en los que el legislador nacional solo introduce una regulación mínima y se reserva un amplio margen a la negociación colectiva en la regulación de las condiciones de trabajo. *Vid.* sobre este modelo negociación colectiva: Ö. EDSTRÖM, *Collective Labour Law in the Nordic Countries*, en J. BASEDOW (dir.), *Employee Participation and Collective Bargaining in Europe and China*, Mohr Siebeck, Alemania, 2015, pp. 3-28.

se dan en las situaciones en las que el Estado cuyo ordenamiento rige el contrato no coincide con el de la base de operaciones, pues el convenio no formará parte de ese ordenamiento. En estas circunstancias, deben analizarse las posibles vías para articular la aplicación de los convenios colectivos[107].

E) Relevancia en los procesos colectivos

50. Los **procesos de modificación colectiva de las condiciones de trabajo**[108] **y de despido colectivo**[109] se rigen por el principio de territorialidad. Con independencia de que la empresa tenga presencia en múltiples Estados, se desarrollan conforme a la regulación de los Estados en los que existen centros de trabajo afectados. En el sector aéreo, se han iniciado estos procesos para promover el despido o la modificación de las condiciones de trabajo de grupos de trabajadores asignados a una o varias bases de operaciones de una determinada aerolínea localizadas en un mismo Estado[110]. Ello puede resultar problemático, pues la **base de operaciones asignada puede determinar la inclusión del personal de vuelo** en uno de estos procesos colectivos, pero en algunos casos la ley del contrato es la de un Estado distinto de aquel en el que se encuentra la base de operaciones.

51. En la regulación de estos procesos no se tiene en cuenta que pueden quedar afectados contratos de trabajo regidos por un ordenamiento distinto de aquel conforme al cual se han desarrollado. Por ello, resulta necesario efectuar una **delimitación entre dimensión colectiva e individual** de estos procesos, es decir, definir qué aspectos quedan regidos por la regulación de estos procesos del Estado en el que se encuentra la base de operaciones y cuáles se rigen por la ley del contrato de trabajo determinada por el art. 8 RRI.

---

107 *Vid.* Capítulo II: II.2. Integración de los convenios colectivos en la ley del contrato de trabajo; Capítulo III: I.3. La base de operaciones como mera presunción: aplicación de los convenios colectivos; Capítulo IV: III.1. C) Autonomía de la voluntad y convenios colectivos.

108 Según el art. 41 ET se trata de modificaciones que pueden afectar a la jornada de trabajo, el horario y la distribución del tiempo de trabajo, el régimen de trabajo a turnos, el sistema de remuneración y cuantía salarial, el sistema de trabajo y rendimiento y las funciones (en este último caso, cuando la modificación exceda los límites para la movilidad funcional del art. 39 ET). Dependiendo del número de trabajadores afectados, la modificación se puede tramitar individual o colectivamente.

109 En cuanto a los despidos colectivos, el proceso se encuentra parcialmente armonizado a nivel de la UE con la Directiva 98/59/CE del Consejo, de 20 de julio de 1998, relativa a la aproximación de las legislaciones de los Estados miembros que se refieren a los despidos colectivos (*DO* L 225/16, de 12 de agosto de 1998). Por lo demás perviven significativas diferencias en la regulación de los procesos de despido colectivo incluso entre los Estados miembros. *Vid.* J. Howe, E. Sánchez, A. Steward, «Job Loss» en M. W. Finkin, G. Mundlak (eds.), *Comparative labour law*, Elgar, Reino Unido, 2017, pp. 279-285."

110 *Vid.,* entre otras, la SAN 215/2021 de 18 de octubre de 2021, en la que se declara la nulidad de un proceso de modificación colectiva de las condiciones de trabajo del personal de *Ryanair* (ECLI:ES:AN:2021:4221) o la SAN de 17 de abril de 2020 (ECLI:ES:AN:2020:802), en la que se declara nulo un ERTE promovido por *Ryanair* en las bases de Tenerife, Las Palmas, Lanzarote y Girona. Sobre los procesos de despido colectivo que afectan a las bases de operaciones localizadas en España, *vid.* V. J. Anaya López, *op. cit.*, pp. 171-186.

La ley del Estado en el que se encuentra la base o bases de operaciones afectadas rige las causas admitidas para inicio de estos procesos[111], el cómputo del número de trabajadores exigido para tramitar la medida de forma colectiva, los criterios para la selección de los trabajadores incluidos y el proceso de diálogo entre trabajadores y aerolínea con el objetivo de llegar a un acuerdo.

Los problemas se suscitan en relación con el cómputo del número de trabajadores exigido para la tramitación de colectiva de la medida. El cómputo en principio debe efectuarse tomando en consideración el número total de trabajadores de la empresa, pero no resulta adecuado cuando se trata de empleadoras con presencia en múltiples Estados, es decir, con trabajadores que prestan servicios fuera de España, que no deberían computar[112]. Se requiere una adaptación, y en el sector aéreo, como se ha mencionado, esta ha consistido el tener en cuenta el número de trabajadores de las bases de operaciones localizadas en España de la aerolínea a efectos de la superación de los umbrales exigidos en los arts. 41 y 51 ET para la tramitación colectiva de estas medidas.

El ordenamiento del Estado en el que se encuentra(n) la(s) base(s) de operaciones afectada(s) rige, asimismo, el periodo de consultas con los representantes de los trabajadores con estos objetivos, cómo se lleva a cabo esa consulta y la formación de la comisión negociadora. En los procesos de despido colectivo, la ley del Estado en el que se encuentran las bases de operaciones afectadas determina también el procedimiento a seguir para reducir o evitar los despidos y atenuar sus consecuencias (medidas de recolocación, formación o reciclaje)[113].

111 Si el motivo del despido colectivo es la disolución de la compañía aérea, la ley rectora de la sociedad regirá su disolución, mientras que el ordenamiento del Estado en el que se encuentran las bases de operaciones afectadas, en el que se desarrolla el proceso colectivo, solo se aplicará para constatar que la disolución de la compañía es el motivo del despido colectivo. *Cf.* Á. Espiniella Menéndez, *La relación laboral internacional, op. cit.*, p. 390.

112 En la regulación no se ha tenido en cuenta que estas medidas no solo se aplican en situaciones puramente internas. El art. 41 ET (en cuanto a las modificaciones de las condiciones de trabajo) y el art. 51 ET (respecto a los despidos colectivos), establecen que procede la tramitación colectiva de ambas medidas cuando, en un periodo de noventa días, estas afecten: a diez trabajadores, en empresas con menos de cien trabajadores; al diez por ciento del número total de trabajadores, cuando se trate de empresas con un número de entre cien y trescientos trabajadores; o a treinta trabajadores, en las empresas con más de trescientos trabajadores.

113 Se ha planteado la posibilidad de que el empleador introduzca una cláusula de elección de ley idéntica en todos los contratos de trabajo afectados por el despido colectivo, de forma que esta ley sería la que regiría todo el proceso (*Cf.* Á. Espiniella Menéndez, *La relación laboral internacional, op. cit.*, p. 393). No obstante, el carácter colectivo y territorial de estos procesos y la intervención de las autoridades del Estado en el que se encuentran los centros de trabajo afectados nos inclina a sostener que se trata de una materia ajena al

Si no se logra un acuerdo y la aerolínea impone el despido o la modificación colectiva sin acuerdo con los representantes de los trabajadores, en caso de plantearse un litigio serán competentes los tribunales del Estado en el que se encuentran la(s) base(s) de operaciones afectadas[114]. El tribunal aplicará su propia ley, que ya ha regido todo el proceso previamente, para determinar si este se ha desarrollado correctamente y si la decisión adoptada por la aerolínea debe confirmarse.

Una vez adoptada la decisión de modificación de las condiciones de trabajo o de despido, sea fruto del acuerdo entre los representantes de los trabajadores o impuesta por sentencia, **sus efectos individuales deben regirse por la ley del contrato de trabajo**[115]. La complejidad se encuentra en que las medidas resultantes de tales procesos deben articularse en la ley del contrato de trabajo cuando esta difiere del ordenamiento que ha regido el proceso colectivo[116].

III. Tendencias en la contratación: problemas de calificación de la relación

1. Modalidades de trabajo atípico

A) Pilotos que trabajan sin remuneración

52. En la actualidad, los pilotos que se encuentran en los inicios de su carrera en ocasiones trabajan sin recibir un salario o pagan a las aerolíneas para poder acumular experiencia de vuelo. No existe una definición unitaria sobre qué prácticas pueden quedar adscritas a los modelos *«pay to fly»* y la casuística es variada, pero sí existe consenso respecto a varias circunstancias: se trata de pilotos profesionales que operan aviones en vuelos comerciales regulares, pero en lugar de recibir un salario, lo hacen obteniendo muy bajas remuneraciones, sin obtener remuneración, o incluso incurriendo en gastos; y suele ocurrir durante la fase de formación del piloto, como medio para adquirir el número de horas de vuelo necesarias para completar las

ámbito de aplicación de la ley del contrato de trabajo y, por tanto, no disponible para las partes. *Vid.* en este sentido: O. Deinert, *op. cit.*, p. 353.

114 La determinación de la competencia se fundamentará en el principio de territorialidad que preside generalmente la dimensión colectiva de las relaciones laborales (art. 25.2 LOPJ).

115 *Cf.* Á. Espiniella Menéndez, *op. cit.*, p. 393.

116 *Vid.* Capítulo II: III.2.E) Procesos colectivos de modificación de las condiciones de trabajo y III.4.B) Procesos de despido colectivo.

licencias y poder incrementar sus expectativas de empleabilidad o acceder a categorías superiores dentro de la aerolínea[117].

Si un piloto que presta servicios en estas circunstancias quisiera que le fuera reconocida su condición de trabajador empleado por la aerolínea, su relación con ésta tendría que ser calificada conforme al **concepto autónomo europeo de contrato de trabajo**: los pilotos solo podrán invocar los foros protectores del Reglamentos Bruselas I bis si su relación con la aerolínea presenta encaje con las notas definitorias del concepto autónomo e, igualmente, solo en ese caso el ordenamiento aplicable quedará determinado por el art. 8 RRI.

53. La progresiva construcción y delimitación del concepto autónomo se ha llevado a cabo fundamentalmente en la jurisprudencia del TJUE relativa la libre circulación de trabajadores en la UE y también al definir el ámbito de aplicación personal de algunas Directivas laborales. Ello implica que, en el momento actual, para identificar al trabajador, como parte débil necesitada de una especial protección a efectos de la determinación de la competencia y de la ley aplicable, se acuda a criterios emanados de una jurisprudencia que ha visto la luz en ámbitos ajenos al DIPr[118].

---

117 *Cf.* R. M. Rodríguez Romero, *La liberalización del sector aeronáutico y su impacto sobre las relaciones laborales individuales del personal a bordo de aeronaves*, *op. cit.*, p. 313-315; J. Restellini, *Labour Relations in Aviation*, *op. cit.,* pp. 179-182. Las compañías aéreas convierten en fuente de ingresos lo que antaño suponía una inversión, pues solían hacerse cargo de los gastos derivados de la formación de los pilotos. *Vid.* C. Brannigan y otros, *Study on employment and working conditions of aircrews in the EU internal aviation market.*, Comisión Europea, Bruselas, 2019, pp. 88-93.

118 *Cf.* M. Casado Abarquero, *op. cit.*, pp. 68-69. En efecto, el concepto ha ido definiéndose y delimitándose en sucesivas Sentencias desde que el TJUE estableció en la Sentencia de 19 de marzo de 1964 [asunto C-75/63, *Unger/Bedrijfsvereniging voor Detailhandel en Ambachten* (ECLI:EU:C:1964:19)] que para definir a los titulares del derecho a la libre circulación en el territorio de la UE debía recurrirse a un concepto de alcance europeo, pues es la forma de garantizar la uniformidad necesaria para asegurar el efecto útil de los derechos derivados de la libre circulación de trabajadores. En el asunto *Shenavai v Kreischer* [STJUE de 15 de febrero de 1987, asunto C-266/85 (ECLI:EU:C:1987:11)], el TJUE se refirió a las particularidades de los contratos de trabajo a efectos de la identificación del lugar de cumplimiento del art. 5.1 del Convenio de Bruselas. Según puede leerse en la Sentencia, los contratos de trabajo se diferencian de otros contratos en que crean una relación duradera que inserta al trabajador en el marco de cierta organización de los asuntos de la empresa o del empresario y en el sentido de que se ubican en el lugar del ejercicio de las actividades, lugar que determina la aplicación de disposiciones de Derecho obligatorio y de convenios colectivos (ap. 16), por lo que el juez más indicado para conocer de los litigios laborales es el del Estado en el que se ejecuta el trabajo. Posteriormente no se han empleado definiciones propias de las normas de DIPr, sino que se efectúan remisiones al concepto autónomo europeo de contrato de trabajo, con referencias a la jurisprudencia emanada en casos ajenos al DIPr. *Vid.* asuntos *Nogueira*, *Markt24* [STJUE de 25 de febrero de 2021, asunto C-804/19 (ECLI:EU:C:2021:134)], *Holterman Ferho Exploitatie y otros* [STJUE de 10 de septiembre de 2015, asunto C-47/14 (ECLI:EU:C:2015:574)]; o *Bosworth and Hurley* [STJUE de 11 de abril de 2019, asunto C-603/17 (ECLI:EU:C:2019:310)]. Así, se da una aplicación horizontal del

Las notas definitorias básicas del concepto autónomo coinciden sustancialmente con las de los ordenamientos de los Estados miembros: subordinación o dependencia, integración en la empresa y remuneración. Presupone un nexo de subordinación del trabajador y el empresario, pues la característica esencial de la relación laboral es la circunstancia de que una persona está obligada a realizar, durante cierto tiempo, en favor de otra y bajo la dirección de esta, determinadas prestaciones a cambio de las cuales percibe una retribución[119]. Se utiliza un concepto general y amplio fundamentado en la idea de subordinación o dependencia funcional, como rasgo estructural y requisito esencial de la relación laboral, y en la exigencia de que esta relación de subordinación se aprecie en el caso concreto[120]. En todo caso, ha de tratarse de una «actividad principal», es decir, «que no se limite a actividades de carácter meramente marginal o auxiliar, y que tenga un carácter eminentemente económico»[121]. A partir de esta definición clásica, que se ha mantenido inamovible a lo largo del tiempo, el TJUE ha ido desarrollando el concepto cuando se han ido planteando situaciones concretas[122].

54. Los pilotos que prestan servicios bajo modalidades *«pay to fly»* lo hacen en las mismas condiciones que los pilotos contratados como trabajadores por cuenta ajena, por lo que presumiblemente su relación con la aerolínea se caracteriza por la subordinación y por su integración en la organización de la compañía. Los pilotos trabajan bajo la dirección y supervisión de la aerolínea, es esta la que determina los servicios que han de prestar y su tiempo de trabajo, no tienen libertad para elegir sus propias horas de trabajo, y la aerolínea supervisa y evalúa su actividad.

Sin embargo, *a priori,* la **inexistencia de remuneración** conduciría a descartar el necesario encaje con el concepto autónomo[123]. Ello supondría excluir

concepto: las interpretaciones en el ámbito de la libre circulación, de la política social y de las normas de DIPr se entrecruzan y ello puede dar lugar a incoherencias. En este sentido, aunque ciñéndose a los problemas derivados de la utilización de una interpretación única del concepto en el contexto de la libre circulación y en el de la política social, *vid.* M. Y. Sánchez-Urán Azaña, «El concepto de trabajador en el contexto de la protección flexible del Derecho del trabajo en le UE», *La ley UE*, n.º 50, 2017.

119 STJUE de 3 de julio de 1986, asunto C-66/85 - *Lawrie-Blum/Land Baden-Württemberg* (ECLI:EU:C:1986:284).

120 STJUE de 9 de julio de 2015, asunto C-229/14 - *Balkaya* (ECLI:EU:C:2015:455).

121 STJUE de 31 de mayo de 1989, asunto C-344/87 - *Bettray/Staatssecretaris van Justitie* (ECLI:EU:C:1989:226); STJUE de 7 de septiembre de 2004, asunto C-456/02 - *Trojani* (ECLI:EU:C:2004:488).

122 Así, el concepto se ha construido esencialmente a través del método de casos: C. Martínez Moreno, «El concepto de trabajador», *Derecho Social de la Unión Europea: Aplicación por el Tribunal de Justicia*, 2.ª ed., Francis Lefebvre, Madrid, 2019, p. 209.

123 Si bien es cierto que la situación de los pilotos podría asimilarse a la de quienes realizan periodos de aprendizaje como preparación práctica para el ejercicio de una profesión, considerados trabajadores (*cf.* R. M. Rodríguez Romero, *La liberalización del sector aero-*

de la aplicación de las conexiones y foros laborales con carácter general a quienes precisamente pretenden que se reconozca su condición de trabajadores y obtener un salario por los servicios que prestan, aunque se cumplan el resto de las notas del concepto. Los pilotos tendrían que recurrir a los foros y conexiones generales, sin gozar de ninguna protección

Aunque se excluya el carácter laboral de la relación, es posible que exista una relación contractual de otro tipo entre la aerolínea y el trabajador. En este caso, la calificación contractual o extracontractual podría depender de la naturaleza de la reclamación invocada por el piloto demandante. Así, el piloto podría demandar en el Estado del domicilio de la aerolínea y, en función del tipo de reclamación, la competencia quedaría determinada por el art. 7.1 RBIb (lugar en el que se haya cumplido o debería cumplirse la obligación que sirve de base a la demanda) o por el art. 7.2 RBIb (el lugar en el que se ha producido el hecho dañoso).

En la determinación de la ley aplicable, si la reclamación es contractual, el contrato deberá ser clasificado conforme a las categorías previstas en el art. 4 RRI: así cabe plantearse que sea calificado como un contrato de prestación de servicios, en cuyo caso se aplicará la ley del país de la residencia habitual del piloto [art. 4.1 b) RRI], salvo vinculación más estrecha con otro Estado (art. 4.3 RRI]); si no se produce un encaje en tal categoría, se aplicará la ley del país de la residencia habitual de la parte que deba realizar la prestación característica, salvo que no pueda identificarse a esta parte o exista vinculación más estrecha con otro Estado (art. 4.3 y 4.4 RRI).

Si se trata de una reclamación extracontractual, se aplicará la ley de la residencia común y, en su defecto, la del lugar de producción del daño, pero, en cualquier caso, la reclamación quedaría sometida al ordenamiento del Estado que presente mayor vinculación si es uno diferente (art. 4 RRII). La existencia de una relación contractual entre las partes será una circunstancia tomada en consideración en la aplicación de los vínculos más estrechos del art. 4.3 RRII, de modo que la reclamación tenderá a quedar sometida a la ley que rige el contrato en virtud del art. 4 RRI[124].

---

náutico y su impacto sobre las relaciones laborales individuales del personal a bordo de aeronaves, *op. cit.*, p. 318), persiste el obstáculo del requisito de la remuneración. *Vid.* asunto *Lawrie-Blum/Land Baden-Württemberg* y Sentencias de 26 de febrero de 1992 [asunto C-3/90 - *Bernini*, (ECLI:EU:C:1992:89)] y de 19 de noviembre de 2002 [asunto C-188/00 - *Bülent Kurz* (ECLI:EU:C:2002:694)]. El TJUE ha admitido en ocasiones la existencia de un contrato de trabajo, aunque el trabajador no reciba un salario a cambio de los servicios prestados, si bien en supuestos de trabajo en régimen de voluntariado, que no pueden asimilarse a la situación de estos pilotos. *Vid.* al respecto: J. Escribano Gutiérrez, «El trabajo no remunerado en la jurisprudencia del Tribunal de Justicia de la Unión Europea», *Revista internacional y comparada de relaciones laborales y Derecho del empleo*, vol. 10, n.º 1, 2022, pp. 9-38.

124 Adicionalmente, si el piloto ha pagado a la aerolínea y reclama la devolución de esas cantidades, cabe plantear su eventual consideración como un supuesto de enriquecimiento injusto (art. 10 RRII). La reclamación tenderá a quedar sometida igualmente al ordenamiento que rige el contrato (art. 10.1 RRII). En caso de que la reclamación no se califique

55. Para justificar el encaje con el concepto autónomo y, con ello, la aplicación de las conexiones y foros laborales, pueden plantearse distintas alternativas. En primer lugar, cabría sostener la existencia de remuneración, sobre la base de que el piloto estaría obteniendo un salario en especie, consistente en la formación y experiencia de vuelo. No obstante, la solución más adecuada consistiría en adoptar un **concepto autónomo propio y específico de las normas de DIPr**, en el que el requisito de la remuneración pueda modularse en función de las circunstancias del caso. Desde esta perspectiva, no cabe sostener una falta de encaje automática con el concepto autónomo cuando se trabaja en régimen de dependencia sin recibir un salario. Ello respondería a una interpretación formal que excluye la posibilidad de adaptar el concepto cuando actúa como instrumento para delimitar el ámbito de aplicación de las conexiones y foros laborales.

Modular el requisito de remuneración puede considerarse la opción más viable técnicamente, pues evita la necesidad de forzar un encaje artificial de la situación en un concepto desarrollado y destinado a aplicarse en otros ámbitos[125]. Mientras que la nota de subordinación sirve para identificar al trabajador necesitado de la protección que tratan de garantizar los foros y conexiones especiales, la de remuneración puede restringir injustificadamente la operatividad del concepto[126]. La situación de estos pilotos pone en evidencia

como contractual, los pilotos podrían plantear reclamaciones por daños en el Estado del domicilio de la aerolínea (art. 4 RBIb) o en el lugar en el que se ha producido el hecho dañoso (art. 7.2 RBIb) y la determinación de la ley aplicable quedará sometida al art. 4 del Reglamento Roma II (RRII).

125 A favor de que se omita el requisito de la remuneración en la calificación de la relación a efectos de las normas de DIPr: O. Deinert, *op. cit.*, pp. 50-52. El TJUE ya ha aplicado los foros laborales en un caso en el que no había existido remuneración (asunto *Markt 24*), si bien ello se debió a que, aunque el contrato de trabajo se había celebrado, el trabajo no llegó a ejecutarse porque la trabajadora nunca fue llamada para incorporarse a su puesto.

126 Una interpretación estrecha del concepto permitiría a los empleadores esquivar dicha protección mediante el recurso a formas atípicas de empleo: L. Merret, *Employment contracts in private international law*, Oxford University Press, Reino Unido, 2022, p. 70. A favor de una calificación materialmente orientada de la relación, con el objetivo de garantizar la protección de quienes ocupan una posición de debilidad contractual, con independencia de la denominación del contrato: M. C. Vaquero López: «Mecanismos de Derecho Internacional Privado Europeo para la protección de los trabajadores en supuestos de deslocalización de empresas», *AEDIPr*, n.° 17, 2017, pp. 439-440. Para la autora, la calificación material permitiría subsumir las nuevas realidades laborales en el supuesto de hecho de las normas laborales de DIPr, pensadas para proteger al trabajador por la posición de debilidad en la que se encuentra en la relación contractual. Así, se propone llevar a cabo una calificación de la relación flexible, que parta de las circunstancias del caso concreto y garantice la «finalidad social» de las normas de DIPr europeo. En este mismo sentido, a favor de la utilización de un concepto amplio de contrato de trabajo que permita identificar al trabajador, como parte débil necesitada de protección, también en los contratos atípicos, *vid.*: Milieu SRL, *Study to support the preparation of a report on the application of Regulation (EU) No 1215/2012 on jurisdiction and the recognition and enforcement of judgments in civil and commercial matters (Brussels Ia Regulation)*, Comisión

la necesidad de que el concepto autónomo se desarrolle, transformándolo en un concepto propio de las normas de DIPR cuando se utiliza para delimitar el ámbito de aplicación los foros y conexiones laborales y, en particular, cuando la propia **existencia de la relación laboral es el objeto del litigio**[127].

Si se trata de una reclamación de un piloto contratado como piloto por cuenta ajena por la aerolínea y que además trabaja cierto número de horas en régimen de *pay to fly*, la calificación no será problemática: se tratará de una reclamación laboral, sometida a las conexiones y foros laborales.
En caso de que se trate de una reclamación de un piloto que trabaja para la aerolínea sin estar contratado y sin recibir remuneración a cambio, esta relación deberá ser calificada para determinar si deben aplicarse las conexiones y foros laborales o las conexiones y foros extracontractuales. Si se reconoce el encaje de la relación entre estos pilotos y las aerolíneas con el concepto autónomo de contrato de trabajo, cualquier reclamación laboral quedará sometida a las normas de DIPr laborales. Calificada la relación como laboral, una eventual reclamación por daños contra la aerolínea podría quedar sometida igualmente a las conexiones y foros laborales, ya sea de forma directa (calificación laboral de la reclamación y aplicación del art. 8 RRI) o indirecta (calificación extracontractual, pero sometimiento indirecto a la ley del contrato en virtud de los vínculos más estrechos del art. 4.3 del Reglamento Roma II)[128].
Si se trata de un piloto que ha pagado a la aerolínea para poder pilotar sus aeronaves y que reclama la devolución de las cantidades pagadas, la situación sería similar: calificada la relación como laboral, la reclamación por daños podría quedar sometida, ya sea directa o indirectamente, a la ley del contrato de trabajo.

Europea, Bruselas, 2023, p. 167.

127 La inexistencia de un concepto de trabajo propio de las normas de DIPr puede deberse, simplemente, a la circunstancia de que aún no se han planteado casos ante el TJUE como el de los pilotos que prestan servicios bajo modalidades *«pay to fly»*, en los que se evidencia la necesidad de un concepto matizado. No obstante, se ha sostenido que el tratamiento de la relación de quienes ocupan puestos de mando a efectos de la aplicación de los foros laborales (asuntos *Holterman Ferho Exploitatie y otros* y *Bosworth and Hurley*) habría sido diferente del que han recibido relaciones similares en el ámbito de la política social en los asuntos *Danosa* [STJUE de 11 de noviembre de 2010, asunto C-232/09 (ECLI:EU-:C:2010:674)] y *Balkaya*. De este modo, estos asuntos pueden tomarse como indicio de la admisión tácita por parte del TJUE de un concepto de contrato de trabajo propio de las normas de DIPr o, al menos, de un concepto matizado. *Vid.* J. Cabeza Pereiro, *El ámbito del trabajo subordinado y del trabajo autónomo en el Derecho de la Unión Europea,* Bomarzo, Albacete, 2020, pp. 71-77.

128 *Vid.* Capítulo II: III.3.B) Daños causados por el personal de vuelo durante la ejecución del trabajo y C) Daños sufridos por el personal de vuelo durante la ejecución del trabajo: responsabilidad del empleador derivada de accidentes laborales.

B) El trabajo autónomo de los pilotos

56. Las compañías aéreas recurren a la contratación de pilotos por cuenta propia para eludir costes laborales, fiscales y sociales, y por la conveniente flexibilidad de que las dota para responder a las variaciones estacionales o periódicas en la demanda, intrínsecas en el sector aéreo[129]. Sin embargo, el trabajo por cuenta propia suele considerarse directamente incompatible con la naturaleza de la prestación de servicios de los pilotos: no pueden disponer de ningún margen para fijar cuándo vuelan, sino que los horarios de los vuelos son fijados exclusivamente por las aerolíneas; su margen de discrecionalidad a la hora de ejecutar su trabajo se encuentra muy limitado porque están sometidos a estrictas pautas técnicas en materia de seguridad aérea, así como a limitaciones impuestas también por las características de las aeronaves; y cada compañía opera según unas reglas diferentes, por lo que prestar servicios para varias aerolíneas simultáneamente no resulta viable técnicamente[130].

Junto a la contratación directa del piloto que presta servicios como trabajador autónomo por la aerolínea, y la contratación por medio de intermediarias, con las que el piloto establece el vínculo contractual[131], conviven otros modelos más complejos en los que las aerolíneas recurren a **cadenas de contratación** caracterizadas por el recurso a sociedades interpuestas. Las aerolíneas en estos casos recurren a una compañía intermediaria para la selección

129 Las propias aerolíneas se refieren explícitamente al ahorro en costes fiscales y también al deseo de evitar la actuación de los sindicatos. La mayor parte de los pilotos contratados como trabajadores autónomos prestan servicios para compañías *low cost*. *Cf.* C. Brannigan y otros, *op. cit.*, pp. 94, 97, 102. *Vid.* D. Defossez, «The Uberisation of Aircrew Through the Use of Bogus Self-Employment Contracts», *Air and Space Law*, vol. 46, n.º 6, 2021, pp. 665-686.

130 *Cf.* C. Brannigan y otros, *op. cit.*, pp. 106-108; Y. Jorens y otros, *op. cit.*, pp. 213-216. Para poder realizar una operación de transporte aéreo comercial en el espacio aéreo europeo deben obtenerse imperativamente y con carácter previo una serie de permisos administrativos de la autoridad aeronáutica local supervisora, entre ellos, el Certificado de Operador Aéreo (AOC). Si un piloto pretende operar una aeronave de la compañía aérea que lo ha contratado como autónomo, debería ostentar un AOC propio, algo que no ocurre, ni es factible (*Cf.* N. Cañas Zarraoa, «Falso autónomo y figuras afines en la aviación. Tratamiento desde una perspectiva comunitaria», en I. Sánchez del Río Moreta (dir.), *Derecho laboral aéreo solidario por el covid-19*, Madrid, Universidad Pontificia Comillas, 2020, p. 108). La posibilidad de prestar servicios por cuenta propia quedaría restringida únicamente a situaciones específicas y minoritarias, como la de los pilotos que trabajan como formadores o adiestradores de otros pilotos para las compañías aéreas (*Cf.* C. Brannigan y otros, *op. cit.* p. 105). Las funciones específicas que debe desempeñar el piloto que ejerce como comandante de la aeronave y, en particular, su posición de mando respecto al resto de la tripulación durante los vuelos, no excluyen en ninguna medida que este se encuentre en una posición de subordinación respecto a la aerolínea (*Cf.* M. Henze, *op. cit.*, pp. 336-338).

131 La mayoría de los pilotos que prestan servicios como trabajadores autónomos son contratados por medio de compañías intermediarias. *Cf.* C. Brannigan y otros, *op. cit.*, p. 102.

de los pilotos y, tras ser seleccionados, estos son instados a constituir una sociedad junto con otros pilotos. Formalmente, esta sociedad, constituida por un número reducido de pilotos, presta servicios para la compañía intermediaria. La aerolínea únicamente se encuentra contractualmente vinculada con la compañía intermediaria y no existe ningún vínculo contractual con la sociedad constituida por los pilotos, ni con los pilotos, aunque se beneficia de sus servicios.

En la Sentencia del Juzgado de lo Social n.º 1 de Santa Cruz de Tenerife de 7 de septiembre de 2018[132], confirmada por la Sentencia del TSJ de Canarias de 2 de septiembre de 2019[133], se condenó a *Ryanair* por falso trabajo autónomo. El caso sirve para ilustrar el funcionamiento de estas cadenas de contratación. El trabajador era socio de una empresa de servicios y a través de esta fue suscrito un contrato de prestación de servicios como capitán con *Brookfield*, para posteriormente prestar servicios en aviones propiedad de *Ryanair*. En el fallo se sostuvo que no existía ningún indicio de que se tratase de una relación mercantil porque el trabajador solo aportaba a la relación entre las partes sus conocimientos técnicos y profesionales en los vuelos que se organizaban y programaban por la aerolínea, como cualquier trabajador por cuenta ajena, sin tener intervención alguna en la mayor operatividad de los vuelos. Aunque el piloto cobraba una cantidad mensual variable, la cantidad percibida por hora de trabajo era fija, el piloto no asumía riesgo alguno y tenía garantizada una retribución mínima mensual. Se menciona expresamente que el interés de la contratación a través la sociedad fue para *Ryanair* puramente económico a nivel fiscal y laboral[134].

57. Previsiblemente en la mayoría de los casos se producirá un encaje con el concepto autónomo de contrato de trabajo que permitirá aplicar las conexiones y foros laborales. No obstante, no pueden descartarse eventuales **conflictos de calificaciones**: la misma prestación de servicios puede recibir una calificación en el momento de aplicar las normas de DIPr y, posteriormente, otra distinta en el ordenamiento aplicable[135]. Así, *a priori* pueden plantearse dos situaciones:

---

132 ECLI:ES:JSO:2018:3697.

133 ECLI: ES: TSJICAN:2019:2361.

134 *Vid.* también sobre la articulación de estas cadenas de contratación: *Ryanair*: *J. Lutz v. Ryanair DAC and MCG Aviation Ltd* (ET/3201452/2020). Otras compañías aéreas también han recurrido a esquemas similares en la contratación de pilotos por cuenta ajena. *Vid.* STSJ de Madrid de 17 de octubre de 2022 (ECLI:ES:TSJM:2011:3096). El piloto, domiciliado en España, había celebrado un contrato de prestación de servicios con una sociedad suiza. La sociedad suiza, a su vez, había celebrado un contrato de prestación de servicios con una aerolínea española, en virtud del cual el piloto fue destinado a trabajar para la aerolínea. Se declaró la existencia de una relación laboral entre el piloto y la aerolínea española y que tal práctica había constituido una cesión ilegal de trabajadores.

135 *Vid.* en este sentido: F. Jenderek, *Die arbeitsrechtliche Stellung geschäftsführender Organmitglieder im Internationalen Privatrecht*, Mohr Siebeck, Alemania, 2015, p. 116; L. Me-

- La primera situación se daría cuando la relación es calificada como de trabajo por cuenta ajena conforme al concepto autónomo, pero, posteriormente, en el ordenamiento aplicable, se considera que se trata de una prestación de servicios por cuenta propia genuina. En vista de las circunstancias descritas, la relación de los pilotos con la aerolínea debería ser calificada como de trabajo por cuenta ajena pese a su condición formal de trabajadores autónomos y con independencia de la inexistencia formal de un contrato de trabajo. Concurrirían las notas definitorias del concepto autónomo y la determinación de la ley aplicable y de la competencia se llevaría a cabo conforme a las conexiones y foros laborales en virtud de tal calificación. Sin embargo, esta primera calificación no excluye que la prestación de servicios sea considerada posteriormente como un contrato de trabajo por cuenta propia en el ordenamiento aplicable en virtud de tales conexiones.
- La segunda situación sería la contraria: se excluiría el encaje en el concepto autónomo, pero, posteriormente, conforme al ordenamiento aplicable, se determinaría la existencia de un contrato de trabajo por cuenta ajena. No entrarían en juego normas de DIPr especiales, sino que se aplicarían los foros y conexiones generales[136]. El piloto no dispondrá de ninguna protección frente a pactos de sumisión impuestos por la aerolínea. En caso de que exista una elección de ley, la autonomía de la voluntad conflictual solo estará sujeta a límites si se cumplen los presupuestos para la entrada en juego de las normas imperativas de los artículos 3.3 y 3.4 RRI. No obstante, la calificación como trabajador autónomo y la consiguiente aplicación de las conexiones generales no excluye que, posteriormente, conforme al ordenamiento aplicable en virtud de tales conexiones, si se considere que existe un contrato de trabajo por cuenta ajena.

Estas situaciones pueden darse porque el concepto de contrato de trabajo de los Estados miembros es más concreto y se emplean indicios de laboralidad ignorados por el TJUE[137]. En la jurisprudencia del TJUE se ha dispuesto

RRET, *op. cit.*, p. 52; Á. ESPINIELLA MENÉNDEZ, *op. cit.*, pp. 86-87. La obligación de calificar autónomamente la relación compromete el modo en que han de resolverse los conflictos de calificaciones. La calificación autónoma cumple la exclusiva función de identificar las normas de DIPr aplicables. Una vez identificado el ordenamiento rector en virtud de tales normas es indiferente que la relación reciba una calificación diferente en ese ordenamiento. *Vid.* en este sentido U. GRUŠIĆ, *op. cit.*, pp. 62-69.

136 Así, la ley aplicable, en principio, será la del Estado en el que el piloto tenga su residencia habitual [art. 4.1 b) RRI]. El piloto podrá demandar en el Estado del domicilio de la aerolínea si ha sido contratado directamente por esta, o bien en el Estado del domicilio de la intermediaria. Alternativamente, podrá demandar en el lugar en el que, según el contrato, hayan sido prestados los servicios [art. 7.1 b)].

137 *Vid.* R. PLENDER, M. WILDERSPIN, *The European Private International Law of Oobligations*, 5.ª ed., Sweet&Maxwel, Reino Unido, 2020, pp. 331-332.

una rígida diferenciación entre el trabajo por cuenta ajena y el trabajo por cuenta propia que también mantienen algunos Estados miembros[138]. Sin embargo, en otros Estados miembros existen categorías contractuales intermedias, ubicadas a medio camino entre el trabajo por cuenta propia y por cuenta ajena. En particular, algunos Estados miembros conceden a los trabajadores económicamente dependientes un estatus separado[139], mientras que en otros la dependencia económica simplemente es un factor que se tiene en cuenta para diferenciar el trabajo por cuenta propia frente al trabajo por cuenta ajena[140]. Por ello, en los Estados miembros en los que no existe una categoría intermedia, la dependencia económica puede ser tenida en cuenta como indicio de laboralidad y será más probable que los trabajadores económicamente dependientes sean considerados como trabajadores por cuenta ajena. Pese a compartir un mismo concepto básico de contrato de trabajo, en los distintos Estados miembros persiste una acusada diversidad, y una misma persona puede ser considerada como trabajadora por cuenta ajena en un Estado miembro, mientras que en otro es considerada como trabajadora por cuenta propia[141].

En la práctica, es probable que la calificación de la relación dependa de la flexibilidad que adopten los tribunales nacionales en la **interpretación del concepto de subordinación**[142]. En cualquier caso, debe preservarse la amplitud del concepto autónomo, tal y como ha sido definido en su jurisprudencia por el TJUE, evitándose el recurso a criterios propios de los ordenamientos nacionales para completarlo cuando en el caso concreto este presente lagunas en su desarrollo[143]. La consecuencia natural de la amplitud del concepto

---

138 *Cf.* J. Cabeza Pereiro, *op. cit.*, pp. 76-78.

139 Estos trabajadores no dejarán de ser calificados como trabajadores por cuenta propia en los ordenamientos que prevén tales figuras, pues suponen una ampliación del ámbito del trabajo autónomo. A estos trabajadores se les aplicarían las normas generales de DIPr. *Vid.* L. F. Carrillo Pozo, «La ley aplicable al contrato de trabajo en el Reglamento Roma I», *Civitas. Revista española de derecho del trabajo*, n.° 152, 2011, pp. 1029-1031. A favor de su inclusión en la aplicación de las normas de DIPr laborales: U. Grušić, *op. cit.*, p. 78.

140 *Cf.* C. O'Brien, E. Spaventa, J. De Coninck, *Comparative Report 2015: The concept of worker under Article 45 TFEU and certain non-standard forms of employment,* Comisión Europea, Bruselas, 2016, p. 52.

141 *Cf.* U. Grušić, *op. cit* p. 77. Así, pueden darse casos en los que una misma relación sea considerada como de trabajo por cuenta ajena en el ordenamiento objetivo y como de trabajo por cuenta propia en el ordenamiento elegido, o viceversa. *Vid.* Capítulo II: I.1.C) Incidencia de la elección de ley en las modalidades de trabajo atípico.

142 En este sentido: L. Merret, *op. cit.*, p. 56.

143 A favor de completar el concepto autónomo con los matices de la ley del foro, respetando los criterios emanados de la jurisprudencia del TJUE: F. J. Gómez Abelleira, «La regulación comunitaria de la ley aplicable a la relación laboral en el espacio internacional», M. E. Casas Baamonde, R. Gil Alburquerque, *Derecho social de la Unión Europea. Aplicación por el Tribunal de Justicia*, 2.ª ed., Francis Lefebvre, Madrid, 2019, p. 1324.

debería llevar a que sean más habituales las situaciones a las que se ha hecho referencia en primer lugar, de modo que, en ocasiones, se apliquen las conexiones y foros laborales a relaciones que posteriormente pueden no ser consideradas como de trabajo por cuenta ajena en el ordenamiento aplicable.

58. Se ha propuesto la viabilidad de un planteamiento diferente, en virtud del cual, si la existencia de una relación laboral se plantea a título principal, para determinar la competencia y la ley aplicable debería recurrirse directamente a los foros y conexiones laborales, por ser esta la materia afectada, sin recurrir al concepto autónomo. Este planteamiento resultaría favorable tanto para los pilotos contratados por cuenta propia que aspiran a que se reconozca su condición de trabajadores por cuenta ajena como para los que trabajan sin remuneración, pues les permitiría invocar automáticamente los foros laborales. Se les trataría como trabajadores por adelantado a efectos de las normas de DIPr, y posteriormente el tribunal competente determinaría, únicamente conforme al ordenamiento aplicable en virtud del art. 8 RRI, si la relación es o no de carácter laboral. Se evitaría prejuzgar el fondo, además de la aplicación de dos conceptos de contrato de trabajo diferentes, y la correspondiente posibilidad de que se produzcan conflictos de calificaciones[144]. En contrapartida, tal planteamiento implicaría renunciar a la aplicación del concepto autónomo y, con ello, a la aspiración de una aplicación homogénea de las normas de DIPr europeas, pues estas se aplicarían en función de la reclamación efectuada por el demandante. En contra de tal posicionamiento podría argumentarse la posibilidad de una eventual aplicación extensiva de conexiones y foros laborales en casos que finalmente no serían considerados como laborales conforme al ordenamiento aplicable. No obstante, como se ha visto, el empleo de una calificación autónoma tampoco excluye este tipo de situaciones, así como tampoco queda garantizada una aplicación homogénea de las conexiones y foros laborales por parte de los tribunales nacionales.

C) Los contratos a demanda

59. Con el término de «contratos a demanda» o «cero horas» se hace referencia a distintas modalidades contractuales caracterizadas por el hecho de permitir una fijación flexible del tiempo de trabajo por parte del empleador, que puede requerir la incorporación del trabajador al puesto de trabajo en cualquier momento. En consecuencia, los trabajadores carecen de seguridad respecto al trabajo que va a serles ofrecido, no tienen garantizada una continuidad en la prestación de servicios, un número de horas de trabajo, ni una

---

144 *Cf.* Á. Espiniella Menéndez: «Convenio de Lugano y concepto de contrato de trabajo de personal directivo: Sentencia del Tribunal de Justicia de 11 de abril de 2019, asunto C-603/17: *Bosworth* y *Hurley*», *La Ley UE.*, n.º 70, 2019, p. 11 (paginación electrónica); *id.*, *La relación laboral internacional*, *op. cit.*, pp. 84-87.

retribución mínima. La flexibilidad propia de estos contratos los convierte en especialmente atractivos para atajar necesidades de servicio fluctuantes y para atender puntas de actividad que no pueden cubrirse con la plantilla habitual[145]. Junto a la práctica inexistencia de responsabilidades empresariales, este aspecto explica su significativa prevalencia en el sector aéreo[146].

Pilotos y auxiliares de vuelo prestan servicios para las compañías aéreas bajo estas modalidades contractuales, que se combinan con otras formas de empleo atípico: tanto los pilotos que prestan servicios por cuenta propia como los que lo hacen por cuenta ajena pueden hacerlo mediante contratos cero horas[147], y es frecuente que el personal de vuelo con contratos cero horas haya sido contratado por medio de una compañía intermediaria[148].

Ha de tenerse en cuenta la influencia que la contratación bajo estas modalidades contractuales puede tener sobre la localización espacial de los contratos de trabajo y, consecuentemente, sobre la aplicación de la conexión/foro del establecimiento contratante. Por su propio funcionamiento, estos contratos pueden implicar un cambio constante del lugar de trabajo habitual, ya que cada requerimiento de la compañía aérea puede realizarse para prestar servicios desde un Estado distinto[149].

60. Los contratos a demanda plantean **problemas de calificación en dos niveles**. En primer lugar, es necesario examinar su **adecuación al concepto autónomo** europeo de contrato de trabajo, para determinar si quienes prestan servicios bajo estas modalidades contractuales deben ser protegidos

---

145 *Cf.* A. Esteve-Segarra, «*Zero hours contracts*: hacia la flexibilidad absoluta del trabajo en la era digital», *RDS*, n.° 82, 2018, p. 40.

146 Ha de tenerse en cuenta que los contratos a demanda o cero horas se suelen caracterizar por el hecho de que no existe un tiempo de trabajo prefijado ni una obligación del empleador de proveer un mínimo de horas de trabajo, pero también por la circunstancia de que los trabajadores cuentan con la posibilidad de aceptar o rechazar la llamada al trabajo del empleador. *Vid.* M. O' Sullivan, «Introduction to Zero Hours and On-Call Work in Anglo-Saxon Countries», en M. O' Sullivan y otros (eds.), *Zero hours and On-call Work in Anglo-Saxon Countries*, Springer, Singapur, 2019, p. 7. Este último aspecto parece no darse en el sector aéreo. En realidad, parece tratarse de contratos de trabajo en los que se introducen cláusulas que permiten un régimen absolutamente libre de fijación del tiempo de trabajo por parte de la aerolínea, pero la obligación de los trabajadores de acudir a las llamadas del empleador se mantiene intacta.

147 Estos contratos no están claramente adscritos al trabajo por cuenta ajena o por cuenta propia, de modo que es habitual que los pilotos que prestan servicios como trabajadores autónomos lo hagan en virtud de sucesivos contratos cero horas. A los problemas de calificación del contrato debidos a la contratación por cuenta propia, se sumarán, así, los problemas de calificación debidos al empleo de esta modalidad.

148 *Cf.* Y. Jorens y otros, *op. cit.*, p. 53. En particular, los pilotos que trabajan por cuenta propia a través de una compañía intermediaria son los que presentan mayores proporciones de contratos cero horas (*Cf.* C.Brannigan y otros, *op. cit.*, p. 110).

149 *Cf. ibidem*, p. 68.

como trabajadores en la UE y, particularmente, si deben ser considerados como tales a la hora de aplicar los instrumentos de DIPr. En segundo lugar, tras la calificación del contrato a efectos de las normas de DIPr, será necesario evaluar la compatibilidad con el ordenamiento jurídico aplicable de una modalidad contractual que en ese ordenamiento no solo puede ser inexistente, sino también incompatible con sus normas laborales[150].

Una cuestión resulta especialmente controvertida y puede llevar a que se excluya el encaje de este tipo de contratos con el concepto autónomo europeo de contrato de trabajo[151]: la posible consideración de estas prestaciones de servicios como **marginales**[152], por su **duración**, por definición muy corta[153], y por la obtención de bajas **remuneraciones**[154].

---

150 Este último aspecto será analizado en el Capítulo II [I.1.C) Incidencia de la elección de ley en las modalidades de trabajo atípico].

151 Hasta el momento no existe jurisprudencia del TJUE en la que se haya abordado específicamente el encaje de este tipo de contratos con el concepto autónomo a efectos de la aplicación de las normas de DIPr. La Directiva (UE) 2019/1152 relativa a unas condiciones laborales transparentes y previsibles en la Unión Europea (*DO* L 186/105, de 11 de julio de 2019) ha introducido limitaciones en la regulación de este tipo de contractos por parte de los Estados miembros que los admiten, pero no resulta determinante a estos efectos, puesto que solo establece que deben considerarse como contratos de trabajo siempre que se cumplan los requisitos definitorios del concepto autónomo establecidos por el TJUE (Considerando 8). No obstante, el fallo del TJUE en el asunto *Raulin v Minister van Onderwijs en Wetenschappen* [STJUE de 26 de febrero de 1992, asunto C-357/89 (ECLI:EU-:C:1992:87)] evidenciaría que los contratos en los que no se garantiza una ocupación, o en los que el trabajador puede rechazar la que le es ofrecida sin que por ello quede afectada la pervivencia del vínculo, están incluidos en el ámbito de aplicación de la normativa relativa a la libre circulación de trabajadores y, por tanto, en el concepto autónomo (*Cf.* J. Cabeza Pereiro, *op. cit.*, pp. 21-23). Pese a no partir de un supuesto de hecho idéntico, la solución puede extrapolarse porque en la modalidad contractual objeto de este asunto el empresario solo retribuía a la trabajadora por el número de horas trabajadas y en contrapartida esta no estaba obligada a acudir a la llamada del empresario. El TJUE sostuvo que las características especiales de estos contratos no son óbice para que las personas que los desempeñan puedan ser consideradas trabajadoras, ni tampoco el hecho de que el trabajador lo desarrolle solo durante un periodo muy breve de tiempo. No obstante, ha de resaltarse que en el asunto *Raulin* se trataba de determinar el encaje del contrato en el concepto autónomo en el marco de la libre circulación de los trabajadores.

152 *Vid.* en este sentido, respecto al carácter marginal de los «minijobs»: Á. Espiniella Menéndez, *La relación laboral internacional*, *op. cit.*, p. 137.

153 *Cf.* C. Martínez Moreno, «El concepto de trabajador», *op. cit.*, p. 209.

154 Asimismo, se ha sostenido que la falta de encaje con el concepto autónomo podría venir determinada por la apreciación que se efectúe sobre la existencia o no de una relación de subordinación y dependencia entre estos trabajadores y la empresa cuando los trabajadores pueden negarse a acudir a las llamadas del empleador (*Cf.* A. Esteve-Segarra, *op. cit.*, p. 48). La inexistencia de una obligación del trabajador de aceptar el trabajo ofrecido, ni del empleador de ofrecerlo, conduciría a sostener que los contratos cero horas se caractericen *a priori* por la ausencia de las obligaciones mutuas y típicas de las partes de un contrato de trabajo (*Cf.* U. Grušić, *op. cit.*, pp. 73-74). Sin embargo, también debe tenerse en cuenta que, si existe una penalización por rechazar el trabajo ofrecido, debe apreciarse

La forma en que se compute la duración de la actividad puede ser un aspecto determinante. Es necesario tener en cuenta que el TJUE ha venido exigiendo que se trate de una relación duradera que inserte al trabajador en el marco de cierta organización de los asuntos de la empresa, es decir, se exigiría cierta integración del trabajador en la aerolínea. Estas prestaciones de servicios podrían considerarse marginales si se sostiene que su duración solo se extiende al tiempo de ejecución de las tareas encomendadas. Ello puede conducir a que se consideren prestaciones de servicios esporádicas pese a que el trabajador preste servicios de manera relativamente constante para un mismo empleador[155].

Así, es posible que para que el contrato sea calificado como de trabajo por cuenta ajena deba acreditarse que se ha prestado servicios de forma regular y estable durante un cierto periodo de tiempo previamente al litigio. De este modo, la aplicación de las conexiones y foros especiales en materia de contrato individual de trabajo podría llegar a quedar determinada por el momento en que se plantee el litigio. Sin embargo, cabe sostener que, a efectos de las normas de DIPr, la duración de la prestación de servicios no debería ser un elemento relevante, sino la mera existencia de una relación que pueda considerarse «laboral», prevaleciendo la nota subordinación[156]. Desde este punto de vista, tanto la nota de remuneración como la de integración del trabajador en la compañía perderían relevancia para identificar al trabajador por cuenta ajena de las normas de DIPr, y deberían matizarse para determinar, a partir de una apreciación global, si se trata o no de una «relación laboral»[157].

---

la existencia de subordinación porque el trabajador no gozaría de una libertad real para rechazar el trabajo. Evidentemente, el rechazo puede implicar que el trabajador no vuelva a ser llamado y el fin de la relación laboral. Por otro lado, ha de tenerse en cuenta que, una vez aceptaba la llamada al trabajo, el trabajador queda sometido al poder de dirección empresarial, al igual que cualquier otro trabajador, debiendo ejecutar las labores encomendadas siguiendo las directrices proporcionadas por el empleador.

155 En el asunto *Raulin* el TJUE también sostuvo que la duración de las actividades ejercidas por el trabajador es un elemento que puede tener en cuenta el tribunal nacional para determinar si estas actividades son reales y efectivas o si, por el contrario, se realizan a tan pequeña escala que tienen un carácter meramente marginal y accesorio. Para apreciar el carácter real y efectivo de la actividad, el tribunal puede tener en cuenta el carácter irregular y la duración limitada de las prestaciones realizadas.

156 Como apoyo de tal postura puede mencionarse de nuevo el asunto *Markt24*, en el que se aplicaron los foros y conexiones laborales pese a que el trabajo no había llegado a ejecutarse.

157 Quedaría asegurada su calificación como de trabajo por cuenta ajena si se da primacía a la existencia de un vínculo real con el mercado de trabajo y de una actividad real y efectiva, aunque la retribución o las horas de trabajo sean casi marginales: C. Martínez Moreno, «Nuevos empleadores y empleados: ¿hacia un nuevo concepto de relación de trabajo?», en L.A. Fernández Villazón (coord.) *Derecho y nuevas tecnologías*, 2020, Aranzadi, Navarra, p. 514.

2. Existencia de múltiples sujetos en la parte empleadora

A) Modalidades de colaboración entre aerolíneas: grupos multinacionales, alianzas y acuerdos estratégicos

61. La aplicación de las normas de DIPr en los contratos de trabajo del personal de vuelo presenta dificultades añadidas cuando la aerolínea empleadora se encuentra integrada en un **grupo multinacional**. Así, en el sector aéreo pueden darse las problemáticas típicas de estas situaciones: las dificultades para identificar a la o las empleadoras, que pueden deberse a la circulación del personal de vuelo entre las diferentes aerolíneas del grupo o al ejercicio compartido de los poderes empresariales por distintas sociedades[158].

Es habitual que los grupos multinacionales en el sector aéreo sean resultado de la fusión de compañías aéreas preexistentes, y que al grupo conformado inicialmente se sumen otras aerolíneas de forma progresiva, bajo diferentes formas. Son paradigmáticos los grupos resultado de la unión de antiguas compañías aéreas nacionales[159], que suelen seguir operando de forma independiente y manteniendo sus respectivas marcas comerciales. Al grupo se suman las aerolíneas de menor tamaño en las que cada una de las compañías aéreas tienen participación social directa, de las que son propietarias o que se encuentran vinculadas en régimen de franquicia[160].

Una de las formas de reacción por parte de las **aerolíneas tradicionales** ante la expansión de las aerolíneas *low cost* fue la constitución de sus propias aerolíneas adoptando el mismo modelo de negocio. Estas nuevas aerolíneas

158 *Vid.* G. Palao Moreno, *Los grupos de empresas multinacionales y el contrato individual de trabajo*, Tirant lo Blanch, Valencia, 2000.

159 En este sentido pueden citarse algunos ejemplos paradigmáticos como el de *IAG (International Consolidated Airlines Group)*. El grupo, resultado de la fusión de *Iberia* y *British Airways*, está formado actualmente por ambas aerolíneas, a las que se suman aerolíneas participadas, franquiciadas o propiedad de cada una de ellas: *British Airways* (*BA* Cityflyer, Openskies, Comair, Sun-Air, IAG Cargo), *Iberia (Iberia regional, Iberia Express, Amadeus IT Holding, Level, Air Europa)*, *Vueling* y *Aer Lingus*. También puede citarse al grupo *Lufthansa (Lufthansa German Airlines, Lufthansa Regional, Lufthansa CityLine, SWISS, Edelweiss Air, Austrian Airlines, Eurowings, Brussels Airlines, Lufthansa Cargo...*) o al de la aerolínea *Air France (Air France KLM, Transavia, Martinair, Servair, VLM Airlines)*.

160 La fusión de dos grandes aerolíneas suele llevarse a cabo mediante la creación de una compañía *holding*. Es el caso de la fusión de Iberia LAE y *British Airways*, que dio lugar a la creación de IAG, propietaria de ambas aerolíneas, aunque ambas compañías mantuvieron sus marcas comerciales. Una visión ortodoxa del grupo a la luz de los requisitos usualmente exigidos para poder sostener su existencia apartaría esta forma de concentraciones de la denominación de grupo de empresa. En estos casos no existe una sola sociedad dominante, sino varias, aunque sí existe una relación de subordinación clara de las aerolíneas de menor tamaño respecto a las de mayor tamaño dentro del grupo.

se crean como filiales de la aerolínea tradicional, que suele ostentar la propiedad completa[161]. Las **filiales *low cost*** se crean para la consecución de parte de los objetivos estratégicos de la matriz, que acapara todo el poder de decisión sobre estas[162].

62. Las **aerolíneas *low cost***, no obstante, también han constituido grupos multinacionales en algunos casos, ya sea adquiriendo compañías aéreas preexistentes[163] o creando filiales en distintos Estados[164]. En ocasiones los grupos multinacionales de las aerolíneas *low cost* están integrados también por otras compañías que prestan servicios auxiliares. En este sentido, ha de resaltarse la vinculación entre las aerolíneas y **compañías intermediarias** que desempeñan para ellas distintas labores en torno a la selección y puesta a disposición del personal de vuelo. El modelo admite múltiples variaciones, y una de ellas es la existencia de un grupo formado por la aerolínea, agencias

161 *Cf.* F. Domanico, *op. cit.*, p. 217. Es el caso de *Iberia (Iberia Express, Level)*, *British Airways (Go)* o *Luthansa (Eurowings)*. El encaje con la noción más clásica de grupo de empresas resulta evidente en estos casos, ya que, a través de procesos de creación de filiales, la matriz segrega unidades productivas susceptibles de ser explotadas de forma autónoma e independiente. Se trata de un conjunto de sociedades vinculadas entre sí y sometidas a una dirección única llevada a cabo por la aerolínea matriz, a la que se subordinan las filiales *low cost.* A su vez, en el caso probable de que la matriz ya se encuentre previamente integrada en un grupo empresarial, la filial se incorporará al grupo de aerolíneas, llegando a ser utilizada como la filial *low cost* no solo de la aerolínea que la creó sino del grupo de aerolíneas al completo. Las filiales *low cost* en ocasiones han tenido una corta trayectoria, extinguiéndose pocos años después de su creación tras no haber satisfecho los objetivos para los que se crearon.

162 La creación de filiales *low cost* ha sido empleada como un modo para reducir los costes sociales por parte de las compañías aéreas tradicionales (*Cf.* R. Doganis, *The Airline Business*, 2.ª ed., Routledge, Reino Unido/EEUU/Canadá, 2006, pp. 139-140). Puede suponer la pérdida de puestos de trabajo en la aerolínea matriz o la transferencia de contratos de trabajo de la matriz a la filial *low cost*, con el consiguiente empeoramiento de las condiciones laborales de los trabajadores. *Vid.* en este sentido la Sentencia de 20 de junio de 2013, High Court of Justice Queen´s Bench Division (Commercial Court), asunto *British Airways plc, International Consolidated Airlines Group S.A. v. Sindicato Español de Pilotos de Líneas Aéreas, The International Federation of Airline Pilots Association* (EWHC 1657). Los tribunales ingleses debieron pronunciarse sobre su competencia para conocer en un litigio iniciado por la aerolínea *British Airways* y por IAG contra el Sindicato Español de Pilotos de Líneas Aéreas (SEPLA) y la *International Federation of Airline Pilots Association* (IFALPA). Iberia había anunciado su intención de fundar Iberia Express, a la que transferiría sus vuelos de corta y media distancia para tratar de competir con las aerolíneas *low cost*. Ante la posible pérdida de puestos de trabajo, y previendo que el personal de vuelo de la nueva aerolínea disfrutaría de peores condiciones, el sindicato español convocó varias jornadas de huelga con el objetivo de que no se transfiriesen vuelos de Iberia a ninguna otra compañía. *Vid.* Capítulo II.III.3.A) Daños causados por los trabajadores durante la huelga.

163 *Ryanair*, por ejemplo, adquirió la aerolínea *Malta Air*, que forma parte del grupo de la primera junto con *Buzz, Lauda Europe*, *Ryanair DAC* y *Ryanair UK*.

164 Así, por ejemplo, la aerolínea *low cost Norwegian* cuenta, entre otras, con las siguientes filiales: *Norwegian Air UK*, *Norwegian Air Sweden* y *Norwegian Air Norway*.

de recursos humanos y/o otras intermediarias. La agencia y la intermediaria suelen combinar sus respectivas funciones para que la aerolínea pueda prestar los servicios que le son propios. La vinculación entre estas sociedades y las aerolíneas puede llevarse a cabo de diferentes formas. En ocasiones son creadas por la propia aerolínea como una compañía subsidiaria, mientras que, en otros casos, las aerolíneas adquieren indirectamente parte de una sociedad previamente constituida que se dedica al reclutamiento y la puesta a disposición de personal de vuelo[165].

> En otros casos, no existe ningún vínculo societario entre la aerolínea y la compañía intermediaria, pero sí significativos vínculos fácticos que determinan su dependencia, como que la compañía intermediaria preste servicios en exclusiva para una determinada aerolínea[166]. Es el caso de la compañía *Crewlink*, que aparentemente provee de personal en exclusiva a *Ryanair*, presentándose como compañía asociada de la aerolínea[167].

Cuando junto a las aerolíneas que configuran el grupo empresarial aparece integrada en el mismo de forma inequívoca una de estas sociedades, estas últimas estarán dotadas de personalidad jurídica plena, pero sometidas, como las demás compañías del grupo, al poder de dirección del grupo o de la sociedad dominante. En este contexto, es particularmente relevante determinar si, conforme a la normativa reguladora de las ETT, es lícito que estas pertenezcan

165 *Norwegian Air Resources Holding* es una compañía de recursos humanos que, por medio de otras compañías subsidiarias, presta de servicios de gestión de tripulaciones en exclusiva para *Norwegian Air Shuttle*, su sociedad matriz. A su vez, *Norwegian Air Resources Holding* posee el cincuenta por ciento de OSM Aviation, una de las grandes compañías intermediarias en el sector de la aviación, que ejerce tanto como empleadora como de mera gestora de las tripulaciones. *Norwegian Air Resources Holding* forma parte de *Norwegian*, pero es independiente del grupo de aerolíneas del que es matriz *Norwegian*, aunque provee servicios para las aerolíneas del grupo. *Cf.* C. Brannigan y otros, *op. cit.*, pp. 24-25.

166 Junto a la distinción entre grupos de sociedades verticales y horizontales, es posible distinguir también otras tipologías de grupos de empresa cuya confrontación con la realidad del sector aéreo puede resultar particularmente valiosa. Analizado como supuesto de hecho fáctico, el grupo de sociedades es expresión de una realidad económica y empresarial no regulada normativamente, en la cual confluyen en mayor o menor grado los dos elementos claves: el control y la dirección unitaria. En los denominados grupos fácticos, la ausencia de un contrato de dominio no impediría que, en determinados casos y bajo ciertas circunstancias, pueda constatarse la existencia de un grupo, al prevalecer en este la presencia de una dirección unitaria sobre la independencia jurídica de las sociedades que lo conforman. *Cf.* A. M. Ballesteros Barros, *La responsabilidad de la sociedad dominante en los grupos internacionales de sociedades*, Civitas Thomson Reuters, Navarra, 2018, pp. 40-42.

167 Según puede leerse en la página web de la compañía intermediaria: «*Crewlink is the official recruitment partner for Ryanair Holdings PLC which includes Ryanair DAC, Ryanair UK, Buzz, Laudamotion and Malta Air. We specialise in the Recruitment, Training and Employment of airline Cabin Crew for Europe's leading low-cost airline group*» (https://www.crewlink.ie/).

a la aerolínea, o si dicha práctica ha de considerarse jurídicamente irregular por el uso instrumental de que puede ser objeto la ETT con el objetivo de empeorar las condiciones de trabajo y empleo del personal de vuelo[168].

63. En otras ocasiones, las aerolíneas tradicionales optan por fórmulas de cooperación que les permiten implementar sus servicios y obtener ventajas competitivas evitando la irreversibilidad de la concentración empresarial[169]. Las aerolíneas cooperan para generar mayores ingresos, reducir costes y minimizar o compartir los riesgos, fortaleciendo su posición fuera de su mercado nacional[170] mediante la celebración de contratos atípicos y al margen de los poderes públicos[171]. Ello les permite integrar sus redes y servicios, aumentando su competitividad, pero manteniendo su independencia y sin necesidad de establecer vínculos formales con otras aerolíneas ni asumir los riesgos inherentes.

Durante los últimos años ha aumentado el número de aerolíneas que forman parte de **alianzas** globales, lo que supone su incorporación a un esquema colaborativo en el que coordinan sus vuelos con otras aerolíneas. Las aerolíneas que conforman estas alianzas acceden por un coste marginal a una red de rutas internacionales interconectadas entre sí, difícilmente alcanzable mediante el crecimiento individual de la compañía. La pertenencia a estas alianzas globales se reserva a las grandes aerolíneas nacionales, supervivientes de la liberalización y caracteriza su modelo de negocio, a la vez que constituye una reacción a la expansión de las aerolíneas *low cost*[172].

En otros casos, el concepto de «alianza» se utiliza respecto a otras modalidades de cooperación a menor escala, en el que sociedades jurídicamente independientes, sin embargo, colaboran de forma estable[173]. Estos acuerdos

---

168 *Vid.* en este sentido F. Jiménez Rojas, *La relación individual de trabajo en los grupos de empresa*, Editum, Murcia, 2014, p. 105.

169 Esta huida hacia otro tipo de fórmulas de cooperación puede explicarse en parte por el recelo con que las concentraciones empresariales son observadas por las autoridades en el ámbito de la competencia, ya que, por sus propias características, el sector de la aviación es proclive a la concentración monopolística y existe peligro de anulación de la competencia. A efectos de garantizar el libre juego de la competencia entre las aerolíneas y de evitar la concentración empresarial, tras la liberalización del sector se vivió un fenómeno de re-regulación, consistente en la creación de organismos públicos independientes con funciones de control y sanción. *Cf.* S. Ripoll Carulla, *El Derecho Internacional de la navegación aérea a los 60 años del Convenio de Chicago*, Instituto Iberoamericano de Derecho Aeronáutico y del Espacio, y de la Aviación Comercial, Madrid, 2006, p. 94.

170 *Cf.* A. Tugores-García, *Analysis of Global Airline Alliances as a Strategy for International Network Development*, Massachusetts Institute of Technology, 2012, p. 15.

171 *Cf.* S. Ripoll Carulla, *op. cit.*, p. 101.

172 Actualmente existen tres alianzas globales en el sector aéreo: *StarAlliance*, *oneworld* y *SkyTeam*. En cada alianza, las aerolíneas participantes deciden qué compañías establecen acuerdos de código compartido y qué rutas incluyen en el acuerdo. *Cf.* A. Tugores-García, *op. cit.*, pp. 13, 16, 42.

173 No existe una definición generalmente aceptada de lo que debe entenderse por «alianza» en el sector aéreo. Se trata de un término amplio y un tanto impreciso que abarca muchas,

se refieren básicamente a la comercialización de los vuelos, y constituyen un medio para las aerolíneas de aumentar sus redes sin necesidad de incrementar significativamente el número de vuelos que operan[174]. No obstante, la colaboración entre aerolíneas también se extiende al uso compartido de las aeronaves, de modo que **los contratos de alquiler de aeronaves con tripulación**, así como otras prácticas que resultan en un intercambio de tripulaciones, en ocasiones tienen lugar en estos contextos de cooperación[175].

64. La diferenciación entre grupos multinacionales de aerolíneas, alianzas y otros acuerdos de cooperación en ocasiones resulta difusa[176], y las prác-

---

muy diferentes, complejas y cambiantes formas de cooperación. En ocasiones con el término «alianza» se hace referencia también a los grupos multinacionales de aerolíneas. Así, se emplea un concepto amplio en el que quedarían incluidos tanto los grupos multinacionales como otras formas de cooperación. Han sido también analizadas fundamentalmente desde la perspectiva de la competencia entre aerolíneas por los efectos negativos que pueden tener sobre esta. *Cf.* J. Álvarez González, «Las alianzas de compañías aéreas desde el prisma del derecho comunitario de la competencia», en A. Menéndez Menéndez (dir.), *La regulación de la industria aeronáutica*, Civitas, Navarra, 2016, pp. 743-777, esp. p. 752; R. Doganis, *op. cit.*, pp. 73-117, esp, pp. 78-81 y 92.

174 Este tipo de alianzas, denominadas «alianzas tácticas», comenzó primero con aerolíneas que cooperaban en el nivel de *marketing* a través de acuerdos interlínea/prorrateados y de código compartido, y posteriormente mediante *joint ventures.* Son acuerdos bilaterales entre aerolíneas que afectan a un número limitado de rutas e implican que ambas compartan sus redes. Los acuerdos de cooperación tarifaria y el *interlining* o acuerdos de combinación de pasajes consisten en el traslado de pasajeros y carga de una aerolínea a otra. Si bien cada aerolínea mantiene su propia identidad y hay una coordinación limitada entre aerolíneas, al pasajero se le cobra una tarifa única por la ruta y las aerolíneas comparten los ingresos prorrateados. El código compartido es una forma de alianza ampliamente utilizada que puede ser considerada una variación de la modalidad anterior. Consiste en el intercambio de capacidad entre los transportistas en un vuelo determinado que tiene un código para cada una de las aerolíneas involucradas en el acuerdo, con el conocimiento por parte del consumidor de que el vuelo corresponde a la aerolínea a la que se compró el vuelo. Mediante las *joint ventures* se constituyen asociaciones de participación en los ingresos o en las ganancias entre operadores en rutas internacionales, de modo que los ingresos o beneficios de los socios no dependen de qué aerolínea opera los vuelos. Cada aerolínea obtiene su porción de ingresos independientemente de cuál opera la aeronave. *Cf.* A. Tugores-García, *op. cit.*, p. 15-16. *Vid.* M. V. Petit Lavall, *Los acuerdos entre compañías aéreas en la normativa comunitaria liberalizadora del sector aéreo*, Tirant lo Blanch, Valencia, 2000, pp. 157-233. Estos acuerdos en ocasiones son el origen o la causa de una posterior cooperación comercial más intensa, mientras que en otras son precisamente la consecuencia o el resultado de esa cooperación. *Cf.* M. V. Petit Lavall, «Capítulo 5: Las compañías aéreas y la liberalización del mercado de transporte aéreo», en M. J. Morillas Jarillo, M. V. Petit Lavall, M. J. Guerrero Lebrón, *Derecho aéreo y del espacio*, Marcial Pons, Madrid, 2014, p. 285-286.

175 *Vid.* A. Junker, «Gewöhnlicher Arbeitsort und vorübergehende Entsendung im Internationalen Privatrecht», *op. cit*, p. 731.

176 Este concepto de alianza en el sector aéreo podría identificarse con la noción de red empresarial, como fenómeno organizativo caracterizado por la vinculación estable de empresas jurídicamente independientes, cada una dotada de personalidad propia y separada de las demás y no sujeta al control de ninguna de ellas, las cuales establecen lazos recíprocos

ticas en cuanto a la **circulación de trabajadores** en su interior pueden ser similares[177]. Las implicaciones que supone la pertenencia de las aerolíneas a una alianza, así como el grado de dependencia que supone para las compañías su incorporación a estas redes de cooperación es difícil de determinar. La existencia de alianzas que afectan a diferentes ámbitos de la actividad de las aerolíneas refleja una realidad económica y empresarial que pone en entredicho la supuesta independencia de las compañías. Sus efectos en la práctica sobre la relación laboral del personal de vuelo pueden ser similares a los de la pertenencia de la compañía a un grupo multinacional. El contrato de trabajo se encuentra integrado en un ámbito de organización cuyos confines no coinciden con los del empleador formal, por lo que no puede descartarse que la interdependencia empresarial pueda llegar a tener efectos sobre la identificación del empleador a efectos de las normas de DIPr.

La identificación del empleador determina la aplicación de la ley del contrato de trabajo, pues esta debe extenderse a todas las relaciones que puedan calificarse como laborales entre el trabajador y una o varias sociedades, figuren o no como empleadoras en el contrato. Asimismo, actúa como presupuesto en la determinación de la competencia, al delimitar los sujetos a los cuales el trabajador puede demandar invocando los foros laborales y, particularmente, por resultar indispensable en la aplicación del foro del domicilio del demandado.

---

de cooperación recurriendo a fórmulas de coordinación de sus actividades. Condición indispensable para sostener la existencia de una red empresarial es que la coordinación entre las empresas integradas en la red, aunque flexible, sea de carácter estable y no meramente ocasional, capaz de generar un nivel de interdependencia significativo o relevante entre ellas. La vinculación se establece con el fin de atender los requerimientos de un determinado proceso productivo o poner en marcha proyectos que no estarían en condiciones de realizar por separado. Creadas con el fin de coordinar las actividades de partes jurídicamente independientes con el fin de alcanzar un objetivo común, sus formas de expresión pueden ser tan variadas como los propósitos que pretendan alcanzarse a través de ellas. A pesar de que los grupos también son redes de sujetos jurídicos con personalidad diferenciada que ejercen sus actividades coordinadamente, se diferencian de las redes empresariales en que las empresas que los integran, aun siendo jurídicamente independientes, no son autónomas, al estar sujetas al poder de dirección o a la influencia dominante de la empresa matriz, que es la que define al menos las directrices estratégicas a las cuales deben atenerse las empresas controladas. Desde este punto de vista, ciertas estructuras empresariales habitualmente encuadradas en el concepto de grupo de empresas, como los grupos horizontales o por coordinación, quizá encontrarían mejor acomodo en el concepto de red empresarial. *Cf.* W. Sanguineti Raymond, *Redes empresariales y Derecho del Trabajo*, Comares, Granada, 2016, pp. 9-12.

177 *Vid.* Sentencia del BAG de 20 agosto de 2003 (5 AZR 45/03). El piloto demandante fue contactado por el representante de una sociedad suiza perteneciente a una alianza de aerolíneas y firmaron un acuerdo en virtud del cual posteriormente el piloto trabajaría para una aerolínea holandesa. En el acuerdo ya constaban algunas condiciones de trabajo. El BAG negó que existiese una relación laboral con la sociedad suiza. El caso presenta la particularidad de que, en paralelo, el piloto fue contratado como director general de otra sociedad perteneciente al grupo de la demandada. En la Sentencia no consta en qué consistían exactamente las relaciones existentes entre las distintas sociedades.

En los asuntos *Pugliese*[178] y *ROI Land Investments*[179], el TJUE ha interpretado de forma autónoma la relación que debe existir entre el trabajador y la sociedad demandada para que esta pueda ser considerada como empleadora. En estos asuntos, al establecer frente a qué sociedades cabe invocar el foro del lugar de trabajo habitual, **el TJUE determina implícitamente cuándo cabe sostener que existe una relación laboral** con una sociedad distinta de la que figura como empleadora en el contrato[180].

En el asunto *Pugliese* una trabajadora fue contratada por una primera sociedad en Italia. Trabajó en este Estado hasta que solicitó la suspensión del contrato para formalizar un nuevo contrato de trabajo con otra sociedad del grupo. En virtud del nuevo contrato se trasladó a Alemania, produciéndose un cambio del lugar de trabajo habitual. Coexistían dos contratos paralelos. La primera empleadora se comprometió a asumir el pago de las cotizaciones y de ciertos gastos durante el tiempo que la trabajadora iba a prestar servicios para la segunda sociedad en Alemania, presumiéndose que se trataría de una situación temporal y que la trabajadora regresaría a Italia para continuar trabajando para esta sociedad. Posteriormente, la primera empleadora fue adquirida por otra sociedad, que puso fin a la situación de excedencia de la trabajadora, la conminó a regresar a su puesto de trabajo en Italia y dejó de hacerse cargo de los gastos. En estas circunstancias, la trabajadora planteó una demanda en Alemania. El TJUE estableció que la sociedad que había sucedido a la primera empleadora podía ser demandada en Alemania —Estado en el que la trabajadora prestaba servicios para la segunda empleadora— si la primera empleadora había tenido un interés en la celebración del segundo contrato, lo cual, teniendo en cuenta las circunstancias del caso, resultaba evidente[181].

Así, si la celebración de un contrato con otra compañía se debe a la iniciativa de la compañía originalmente empleadora, se parte implícitamente de la existencia de una relación laboral única y ambas pueden ser demandadas en el Estado de trabajo habitual[182]. Han de señalarse las limitaciones de la

178 STJUE de 10 de abril de 2003, asunto C-437/00 (ECLI:EU:C:2003:219).

179 STJUE de 20 de octubre de 2022, asunto C-604/20 (ECLI:EU:C:2022:807).

180 En este sentido, respecto al asunto Pugliese, *vid.* F. Jault-Seseke, «L'appréhension de la responsabilité des groupes de sociétés par le droit international privé: l'exemple du droit du travail et du droit de l'insolvabilité», *Droit International Privé (Travaux du Comité Francais de Droit International Privé)*, Pedone, Francia, p. 84.

181 La existencia de dicho interés debería ser apreciada de forma global, tomando en consideración todas las circunstancias del caso. El TJUE se refirió a algunas de ellas: que la celebración del segundo contrato estuviese prevista cuando se firmó el primero; que el primer contrato se modificase por razón de la celebración del segundo; que existiese un vínculo orgánico o económico entre ambos empresarios; que existiese un acuerdo entre los dos empresarios por el que se estableciera un marco para la coexistencia de los dos contratos; que el primer empresario conservase una facultad de dirección sobre el trabajador, y que el primer empresario pudiese decidir respecto a la duración de la actividad del trabajador para el segundo empresario.

182 Como se verá, el fallo en el asunto *Pugliese* es coherente con la interpretación del foro del lugar de trabajo habitual: se consideró que Alemania era el Estado de trabajo habitual en

interpretación que provee el asunto *Pugliese* en cuanto a la identificación del empleador: únicamente resulta aplicable en casos en los que se hayan formalizado contratos de trabajo con otras sociedades distintas de la originalmente empleadora con la intervención de esta.

En la Sentencia de 20 de julio de 2007[183], el TS debió pronunciarse en un caso en el que se reclamaba de forma colectiva la existencia de una cesión ilícita de trabajadores[184]. La aerolínea empleadora introducía la posibilidad de que sus trabajadores prestasen servicios para otra compañía mediante acuerdos individuales. Primero los trabajadores solicitaban una licencia extraordinaria retribuida y, en la aceptación de la concesión de la licencia por parte de la compañía, además, se preveía que el trabajador podría prestar sus servicios para otra aerolínea durante su duración. En realidad, se trataba de un intercambio de trabajadores entre la compañía española y otra compañía estadounidense, que se cedían mutuamente a sus trabajadores durante los periodos en que cada una tenía sus respectivos picos de demanda.

En la Sentencia se aplican directamente los foros laborales sin calificar la relación existente con cada una de las sociedades[185].

La competencia de los tribunales españoles se admitió con base en el artículo 19 del Reglamento Bruselas I (RBI), pero solo respecto a las pretensiones dirigidas contra la compañía española. Para determinar la competencia respecto a la

el momento en el que se planteó la demanda porque se trabajaba de forma estable en ese Estado. No obstante, ha de tenerse en cuenta que para la empleadora italiana se trataba de un cambio temporal del lugar de trabajo y existía vocación de regreso a Italia. *Vid.* Capítulo III.

183 ECLI: ES:TS:2007:5913.

184 Se trataba de una demanda cuyo conocimiento, en principio, correspondía a los tribunales españoles por ser los competentes para conocer de las pretensiones derivadas de los conflictos colectivos de trabajo promovidos en territorio español en virtud del artículo 25.2 LOPJ. Sin embargo, el TS sostuvo que no se trataba propiamente de una confrontación colectiva, sino de una controversia sobre los contratos individuales de trabajo que se sustanció procesalmente de forma colectiva porque afectaba a un grupo de trabajadores. El TS aplicó los foros laborales del Reglamento Bruselas I bis partiendo de que el lugar de trabajo habitual de todos los trabajadores era el mismo. *Vid.* sobre esta Sentencia: O. Fotinopoulou Basurko, «La banalización de la tripulación de aeronaves: ¿colaboración empresarial o cesión ilegal de trabajadores? (A propósito de la Sentencia de la Sala de lo Social del Tribunal Supremo núm. 5913, de 20 de julio de 2007)», en F. Martínez Sanz y M. V. Petit Lavall (dirs.), *Estudios de Derecho aéreo: Aeronave y liberalización*, Marcial Pons, Madrid, 2009, pp. 167-184; P. Menéndez Sebastián, «Competencia judicial y ley aplicable a un conflicto colectivo sobre cesión internacional de trabajadores. A propósito de la Sentencia del Tribunal Supremo de 20 de julio de 2007 (recurso 76/2006)», *Justicia laboral: revista de Derecho del Trabajo y de la Seguridad Social*, n.º 33, 2008, pp. 75-92.

185 La empresa estadounidense podría ser considerada empleadora a efectos de las normas europeas de DIPr con base en los criterios del asunto *Pugliese*: ya que los contratos con la compañía estadunidense se celebraron por iniciativa de la compañía española originalmente empleadora, la primera también puede ser calificada como empleadora.

compañía estadounidense se recurrió a la norma de competencia interna[186]. Se rechazó la competencia de los tribunales españoles sosteniendo que no concurrían ninguno de los criterios de competencia del art. 25.1 LOPJ. Sin embargo, los trabajadores habían prestado servicios para ambas sociedades en España y en Estados Unidos con base en un contrato de trabajo celebrado en España, de modo que podría haberse valorado la competencia de los tribunales españoles también respecto a la aerolínea estadounidense. El TS aplicó directamente la ley española para resolver la reclamación contra la aerolínea española[187].

65. La interpretación del TJUE en los asuntos *Pugliese* y *ROI Land Investments*, difiere, y solo en el segundo se recurre implícitamente a los caracteres definitorios del concepto autónomo de contrato de trabajo para calificar la relación: de un criterio basado en la existencia de un **interés en la celebración de un contrato** con otra empresa *(Pugliese)*[188], se pasa a emplear exclusivamente el **criterio de la subordinación** *(ROI Land Investments)*.

En el asunto *ROI Land Investments* el demandante había prestado servicios inicialmente como trabajador por cuenta propia para una empresa (matriz) domiciliada en Canadá. Posteriormente, acordaron rescindir retroactivamente el contrato, pues este iba a ser «transferido» a una sociedad suiza, filial de la primera sociedad, con la que se celebró un contrato de trabajo por cuenta ajena. El trabajador y ambas sociedades firmaron un acuerdo de garantía en virtud del cual la matriz quedaba directamente obligada frente al trabajador y la filial por las obligaciones derivadas del nuevo contrato de trabajo. Tras ser despedido, el trabajador demandó a la filial en Alemania (lugar de trabajo habitual), declarándose nulo el despido. A continuación, el trabajador reclamó ciertas cantidades a la filial empleadora por salarios adeudados. Ante el impago de la filial, el trabajador demandó a la matriz con base

186 El Reglamento Bruselas I no permitía demandar con base en los foros del lugar de trabajo habitual o del establecimiento contratante a los empleadores domiciliados en tercer Estado. De este modo, la aplicación del Reglamento Bruselas I cabía únicamente a la reclamación contra la compañía española.

187 En cualquier caso, el Estado de trabajo habitual, o su inexistencia, debería haberse verificado a efectos de la determinación de la ley aplicable. De considerarse que no existía un Estado de trabajo habitual (lo cual era posible, pues los trabajadores habían prestado servicios en España y en Estados Unidos), debería haberse identificado el establecimiento contratante. Con independencia del Estado al que apuntasen las presunciones, debería haberse aplicado la ley del Estado que presentase mayor vinculación con el contrato con base en la conexión de los vínculos más estrechos, fuera España o Estados Unidos. La ley aplicable al contrato de trabajo con base en estos criterios regiría la reclamación contra la compañía española y contra la compañía estadounidense, de haberse declarado la competencia de los tribunales españoles respecto de esta última con base en la LOPJ.

188 El criterio fue criticado por su apertura e indefinición. *Vid.* en este sentido P. Mankowski, «Rumpfarbeitsverhältnis und lokales Arbeitsverhältnis (komplexe Arbeitsverhältnisse) im Internationalen Privat-und Prozessrecht», *RIW*, n.° 2, 2004, pp. 135-136.

en el acuerdo de garantía, reclamando las cantidades adeudadas[189]. Cuando se planteó la demanda no existía ninguna vinculación formal entre la primera sociedad y el trabajador. Adicionalmente, nunca existió un contrato de trabajo con esa sociedad. El TJUE sometió la posibilidad de demandar en el lugar de trabajo habitual a la matriz exclusivamente a la existencia de una relación de subordinación entre el trabajador y esta, sin emplear, en esta ocasión, el criterio del interés de la primera empleadora en la celebración del segundo contrato[190]. Es decir, solo si existe una relación de subordinación, con independencia de la realidad formal, se podrían aplicar las normas de DIPr a la relación con la primera empleadora[191].

Como se ve, la relación del personal de vuelo con cada una de las sociedades involucradas deberá ser calificada individualmente para determinar la existencia de una relación de subordinación de la que se deduzca su carácter laboral. La calificación de la relación se convierte en presupuesto para identificar a las sociedades cuya relación con el personal de vuelo se rige por la ley del contrato de trabajo y frente a las que cabe que este invoque los foros laborales. No existe un concepto autónomo de «empleador», sino que las

189 El asunto *ROI Land Investments* presenta la particularidad de que por el demandante parecen invocarse alternativamente los foros laborales y los de consumo. Así, para el caso de que se rechazase la competencia de los tribunales alemanes como los del Estado de trabajo habitual, el demandante invoca su condición de consumidor con base en el acuerdo de garantía. De este modo, los tribunales alemanes serían competentes por ser los del domicilio del consumidor/trabajador. Se rechazó considerar al demandante como consumidor, prevaleciendo la condición de trabajador también respecto a la sociedad matriz en caso de que esta se caracterizase por la subordinación. *Vid.* D. Carrizo Aguado, «Las relaciones internacionales de trabajo tras el asunto *Roi Land. Investments*: la importancia del nexo de subordinación entre el empleado y la empresa», *La Ley UE*, n.º 109, 2022.

190 El TJUE se aparta de las conclusiones del AG, que había sostenido la vigencia del criterio empleado en el asunto *Pugliese*, agregando la toma en consideración de la existencia de una relación de subordinación. Según consta tanto en las conclusiones del AG como en la Sentencia, resulta significativo que sin el acuerdo de garantía el contrato de trabajo no habría llegado a celebrarse. Adicionalmente, una vez se celebró el contrato de trabajo con la filial, el trabajador continuó ejerciendo la misma actividad que venía desarrollando previamente como trabajador autónomo para la matriz. El AG sostuvo que, al hacerse cargo de una obligación esencial, como es el pago de la remuneración, la matriz debía ser considerada como empleadora de hecho.

191 De haberse empleado el criterio del interés en la celebración del contrato del asunto *Pugliese*, hubiera resultado clara la posibilidad de invocar los foros laborales. Si el asunto *Pugliese* se hubiese empleado el criterio de la subordinación de *Roi land Investments*, probablemente se hubiese descartado la existencia de una relación laboral con la primera empleadora. El cambio de criterio puede deberse o bien a la inexistencia de una vinculación formal del trabajador con la sociedad matriz, o bien a una corrección de la interpretación por parte del TJUE, según la cual se restringe la aplicación de los foros laborales a las relaciones que se caracterizan por la subordinación. La pregunta que ha de plantearse es si cabe sostener que la doctrina del asunto *Pugliese* se mantiene vigente, pues de lo contrario no cabría invocar las normas de DIPr laboral respecto a una sociedad que ya no actúa como empleadora, aunque la celebración de un contrato con otra sociedad distinta se deba a la interferencia de la primera.

características que debe reunir la relación de este con el trabajador quedan también definidas por la interpretación autónoma del concepto de contrato de trabajo[192], centrado, no obstante, en el criterio de la subordinación.

Esta interpretación puede considerarse amplia, teniendo en cuenta que se asume que ha de superarse la realidad formal del contrato y descender a las condiciones reales de la ejecución del trabajo, siendo indiferente la relación existente entre las diferentes sociedades involucradas. El criterio de la subordinación puede resultar operativo para resolver otras situaciones de múltiples sujetos involucrados en la parte empleadora, independientemente del contexto en el que estas se produzcan (grupos multinacionales u otras formas de cooperación), y aunque no se hayan celebrado distintos contratos de trabajo. En contrapartida, el criterio se caracteriza por su apertura y correlativamente puede dar lugar a interpretaciones diversas por parte de los tribunales nacionales.

Desde otro punto de vista, puede considerarse una interpretación **restrictiva**. En primer lugar, porque **se omite la toma en consideración de otras funciones** que también son propias del empleador. La operatividad del criterio de la subordinación para la identificación del empleador puede limitarse a aquellos casos en los que existe un empleador meramente formal junto con un empleador oculto que es el que realmente ejerce como tal. Se trata de situaciones en las que previsiblemente existe un único empleador real. Quedan sin resolver las situaciones en las que los poderes empresariales se ejercen de forma descentralizada, es decir, cuando distintas sociedades ejercen de forma repartida las funciones propias del empleador.

Sería el caso eventual en el que una de las sociedades del grupo multinacional ejerce el poder de dirección empresarial y es la sociedad respecto a la cual existe una relación de subordinación, mientras que otra sociedad distinta es la responsable de la remuneración o se beneficia del trabajo. Cabría sostener que existe una relación laboral con todas las sociedades que desempeñan alguna de las funciones propias de la empleadora, pero el TJUE toma en consideración en exclusiva el criterio de la subordinación.

192 *Cf.* U. Grušić, *op. cit.*, pp. 83-88, esp. p. 86. *Vid.* conclusiones del AG en el asunto *ROI Land Investments*, esp. ap. 41 y 52. Al margen de las soluciones aportadas en ambos asuntos, de ellos puede concluirse que, en cualquier caso, no cabe sostener una calificación de la relación conforme a la ley del contrato de trabajo. Ha de asumirse una interpretación paralela en ley aplicable, de modo que cuando exista una relación de subordinación o un interés de la primera empleadora en la formalización del segundo contrato, la ley aplicable a la relación deberá determinarse conforme al art. 8 RRI. Es posible que se produzcan conflictos de calificaciones: la relación puede presentar un encaje en el concepto de subordinación manejado por el TJUE y, asimismo, puede haber existido un interés de la primera empleadora en la celebración del contrato con otra sociedad, pero, posteriormente, conforme a la ley del contrato, puede que no sea considerada como una relación laboral.

Adicionalmente, no se tienen en cuenta las situaciones en las que una sociedad ejerce el poder de dirección, pero las políticas y directrices adoptadas respecto a los trabajadores vienen impuestas por otra sociedad[193].

Así, en el caso de que la pertenencia de la aerolínea empleadora a una alianza o a un grupo multinacional afecte indirectamente a los contratos de trabajo del personal de vuelo sin que pueda atribuirse la condición de empleadora a otra compañía perteneciente a la alianza o al grupo, *a priori*, los trabajadores solo podrán invocar una responsabilidad societaria[194].

B) El arrendamiento de aeronaves con tripulación

66. Como se ha visto, las aerolíneas cooperan entre sí utilizando distintas fórmulas, y algunas tienen una incidencia directa sobre la aplicación de las normas de DIPr en los contratos de trabajo del personal de vuelo. De entre estas formas de cooperación, ha de mencionarse expresamente el arrendamiento de aeronaves, un contrato que cuenta con una regulación expresa —si bien escueta— en las normas de Derecho aeronáutico y en el que la tripulación puede encontrarse incluida.

En efecto, el arrendamiento de aeronaves se menciona en el art. 83 bis del Convenio de Chicago y se regula en el Reglamento (CE) 1008/2008 sobre normas comunes para la explotación de servicios aéreos en la Comunidad (en adelante Reglamento 1008/2008)[195]. No obstante, a pesar de tratarse de una práctica extendida en el sector aéreo[196], no existe ninguna regulación com-

---

193 En este sentido: G. Palao Moreno, *Los grupos de empresas multinacionales y el contrato individual de trabajo*, *op. cit.*, p. 77. El TJUE no se ha pronunciado sobre la posibilidad de que se reconozca la existencia de una relación laboral con el grupo en su conjunto o con la sociedad matriz en estos casos. En las Sentencias de 22 de marzo de 2022 (ECLI:ES:TS:2022:1245) y de 27 de abril de 2022 (ECLI:ES:TS:2022:1658), el TS ha mostrado mayor predisposición al reconocimiento de la existencia de una relación laboral única, si bien en supuestos de movilidad del trabajador dentro del grupo, y con resultados dispares en la determinación de la competencia. *Vid.* M. C. Vaquero López: «Desplazamiento de trabajador dentro de un grupo de empresas y determinación de la competencia judicial internacional de los tribunales españoles. Comentario a la STS (sala de lo social, sección 1.ª), núm. 244/2022, de 22 de marzo», *REEI*, n.º 44, 2022.

194 *Vid.* Á. Espiniella Menéndez, *La relación laboral internacional*, *op. cit.*, pp. 313-315.

195 Complementariamente, el Reglamento (UE) 965/2012 establece los criterios de actuación a los que deben sujetarse las administraciones nacionales para conceder las autorizaciones para celebrar estos contratos.

196 Aunque el arrendamiento de aeronaves se concibió como un mecanismo para suplir situaciones puntuales de falta de medios materiales y personales, en la actualidad se está generalizando y es una práctica que ya no se da de forma puntual o por necesidades sobrevenidas como se planteaba originalmente. *Cf.* R. M. Rodríguez Romero, *La liberalización del sector aeronáutico y su impacto sobre las relaciones laborales individuales del personal a bordo de aeronaves, op. cit.*, pp. 240-241.

pleta sobre el régimen jurídico de estos contratos en el Derecho internacional ni en el europeo y tampoco en los ordenamientos nacionales[197].

El recurso a fórmulas de contratación y financiación flexibles que permiten disponer del uso y disfrute de aeronaves sin necesidad de adquirirlas en propiedad es habitual y existen diferentes modalidades contractuales de utilización de aeronaves cuya realidad no es uniforme[198]. Las diversas fórmulas utilizadas con estos propósitos se aglutinan bajo la denominación de «contratos de utilización de aeronaves»[199], concepto general que incluye a los contratos de arrendamiento de aeronaves.

En virtud de este contrato, una de las partes cede a la otra la posesión y el uso de una aeronave por tiempo y precio determinados. Su celebración puede tener lugar en diferentes contextos. Puede tratarse de un contrato formalizado en un marco de cooperación empresarial, como un acuerdo entre aerolíneas a través del cual estas colaboran[200], pero algunas aerolíneas también ofrecen el arrendamiento de flota a otras aerolíneas competidoras como un servicio más de entre los que prestan, convirtiéndose de esta forma en una parte de su actividad comercial[201].

La figura del arrendamiento de aeronaves se desdobla en dos modalidades básicas, en función de si el contrato incluye o no a la tripulación que prestará

---

197 En el Reglamento 1008/2008 se hace referencia a la figura del arrendamiento de aeronaves al establecer las condiciones para la concesión de las licencias de explotación que permiten acceder a los derechos de tráfico aéreo en el territorio de la UE. Así, se prevé que la autoridad competente de cada Estado miembro las concederá a condición de que las aerolíneas tengan a su disposición una o más aeronaves, ya sea en propiedad o mediante acuerdos de arrendamiento sin tripulación (art. 4). En el artículo 13 se desarrolla la figura del arrendamiento de aeronaves, partiendo de que las compañías aéreas europeas pueden disponer de una o varias aeronaves en régimen de arrendamiento con o sin tripulación.

198 *Cf.* J. Huguet Monfort, «El arrendamiento de aeronaves y la atribución del control operacional en los *dry lease* y *wet lease agreements*», en F. Martínez Sanz y M. V. Petit Lavall (dirs.), *Régimen del transporte en un entorno económico incierto*, Marcial Pons, Madrid, 2010, p. 351.

199 Definidos, de modo amplio, como aquellos contratos por los que una parte, por medio de una contraprestación, adquiere el derecho al uso y disfrute de una aeronave perteneciente a la otra parte en actividades aeronáuticas, o a la realización por esta otra parte de una determinada actividad aeronáutica con una aeronave en beneficio de la primera. *Cf.* M. O. Folchi, «Los contratos de utilización de aeronaves», en F. Martínez Sanz y M. V. Petit Lavall, *Estudios de Derecho aéreo: Aeronave y liberalización,* Marcial Pons, Madrid, 2009, p. 25.

200 *Vid.* L. Tapia Salinas, *Derecho aeronáutico*, Bosch, Barcelona, 1993, pp. 196-197 y 408, donde se contempla el arrendamiento de aeronaves como contrato de utilización de aeronaves y como forma de cooperación y colaboración entre aerolíneas.

201 Las compañías chárter, cuya actividad fundamental consiste en la oferta de vuelos chárter a todo tipo de clientes, también orientan parte de su actividad hacia la prestación de servicios a otras aerolíneas, entre los que se encuentra el arrendamiento de aeronaves con tripulación.

servicios a bordo de la aeronave arrendada. Así, la cesión puede hacerse del aparato exclusivamente, efectuando su entrega con los tanques vacíos de combustible y sin tripulación (*dry lease*) o puede cederse también con plena capacidad de carga, en cuyo caso se entregará equipado y con tripulación (*wet lease*)[202]. El *wet lease*, a su vez, se bifurca en dos subtipos: el contrato ACMI (*Aircraft, Crew, Maintenance and Insurance*) que implica que el arrendador cede al arrendatario la aeronave con toda la tripulación, se encarga del mantenimiento y asume la contratación de los seguros; y el contrato de *damp lease*, en el que el arrendador proporciona la tripulación técnica, con las licencias necesarias, pero no la tripulación auxiliar, es decir, no se proporciona la tripulación completa, sino solo a los pilotos[203].

La trascendencia del alquiler de aeronaves con tripulación sobre el contrato de trabajo del personal de vuelo resulta evidente, ya que lleva implícita **la cesión por parte de la compañía arrendadora de la tripulación** que va a operar la aeronave arrendada[204]. La inclusión del personal de vuelo en este contrato entre aerolíneas implica que una aerolínea distinta de la empleadora sea la encargada de dar instrucciones a la tripulación[205] y se beneficie del trabajo del personal de vuelo durante un periodo determinado[206]. En torno a

---

202 La calificación del *wet lease* plantea problemas que el Reglamento 1008/2008 no contribuye a solventar. Tanto el *dry lease* como el *wet lease* son considerados arrendamientos operativos, tratados en la mayoría de los ordenamientos como contratos de prestación de servicios (M. J. Castellanos Ruíz, Contratos internacionales de leasing de grandes aeronaves civiles», *CDT*, 2016, vol. 8, n.° 2, p. 193). Por otro lado, se considera que el *wet lease* es un contrato mixto de arrendamiento de cosa y de arrendamiento de servicios por lo que respecta a la cesión de la tripulación (C. Llorente Gómez de Segura, «Los contratos internacionales de utilización de aeronaves: a modo de síntesis», *CDT*, 2012, vol. 4, n.° 1,p. 154).

203 El ACMI es utilizado generalmente durante un corto período de tiempo y se considera que se adapta mejor a circunstancias específicas, como fallos mecánicos de las aeronaves, reemplazo temporal en caso de pérdida total o de daño parcial de la aeronave, fuerte facturación de un avión, requerimientos contractuales temporales, introducción de una nueva ruta, período provisional antes de la entrega de un nuevo avión, necesidades estacionales o picos de trabajo. *Cf.* M. J. Castellanos Ruíz, *op.cit.*, pp. 139-140; D. H. Bunker, «Aircraft Wet Leasing: The Perils and the Benefits», *Annals of Air and Space Law*, vol. 25, 2000, pp. 67-68; C. Llorente Gómez de Segura, *op.cit.*, p. 155.

204 *Cf.* D. Díez Ramos, «El control operacional de la aeronave como elemento diferenciador entre el "wet lease agreement" y el chárter aéreo», en F. Martínez Sanz y M. V. Petit Lavall (dirs.), *Estudios de Derecho aéreo: aeronave y liberalización*, Marcial Pons, Madrid, 2009, pp. 142 y 147.

205 *Cf.* J. Restellini, «Wet Lease: Convenience Comes at a Cost. Synopsis of the Relevant Rules in the European Union», *The Aviation & Space Journal*, vol. 19, n.° 4, p. 10.; D. H. Bunker, *op. cit.*, p. 69.

206 Así, lo que en principio es una técnica de racionalización económica para las compañías aéreas, lleva aparejados complejos problemas jurídico-laborales, referidos básicamente a la identificación del empresario y la determinación e imputación de derechos y responsabilidades, que no cuentan con regulación expresa. *Cf.* A. Cámara Botía, *op. cit.*, p. 109.

la figura del arrendador y del arrendatario y las funciones que cada uno de ellos debe conservar o asumir con respecto al personal de vuelo se plantean interrogantes cuyo origen puede encontrarse en la escasa regulación de la figura, que deja en buena medida la determinación su contenido a lo estipulado por las partes en el contrato de arrendamiento[207].

Adicionalmente, el arrendamiento puede tener **efectos sobre la localización del contrato de trabajo**. Así, ha de plantearse su encaje en el concepto de desplazamiento temporal de trabajadores[208] y tenerse en cuenta, fuera de estos casos, su posible incidencia en la identificación del lugar de trabajo habitual.

67. En el Reglamento (CE) 1008/2008 el arrendamiento de aeronaves con tripulación es contemplado fundamentalmente desde la perspectiva de la seguridad aérea, omitiéndose cualquier referencia a la situación de los trabajadores incluidos en el contrato[209]. Para la toma o la cesión de aeronaves en arrendamiento las compañías aéreas deben ser autorizadas por las autoridades nacionales competentes. Los presupuestos que deben acreditar para que les sea concedida la autorización se encuentran en el Reglamento (CE) 1008/2008 y varían en función de si la aeronave arrendada tiene la matrícula de un Estado miembro de la UE o de un tercer Estado. En caso de que la aeronave objeto del arrendamiento se encuentre matriculada en la UE, se verifica el cumplimiento de los estándares mínimos de seguridad aplicables, sin que se introduzca ningún otro requisito específico ni tampoco una duración máxima.

En cambio, las condiciones en las que las europeas pueden hacer uso de aeronaves matriculadas en terceros Estados son más exigentes, ya que solo se va a autorizar el alquiler en circunstancias particulares y con sometimiento a límites temporales. Además de acreditar que la aeronave cumple todas las normas de seguridad equivalentes a las de la normativa europea o nacional, la aerolínea debe demostrar que se encuentra en una de las siguientes situaciones: necesidades excepcionales que justifican la concesión de una autorización por un periodo de siete meses prorrogable por otros siete meses; necesidades de capacidad de carácter estacional que no pueden satisfacerse razonablemente mediante el arrendamiento de aeronaves matriculadas en UE; o que el arrendamiento sea necesario para superar dificultades de explotación y que no sea posible o razonable alquilar aeronaves matriculadas en la UE, en cuyo caso la duración de la autorización estará limitada a la supe-

207 En este sentido: D.P. Hanley, *Aircraft operating leasing: a legal and practical analysis in the context of public and private international air law* (tesis doctoral), Universidad de Leiden, 2011, p. 8.

208 *Vid.* Capítulo III: III.4.C) Desplazamiento de la tripulación incluida en un contrato de alquiler de aeronaves.

209 *Cf.* R. M. Rodríguez Romero, *La liberalización del sector aeronáutico y su impacto sobre las relaciones laborales individuales del personal a bordo de aeronaves, op. cit.*, p. 246.

ración de las dificultades. La carencia de tripulaciones adecuadas en el mercado europeo se menciona específicamente como una situación en la que el arrendamiento con tripulaciones de terceros Estados se encontraría justificado[210]. La introducción de mayores exigencias en los contratos de alquiler de aeronaves matriculadas en terceros Estados se debería, entre otros, al objetivo de evitar que tales contratos se celebren con fines de *dumping* social[211].

68. Los contratos de arrendamiento con tripulación parecen llevar implícita una escisión entre la condición de operador y de explotador de la aeronave, es decir, entre la **atribución del control operacional** y del control comercial. El acuerdo de arrendamiento con tripulación se define, precisamente, como un acuerdo entre compañías aéreas según el cual la aeronave opera con el certificado de operador aéreo del arrendador[212], y ello implicaría que este debe retener el control operacional de la aeronave[213]. No obstante, no existe

210 Según el considerando 8 del Reglamento (CE) 1008/2008 debe evitarse un recurso excesivo a contratos de arrendamiento de aeronaves matriculadas en terceros Estados y, particularmente, al arrendamiento con tripulación de estas aeronaves. Por ello, debe autorizarse únicamente en circunstancias excepcionales, por ejemplo, cuando hay carencia de tripulación adecuada en el mercado europeo, y debe estar estrictamente limitado en el tiempo.

211 *Cf.* J. Restellini, *Labour Relations in Aviation, op. cit.*, pp. 166-172, esp. pp. 167-168. No obstante, la apertura con la que son definidas las situaciones en las que puede autorizarse el arrendamiento de aeronaves matriculadas en terceros Estados implica que no pueda excluirse su posible utilización con el objetivo de reducir costes laborales: R. M. Rodríguez Romero, *La liberalización del sector aeronáutico y su impacto sobre las relaciones laborales individuales del personal a bordo de aeronaves, op. cit.*, pp. 245-247.

212 Esta es la circunstancia utilizada para definir y distinguir el *wet lease* y el *dry lease* en el Reglamento 1008/2008. Así, el acuerdo de arrendamiento sin tripulación es *un acuerdo entre empresas según el cual la aeronave opera con el certificado de operador aéreo del arrendatario*; mientras que un acuerdo de arrendamiento con tripulación es *un acuerdo entre compañías aéreas según el cual la aeronave opera con el certificado de operador aéreo del arrendador* (art. 2).

213 De forma que los vuelos efectuados con la aeronave arrendada son realmente operados por el arrendador, que actúa como transportista efectivo. En estas circunstancias, y tratándose de un *wet lease*, la compañía arrendataria está obligada a informar a los pasajeros de la identidad de la compañía aérea operadora. *Vid.* STJUE de 4 de julio de 2018, asunto C-532/17 - *Wirth y otros* (ECLI:EU:C:2018:527), respecto a la confusión a que puede dar lugar el arrendamiento de aeronaves a la hora de identificar al transportista aéreo. Aunque en el ámbito de consumo y compensación de pasajeros, el TJUE determinó que el concepto de «transportista aéreo encargado de efectuar un vuelo» en el sentido del Reglamento (CE) 261/2004 por el que se establecen normas comunes sobre compensación y asistencia a los pasajeros aéreos en caso de denegación de embarque y de cancelación o gran retraso de los vuelos (*DO* L 046 de 17 de febrero de 2004), no incluye al transportista aéreo que da en arrendamiento a otro transportista aéreo la aeronave y la tripulación en el marco de un arrendamiento de aeronave con tripulación, pero no asume la responsabilidad operativa de los vuelos, ni siquiera cuando la confirmación de reserva de una plaza en un vuelo entregada a los pasajeros menciona que dicho vuelo será operado por ese primer

consenso sobre si el hecho de que la aeronave sea explotada con el certificado de operador aéreo del arrendador significa que sea este, y no el arrendatario, quien ostente realmente y en todo caso el control operacional de la aeronave[214]. La cuestión no está exenta de relevancia, puesto que, por su contenido, puede considerarse como un indicio de cara a la atribución de la condición de empleadora.

El control operacional es definido como la responsabilidad del inicio, continuación, finalización o desviación de un vuelo en interés de la seguridad operacional[215]. Se entiende como el conjunto de actuaciones relacionadas con la explotación de la aeronave tendente al mantenimiento y manejo de esta de acuerdo con los estándares técnicos aeronáuticos. Se trata de un concepto amplio y abstracto que se sustancia por su contraposición con el de control comercial[216].

El control comercial, por su parte, incluye todas las actuaciones relacionadas con la explotación de la aeronave en términos económicos y la toma de decisiones relativas a rutas, tráficos, precios de venta, etc.[217]. Siempre se atribuye al arrendatario, ya que adquiere su uso para explotarla por sí mismo según sus propios intereses y desde el momento en que el arrendador pone a su disposición la aeronave se desvincula de su explotación, pasando a ser el arrendatario el operador comercial o explotador de la misma[218].

Así, se sostiene que el arrendador mantiene exclusivamente el control operacional sobre todos los vuelos, de modo que es el único autorizado para determinar si un vuelo particular puede ser operado con seguridad, iniciar y terminar los vuelos, así como para destinar miembros de la tripulación para la realización de determinados vuelos o dirigir a los trabajadores[219]. No obstante, hay quienes afirman que, al cederse el uso de una aeronave equipada y con tripulación, esta última pasa a depender del arrendatario y, por tanto, este ostenta realmente el control operacional, es decir, la dirección técnica

transportista.

214 *Vid.* D. Díez Ramos, *op. cit.*, p. 144.

215 Apartado 88 del Anexo I del Reglamento 965/2012.

216 *Cf.* D. Díez Ramos, *op. cit.*, p. 145.

217 *Cf. ibidem*.

218 La compañía aérea arrendataria posee el control comercial de la aeronave tanto en los supuestos de *dry lease* como en los de *wet lease*. Esta parte comercializa las plazas de la aeronave y decide los vuelos que van a ser realizados, sujeta a las limitaciones impuestas por las condiciones del contrato. *Cf.* M. J. Castellanos Ruíz, *op. cit.*, p. 140.

219 *Cf.* D. H. Bunker, *op. cit.*, p. 68; M. J. Castellanos Ruíz, *op. cit.*, p. 140. Al arrendador se le imponen una serie de obligaciones de carácter técnico relativas al equipamiento y mantenimiento de la aeronave y a la cualificación de las tripulaciones difícilmente compatibles con la cesión del control operacional al arrendatario. *Vid*. D. Díez Ramos, *op. cit.*, pp. 146-149.

y la consiguiente responsabilidad respecto a las acciones y omisiones de la tripulación[220].

69. Adicionalmente, ha de tenerse en cuenta que en los convenios colectivos se utiliza usualmente el término «banalización de tripulaciones» con vocación de generalidad, para referirse tanto al alquiler de aeronaves con tripulación como a otras prácticas diferentes, pero que se caracterizan, igualmente, por suponer un uso compartido de aeronaves y tripulaciones entre compañías aéreas.

Entre estas modalidades se encuentra el fletamento de aeronaves con tripulación que, a diferencia del alquiler de aeronaves, no implica una cesión de la aeronave ni de la tripulación para que preste servicios bajo la dirección de otra empresa. En este caso, es la propia aerolínea empleadora (fletante) la que presta los servicios utilizando sus propios medios materiales y personales, pero en beneficio de otra empresa (fletador).

En otros casos, las aerolíneas se comprometen a intercambiarse sus aeronaves y la tripulación puede quedar incluida en el intercambio. Se trataría, en este caso, de una cesión recíproca de tripulaciones entre compañías aéreas, de modo que el personal de vuelo presta servicios temporalmente para una aerolínea distinta de aquella con la que se encuentra contractualmente vinculado[221].

Estas son prácticas distintas del alquiler de aeronaves con tripulación que no cuentan con un marco regulador. Su única regulación suele encontrarse en los convenios colectivos, que se limitan a autorizar el empleo de estas figuras[222]. Para conocer su contenido ha de acudirse al acuerdo celebrado entre las aerolíneas, y en los convenios colectivos tampoco se recoge ninguna previsión explícita respecto a la situación contractual de los trabajadores[223]. Ha de tenerse en cuenta que las dificultades que entrañan tales

220 *Cf.* M. J. Morillas Jarilllo, «Capítulo 8: Contratos relacionados con la aeronave y con los motores», en M. J. Morillas Jarillo, M. V. Petit Lavall, M.J. Guerrero Lebrón, *Derecho aéreo y del espacio*, Marcial Pons, Madrid, 2014, p. 527.

221 Evidentemente, estas prácticas también resultan controvertidas desde el punto de vista del Derecho laboral: R. M. Rodríguez Romero, *La liberalización del sector aeronáutico y su impacto sobre las relaciones laborales individuales del personal a bordo de aeronaves*, *op. cit.*, pp. 247-251. *Vid.* Tapia Salinas, *op. cit.*, pp. 195-199 y 407-411.

222 Bajo el epígrafe de «banalización», se introduce una facultad de la aerolínea empleadora de que sus trabajadores pasen a prestar servicios para otra aerolínea distinta, debiendo realizar su prestación laboral en una aeronave que es explotada por un empresario diferente de aquel que los contrató. Se trata de un concepto más técnico-aeronáutico que jurídico, de modo que en la norma laboral se introducen conceptos ajenos al Derecho del trabajo. *Cf.* A. Cámara Botía, *op. cit.*, p. 111. La posibilidad de que los trabajadores de una aerolínea deban prestar servicios para otras compañías aéreas se introduce de forma frecuente en los convenios colectivos, aunque se considera que su uso por parte de las compañías aéreas es bastante limitado: C. Brannigan y otros, *op. cit.*, pp. 124-126.

223 *Vid.* R. M. Rodríguez Romero, *La liberalización del sector aeronáutico y su impacto sobre*

prácticas en la identificación del empleador y, en consecuencia, su eventual incidencia sobre la aplicación de las normas de DIPr, pueden ser similares a las que genera el alquiler de aeronaves con tripulación.

70. Como se ve, es posible que sea necesario comprobar en cada caso si el mantenimiento de la posición de empleadora en exclusiva por parte de la aerolínea formalmente empleadora es real y efectivo. Aunque tanto el contrato de arrendamiento de aeronaves con tripulación como las otras modalidades mencionadas llevan implícito el mantenimiento del vínculo laboral con la aerolínea formalmente empleadora, cabe sostener que en algunos casos se produce una **alteración del vínculo de subordinación**, que pasa a mantenerse temporalmente con una compañía distinta[224].

Tendría lugar una alteración temporal en la figura del empleador que no contribuyen a resolver los criterios del TJUE. Cabe plantear que la relevancia de esta alteración en la determinación de la competencia y de la ley aplicable podría depender de circunstancias como la duración del contrato de alquiler en relación con la duración completa de la relación laboral, que en el momento en el que se plantee la demanda el contrato de arrendamiento se encuentre vigente o la vinculación que presente la reclamación con las funciones asumidas por la arrendataria. De estas circunstancias puede depender que el arrendamiento o el intercambio de trabajadores haya sido un **episodio temporal de la relación laboral** sin influencia ya sobre la aplicación de conexiones y foros laborales en el momento en el que se plantea la reclamación, o que se considere a las dos aerolíneas involucradas como empleadoras.

C) Contratación por medio de compañías intermediarias

71. Es común que las aerolíneas recurran a sociedades que desempeñan múltiples funciones en torno a la selección del personal de vuelo y que tienden a acaparar todos los aspectos relacionados con la contratación. Cuando la intermediaria es la que contrata a los trabajadores, existe una relación

las relaciones laborales individuales del personal a bordo de aeronaves, *op. cit.*, pp. 252-254. La ausencia de referencia alguna al respecto parece indicar en el sentido de confirmar la conservación la cualidad de empleador por parte de la aerolínea formalmente empleadora. Sin embargo, en algunos convenios colectivos pueden encontrarse indicios que apuntan en un sentido contrario. En algún caso la encargada del pago de los salarios durante la duración del arrendamiento parece ser la aerolínea de destino. Así, en el convenio colectivo de los pilotos de *Air Nostrum* se prevé lo siguiente: «*Para el supuesto de que las condiciones económicas de la compañía de destino sean inferiores a las de la de procedencia, serán de aplicación las propias de Air Nostrum...*».

224 La existencia de una cesión ilícita de trabajadores será una cuestión que deberá determinarse conforme a la ley aplicable. *Vid.* M. Henze, *op. cit.*, pp. 338-340; R. M. Rodríguez Romero, *La liberalización del sector aeronáutico y su impacto sobre las relaciones laborales individuales del personal a bordo de aeronaves*, *op. cit.*, pp. 251-262.

triangular entre el trabajador, la compañía intermediaria[225] y la aerolínea. La compañía intermediaria debería encajar en el **concepto de empresa de trabajo temporal (ETT) de la Directiva 2008/104/CE**[226] y del ordenamiento que rige el contrato.

Ha de tenerse en cuenta que de tal encaje en el concepto de ETT puede depender el rol que estas desempeñan en la aplicación de las conexiones y foros de DIPr, como meras sociedades interpuestas o como ETT válidamente constituidas que deberán ser consideradas como empleadoras.

La jurisprudencia del TJUE no resuelve la **identificación del empleador** en los casos particulares de contratación mediante ETT, si bien ambas relaciones —la mantenida por el trabajador con la ETT y la mantenida con la empresa usuaria— deberían calificarse como laborales, atribuyendo la cualidad de empleadoras a ambas a efectos de las normas de DIPr. En estos casos, existe un contrato de trabajo celebrado con la ETT, pero la empresa usuaria, con la que el trabajador no mantiene una relación contractual, es la que ejerce el poder de dirección empresarial y se beneficia del trabajo. El reparto de funciones establecido en la propia Directiva 2008/104/CE justificaría que tanto la relación con la ETT como la relación con la empresa usuaria deben ser consideradas como relaciones laborales a la hora de aplicar las normas de DIPr: con la empresa usuaria se mantiene el vínculo de subordinación, mientras que la ETT es la empleadora en el contrato y asume otras obligaciones laborales.

72. Las diferencias entre las compañías intermediarias que encajan en el concepto de ETT de la Directiva 2008/104/CE y otro tipo de compañías intermediarias no son claras. En cualquier caso, si la intermediaria actúa como una mera agencia de reclutamiento, es decir, si únicamente selecciona al personal de vuelo que posteriormente es contratado por la aerolínea, la Directiva 2008/104/CE no resulta aplicable[227].

---

225 Con el término «compañía intermediaria» se hace referencia a todas las sociedades que contratan al personal de vuelo para que preste servicios para las aerolíneas. El término incluye tanto a las ETT como a otro tipo de compañías que podrían no encajar en el concepto de ETT.

226 Directiva 2008/104/CE del Parlamento Europeo y del Consejo de 19 de noviembre de 2008 relativa al trabajo a través de empresas de trabajo temporal (*DO* L 327/9, de 5 de diciembre de 2008).

227 *Cf.* J. Restellini, *Labour Relations in Aviation*, *op. cit.*, p. 177. No obstante, ha de tenerse en cuenta que el TJUE ha mostrado en su jurisprudencia una concepción muy amplia respecto al concepto de ETT. En la Sentencia de 17 de noviembre de 2016 se sostuvo que la cesión por una asociación sin ánimo de lucro de uno de sus miembros a una empresa usuaria para que realizase en ésta una prestación laboral, con carácter principal y bajo su dirección, a cambio de una retribución, entra dentro del ámbito de aplicación de la Directiva 2008/104/CE [asunto C-216/15, *Betriebsrat der Ruhrlandklinik gGmbH y Ruhrlandklinik gGmbH* (ECLI:EU:C:2016:883)]. En este caso, aunque no existía un contrato de trabajo entre la entidad cedente y la trabajadora, y la cesión no tenía carácter temporal, se equiparó a la entidad con una ETT por la mera existencia de una cesión, sosteniendo que

Las funciones asumidas por estas compañías y su vinculación con las aerolíneas contribuyen a que su encaje con el concepto de ETT resulte incierto. Entre los servicios prestados por estas compañías se encuentran el reclutamiento, la selección y la contratación de trabajadores, pero también la formación y el entrenamiento de las tripulaciones, la provisión de servicios completos de gestión de tripulaciones, y la vinculación continuada de trabajadores y plantillas completas para ponerlos a disposición de las aerolíneas en el momento en que estas lo requieran. Pueden establecer acuerdos de vigencia continua con las aerolíneas por los que se comprometen a proveerlas de un cierto número de trabajadores y de un soporte adicional en periodos de mayor demanda, bajas temporales de otros trabajadores u otras necesidades imprevistas[228]. Los servicios auxiliares, es decir, aquellos que no constituyen el objeto de las ETT —poner a disposición de la empresa usuaria, con carácter temporal, trabajadores por ella contratados— quedan fuera del ámbito de aplicación de la Directiva 2008/104/CE, pero ello no significa que el desempeño de otras actividades no resulte admisible, sino únicamente que la Directiva no entra a regularlas. De este modo, las ETT en ocasiones pueden prestar servicios auxiliares cuando así lo permitan las distintas legislaciones nacionales.

73. La regulación del **régimen jurídico** de las ETT y de las condiciones de empleo de los trabajadores por estas contratados presenta **significativas diferencias en los distintos Estados miembros**. Con la Directiva 2008/104/CE no se eliminó esta diversidad, pues únicamente establece una armonización de mínimos respecto a las condiciones de trabajo y empleo y, significativamente, el principio de igualdad de trato entre trabajadores contratados por la ETT y trabajadores contratados por la empresa usuaria.

La Directiva no supuso la armonización de los requisitos exigidos para la constitución de ETT. En cualquier caso, siempre que se trate de sociedades válidamente constituidas como ETT en un Estado miembro, los restantes Estados miembros se encontrarán *a priori* obligados a admitir que estas operen en su territorio, aunque la intermediaria no cumpla los requisitos establecidos para la constitución de ETT en su regulación nacional[229]. Desde el punto de vista de los Estados miembros en los que prestan servicios los tra-

para aplicar la Directiva 2008/104/CE únicamente es preciso el encaje en el concepto de trabajador y que la entidad cedente ejerza una actividad económica.

228 *Cf.* Steer Davies Gleave, *Study on employment and working conditions in air transport and airports*, Comisión Europea, Bruselas, 2015, p. 156. La gestión de tripulaciones puede abarcar tanto la planificación como la obtención de licencias, el contacto con administraciones locales, y la ejecución de los servicios. Las compañías intermediarias asumen alguna o varias de estas funciones, y pueden combinar el rol de meras agencias de colocación con el de ETT.

229 *Cf.* Á. Espiniella Menéndez, *La relación laboral internacional*, *op. cit.*, p. 189. *Vid.* Sentencia de 30 de junio de 2011, asunto C-397/10 - *Comisión/Bélgica* (ECLI:EU:C:2011:444).

bajadores contratados por estas compañías, estas serían «compañías intermediarias» y no ETT. No obstante, deben admitir que estas exporten mano de obra a su territorio respetando la libertad de establecimiento y de prestación de servicios de las ETT válidamente constituidas en la UE[230].

No obstante, tanto si se trata de una ETT «genuina» como si la compañía desarrolla funciones auxiliares que no encajan en el concepto de ETT, y con independencia de que se trate de una ETT válidamente constituida, ha de tenerse en cuenta que la **vinculación** que estas sociedades presentan usualmente **con las aerolíneas** puede tener inicidencia en la determinación de la competencia y de la ley aplicable.

La relevancia que adquiera la contratación a través de una intermediaria o ETT variará en función de si es posible identificar o no un lugar de trabajo habitual, pues, en defecto de lugar de trabajo habitual, estas podrán ser consideradas como el establecimiento contratante tanto en ley aplicable como en competencia. Como se ha visto, en ocasiones son creadas por las propias aerolíneas, a las que pertenecen, y/o forman parte del grupo multinacional de la compañía aérea. En otras ocasiones, su vinculación con las mismas es evidente porque trabajan en exclusiva para una sola compañía aérea, pero su pertenencia al grupo de la aerolínea no es manifiesta. Aunque se trate de una compañía válidamente constituida como ETT, su vinculación con la aerolínea debe tener efectos sobre la aplicación del foro/conexión laboral del establecimiento contratante si se aprecia un uso instrumental o fraudulento de la ETT/intermediaria en la contratación de los trabajadores[231].

230 Más allá de los casos de desplazamiento temporal, no existe regulación expresa a nivel europeo de la actividad transfronteriza de las ETT. En el ordenamiento español, el artículo 22 de la Ley 14/1994 por la que se regulan las empresas de trabajo temporal admite expresamente la diversidad en cuanto a los requisitos para la constitución de las ETT en los supuestos de desplazamiento temporal. Las ETT establecidas en otros Estados miembros pueden desplazar temporalmente a sus trabajadores para ponerlos a disposición de empresas usuarias establecidas o que ejerzan su actividad en España siempre que la ETT esté válidamente constituida y reúna los requisitos para ello de conformidad con la legislación de su Estado de establecimiento.

231 *Vid.* Capítulo IV: I.1.B) Identificación del establecimiento contratante del personal de vuelo.

CAPÍTULO II

EL RÉGIMEN DEL CONTRATO DE TRABAJO TRANSFRONTERIZO DEL PERSONAL DE VUELO: DELIMITACIÓN Y APLICACIÓN DE NORMAS IMPERATIVAS

I. Composición del régimen contractual

1. Alcance de la elección de ley

A) Combinación del ordenamiento objetivo y del ordenamiento elegido

74. La protección que se proporciona al trabajador como parte débil del contrato en el Reglamento Roma I consiste en que los efectos del ejercicio de la autonomía de la voluntad se supeditan a la **mayor favorabilidad** de la ley elegida respecto de la ley objetiva[232]. Por ello, siempre es necesario identificar el ordenamiento aplicable en virtud de las conexiones objetivas del artículo 8 RRI, pues este fija el nivel de protección mínimo que debe garantizarse a

232 Es decir, ha de efectuarse una comparación fundamentada en el principio de mayor favorabilidad: F. J. Garcimartín Alférez, *Derecho internacional privado*, 6.ª ed., Civitas Thomson Reuters, Navarra, 2021, p. 385; M. Henze, *op. cit.*, p. 96. Se introducen normas especiales para la determinación de la ley aplicable en los contratos de trabajo, entre las cuales se encuentra este modelo de autonomía de la voluntad con efectos limitados. Por lo demás no se prevé ninguna protección especial. Los vínculos más estrechos no pueden utilizarse para aplicar el ordenamiento que, de entre los que presenten vinculación con el contrato, resulte más protector. El TJUE confirmó tal posición en el asunto *Schlecker*, en el que se recordó que la protección del trabajador se garantiza identificando el ordenamiento que resulte más próximo. La protección del trabajador ha informado expresamente la interpretación del TJUE del concepto de «lugar de trabajo habitual», si bien los efectos de tal interpretación en el sector de la ley aplicable son limitados, entre otros motivos, por la eventual prevalencia de la conexión de los vínculos más estrechos.

los trabajadores[233]. Cualquier elección de ley será válida[234], pero solo debería tener efectos si la ley elegida resulta más beneficiosa para el trabajador que las normas no derogables del Estado que presente mayor proximidad[235].

Algunas compañías aéreas introducen cláusulas de elección de ley en los contratos que no deberían tener efecto, pues el ordenamiento elegido resulta —en términos generales— menos protector que el del Estado de trabajo habitual. En estas circunstancias, el Reglamento Roma I *a priori* garantiza la protección de los trabajadores frente a elecciones de ley impuestas por las aerolíneas, pero el sistema presenta inconsistencias. La aplicación en la práctica del mecanismo protector del art. 8 RRI reviste una gran complejidad, implica que deban sortearse numerosas dificultades que ponen en riesgo la protección del trabajador y puede dar lugar a soluciones divergentes en los distintos Estados miembros[236].

El Reglamento no aclara el aspecto fundamental sobre el que pivota todo el sistema: cómo se debe determinar la mayor favorabilidad de uno u otro ordenamiento. Es decir, qué modelo de comparación debe seguirse. Ante tal laguna, la elección del modelo de comparación corresponde al tribunal en cada caso[237]. A su vez, presupuesto imprescindible para efectuar tal comparación es la identificación previa de las normas imperativas del ordenamiento objetivo que protegen al trabajador[238].

---

233 De este modo, a la conexión objetiva se le atribuye la función de proteger al trabajador: P. M. Patocchi, *Règles de rattachement localisatrices et règles de rattachement à caractère substantiel*, Georg, Ginebra, 1985, p. 147. El Reglamento Roma I mantuvo el mismo sistema que el art. 6 del Convenio de Roma, de forma que la protección del trabajador será la misma cuando los contratos se hayan celebrado previamente a la fecha de aplicación del Reglamento Roma I. Únicamente se trata de uno de los modelos posibles a la hora de restringir la autonomía de la voluntad para proteger la parte débil del contrato. Por ello, cabe plantearse la idoneidad de otros, como, por ejemplo, una exclusión total de la posibilidad de elegir ley, restringiéndose la posibilidad de introducir mejoras en el régimen del contrato a los pactos admisibles en el ordenamiento aplicable (autonomía de la voluntad material). *Vid.* O. Deinert, *op. cit.*, p. 100; U. Grušić, *op. cit.*, pp. 38-44; P. M. Patocchi, *op. cit.*, pp. 135-141; D. Sindres, «Précisions de la Cour de justice sur la portée du choix de la loi applicable à un contrat individuel de travail», *Rev. crit. dr. int. pr.*, 2022, n.º 1, pp. 151-153; E. Zabalo Escudero, *op. cit.*, pp. 77-86.

234 *Vid.* Capítulo IV: III.1.A) Validez de la cláusula de elección de ley.

235 Así, el mecanismo del art. 8.1 RRI consiste en una combinación del principio de proximidad con el principio de autonomía de la voluntad: *Vid.* N. Mihman, *Les rapports de travail mobiles*, LGDJ, Francia, 2022, pp. 459 y ss.

236 *Vid.* en este sentido G. Palao Moreno, «La "nueva" regulación europea en materia de ley aplicable al contrato individual de trabajo: el artículo 8 del Reglamento Roma I», en J. M. Goerlich Peset, Á. A. Blasco Pellicer (coords.), *Trabajo, contrato y libertad: estudios jurídicos en memoria de Ignacio Albiol*, Universidad de Valencia, Valencia, 2010, p. 433.

237 *Vid.* Capítulo IV: III.1.D) Comparación entre ordenamientos.

238 Tal sistema, basado en la identificación de las normas no derogables y la comparación entre ordenamientos ha debido ser confirmado recientemente por el TJUE en la Sentencia

75. Dentro del ordenamiento objetivamente aplicable han de distinguirse **dos ámbitos: el regulado por normas no disponibles**, generalmente más amplio por la proliferación de normas laborales imperativas protectoras para los trabajadores; y el reservado a la autonomía material de las partes. El mecanismo protector del art. 8 se despliega en el primero. Así, el ordenamiento objetivo define la amplitud del potencial ámbito de aplicación de la ley elegida y qué materias quedan sometidas a la comparación de favorabilidad. La comparación se extiende a todas las condiciones de trabajo y empleo respecto a las cuales existan normas no disponibles en el ordenamiento objetivo. En este ámbito, la aplicación de uno u otro ordenamiento depende del resultado de la comparación, y la aplicación del ordenamiento elegido solo será posible cuando eleve el nivel de protección de las normas no disponibles de la ley objetiva. En cambio, en el segundo ámbito, es decir, en el **espacio que la ley objetivamente aplicable conceda a la autonomía material** de las partes, se aplica exclusivamente la ley elegida[239].

Los contratos de trabajo son idénticos a otros tipos de contratos en cuanto a las formas en que la autonomía de la voluntad puede ser ejercida[240]. Ello supone que la autonomía de la voluntad en el contrato de trabajo queda sometida a lo previsto con carácter general en el art. 3 RRI en cuanto a la posibilidad de que se produzcan elecciones de ley parciales. Así, se admite

de 15 de julio de 2021, asunto C-152/20 - *SC Gruber Logistics* (ECLI:EU:C:2021:600). *Vid.*: A. Junker, «Rumänische Lastwagenfahrer in Italien und Deutschland: anwendbares Recht und Mindestlohn: Urteil des Europäischen Gerichtshofs vom 15.7.2021: C-152/20 und C-218/20: Rechtssache SC Gruber Logistics», *EuZA*, n.° 64, 2022, pp. 64-72; N. Marchal Escalona, «La autonomía de la voluntad conflictual y sus límites en los contratos laborales en el sector del transporte por carretera», *Bitácora Millennium DIPr*, n.° 14, 2021; D. Sindres, *op. cit.*, pp. 137-153. No obstante, el Tribunal General de la UE ha ignorado tal forma de proceder, exigida por el art. 8 RRI, en la Sentencia de 10 de noviembre de 2021, asunto T-602/15 RENV - *Jenkinson/Consejo y otros* (ECLI:EU:T:2021:764). *Vid.* A. Crespo Hernandez, «La Ley aplicable a los contratos del personal civil internacional de las misiones de la Unión Europea. A propósito de la STGUE de 10 de noviembre de 2021», *CDT*, vol. 15, n.° 2, 2023, pp. 1176-1186, esp. pp. 1183.

239 Dicho de otro modo, en las materias reguladas por normas de Derecho dispositivo en el ordenamiento objetivo, la ley elegida se aplica íntegramente. *Cf.* M. Gardeñes Santiago, «Derecho imperativo y contrato internacional de trabajo», *Revista del Ministerio de Empleo y Seguridad Social,* n.° 132, 2017, pp. 165-166.

240 *Cf.* U. Grušić, *op. cit.*, p. 144. Al igual que en el resto de contratos, se admiten elecciones posteriores a la celebración. De igual forma, caben elecciones de ley tácitas, por lo que es necesario identificar qué elementos específicos pueden jugar como indicadores de la existencia de una elección de ley tácita en el contexto particular de las relaciones laborales. Como se verá, la distinción entre circunstancias que revelan la intención de las partes de someter el contrato a un determinado ordenamiento e indicios de proximidad de la conexión de los vínculos más estrechos resulta particularmente trascendente. *Vid.* Capítulo III: II.1.A) Vinculación más estrecha con base en criterios de Derecho público y Capítulo IV: III.1.B) Elección tácita y vínculos más estrechos.

que distintas partes de los contratos de trabajo puedan quedar sometidas a diferentes ordenamientos, con el límite del respeto a la coherencia interna del contrato. Ello es congruente con el esquema de la autonomía de la voluntad del art. 8 y presupuesto de este, pues como se ve, **parte implícitamente de un *dépeçage*** producido por la combinación de ordenamiento objetivo y elegido[241].

El régimen del contrato de trabajo queda conformado por una combinación de la ley elegida y de la ley objetiva, lo que implica que **no pueda hablarse de una —única— ley del contrato**[242]. Así, cualquier referencia a la «ley del contrato» cuando existe elección debe entenderse efectuada al régimen resultante de la comparación entre ordenamiento objetivo y elegido. La combinación de la ley objetiva y de la ley elegida se extiende a todas las materias regidas por la ley aplicable: el consentimiento[243], la validez material de las cláusulas contractuales, la validez formal[244], la interpretación, las consecuencias del incumplimiento, la extinción, la prescripción, la caducidad y las consecuencias de la nulidad del contrato.

La conservación del título de *lex contractus* de la ley elegida usualmente será meramente teórica. En la práctica, partiendo de un funcionamiento correcto del mecanismo protector del art. 8 RRI, la ley objetivamente apli-

---

241 *Cf.* M. Salah Mohamed Mahmoud, «Loi d'autonomie et méthodes de protection de la partie faible en droit international privé», *R. des C.*, vol. 315, 2005, pp. 181-182; G. Palao Moreno, «Article 8», *European Commentaries of Private International Law: Rome I Regulation*, Otto Schmidt, Köln, 2017, p. 587.

242 Por ello, el sistema de autonomía de la voluntad en los contratos de trabajo implicaría el sacrificio de la noción de *lex contractus*: P. Lagarde, «Sur le contrat de travail international: analyse rétrospective d'une évolution mal maîtrisée», *Les transformations du droit du travail, Études offertes à Gérard Lyon-Caen*, Dalloz, Paris, 1989, p. 95. La atribución de un significado conflictual a la autonomía de la voluntad en los contratos con consumidores y trabajadores resulta controvertida, en la medida en que la ley cuyas normas protectoras los contratantes no pueden derogar la fija el legislador, y no las partes. El hecho de que las partes puedan elegir una ley más protectora para el trabajador que la ley objetiva no significa necesariamente que la ley elegida se convierta en la *lex contractus*, sino únicamente que la ley elegida debe respetar los estándares mínimos de protección de la ley objetivamente aplicable. Así, la elección únicamente faculta a las partes a incorporar a su contrato disposiciones protectoras más favorables que las previstas en la ley objetiva (autonomía material), pero no a elegir la *lex contractus* (autonomía conflictual). *Cf.* N. Bouza Vidal, «Aspectos actuales de la autonomía de la voluntad en la elección de la jurisdicción y de la ley aplicable a los contratos internacionales», *Cursos de Derecho internacional y relaciones internacionales de Vitoria-Gasteiz,* 2004, pp. 43-44.

243 No obstante, junto a la aplicación de la ley objetiva y del ordenamiento elegido, tanto empleador como trabajador *a priori* pueden invocar la ley del Estado de su residencia habitual para establecer que no han dado su consentimiento (art. 10.2 RRI).

244 Se admitirá también la forma del país en el que el contrato se haya celebrado (art. 11.1 RRI) o la de los países en los que se encuentren o residan habitualmente las partes o sus representantes (art. 11.2). *Vid*. Á. Espiniella Menéndez, *La relación laboral internacional*, *op. cit.*, pp. 107-113.

cable generalmente es el auténtico régimen regulador de los contratos de trabajo del personal de vuelo por la amplitud que suelen presentar las normas no disponibles laborales y porque la ley elegida suele presentar bajos estándares de protección.

76. No ha de perderse de vista que efectuar la comparación correspondería a las partes en el momento de la celebración del contrato, pero el sistema parece ideado para su aplicación por el tribunal una vez iniciado un litigio y presenta difícil encaje con una concepción de la ley aplicable como régimen rector del contrato que debe quedar claramente definido desde su celebración.

El análisis debe efectuarse desde una perspectiva realista[245]: las compañías aéreas aplican exclusivamente el ordenamiento elegido, aunque sea menos protector, y este rige las condiciones laborales del personal de vuelo desde el inicio de la relación laboral. En muchas ocasiones, la aplicación indebida de la ley elegida solo se corrige si el personal de vuelo llega a plantear una reclamación. Así, es el trabajador quien debe reaccionar exigiendo la corrección del régimen de su contrato conforme a la ley objetiva más favorable y su protección durante el lapso de tiempo transcurrido entre la celebración del contrato y la corrección del régimen contractual queda desatendida.

La **carga** de ejecutar el mecanismo protector frente a la autonomía de la voluntad **se traslada al trabajador**, que debe conocer su funcionamiento y prever sus efectos: debe identificar el ordenamiento objetivo y, dentro de este, las normas no derogables que le protejan. Adicionalmente, ha de tenerse en cuenta que la posibilidad de llevar a cabo la comparación queda condicionada por la prueba de las disposiciones más favorables cuya aplicación se pretenda, sean las del ordenamiento objetivo o las del ordenamiento elegido, aspecto que puede condicionar la efectividad del mecanismo protector[246].

En caso de que se inicie un litigio, el sistema del art. 8.1 RRI servirá para evitar que el contrato continúe rigiéndose por la ley elegida unilateralmente

245 Es posible que los trabajadores no se planteen la validez y limitados efectos de la cláusula de elección de ley, cuya relevancia real pueden desconocer, o que acepten las condiciones impuestas conforme a esta como inatacables. Una lectura en clave realista de la trascendencia real de la elección de ley sobre el marco regulador del contrato de trabajo puede encontrarse en: P. Mankowski, «Employment contracts under article 8 of the Rome I Regulation», *op. cit.*, p. 214; M. Casado Abarquero, *op. cit.*, p. 217. Sin embargo, como señala M. Franzen, una aplicación rígida de la ley del Estado de trabajo habitual puede generar las mismas posibilidades de abuso por parte del empleador: «Chapter 9: Conflicts of Laws In Employment Contracts and Industrial Relations», en R. Blanpain (ed.), *Comparative Labour Law and Industrial Relations in Industrialized Market Economies*, Kluwer Law International, Alphen aan den Rijn, 2014, p. 255.

246 *Vid.* Capítulo IV: III.1.E) La prueba del Derecho objetivo y del Derecho elegido.

por el empleador y restablecer la protección debida. Sin embargo, la reclamación del trabajador se fundará únicamente en una o varias pretensiones y generalmente no llegará a producirse una corrección total y retroactiva de todas las condiciones laborales que se hayan regido por el ordenamiento elegido. En caso de que el contrato se extinga sin que se llegue a plantear un litigio, la ley elegida puede haber regido todo su contenido durante toda su duración.

77. En los contratos de trabajo, las normas internacionalmente imperativas actúan como límite tanto de la ley elegida como de la de la ley objetiva, reduciendo el ámbito de aplicación del régimen contractual resultante de la comparación entre ambos ordenamientos. Junto a las normas de policía de los lugares de ejecución y del foro, expresamente previstas en el Reglamento Roma I (art. 9), han de analizarse las vías de aplicación de las normas internacionalmente imperativas del ordenamiento objetivo. Adicionalmente, como ya se ha visto, el régimen contractual se encuentra limitado por las normas internacionalmente imperativas de Derecho aeronáutico, que definen el régimen del contrato al margen del Reglamento Roma I, pero cuyos efectos sobre este pueden quedar condicionados a su aplicación como normas de policía del art. 9 RRI.

B) Identificación de las normas imperativas del ordenamiento objetivo

78. La correcta identificación de las normas imperativas del ordenamiento objetivo actúa como presupuesto, condicionando la efectividad del mecanismo protector del art. 8 RRI y, con ello, la protección de los trabajadores[247]. En los distintos ordenamientos varía sustancialmente la amplitud del ámbito restringido a la autonomía de la voluntad con el objetivo de garantizar la protección de los trabajadores[248] y una de las principales dificultades se encuentra en que la naturaleza de tales normas no siempre es explícita.

En términos generales, los ordenamientos laborales se caracterizan por la amplitud de las materias reguladas por normas imperativas, al tratarse de un sector del ordenamiento en cuya génesis y evolución se encuentra, por definición, un objetivo tuitivo para los trabajadores[249]. Las normas labo-

---

247 Ha de tenerse en cuenta que la aplicación de las normas imperativas del ordenamiento objetivo puede no quedar limitada a las normas no disponibles laborales, sino que pueden aplicarse también algunas normas contractuales generales de este ordenamiento. *Cf.* M. Henze, *op. cit.*, p. 96; O. Deinert, *op. cit.*, p. 121.

248 *Cf.* J. Basedow, *EU Private Law: Anatomy of a Growing Legal Order*, Intersentia, Cambridge, 2021, p. 524.

249 *Cf.* I. Guardans Cambó, *Contrato internacional y Derecho imperativo extranjero*, Aranzadi, Navarra, 1992, p. 401.

rales no disponibles de los Estados miembros *a priori* tienden a asemejarse como resultado de la adopción de Directivas laborales en la UE. En ocasiones, el carácter no disponible de la norma viene establecido en la propia Directiva. Sin embargo, las **Directivas laborales** suelen ser **de armonización mínima**, es decir, se limitan a establecer requerimientos mínimos relativos a las condiciones de trabajo que los Estados miembros pueden mejorar. Existe una diversidad notable en las normas de transposición porque los Estados miembros conservan una gran discrecionalidad[250]. En consecuencia, incluso cuando tanto el ordenamiento elegido como el ordenamiento objetivo son los de Estados miembros de la UE, la correcta identificación de las normas no disponibles del ordenamiento objetivo continúa siendo fundamental, pues pueden existir **diferencias sustanciales en el nivel de protección de las normas de transposición**[251].

79. Ha de tenerse en cuenta que el art. 8 RRI exige identificar normas no disponibles del ordenamiento objetivo relativas a la materia controvertida[252]. Por ello, ha de partirse de que el mecanismo protector del art. 8 RRI exige un examen norma a norma. Puede darse el caso de que en la concreta materia objeto de la reclamación puedan resultar aplicables tanto normas no disponibles como normas disponibles, y ello condiciona la comparación y la eventual aplicación del ordenamiento elegido. Así, deben identificarse cada una de las normas que regulan la materia particular objeto de la reclamación y determinar, en su caso, el carácter no disponible de la norma.

Las condiciones de trabajo impuestas por la aerolínea *Ryanair* a sus trabajadores conforme al ordenamiento elegido (irlandés) suelen ser incompatibles con las normas imperativas de los ordenamientos de los Estados miembros desde los que estos trabajan[253]. En los litigios planteados ante los tribunales españoles en ocasiones se ha aplicado directamente la ley española partiendo implícitamente del conocimiento de que las normas españolas resultaban más favorables, ignorando el pacto de elección de ley, sin realizar ningún tipo de comparación entre los orde-

250 *Cf.* M. Campo Comba, *The Law Applicable to Cross-Border Contracts Involving Weak Parties*, Springer, Hamburgo, 2021, pp. 256-257.

251 Veáse un ejemplo en este sentido en las páginas 162-165.

252 Para la identificación de las materias no disponibles se ha propuesto tomar el núcleo duro de condiciones de trabajo de la Directiva de desplazamiento, de modo que debería garantizarse en todo caso la protección mínima del ordenamiento objetivo en las materias comprendidas en el art. 3 de la Directiva 96/71/CE (*Cf.* M. V. Polak, *op.cit*, p. 338).

253 *Vid.* en particular, sobre los litigios planteados por los trabajadores de *Ryanair*, resaltando la diversidad que presentan las disposiciones aplicadas como normas simplemente imperativas en los distintos Estados miembros y los diferentes niveles de protección del personal de vuelo a que ello da lugar: G. Busschaert, «End of the Ryanair Saga: a Trade Union Victory with a Bitter Taste for the Employees Involved (BE)», *European Employment Law Cases*, 2021, n.° 34, pp. 171-175.

namientos ni justificar el carácter no disponible de las normas españolas aplicadas[254] (*vid*. STSJ de Cataluña de 26 de marzo de 2010[255], STSJ de Cataluña de 27 de mayo de 2019[256]).

80. En los ordenamientos laborales suelen distinguirse distintos tipos de normas no disponibles en situaciones internas[257]. En situaciones transfronterizas se produce una transformación del juego de las normas:

- El estándar mínimo de protección del ordenamiento objetivo está compuesto, en primer lugar, por las normas laborales que no admiten modificación por las partes en ningún sentido, ni favorable ni peyorativo. En el mecanismo protector del art. 8 RRI pasan a funcionar como normas «de mínimos», de modo que la ley elegida solo puede prevalecer sobre ellas si eleva el nivel de protección del trabajador.

En el ordenamiento español, son ejemplos de este tipo de normas las que regulan las condiciones de extinción del contrato de trabajo. La ley elegida puede aplicarse si establece condiciones más exigentes para la extinción cuando esta no obedezca a la voluntad del trabajador.

- Igualmente, el estándar mínimo de protección quedará conformado por las normas que establecen un mínimo y que pueden ser objeto de desarrollo en beneficio del trabajador. Son normas que no admiten la introducción de peores condiciones de trabajo por la autonomía de la voluntad. En situaciones internas fijan el punto de referencia para las normas de rango inferior y la autonomía material de las partes, y si estas vulneran el contenido de la norma de mínimos su contenido es nulo. La protección que establecen estas

---

254 En otros casos, los tribunales han operado de forma más rigurosa, refiriéndose expresamente al carácter imperativo de la norma controvertida del ordenamiento objetivo para resolver la reclamación. *Vid.* entre otras: Sentencias del Rechtbank Oost-Brabant, de 1 de noviembre de 2018 (ECLI:NL:RBOBR:2018:5330) [https://linkeddata.overheid.nl/front/portal/document-viewer?ext-id=ECLI:NL:RBOBR:2018:5330] y del Gerechtshof's-Hertogenbosch, de 5 de julio de 2018 (ECLI:NL:RBOBR:2017:6802) [https://uitspraken.rechtspraak.nl/#!/details?id=ECLI:NL:GHSHE:2018:2826], en las que se declara contraria a concretas normas imperativas holandesas la decisión de *Ryanair* de reubicar a los trabajadores demandantes en bases de operaciones localizadas en otros Estados miembros. Igualmente, en la Sentencia del Supremo Tribunal de Justiça de 27 de octubre de 2021[https://diariodarepublica.pt/dr/detalhe/acordao/19733-2021-188391675] se declara que las normas portuguesas que establecen un subsidio obligatorio de vacaciones y de Navidad y la duración mínima de las vacaciones anuales son normas no derogables del art. 8.1 RRI.

255 ECLI: ES: TSJCAT: 2010:3907.

256 ECLI: ES: TSJCAT:2019:3088.

257 Tal y como establece el considerando 35 del Reglamento Roma I, el nivel mínimo de protección que debe garantizarse a los trabajadores lo componen tanto las disposiciones que no puedan excluirse mediante acuerdo, como las que solo pueden excluirse en su beneficio.

normas puede ser ampliada en el contrato o por el convenio colectivo con una regulación más favorable para los trabajadores.

Cuando son normas que permiten la introducción de mejoras en el contrato, conservan su modo de funcionamiento en situaciones internacionales. Fijan un mínimo de protección, que la autonomía material de las partes en el contrato o ley elegida solo podrán elevar. Solo podrán dejar de aplicarse si en el contrato se establecen condiciones más favorables o cuando la ley elegida resulta más beneficiosa para el trabajador.

En el ordenamiento español, son ejemplos de este tipo de normas el salario mínimo, las que regulan la duración mínima de las vacaciones[258], la duración máxima de la jornada ordinaria de trabajo[259] o la duración del descanso mínimo semanal[260]. Igualmente, aunque no se prevé expresamente, las normas que establecen indemnizaciones para el trabajador, ya sea por despido u otras causas de extinción del contrato, han de entenderse como nomas de mínimos[261]. La ley elegida se aplicará si la cuantía del salario mínimo en ese ordenamiento es superior, también si establece una duración superior de las vacaciones, una duración de la jornada de trabajo inferior o un descanso mínimo de mayor duración.

- Por último, algunas normas admiten que lo dispuesto por ellas se pueda mejorar o empeorar ya sea en el convenio colectivo o en el contrato de trabajo. Son normas que en situaciones internas admiten variación en cualquier sentido sea a mejor o a peor, y solo funcionan como regulación supletoria.

En este ámbito jugará plenamente la autonomía de la voluntad conflictual. En situaciones internacionales, en el ámbito regulado por estas normas se aplicará íntegramente la ley elegida, que podrá prever regulaciones distintas, tanto favorables como perjudiciales para el trabajador en la materia regulada por la norma dispositiva del ordenamiento objetivo[262].

---

258 Art. 38.1 ET: *El periodo de vacaciones anuales retribuidas, no sustituible por compensación económica, será el pactado en convenio colectivo o contrato individual. En ningún caso la duración será inferior a treinta días naturales.*

259 Art. 34.1 ET: *La duración de la jornada de trabajo será la pactada en los convenios colectivos o contratos de trabajo. La duración máxima de la jornada ordinaria de trabajo será de cuarenta horas semanales de trabajo efectivo de promedio en cómputo anual.*

260 Art. 37 ET: *Los trabajadores tendrán derecho a un descanso mínimo semanal, acumulable por periodos de hasta catorce días, de día y medio ininterrumpido que, como regla general, comprenderá la tarde del sábado o, en su caso, la mañana del lunes y el día completo del domingo. La duración del descanso semanal de los menores de dieciocho años será, como mínimo, de dos días ininterrumpidos (...).*

261 *Vid.* entre otros, arts. 49, 53.1 b), 56.1 ET.

262 Si se trata de normas del ordenamiento objetivo que admiten únicamente que el empeoramiento se introduzca por convenio colectivo, en principio, solo el convenio colectivo del ordenamiento objetivo cuyo ámbito de aplicación se cumpla podrá introducir una regulación menos favorable que la prevista en la norma dispositiva. Si no existe convenio colectivo aplicable en el ordenamiento objetivo, la ley elegida no podrá empeorar lo previsto

En el ordenamiento español, son ejemplos de este tipo de normas las que establecen la voluntariedad de las horas extraordinarias[263] o el período de disfrute de las vacaciones[264]. Así, podrían aplicarse las normas de la ley elegida que establezcan una obligación de trabajar horas extraordinarias o que permitan al empleador fijar unilateralmente el periodo de vacaciones.

81. Determinadas disposiciones pertenecientes a las dos primeras categorías podrían aplicarse, al mismo tiempo, como **normas internacionalmente imperativas**. En las normas sobre salario mínimo y en todas aquellas vinculadas con los derechos humanos y fundamentales de los trabajadores concurriría al mismo tiempo un doble carácter: simple e internacionalmente imperativo[265]. Ello resulta problemático si se entiende que la remisión del art. 8.1 a las «disposiciones que no pueden excluirse mediante acuerdo» se refiere exclusivamente a las normas simplemente imperativas del ordenamiento objetivo. Desde esta perspectiva, las disposiciones protectoras consideradas como normas internacionalmente imperativas quedarían excluidas de la remisión del art. 8.1 RRI.

No obstante, puede sostenerse que el art. 8.1 RRI efectúa una remisión completa a todas las disposiciones imperativas del ordenamiento objetivo, por lo que deberían considerarse incluidas tanto las normas simplemente imperativas como las internacionalmente imperativas[266]. La aplicación de todas las normas imperativas del ordenamiento objetivo será necesaria para garantizar una aplicación coherente de este ordenamiento y evitar un fraccionamiento que resultaría disfuncional y contrario al objetivo del art. 8 RRI.

---

en estas normas, que actuarán en situaciones internacionales también como normas de mínimos. No cabría la aplicación de un empeoramiento previsto en un convenio colectivo perteneciente al ordenamiento elegido, pues este solo puede mejorar la protección mínima del ordenamiento objetivo.

263 Art. 35. 4 ET: *La prestación de trabajo en horas extraordinarias será voluntaria, salvo que su realización se haya pactado en convenio colectivo o contrato individual de trabajo (...).*

264 Art. 38.2 ET: *El periodo o periodos de su disfrute se fijará de común acuerdo entre el empresario y el trabajador, de conformidad con lo establecido en su caso en los convenios colectivos sobre planificación anual de las vacaciones (...).*

265 En este sentido, han de citarse las normas generales sobre edades mínimas y máximas para trabajar, o las restricciones al trabajo de los menores que, no obstante, por la existencia de normas especiales respecto a la edad del personal de vuelo no resultan de aplicación en estos contratos de trabajo.

266 *Cf.* R. Plender y M. Wilderspin, *op. cit.*, p. 386; A. Bonomi: «Article 9», en U. Magnus, P. Mankowski (eds.), *European commentaries on private international law: Rome I Regulation,* Otto Schmidt, Köln, 2017, p. 611. Aunque no es una opinión unánime: *ibidem*, p. 632. En este mismo sentido, ha de mencionarse el informe *Giuliano-Lagarde*, cuando establece que las normas no disponibles del art. 8 RRI consisten no solo en las previsiones relativas al contrato de trabajo propiamente, sino también otras previsiones, como las concernientes a la seguridad e higiene, consideradas en algunos Estados miembros como previsiones de Derecho público (p. 23).

Si bien, con carácter general, las normas protectoras laborales serán normas simplemente imperativas, existe una significativa diversidad, y los Estados en ocasiones aplican ciertas normas protectoras como normas internacionalmente imperativas cuando consideran que estas responden al mismo tiempo a intereses generales. Podrían quedar sustraídas de la remisión del art. 8.1 RRI normas fuertemente implicadas en la relación laboral, lo que supondría una aplicación desvirtuada del ordenamiento objetivo.

Para evitar la inaplicación de ciertas normas protectoras cabría admitir una **calificación variable** de la norma en función del caso: como norma simplemente imperativa del ordenamiento objetivo en casos de elección de ley y como norma internacionalmente imperativa en el resto de casos. Desde esta perspectiva, todas las normas no disponibles del ordenamiento objetivo podrían aplicarse, a pesar de que en ellas concurran intereses generales que en otros casos justifican su aplicación como normas internacionalmente imperativas.

Así, el salario mínimo español se aplicaría como norma simplemente imperativa cuando el ordenamiento español sea el objetivo. Cuando la ley elegida y la objetiva son las de otros Estados, pero España es el Estado del foro o de ejecución (art. 9 RRI), el salario mínimo español se aplicará como norma internacionalmente imperativa.

El problema que plantea esta solución es que admitir el juego alternativo de la misma disposición, como norma simple e internacionalmente imperativa en función del caso, presenta una compatibilidad dudosa con el concepto de norma internacionalmente imperativa del Reglamento Roma I. La concurrencia de intereses generales y de orden público implicaría que la disposición solo pueda aplicarse en los casos admitidos por el art. 9 RRI.

82. Ha de repararse en que la remisión a las normas no disponibles del ordenamiento objetivo se limitaría a aquellas **normas cuya aplicación resulte beneficiosa** para el trabajador en comparación con la ley elegida[267]. Por ello, ha de determinarse si una norma no disponible del ordenamiento objetivo en la que concurran intereses de orden público puede dejar de aplicarse cuando el ordenamiento elegido eleva la protección.

Ha de tenerse en cuenta que en la norma puede concurrir un efecto protector y un carácter de mínimos, de modo que satisfecho el mínimo que marca la norma, nada obstaculizaría la provisión de mejores condiciones por el ordenamiento elegido[268]. En estos casos, la aplicación de la norma no disponible del ordenamiento objetivo en la que concurran intereses de orden público puede considerarse compatible con una eventual elevación del nivel de protección del trabajador por el ordenamiento elegido. Con la aplicación de la norma del ordenamiento elegido se estaría cumpliendo con la protec-

267 *Vid.* O. Deinert, *op. cit.*, p. 229.

268 Esto ocurriría, por ejemplo, con las normas sobre salario mínimo. *Vid.* M. Gardeñes Santiago, *op. cit.*, p. 171.

ción establecida por el art. 8.1 RRI y, al mismo tiempo, las exigencias de la norma internacionalmente imperativa se encontrarían satisfechas.

El salario mínimo español se aplicaría como norma no disponible (simple e internacionalmente imperativa) del ordenamiento español (objetivo). Si la ley elegida estableciese un salario mínimo superior, podría aplicarse esta norma, pues al mismo tiempo se estaría respetando la norma española.

Mas problemático sería el caso en el que una disposición del ordenamiento objetivo resultase **neutra o perjudicial en términos de protección,** pero se considerase de obligado cumplimiento por concurrir en ella intereses generales[269]. En este caso será necesario determinar si las normas no disponibles del ordenamiento objetivo en las que concurren intereses de orden público quedan sometidas a la comparación de favorabilidad, es decir, si deben dejar de aplicarse cuando el ordenamiento elegido resulta más favorable:

- Una aplicación de las normas internacionalmente imperativas perjudiciales para el trabajador puede considerarse contraria al mecanismo protector del art. 8 RRI[270]. Esta postura encontraría apoyo en la redacción del art. 8.1 RRI, según el cual la elección no podrá privar al trabajador *de la protección que le aseguren las disposiciones que no pueden excluirse mediante acuerdo* de la ley objetiva. La aplicación de una norma que no protege al trabajador no sería compatible con la función de las normas no disponibles del art. 8 RRI si se considera que esta consiste exclusivamente en proteger al trabajador.
- La inaplicación de la norma internacionalmente imperativa no sería compatible con la propia naturaleza de tales normas, llamadas a aplicarse en todas las situaciones con indiferencia de que resulten protectoras o no[271].

---

269 *Vid.* en este sentido P. Lagarde, *Sur le contrat de travail international: analyse rétrospective d'une évolution mal maîtrisée, op. cit.*, p. 93. Fuera de los casos de desplazamiento temporal de trabajadores, el TJUE hasta el momento solo se ha pronunciado sobre la aplicación de normas internacionalmente imperativas en materia laboral en el asunto *Nikiforidis*, en el que se discutía precisamente la aplicación de una norma griega que imponía la rebaja del salario del trabajador como una norma internacionalmente imperativa. El TJUE admitió que esta norma podía aplicarse con carácter internacionalmente imperativo, lo que encuentra justificación si se tienen en cuenta las circunstancias del caso: el empleador era el Estado griego y la norma se había introducido para dar cumplimiento a las medidas impuestas por la UE para rebajar la deuda del país. La aplicación de la norma *a priori* no presentaba posibilidades de articulación en el Reglamento Roma I: el trabajo se ejecutaba en Alemania, que era el Estado de trabajo habitual (ley objetiva); no se había elegido el ordenamiento griego, que, en cualquier caso, no podría imponer una medida que rebajase la protección del ordenamiento objetivo; y no era una norma de policía del foro ni del lugar de ejecución (Alemania). El TJUE estableció que cabía aplicar la rebaja del salario si el ordenamiento rector del contrato —alemán— admitía tal medida.

270 En este sentido, U. Grušić, *op. cit.*, p. 145.

271 Repárese en que, en ese caso, cuando el ordenamiento objetivo sea el del Estado de trabajo habitual, estas normas internacionalmente imperativas solo podrían aplicarse como

Cabe plantear una solución que parte de la admisión del doble juego de la misma disposición. Si la norma pertenece al ordenamiento objetivo, en ese caso jugará como una norma simplemente imperativa, de forma la elección de otra ley permitirá excluir su aplicación. Si la norma se aplica con carácter internacionalmente imperativo, por pertenecer al ordenamiento del foro o al de ejecución, su aplicación no podrá excluirse. Si el ordenamiento objetivo es, al mismo tiempo, el del foro o el de ejecución, prevalecerá el carácter internacionalmente imperativo de la norma, de modo que podrá aplicarse, aunque la ley elegida sea más favorable.

C) Incidencia de la elección de ley en las modalidades de trabajo atípico

83. Las normas no disponibles del ordenamiento objetivo actúan al mismo tiempo como límite a la autonomía conflictual y como límite a la autonomía material de las partes. De este modo, el nivel mínimo de protección del ordenamiento objetivo puede determinar también la calificación de la relación en casos de falso trabajo autónomo y la validez material de las cláusulas introducidas por el empleador en los contratos a demanda.

84. El principio de mayor favorabilidad opera de una forma específica en el caso de los pilotos contratados como trabajadores autónomos que reclaman el reconocimiento de su condición de trabajadores por cuenta ajena, pues se extiende a la calificación del contrato[272].

Si el contrato se calificó como de trabajo por cuenta propia genuino, excluyéndose un encaje con el concepto autónomo europeo de contrato de trabajo, el mecanismo protector del art. 8 RRI habrá quedado excluido, con independencia de una eventual calificación laboral del contrato conforme al ordenamiento aplicable según el art. 4 RRI.

Si el contrato que vincula al piloto con la aerolínea se calificó previamente como laboral conforme al concepto autónomo, posteriormente, el contrato deberá ser nuevamente **calificado conforme al ordenamiento elegido y conforme al objetivamente aplicable** y podrían darse diferentes escenarios:

- El primer escenario se daría si el contrato es calificado en ambos ordenamientos como de trabajo por cuenta ajena, en cuyo caso se aplicará el ordenamiento más favorable.
- El segundo sería aquel en el que las normas no derogables del ordenamiento objetivo determinen la existencia de una relación laboral, mientras en el ordenamiento elegido el contrato es calificado como

normas de policía del foro, si la demanda se presenta en ese Estado, o como normas de policía del lugar de ejecución del art. 9.3 RRI, sometidas a la discrecionalidad del tribunal.

272 *Vid.* Capítulo I: III.1.B) El trabajo autónomo de los pilotos.

de trabajo por cuenta propia. Si conforme al ordenamiento objetivo se trata de un contrato de trabajo por cuenta ajena, deberá aplicarse todo el régimen imperativo de este ordenamiento, pues la aplicación de las normas laborales del ordenamiento objetivo resultará más favorable que las normas del ordenamiento elegido, en el que se trata de un trabajo por cuenta propia. Adicionalmente, en este caso cabe plantearse la inaplicación de las normas del ordenamiento elegido en el espacio reservado a las normas disponibles en el ordenamiento objetivo. La necesidad de garantizar la coherencia del régimen contractual justificaría una aplicación íntegra del ordenamiento objetivo.

- El tercer escenario que podría plantearse sería aquel improbable en el que el contrato fuese calificado como de trabajo por cuenta ajena en el ordenamiento elegido, pero no en el ordenamiento objetivo. En este caso, se aplicará íntegramente el ordenamiento elegido[273].
- Por último, cabe plantearse la situación en la que el contrato no sea considerado como de trabajo por cuenta ajena en ninguno de los ordenamientos. La calificación como de trabajo por cuenta ajena conforme al concepto autónomo implica que el art. 8 RII determine la ley aplicable. Ello supone que, existiendo elección de ley, el régimen del contrato debe resultar de la comparación de favorabilidad entre el ordenamiento objetivo y el elegido, pero el contrato será considerado como de trabajo por cuenta propia genuino en ambos ordenamientos. Cabe plantear dos soluciones. La primera consistiría en respetar escrupulosamente la calificación autónoma y, en consecuencia, la respuesta querida por el legislador europeo para todos los contratos calificados como de trabajo por cuenta ajena. De este modo, el régimen del contrato debería ser el resultante de la comparación de favorabilidad entre el ordenamiento objetivo y el ordenamiento elegido. La segunda opción consistiría en corregir la calificación autónoma y aplicar íntegramente el ordenamiento correspondiente en virtud del art. 4 RRI. Tal solución llevaría implícita una excepción a la calificación autónoma del contrato y que ésta fuese reemplazada en este supuesto particular por una calificación *ex lege causae*, lo cual no encuentra justificación.

85. Como se ha visto, algunas compañías aéreas recurren a los denominados contratos a demanda para la contratación del personal de vuelo. Estos contratos no suelen responder a modalidades contractuales preestablecidas, sino que se articulan a través de cláusulas contractuales que establecen un régimen absolutamente libre de determinación del tiempo de trabajo por parte de las aerolíneas y se traducen, entre otras cosas, en la exigencia de

273 *Vid.* en este sentido: Á. Espiniella Menéndez, *La relación laboral internacional*, *op. cit.*, p. 94.

una gran flexibilidad y adaptación por parte de los trabajadores. En virtud de tales contratos, los auxiliares de vuelo deben acudir a trabajar cuando la aerolínea lo requiere, no existe un horario de trabajo preestablecido, ni es posible para los trabajadores prever el número de horas que deberán trabajar y, por tanto, tampoco el salario que van a percibir.

Salvadas las dificultades para la calificación de estos contratos conforme al concepto autónomo de contrato de trabajo[274], posteriormente esta figura puede resultar inadmisible en el ordenamiento objetivo. Usualmente estas modalidades contractuales se admiten en el ordenamiento elegido, conforme al cual se redacta el contrato, pero resultarán contrarias a las normas no derogables del ordenamiento objetivo[275].

La Directiva (UE) 2019/1152 relativa a unas condiciones laborales transparentes y previsibles establece requisitos mínimos sobre las condiciones de trabajo y obligaciones generales para los empleadores que resultan aplicables a los trabajadores con contratos a demanda[276]. La Directiva también introdujo menciones específicas a estos contratos, que ponen fin a la absoluta flexibilidad que los definía y limitan su utilización en la UE. En particular, se establece que cuando el patrón de trabajo es mayoritariamente imprevisible, el empleador solo podrá obligar a trabajar si hay unas horas y unos días de referencia predeterminados y se informa con un preaviso razonable. En

---

274 *Vid.* Capítulo I: III.1.C) Los contratos a demanda.

275 *Ryanair* contrata a sus trabajadores bajo modalidades «cero horas» en Estados, como España, en los que tales modalidades pueden no resultar admisibles. [*Vid.* «Sin saber sus horarios ni qué cobrarán: USO denuncia contratos ilegales de "cero horas" en *Ryanair*»: https://www.eldiario.es/economia/horarios-cobraran-denuncia-contratos-ilegales-cero-horas-ryanair_1_8240300.html]. Tal práctica ha provocado la intervención de la Inspección de Trabajo española, pues la remuneración de los trabajadores en ocasiones no alcanza el salario mínimo [*Vid.* «La Inspección de Trabajo multa a *Ryanair* por no pagar el salario mínimo a algunos tripulantes»: https://elpais.com/economia/2023-02-17/la-inspeccion-de-trabajo-multa-a-ryanair-por-no-pagar-el-salario-minimo-a-algunos-tripulantes.html]. La regulación española solo permite una distribución irregular de la jornada laboral y una ampliación de las horas de trabajo limitada y reglamentada en los contratos de trabajo a tiempo parcial y a tiempo completo (*Cf.* A. Esteve-Segarra, *op. cit.*, p. 38). Aunque teóricamente podría pactarse un cumplimiento flexible de la jornada, este tipo de contratos se encuentran prohibidos por vía jurisprudencial interpretativa de la legislación sobre la jornada laboral (*Cf.* T. Sala Franco, «La Directiva (UE) 2019/1152 del Parlamento Europeo y del Consejo, de 20 de junio de 2019, relativa a unas condiciones laborales transparentes y previsibles en la Unión Europea y su transposición en el ordenamiento laboral español», *Revista Española de Derecho del Trabajo*, n.º 251, 2022, pp. 46-47). No obstante, lo más probable es que no se excluya la calificación de estos contratos como de trabajo por cuenta ajena porque la delimitación del contrato de trabajo a tiempo parcial no está sometida a un umbral mínimo de jornada o a un número de horas de trabajo (*Cf.* C. Martínez Moreno, «El concepto de trabajador», *op. cit.*, p. 210).

276 *Cf.* J. Cabeza Pereiro, *op. cit.*, pp. 21-23. A juicio del autor, se facilitará un tránsito de estas modalidades contractuales a un régimen más previsible y, en consecuencia, a una calificación más clara como trabajadores de quienes se encuentran vinculados por ellas.

otro caso, el trabajador podrá rechazar la tarea asignada sin consecuencias desfavorables[277]. Las normas de transposición de estas disposiciones de la Directiva actuarán como normas simplemente imperativas y fijarán el nivel mínimo de protección del trabajador siempre que el ordenamiento objetivo sea el de un Estado miembro[278].

Tanto las normas de transposición de la Directiva (UE) 2019/1152 como otras normas no disponibles de los Estados miembros[279] pueden conducir a que las cláusulas contractuales que fijan el régimen libre de determinación del tiempo de trabajo queden sin efecto. Ello implicará que se deba **redefinir el régimen jurídico de la relación contractual** existente entre el trabajador y la aerolínea, aplicando la solución material del ordenamiento objetivo sobre los derechos y obligaciones que correspondan. Igualmente, podría ser necesario aproximar el contrato a aquella modalidad prevista en el ordenamiento objetivo con la que presente una mayor similitud en cuanto a los derechos y obligaciones de trabajador y empleador.

2. Régimen no disponible en casos de desplazamiento temporal de la Directiva 96/71/CE

A) Naturaleza del núcleo duro de condiciones de trabajo del Estado miembro de destino

86. El Reglamento Roma I se refiere expresamente a la Directiva de desplazamiento temporal en su considerando 34, estableciendo la prioridad aplicativa de esta cuando se produce un encaje en alguna de las situaciones de desplazamiento temporal incluidas en su ámbito de aplicación (art.3.1 Directiva 96/71/CE). No obstante, la **complementariedad del Reglamento**

277 Art. 10 Directiva 2019/1152. Adicionalmente, en el art. 11 se obliga a los Estados miembros cuyos ordenamientos contemplan los contratos de trabajo a demanda a adoptar alguna de las siguientes medidas para evitar prácticas abusivas: limitaciones en el uso y la duración de los contratos, una presunción refutable de la existencia de un contrato de trabajo con una cantidad mínima de horas pagadas sobre la base de la media de horas trabajadas durante un período determinado u otras medidas equivalentes que garanticen una prevención eficaz de las prácticas abusivas.

278 Sobre la inaplicación de la protección establecida en la Directiva cuando el ordenamiento rector del contrato es el de un tercer Estado *vid.*: Capítulo II: II.1. (In)aplicación de la protección mínima de las Directivas laborales.

279 Los Estados miembros pueden continuar aplicando normas que contengan restricciones mayores a los contratos cero horas en la medida en que todo lo dispuesto en la Directiva (UE) 2019/1152 posee carácter mínimo mejorable (art. 20) y que no puede utilizarse para reducir los derechos ni la protección de los trabajadores existentes es en el Derecho nacional (considerando 47). En particular, no debe servir de base para la introducción de contratos de cero horas u otros contratos de trabajo similares.

Roma I y de la Directiva de desplazamiento continúa resultando controvertida hoy en día. La aplicación de la Directiva y la calificación del núcleo duro de condiciones de trabajo del Estado miembro de trabajo temporal (Estado de destino) continúa suscitando dudas de carácter dogmático desde el punto de vista de la **técnica conflictual** empleada. Así, ha de analizarse la naturaleza del núcleo duro de condiciones de trabajo de la Directiva, su encaje en el Reglamento Roma I y, en particular, si puede ser considerado como una norma de policía del art. 9 RRI[280]. La categoría de desplazamiento de larga duración —introducida por la Directiva 2018/957/UE— resulta particularmente controvertida desde la perspectiva de la compatibilidad entre ambos instrumentos.

Con la Directiva 96/71/CE se trata de garantizar un nivel mínimo de protección del que deben gozar en todo caso los trabajadores temporalmente desplazados a otro Estado miembro en las condiciones previstas en esta[281]. Ahora bien, la Directiva no establece un nivel mínimo de protección sustantivo[282], sino que se limita a tratar de **coordinar la aplicación de la ley del contrato de trabajo y la del Estado miembro de destino**[283]. En estas situaciones, durante el desplazamiento temporal al personal de vuelo contará con la protección mínima establecida por la regulación del Estado de destino en las siguientes materias:

- los períodos máximos de trabajo y los períodos mínimos de descanso[284]
- la duración mínima de las vacaciones anuales retribuidas
- la remuneración, incluido el incremento por horas extraordinarias

---

280 Las situaciones en las que la Directiva de desplazamiento temporal resulta aplicable al personal de vuelo serán objeto de análisis en el Capítulo III. (III. 4. Desplazamiento temporal de la Directiva 96/71/CE). Allí se analizará también la eventual incidencia de la aplicación del núcleo duro sobre la determinación de la ley aplicable al contrato de trabajo por medio de la conexión de los vínculos más estrechos.

281 Artículo 3.1 de la Directiva 96/71/CE, modificado por la Directiva 2018/957/UE (art. 1). Las materias incluidas en el llamado «núcleo duro» fueron ampliadas con la Directiva 2018/957/UE. Nos referiremos a «la Directiva de desplazamiento» para hacer referencia a la Directiva 96/71/CE tras su modificación por la Directiva 2018/957/UE.

282 En este sentido: M. Fallon, «Le détachement européen des travailleurs, à la croisée de deux logiques conflictualistes», *Rev. crit. dr. int. pr*, vol. 4, n.º 97, 2008, pp. 810.

283 *Cf.* O. Deinert, *op. cit.*, pp. 210-211. *Vid.* Considerando 13 de la Directiva 96/71/CE: *considerando que las legislaciones de los Estados miembros deberán ser coordinadas a fin de establecer un núcleo de disposiciones imperativas de protección mínima que habrán de ser respetadas, en el país de acogida, por los empresarios que desplacen a trabajadores para la realización de un trabajo temporal en el territorio del Estado miembro de la prestación de servicios (...).*

284 Como se ha visto, el tiempo de trabajo se rige por normas que persiguen el objetivo de preservar la seguridad aérea y que deben aplicarse con carácter internacionalmente imperativo. La aplicación del núcleo duro del Estado de destino en esta materia se circunscribe a las mejoras introducidas en la regulación del tiempo de trabajo en las normas laborales.

- las condiciones de desplazamiento de los trabajadores, en particular por parte de ETT
- la salud, la seguridad y la higiene en el trabajo
- las medidas de protección aplicables a las condiciones de trabajo de las mujeres embarazadas y que hayan dado a luz recientemente, de los niños y de los jóvenes
- la igualdad de trato entre hombres y mujeres y otras disposiciones en materia de no discriminación
- las condiciones de alojamiento de los trabajadores, cuando el empleador se las proporcione a trabajadores que se encuentren fuera de su lugar de trabajo habitual
- los complementos o los reembolsos en concepto de gastos de viaje, alojamiento y manutención para los trabajadores que están fuera de su domicilio

87. Antes de que la Directiva de desplazamiento viese la luz, los Estados miembros de destino ya imponían algunas de sus condiciones de trabajo a los trabajadores temporalmente desplazados en su territorio. Los Estados miembros aplicaban sus estándares laborales a los trabajadores desplazados al igual que a los trabajadores autóctonos[285]. Para ello aplicaban sus normas en estas materias como normas internacionalmente imperativas.

En sucesivos asuntos, el TJUE se pronunció sobre la admisibilidad de tal posicionamiento por parte de los Estados miembros de destino, limitando las posibilidades de que impusiesen sus ordenamientos laborales. La aplicación de estas disposiciones se configuró por el TJUE como un límite a la libre prestación de servicios en la UE y, como tal, debía ser no discriminatoria, justificada y proporcionada. Así, en los asuntos *Rush Portuguesa*, *Vander Elst*[286], *Arblade*[287],

---

285 *Cf.* U. Grušić, *The European Private International Law of Employment*, *op. cit.*, p. 262.

286 En los asuntos *Rush Portuguesa/Oficina Nacional de Inmigración* (Sentencia de 27 de marzo de 1990, C-113/89, ECLI:EU:C:1990:142) y *Vander Elst* (Sentencia de 9 de agosto de 1994, C-43/93, ECLI:EU:C:1994:310), ya antes de que existiese la Directiva se prohibió a los Estados miembros exigir la obtención de autorización de trabajo por parte de los trabajadores desplazados.

287 En el asunto *Arblade* (Sentencia de 23 de noviembre de 1999, C-369/96, ECLI:EU:C:1999:575), las autoridades belgas exigían a los empleadores de trabajadores franceses de la construcción desplazados a su territorio el cumplimiento del salario mínimo y otras cantidades del convenio colectivo aplicable, así como de los requisitos documentales previstos en su legislación social. El TJUE admitió la aplicación del salario mínimo del convenio colectivo, siempre que sus disposiciones fuesen suficientemente precisas y accesibles, de forma que el empleador pudiese conocer las obligaciones que debía cumplir. El TJUE estableció que el pago de las cantidades adicionales no podía imponerse en el caso de que el empleador ya estuviese sujeto a otra obligación similar en el Estado de origen. Ha de destacarse que en el asunto *Arblade* se definieron las normas internacionalmente imperativas (ap. 30: *disposiciones nacionales cuya observancia se ha considerado crucial*

Mazzoleni[288] o *Finalarte*[289] se establecieron por primera vez **límites a los Estados miembros en la aplicación de sus normas laborales como normas internacionalmente imperativas**[290].

88. Posteriormente, con la aparición de la Directiva, se definió la situación de desplazamiento temporal y se estableció la consecuencia de esta situación: la aplicación de algunas de las condiciones de trabajo del Estado de destino tasadas. Así, la Directiva establece una obligación para los Estados miembros en los que se ejecuta temporalmente el trabajo, de modo que esta ya no es potestativa y los Estados miembros deben aplicar en todo caso sus normas en las materias del núcleo duro siempre que resulten más favorables. Al mismo tiempo, al establecer qué materias específicas se encuentran comprendidas en el núcleo duro, se introdujo una **limitación expresa de las condiciones laborales que los Estados de destino pueden imponer** a las empresas que desplazan trabajadores a su territorio[291]. Desde este punto de

para la salvaguardia de la organización política, social o económica del Estado miembro de que se trate, hasta el punto de hacerlas obligatorias para toda persona que se encuentre en el territorio nacional de ese Estado miembro o con respecto a toda relación jurídica localizada en él), definición que se incorporó posteriormente de forma prácticamente idéntica en el art. 9 RRI.

288 STJUE de 15 de marzo de 2001, asunto C-165/98. En la Sentencia se admite la imposición del pago del salario mínimo del Estado de destino antes de la aplicación de la Directiva 96/71/CE, si bien esto se supedita a la existencia de una situación real de desplazamiento, que entonces aún no se encontraba expresamente definida.

289 STJUE de 25 de octubre de 2001, asunto C-49/98 - *Finalarte y Otros* (ECLI:EU:C:2001:564). El TJUE avaló la aplicación de las normas del Estado de destino respecto a las vacaciones retribuidas siempre que los trabajadores no disfrutasen de una protección similar en virtud de la legislación del Estado de origen y que la aplicación de la norma del Estado de destino fuese proporcionada. La aplicación de la normativa en materia de vacaciones retribuidas del Estado de destino era procedente, aunque esta establecía una duración de las vacaciones retribuidas mayor que la que establece la Directiva 93/104/CE relativa a determinados aspectos de la ordenación del tiempo de trabajo. Ha de advertirse en este sentido cierto paralelismo con el fallo posterior en el asunto *Unamar*: se admite la aplicación como norma internacionalmente imperativa de la norma de transposición del Estado de destino, aunque la norma de transposición del Estado de origen ya cumpla con la protección mínima establecida en la Directiva.

290 *Cf.* U. Grušić, *The European Private International Law of Employment*, *op. cit.*, p. 263.

291 Tomando en consideración la evolución expuesta, se ha sostenido que las materias comprendidas en el núcleo duro pueden tomarse también como referencia de aquellas en las que cabe que los Estados miembros apliquen sus condiciones de trabajo con carácter internacionalmente imperativo en situaciones ajenas al desplazamiento temporal (*ibidem*. p. 212). No obstante, esta posición no puede compartirse. El legislador de la UE limitó las materias susceptibles de imponerse imperativamente, pero al hacerlo también habilitó expresamente a los Estados de destino a imponer tales condiciones siempre que resulten más favorables para los trabajadores desplazados que las del ordenamiento de origen. Tal habilitación no puede extenderse al resto de situaciones laborales transfronterizas, pues con ello se estaría vaciando de contenido en parte a la regulación de la Directiva. Algunas disposiciones en las materias incluidas en el núcleo duro pueden aplicarse en situaciones

vista, la Directiva de desplazamiento es más una norma que pretende garantizar las libertades de los empleadores en la UE que una norma protectora para los trabajadores[292].

89. Ha de tenerse en cuenta que el art. 3.10 de la Directiva de desplazamiento habilita a los Estados miembros a imponer la **aplicación de sus normas en materias diferentes a las comprendidas en el núcleo duro** «en la medida en que se trate de disposiciones de orden público». De este modo, *a priori* la Directiva únicamente estaría estableciendo el núcleo mínimo común de condiciones que han de garantizarse[293], que podría complementarse con otras condiciones de trabajo, en este caso, aplicadas como normas internacionalmente imperativas del Estado de ejecución temporal del trabajo en virtud del art. 9.3 RRI[294].

En el asunto *Comisión/Luxemburgo*[295] el TJUE estableció que la aplicación de normas internacionalmente imperativas en materia laboral constituye una excepción al principio fundamental de libre prestación de servicios en la UE, que debe ser interpretada de forma restrictiva y que su alcance no puede ser determinado unilateralmente por los Estados miembros. La aplicación de estas normas se supedita al cumplimiento de condiciones precisas que el Estado correspondiente debe cumplir, entre otras cosas, aportando un análisis de la oportunidad y proporcionalidad de la medida, y pruebas precisas que fundamenten la aplicación de la norma[296]. En

ajenas al desplazamiento como normas internacionalmente imperativas, pero el núcleo duro no puede utilizarse como justificación de tal aplicación

292 *Vid.* L. Merret, *Employment Contracts in Private International Law*, *op. cit.*, p. 251. Como se ve, con la Directiva se introduce al mismo tiempo una obligación y una limitación para los Estados miembros que es reflejo de los dos objetivos simultáneamente perseguidos (la protección de los trabajadores y la garantía de la libre prestación de servicios en la UE de los empleadores), objetivos que evidentemente presentan una complejísima articulación. Así, se deduce con claridad que la Directiva de desplazamiento se concibe por el TJUE como un instrumento para regir el ejercicio de la libertad de prestación de servicios en la UE y, en particular, las restricciones de que esta puede ser objeto por la aplicación de medidas protectoras para los trabajadores, limitando la aplicación de las normas de Derecho internacional privado de los Estados miembros (O. Deinert, *op. cit.*, pp. 211, 218).

293 *Cf.* M. Gardeñes Santiago, «Normas materiales imperativas o leyes de policía en materia de trabajo: sus problemas de aplicación en el espacio intracomunitario de relaciones laborales», en D. Moura Vicente, J. Miranda, L. de Lima Pinheiro (coords.), *Estudios en Memoria del Profesor António Marques dos Santos*, vol. I, Almedina, Portugal, p. 407.

294 *Cf.* N. Magallón Elósegui, «El régimen de Ley aplicable a los trabajadores desplazados con carácter temporal tras la directiva 2018/957/CE», en P. Jiménez Blanco y Á. Espiniella Menéndez, *Nuevos escenarios del derecho internacional privado de la contratación*, Tirant lo Blanch, Valencia, 2021, pp. 548-549; N. Marchal Escalona, «La interacción entre el Reglamento Roma I y la Directiva de desplazamiento de trabajadores», en O. Fotinopoulou Basurko (dir.), *Derecho transnacional del trabajo, derechos humanos y multinacionales: una mirada interdisciplinar*, Atelier, Barcelona, 2022, p. 184.

295 STJUE de 19 de junio de 2008, asunto C-319/06 (ECLI:EU:C:2008:350).

296 *Cf.* R. Plender y M. Wilderspin, *op. cit.*, p. 375.

cualquier caso, queda condicionada por el requisito de que los trabajadores afectados no gocen ya de la misma protección, o de «una protección esencialmente comparable» en virtud de la ley aplicable a los contratos de trabajo[297].
Del asunto *Laval* puede deducirse que cabe la aplicación de otras normas de policía nacionales en materias diferentes a las del núcleo duro siempre que no perjudiquen la libre prestación de servicios en la UE y que se encuentren reguladas en una norma de rango legal. Tal posibilidad se restringe a los casos en los que los Estados miembros hayan introducido una disposición expresa en este sentido. Así, solo cabe una ampliación del núcleo duro cuando los Estados miembros lo prevén expresamente en sus normas de transposición de la Directiva y se excluye la discrecionalidad de los tribunales[298].

La posibilidad de ampliar el núcleo duro por los Estados miembros ha sido tratada de forma muy restrictiva por el TJUE, por lo que la relevancia del art. 3.10 de la Directiva puede considerarse anulada en la práctica[299]. En esta jurisprudencia emerge el límite al que se encuentran sometidos todos los Estados miembros y sus tribunales en la aplicación de normas internacionalmente imperativas laborales, también en casos ajenos al desplazamiento temporal de trabajadores: la garantía de las libertades europeas de los empleadores.

90. El debate acerca de la naturaleza del núcleo duro de la Directiva de desplazamiento presenta una **relevancia práctica muy limitada** desde el momento en que de la lectura conjunta de los considerandos 10[300] y 11[301] de la Directiva y del considerando 34 del Reglamento Roma I[302] se deduce que

---

297 El TJUE adoptó la misma posición en el asunto *Rüffert* (Sentencia de 3 de abril de 2008, asunto C-346/06), concerniente a las cláusulas sociales introducidas en contratos públicos.

298 Se plantea, no obstante, la alternativa de aplicar otras normas de orden público de los Estados miembros de destino como normas internacionalmente imperativas del foro: L. Merret, *Employment Contracts in Private International Law*, *op. cit.*, p. 252.

299 *Vid.* M. Gardeñes Santiago, «Le détachement transnational de travailleurs dans le cadre des prestations de services: un sujet spécialement difficile pour le marché intérieur», en *Mélanges en l'honneur du Professeur Joël Molinier*, LGDJ, Francia, 2012, esp. pp. 271-277.

300 Considerando 10 Directiva 96/71/CE, en relación con el Convenio de Roma sobre la ley aplicable a las obligaciones contractuales: *Considerando que el artículo 7 de dicho Convenio dispone que en determinadas condiciones surtan efecto, junto con la ley declarada aplicable, las normas de policía de otra ley, en particular la del Estado miembro a cuyo territorio haya sido desplazado temporalmente el trabajador.*

301 Considerando 11 Directiva 96/71/CE: *Considerando que, con arreglo al principio de prioridad del Derecho comunitario contemplado en su artículo 20, dicho Convenio no afectará a la aplicación de las disposiciones que, en materias particulares, regulen los conflictos de leyes en materia de obligaciones contractuales y que estén o vayan a estar contenidas en actos que emanen de las instituciones de las Comunidades Europeas o en legislaciones nacionales armonizadas en ejecución de estos actos.*

302 Considerando 34 RRI: *La norma sobre el contrato individual de trabajo no debe ir en detrimento de la aplicación de las normas imperativas del país de desplazamiento del trabajador,*

para el legislador europeo es una norma de policía del art. 9 RRI y, al mismo tiempo, una *lex specialis* europea del art. 23 RRI. De este modo, la Directiva estaría dotando de contenido en un ámbito específico al art. 9 RRI[303]. Se ha considerado que ello implica superar una concepción estricta de las normas de policía, limitada a las que garantizan intereses públicos y generales, y admitir que pueden aplicarse por esta vía disposiciones protectoras para los trabajadores[304]. Desde otro punto de vista, en cambio, cabría sostener que lo que se evidencia es la supeditación de las normas de DIPr y, en particular, de las normas de policía del art. 9 RRI, a la consecución de los objetivos de la UE[305].

No obstante, el encaje del núcleo duro en el Reglamento Roma I continúa resultando dudoso porque no se adapta a ninguna de las categorías de normas de policía del art. 9 RRI[306]. El artículo 6 de la Directiva introduce un foro complementario que permite al trabajador demandar en el Estado de destino siempre que el objeto del litigio sean las condiciones incluidas en el núcleo duro. En caso de plantearse una demanda en el Estado de destino se produciría un encaje en el art. 9 RRI, pues cabría su aplicación como norma de policía del foro, pero solo *a posteriori*, una vez planteado el litigio. En caso contrario, si el trabajador demanda en otro Estado, activando cualquiera de los otros foros disponibles en virtud del Reglamento Bruselas I bis, no se produciría tal encaje. El Estado competente se vería obligado a resolver un litigio relativo a las condiciones del núcleo duro de otro Estado miembro, y no tendría la opción, sino la obligación, de aplicar una norma de policía de otro Estado miembro. Aunque serían disposiciones del Estado en el que se ejecutan —temporalmente— las obligaciones derivadas del contrato (art. 9.3 RRI), la aplicación de esta categoría se restringe a las normas que convierten

de conformidad con la Directiva 96/71/CE del Parlamento Europeo y del Consejo, de 16 de diciembre de 1996, sobre el desplazamiento de trabajadores efectuado en el marco de una prestación de servicios.

303 *Cf.* M. Gardeñes Santiago, «Normas materiales imperativas o leyes de policía en materia de trabajo: sus problemas de aplicación en el espacio intracomunitario de relaciones laborales», *op. cit.*, pp. 406-407; H. Verschueren, «The European Internal Market and the Competition Between Workers», *ELLJ*, vol. 6, n.º 2, p. 140.

304 *Cf.* A. Defossez, «Les rapports entre la Directive détachement et le règlement Rome I : on efface tout et on recommence?», en J. S. Bergé, S. Francq, M. Gardeñes Santiago (eds.), *Boundaries of European Private International Law*, Bruylant, Bruselas, 2015, pp. 491-492.

305 Se ha sostenido que la Directiva de desplazamiento es un claro ejemplo de instrumentalización de las normas de DIPr para la consecución de los objetivos de la UE. *Vid.* V. Van Den Eeckhout, «The Instrumentalisation of Private International Law; Quo Vadis? Rethinking the Neutrality of Private International Law in an Era of Globalisation and Europeanisation of Private International Law», en J. S. Bergé, S. Francq, M. Gardeñes Santiago (eds.), *Boundaries of European Private International Law*, Bruylant, Bruselas, 2015, pp. 387-406.

306 *Vid.* N. Marchal Escalona, «La interacción entre el Reglamento Roma I y la Directiva de desplazamiento de trabajadores», *op. cit.*, p. 199.

la ejecución del contrato en ilegal y su aplicación es discrecional para el juez. A diferencia de las normas internacionalmente imperativas del art. 9 RRI, los Estados miembros se encuentran obligados a aplicar las normas que regulan las materias del núcleo duro. Al aplicar la norma de transposición de la Directiva de desplazamiento, la valoración del juez se reduce a la determinación de la mayor o menor favorabilidad de la regulación de las materias contenidas en el núcleo duro en la ley aplicable o en el ordenamiento del Estado de destino.

En vista de lo expuesto, cabría sostener que con la Directiva de desplazamiento en realidad se habría introducido una **categoría específica de norma de policía europea**[307], distinta de las previstas en el art. 9 RRI. Ello es coherente con su consideración como una *lex especialis* en los considerandos de la Directiva[308], pero se trataría de una norma internacionalmente imperativa ajena al Reglamento Roma I.

Adicionalmente, ha de tenerse en cuenta que el núcleo duro actúa como garantía de la protección mínima de la que debe disfrutar el trabajador, y si la ley aplicable ya garantiza ese mínimo o lo sobrepasa, las normas del Estado de destino en las materias del núcleo duro no llegan a tener efectos. Desde este punto de vista, técnicamente, el núcleo duro se adaptaría mejor una calificación como *lex specialis* europea que establece un conjunto de normas simplemente imperativas del ordenamiento del Estado de destino en la situación particular del desplazamiento temporal. La calificación de las normas del Estado de destino en las materias incluidas en el art. 3 de la Directiva como normas simplemente imperativas parece más adecuada si se tiene en cuenta que su aplicación no requiere la concurrencia de motivos de orden público.

B) Aplicación del núcleo duro de condiciones de trabajo

91. Con independencia de la calificación que reciba el núcleo duro de condiciones de trabajo del Estado miembro de destino, es claro que, una vez constatada la existencia de una situación de desplazamiento conforme a la Directiva 96/71/CE, este debe aplicarse. El régimen de la Directiva consiste en una alteración temporal del régimen del contrato de trabajo del personal de vuelo durante la duración del desplazamiento. Esta alteración solo se produce en caso de que la regulación del Estado de destino sobre alguna de las

---

307 El fallo del TJUE en las Sentencias de 8 de diciembre de 2020, asuntos C-620/18 - *Hungría/Parlamento y Consejo* (ECLI:EU:C:2020:1001) y C-626/18 - *Polonia/Parlamento y Consejo* (ECLI:EU:C:2020:1000) corrobora este planteamiento: se confirma el carácter de *lex specialis* de la Directiva y su prevalencia sobre el art. 8 y sobre el art. 9 RRI. En este sentido: N. MAGALLÓN ELÓSEGUI, *op. cit.*, pp. 545, 550.

308 En contra de la consideración de la Directiva como una *lex specialis* del art. 23 RRI: J. J. KUIPERS, *EU Law and Private International Law: The Interrelationship in Contractual Obligations*, Martinus Nijhoff Publishers, Leiden, 2012, p. 237.

materias incluidas en el núcleo duro resulte más favorable para los trabajadores. La ley aplicable según el Reglamento Roma I permanece formalmente inmutable, sigue rigiendo las materias no incluidas en el núcleo duro y vuelve a tener plenos efectos una vez el trabajador ha retornado al Estado de origen.

La aplicación del núcleo duro lleva implícita la fragmentación del régimen del contrato[309]: por un lado, porque ha de distinguirse entre materias incluidas y excluidas del núcleo duro; por otro lado, porque tanto la ley del contrato como la del Estado de destino pueden regular las materias incluidas en el núcleo duro.

92. En primer lugar, han de distinguirse dos ámbitos: el de las condiciones de trabajo incluidas en el núcleo duro del Estado de destino y el conformado por el resto de condiciones de trabajo. En el último continúa rigiendo íntegramente la ley del contrato de trabajo. En caso de existir elección de ley, se aplicará el régimen resultante de la combinación del ordenamiento elegido y del ordenamiento objetivo. El ordenamiento objetivo podrá ser el del Estado de trabajo habitual —Estado de origen—, pero no puede descartarse que haya quedado determinado por el establecimiento contratante o los vínculos más estrechos.

93. En el ámbito de las condiciones de trabajo incluidas en el núcleo duro se requiere una previa comparación entre la regulación del Estado de destino y la ley del contrato (o régimen resultante de la combinación ley elegida/ley objetiva). Así, en caso de existir elección de ley, en este ámbito resultarán potencialmente aplicables tres ordenamientos distintos: el elegido, las disposiciones imperativas del ordenamiento objetivo y la regulación del Estado de destino[310]. En primer lugar, deberán compararse ordenamiento objetivo y elegido para determinar cuál es el régimen contractual en las materias incluidas en el núcleo duro. Posteriormente, deberá procederse a una nueva comparación para determinar si la regulación del Estado de destino es o no más favorable que la del régimen del contrato.

Los problemas para determinar la mayor o menor favorabilidad de la regulación del Estado de destino son similares a los existentes en el momento de efectuar la comparación entre el ordenamiento objetivo y el ordenamiento elegido[311]. En este caso, no obstante, la comparación se restringe a las materias del núcleo duro, que pueden tomarse como partes separables a efectos de la comparación. Del texto de la Directiva puede extraerse que solo se aplicarán las condiciones del Estado de destino que incrementan el nivel de protección del trabajador[312]. Por ello, cabe sostener que el legislador de la UE parte de la

309 En este mismo sentido: A. L. Calvo Caravaca, J. Carrascosa González, «Contrato internacional de trabajo», *op. cit.*, p. 3572.

310 La autonomía de la voluntad de las partes no se anula, sino que la aplicación del ordenamiento elegido en la práctica puede verse más restringido, al reducirse temporalmente el ámbito material de la ley aplicable al contrato de trabajo.

311 *Vid.* Capítulo IV: III.1. D) Comparación entre ordenamientos.

312 *Vid.* considerando 17 de la Directiva 96/71/CE.

admisión de una fragmentación de las condiciones del núcleo duro, de manera que, si es necesario, **pueden combinarse condiciones del núcleo duro de la ley del contrato y condiciones del núcleo duro del Estado de destino**. Si todas las condiciones del núcleo duro del Estado de destino son más favorables, se aplican todas las del Estado de destino. Si algunas de las materias del núcleo duro conforme a la ley aplicable del contrato son más favorables para el trabajador se continuarán aplicando estas, mientras que en el resto se aplicarán las condiciones del Estado de destino. En caso de que la ley del Estado miembro de destino fuese menos favorable en todas las materias incluidas en el núcleo duro, la ley del contrato continuaría aplicándose íntegramente.

La opción alternativa consistiría en una aplicación en bloque, ya sea de las condiciones del Estado de destino o de la ley del contrato en las materias del núcleo duro. Implicaría una valoración global de todas las materias del núcleo duro conforme a la regulación del Estado de origen y conforme a la regulación del Estado de destino. Se aplicaría el núcleo duro, en su conjunto, que resultase más favorable para el trabajador. Tal interpretación puede apoyarse en el argumento de que una aplicación fragmentada del núcleo duro, combinando condiciones más favorables del Estado de origen y del Estado de destino, resultaría discriminatoria porque el trabajador desplazado gozaría de un régimen privilegiado, más favorable que el de los trabajadores del Estado de origen y del Estado de destino. Sin embargo, la viabilidad de las comparaciones globales ha sido descartada con carácter general por la doctrina en el marco del art. 8 RRI y no garantizan la aplicación de la norma más favorable para el trabajador en la situación concreta. De la regulación del desplazamiento temporal no se deduce que se haya excluido un tratamiento específico, que coloque a estos trabajadores en una situación distinta tanto a la de los trabajadores del Estado de origen como a los del Estado de destino (en la que de hecho se encuentran), sino solamente la obligación de que quede garantizada como mínimo la igualdad de trato de los trabajadores desplazados respecto a los trabajadores del Estado de acogida en las materias incluidas en el núcleo duro.

C) Problemas específicos en los desplazamientos de larga duración

94. Tras la modificación operada por la Directiva (UE) 2018/957, se distinguen dos fases temporales. En la primera fase, hasta los 12 (o, en su caso, 18) meses[313], resultarán aplicables únicamente las condiciones laborales más favorables del núcleo duro del Estado de acogida. En la segunda fase, a partir de los 12 (18) meses —y sin límite temporal—, resultarán aplicables todas las condicio-

313 Según el art. 3.1 bis de la Directiva 96/71/CE el plazo de 12 meses puede extenderse hasta los 18 meses excepcionalmente, pero únicamente se dice que este período se prorrogará cuando el prestador del servicio presente una notificación motivada.

nes de trabajo del Estado de acogida[314], salvo los procedimientos, formalidades y condiciones de celebración y de resolución del contrato de trabajo, incluidas las cláusulas de no competencia[315], así como los regímenes complementarios de jubilación, materias en las que se aplica exclusivamente la ley del contrato.

Continúan sin existir límites temporales al desplazamiento, sino únicamente «fases» con trascendencia sobre los derechos de los trabajadores y las condiciones de trabajo, ya que los trabajadores permanecen en situación de desplazamiento temporal superado el plazo general de 12 meses. Pese a la aparente sencillez de tal formulación, el sometimiento casi completo al ordenamiento del Estado de destino de los trabajadores desplazados de larga duración plantea evidentes problemas de compatibilidad con el Reglamento Roma I. Transcurridos 12/18 meses, el trabajador desplazado se encuentra sometido prácticamente en su totalidad a la legislación laboral del Estado de acogida, por lo que puede sostenerse que, en la práctica, la superación de esta duración provoca un **cambio del régimen jurídico de la relación laboral**[316]. Aunque la ley aplicable al contrato de trabajo no se modifica formalmente[317], se genera una situación que puede considerarse **artificial**.

---

314 En los asuntos *Hungría/Parlamento y Consejo* y *Polonia/Parlamento y Consejo*, el TJUE descartó el motivo de nulidad de la Directiva (UE) 2018/957 invocado por ambos Estados miembros por la introducción de la figura del desplazamiento de larga duración. El TJUE resolvió la cuestión sosteniendo el carácter de norma de conflicto especial de esta disposición introducida en la Directiva 96/71/CE. Así, tanto la previsión de la aplicación del núcleo duro de condiciones de trabajo a los trabajadores temporalmente desplazados prevista desde la aparición de la Directiva 96/71/CE, como la disposición que prevé la aplicación de todas las condiciones de trabajo del Estado de acogida a los trabajadores desplazados de larga duración, plantean en principio el mismo problema de interacción con Roma I. Solo varía su ámbito de aplicación material, que es más amplio en el caso del desplazamiento de larga duración. Sin embargo, al tratarse de una vinculación más duradera con el Estado de acogida, con la correlativa mayor integración del trabajador en dicho ordenamiento, se generan problemas específicos en las relaciones con Roma I.

315 No obstante, cabe sostener que a los despidos relacionados con el embarazo o el parto se les aplicaría la regulación del Estado de destino en caso de ser más favorable para el trabajador, tanto en los desplazamientos de corta duración como en los de larga duración. Ello por encontrarse incluidas en el núcleo duro las medidas de protección aplicables a las condiciones de trabajo y de empleo de las mujeres embarazadas o que hayan dado a luz recientemente. En este sentido: D. Oudkerk, A. Rogers, *International Employment Disputes*, Sweet&Maxwell, UK, 2019, p. 98. El mismo razonamiento es extensible a cualquier despido basado en causas discriminatorias, pues «la igualdad de trato entre hombres y mujeres y otras disposiciones en materia de no discriminación» se encuentran incluidas en el núcleo duro del Estado de destino.

316 *Cf.* N. Marchal Escalona, «El desplazamiento de trabajadores en el marco de una prestación transnacional de servicios: hacia un marco normativo europeo más seguro, justo y especializado», *Revista de Derecho Comunitario Europeo*, n.º 62, 2019, pp. 97-98.

317 *Cf.* Ó. Contreras Hernández, *Desplazamiento de trabajadores en la Unión Europea: estado actual y nuevos horizontes*, Bomarzo, Albacete, 2020, p. 272; O. Fotinopoulou Basurko, *Habitualidad vs temporalidad en los contratos de trabajo ligados al transporte internacional, op. cit.*, pp. 63-65.

95. El sometimiento de las cuestiones relacionadas con la celebración y la extinción del contrato a la ley aplicable al contrato de trabajo en virtud del artículo 8 RRI *a priori* resulta plenamente coherente con el esquema correspondiente a una situación de desplazamiento temporal genuina. El contrato de trabajo tiene que celebrarse previamente al desplazamiento en el Estado de origen, e igualmente, tras el fin del desplazamiento, el trabajador debería retornar al Estado de origen, que es donde debería tener lugar, en su caso, la resolución del contrato. Esta exclusión implica que, en los litigios relacionados con la finalización del contrato de trabajo, la ley objetiva será presumiblemente la del Estado de origen, como lugar de trabajo habitual (de existir), en defecto de vínculos más estrechos con otro ordenamiento, y a salvo de una elección de ley que no vulnere las normas imperativas de ese Estado[318]. Asimismo, la competencia judicial internacional deberá determinarse conforme al Reglamento Bruselas I bis, pues el artículo 6 de la Directiva 96/71/CE solo prevé la competencia de los Tribunales del Estado de destino respecto de las condiciones de trabajo garantizadas por el artículo 3 de la Directiva.

La exclusión de las cuestiones relacionadas con la resolución del contrato implica que estas continúan sometidas al régimen contractual resultante del artículo 8 RRI y también que debe entenderse excluida la competencia de los tribunales del Estado de acogida en esta materia. Ello resulta coherente siempre que la extinción se produzca una vez finalizado el desplazamiento y después del retorno al Estado de origen, pero se desatiende la situación en la que la extinción del contrato se produce en el mismo momento de la finalización del desplazamiento o inmediatamente después. Cabría plantear la conveniencia de una solución específica para estos casos, que permitiese que los trabajadores pudiesen plantear una demanda de despido en el Estado de destino, aplicando las normas de este Estado en la materia si son más favorables que las del Estado de origen. En cambio, la Directiva no provee al trabajador de la posibilidad de demandar en el Estado de acogida por el despido, de modo que solo cabría plantear una eventual aplicación de las normas de este Estado en la materia como normas de policía del Estado de ejecución (art. 9.3 RRI) si el juez de otro Estado miembro ante el que se plantee la demanda —el de origen u otro competente— lo estima conveniente. En cualquier caso, no parece probable que esta solución se considerase compatible con la Directiva de desplazamiento, que excluye expresamente la aplicación de las normas del Estado de destino relativas a la extinción del

318 Respecto al juego de la autonomía de la voluntad, cuando se trate de desplazamientos de larga duración la ley elegida verá su aplicación aún más restringida. En los desplazamientos de larga duración, la ley elegida no rige ninguna de las condiciones de trabajo, siempre que las condiciones del Estado de destino sean más favorables. Esta elección de ley solo tendrá efectos sobre las materias excluidas y no entrará en juego si las disposiciones simplemente imperativas del ordenamiento objetivo resultan más favorables para el trabajador. Veáse en este sentido la STJUE de 8 de diciembre de 2020, asunto C-620/18 - *Hungría/Parlamento y Consejo*.

contrato, teniendo en cuenta, además, la posición restrictiva mantenida por el TJUE en cuanto a la aplicación de normas internacionalmente imperativas que excedan las incluidas en el núcleo duro.

II. Límites del régimen contractual

1. (In)aplicación de la protección mínima de las Directivas laborales

96. El cumplimiento de las Directivas laborales se garantiza mediante la aplicación de la legislación de un Estado miembro determinado, que ha transpuesto y tal vez mejorado las condiciones mínimas requeridas por la Directiva. La protección mínima establecida en las Directivas se encontrará garantizada siempre que el ordenamiento objetivo sea el de un Estado miembro como resultado de las normas de conflicto del art. 8 RRI[319]. También cuando se elija la ley de un Estado miembro y esta resulte más protectora que la ley objetiva de un tercer Estado. Si tanto el ordenamiento elegido como el objetivo es el de un Estado miembro, se aplicará la norma de transposición que resulte más favorable. En cualquier caso, debe cumplirse, a su vez, el ámbito de aplicación establecido en las normas de transposición, que en ocasiones se delimita de forma más amplia que en el texto de las Directivas.

97. Las Directivas laborales suscitan problemas de articulación particulares con el Reglamento Roma I, porque su **ámbito de aplicación** en ocasiones parece no presentar compatibilidad con las **conexiones del art. 8 del RRI**. Actualmente no existe una solución concluyente para articular la aplicación de las disposiciones de las Directivas europeas cuando el contrato queda sometido a la ley de un tercer Estado.

Un primer grupo de Directivas no delimitan su ámbito de aplicación espacial, pero presentarían una vocación —más o menos explícita— de aplicarse a todos los trabajadores con carácter general. Estas Directivas establecen derechos sustantivos y persiguen el objetivo de que los Estados miembros apliquen una protección laboral mínima. Entre estas se encuentran la Directiva 1999/70/EC sobre trabajo de duración determinada[320], la Directiva 97/81/EC sobre trabajo a tiempo parcial[321], las Directivas que establecen normas

319 *Vid.* M. Campo Comba, *op. cit.*, pp. 259-260.

320 Directiva 1999/70/CE relativa al Acuerdo Marco de la CES, la UNICE y el CEEP sobre trabajo de duración determinada (*DO* L 175/43 de 10 de julio de 1999). El acuerdo que incorpora define su ámbito de aplicación: *El presente Acuerdo se aplica a los trabajadores con un trabajo de duración determinada cuyo contrato o relación laboral esté definido por la legislación, los convenios colectivos o las prácticas vigentes en cada Estado miembro*.

321 Directiva 97/81/CE relativa al Acuerdo marco sobre el trabajo a tiempo parcial celebrado

antidiscriminatorias en el ámbito laboral (Directiva 2000/43/EC[322], Directiva 2000/78/EC[323] y Directiva 2006/54/EC)[324], la Directiva 2019/1158 relativa a la conciliación de la vida familiar y la vida profesional[325], la Directiva 89/391/CEE sobre medidas para promover la mejora de la seguridad y de la salud de los trabajadores en el trabajo[326], o la mencionada Directiva 2019/1152 relativa a unas condiciones laborales transparentes y previsibles[327].

Cabría sostener que estas Directivas pretenden **que todos los trabajadores que prestan servicios en la UE disfruten de los derechos mínimos** que establecen, pero ello solo sucederá si resulta aplicable el ordenamiento de un Estado miembro en virtud del art. 8 RRI. Así, la aplicación de estas Direc-

---

por UNICE, CEEP y la CES (*DO* L 14/9 de 20 de enero de 1998). El acuerdo que incorpora define su ámbito de aplicación: *El presente Acuerdo se aplica a los trabajadores a tiempo parcial que tengan un contrato de trabajo o una relación laboral tal como se define en la ley, el convenio colectivo o la práctica vigente en cada Estado miembro.*

322 Directiva 2000/43/CE relativa a la aplicación del principio de igualdad de trato de las personas independientemente de su origen racial o étnico (*DO* L 180 de 19 de julio de 2000): *Dentro de los límites de las competencias atribuidas a la Comunidad la presente Directiva se aplicará a todas las* personas, *por lo que respecta tanto al sector público como al privado, incluidos los organismos públicos, en relación con*... (art. 3).

323 Directiva 2000/78/CE relativa al establecimiento de un marco general para la igualdad de trato en el empleo y la ocupación (*DO* L 303/16 de 2 de diciembre de 2000). El ámbito de aplicación se fija del siguiente modo: *Dentro del límite de las competencias conferidas a la Comunidad, la presente Directiva se aplicará a todas las personas, por lo que respecta tanto al sector público como al privado, incluidos los organismos públicos, en relación con*... (art. 3).

324 Directiva 2006/54/CE relativa a la aplicación del principio de igualdad de oportunidades e igualdad de trato entre hombres y mujeres en asuntos de empleo y ocupación (*DO* L 204/23 de 26 de julio de 2006). La Directiva no establece expresamente su ámbito de aplicación.

325 Directiva 2019/1158 relativa a la conciliación de la vida familiar y la vida profesional de los progenitores y los cuidadores, y por la que se deroga la Directiva 2010/18/UE del Consejo (*DO* L 188/79, de 12 de julio de 2019). Define su ámbito de aplicación en los siguientes términos: *La presente Directiva se aplicará a todos los trabajadores, hombres y mujeres, que tienen un contrato de trabajo o una relación laboral tal que definida en la legislación, los convenios colectivos o los usos vigentes en cada Estado miembro, teniendo en cuenta la jurisprudencia del Tribunal de Justicia* (art. 2).

326 Directiva 89/391/CEE relativa a la aplicación de medidas para promover la mejora de la seguridad y de la salud de los trabajadores en el trabajo (*DO* L 183/1 de 29 de junio de 1989). Respecto a su ámbito de aplicación: *La presente Directiva se aplicará a todos los sectores de actividades, públicas o privadas (actividades industriales, agrícolas, comerciales, administrativas, de servicios, educativas, culturales, de ocio, etc.)* (art. 2.1).

327 Directiva (UE) 2019/1152 relativa a unas condiciones laborales transparentes y previsibles en la Unión Europea (*DO* L 186/105, de 11 de julio de 2019). Art. 1.2: *La presente Directiva establece los derechos mínimos aplicables a todos los trabajadores de la Unión que tengan un contrato de trabajo o una relación laboral conforme a lo definido por la legislación, los convenios colectivos o la práctica vigentes en cada Estado miembro, tomando en consideración la jurisprudencia del Tribunal de Justicia.*

tivas no queda garantizada cuando el personal de vuelo presta servicios en el territorio de la UE, pero la ley aplicable no es la de un Estado miembro[328]. Esta situación puede darse en los siguientes casos: si existe un Estado miembro de trabajo habitual, pero la legislación aplicable queda determinada por los vínculos más estrechos, y la legislación de un tercer Estado es la que presenta mayor proximidad; si, pese a que los trabajadores prestan servicios en la UE, lo hacen en diferentes Estados miembros y el establecimiento contratante se encuentra en un tercer Estado, sin existir vinculación más estrecha con un Estado miembro.

El ámbito de aplicación Directiva (UE) 2019/1152, se refiere a «todos los trabajadores de la UE» (art. 1.2). Pese a la ambigüedad de la redacción, su ámbito de aplicación espacial ha de entenderse referido a todos los trabajadores que prestan servicios en la UE[329]. En principio, las normas protectoras de la Directiva se aplicarán cuando la ley aplicable sea la de un Estado miembro y el trabajador haya trabajado en la UE, cumpliéndose el ámbito de aplicación de la Directiva: cuando el lugar de trabajo habitual se encuentre en un Estado miembro y el ordenamiento aplicable haya quedado determinado por esta conexión; cuando no sea posible identificar un lugar de trabajo habitual, pero se ha trabajado en la UE, y el establecimiento contratante se encuentre en un Estado miembro; si el lugar de trabajo habitual se encuentra en la UE, o se ha trabajado en la UE sin lugar de trabajo habitual, pero la ley aplicable queda determinada por los vínculos más estrechos y es la de un Estado miembro[330].

La aplicación de la Directiva no se encuentra garantizada a todos los trabajadores que prestan servicios en la UE, pues, en principio, la ley de un Estado miembro tiene que resultar aplicable. La aplicación de la Directiva no está asegurada si no puede identificarse un Estado habitual de trabajo, incluso si los auxiliares de vuelo prestan servicios íntegramente en la UE, cuando el establecimiento contratante se encuentra en tercer Estado. Igualmente, si la ley aplicable queda determinada por los vínculos más estrechos, y un tercer Estado presenta mayor proximidad, el

328 En contrapartida, la protección de las Directivas puede no quedar restringida a quienes prestan servicios en el territorio de la UE. Si la ley aplicable es la de un Estado miembro, la norma de transposición de la Directiva podrá aplicarse al personal de vuelo, aunque preste servicios en un tercer Estado, en función de cómo se delimite en el ordenamiento aplicable el ámbito de aplicación de la norma de transposición.

329 En este sentido: Á. Espiniella Menéndez, *La relación laboral internacional*, *op. cit.*, pp. 102-103.

330 La Directiva no se aplica *a priori* si el trabajador no ha prestado servicios en la UE, aunque la ley aplicable sea la de un Estado miembro. En cualquier caso, la aplicación de la protección prevista por la Directiva dependerá del modo en que se delimite el ámbito de aplicación en cada norma de transposición nacional. Los Estados miembros pueden extender su aplicación siempre que su ordenamiento resulte aplicable, aunque el trabajador no preste servicios en su territorio ni en la UE, cuando la ley aplicable queda determinada por el establecimiento contratante o por los vínculos más estrechos.

trabajador tampoco contará con la protección de la Directiva, incluso aunque haya trabajado habitualmente en un Estado miembro de la UE.

98. Otras Directivas presentan problemas de compatibilidad con el Reglamento Roma I **por la forma en que delimitan su ámbito de aplicación**. Las conexiones del art. 8 RRI no permitirían que las Directivas se apliquen en todas las situaciones que *a priori* se encuentran incluidas en su ámbito de aplicación. Estas Directivas interferirían en situaciones transfronterizas, al introducir disposiciones con efectos similares a los de una norma de conflicto, aunque no persigan ese objetivo expresamente.

Es el caso de la Directiva 2001/23/CE relativa al mantenimiento de los derechos de los trabajadores en traspasos de empresas[331], que establece la protección que debe garantizarse a los trabajadores cuando el empleador cambia a causa del traspaso de una empresa, centro de actividad o parte de estos, siempre que estos se encuentren domiciliados o localizados en la UE.
También es el caso de la Directiva 2000/79/CE que, como se ha visto, regula el tiempo de trabajo del personal de vuelo, y presenta vocación de aplicarse a «todos los miembros de la tripulación a bordo de una aeronave civil empleados por una empresa con domicilio social en un Estado miembro»[332].
Se suscita el problema de que, si la ley aplicable no es la de un Estado miembro, aunque la empresa o establecimiento objeto del traspaso se encuentren domiciliados o localizados en la UE (Directiva 2001/23/CE), o la aerolínea empleadora tenga su domicilio social en un Estado miembro (Directiva 2000/79/CE), las normas de transposición y la protección prevista en las Directivas no podrán aplicarse.

99. Como alternativa para garantizar la aplicación de las Directivas laborales en todas las situaciones incluidas en su ámbito de aplicación ha de plantearse su posible aplicación como **normas internacionalmente imperativas**[333]. Los Estados miembros se encontrarían obligados a aplicar la protección establecida en las Directivas en todas las situaciones reclamadas por su ámbito de aplicación, tal y como se haya definido en estas. Cuando no resulta aplicable el ordenamiento de un Estado miembro, el único meca-

331 Directiva 2001/23/CE sobre la aproximación de las legislaciones de los Estados miembros relativas al mantenimiento de los derechos de los trabajadores en caso de traspasos de empresas, de centros de actividad o de partes de empresas o de centros de actividad (*DO* núm. 82, de 22 de marzo de 2001).

332 Cláusula 2.2 del Acuerdo europeo sobre la ordenación del tiempo de trabajo del personal de vuelo en la aviación civil.

333 Se ha planteado también una aplicación unilateral de las Directivas europeas sin recurrir a las normas internacionalmente imperativas, atendiendo al modo en que estas delimitan su ámbito de aplicación y al texto de sus disposiciones. *Vid.* S. Francq: *L'applicabilité du droit communautaire dérivé au regard des méthodes du droit international privé*, Bruylant, Francia, 2005; *id.* «The scope of Secondary Community Law in the Light of the Methods of Private International Law - or the other way around?», *YPIL*, vol. 8, 2009, pp. 333-378.

nismo que provee el Reglamento Roma I que permitiría asegurar la protección de las Directivas sería la aplicación de las normas que las transponen como normas internacionalmente imperativas[334]. Sin embargo, el recurso a las normas internacionalmente imperativas para garantizar la aplicación de las normas de transposición de las Directivas resulta controvertido con carácter general, porque este uso «instrumental» puede resultar incompatible con la propia naturaleza y concepto de las normas internacionalmente imperativas, cuya aplicación debe fundamentarse en cualquier caso en motivos de orden público e interés general.

Adicionalmente, ha de tenerse en cuenta que, en el caso particular de las Directivas laborales, el legislador europeo, pudiendo haberlo hecho, no ha establecido expresamente el carácter internacionalmente imperativo de ninguna disposición en el texto de las Directivas[335], al contrario de lo que sucede en algunas Directivas que regulan otras materias[336]. Tal carácter tampoco se les ha otorgado hasta el momento en la jurisprudencia del TJUE[337]. La única excepción en este sentido es la Directiva de desplazamiento temporal de trabajadores, ámbito en el que han visto la luz, precisamente, los criterios —restrictivos— con los que se cuenta hasta el momento respecto a la eventual aplicación de las disposiciones laborales como normas internacionalmente imperativas[338].

---

334 En otros casos, la vía de aplicación del Derecho laboral de la UE será indirecta, pues puede deberse a la entrada en juego de la excepción de orden público ante regulaciones extranjeras consideradas inadmisibles en el foro. No será necesaria la aplicación de la norma de transposición como una norma internacionalmente imperativa, sino que la norma de transposición se aplicará por el vacío generado por la excepción de orden público.

335 *Cf.* P. Piroddi, *La tutela del contraente debole nel reglamento Roma I*, CEDAM, Italia, 2012, p. 198.

336 Las Directivas en materia de consumo son el ejemplo paradigmático en este sentido. *Vid.* B. Mathieu, *Directives européennes et conflits de lois*, LGDJ, Francia, 2015, esp. pp. 109-139. No obstante, en los últimos años se ha extendido la introducción de normas con carácter internacionalmente imperativo expreso en las Directivas relativas a otras materias. *Vid.* E.C. Torralba Mendiola, «La aplicación de las leyes de policía contenidas en directivas de la Unión Europea. El ejemplo de la regulación de la cadena alimentaria», *REDI*, vol. 75, n.º 1, 2023, pp. 137-160; J. Ungerer, «Explicit Legislative Characterisation of Overriding Mandatory Provisions in EU Directives: Seeking for but Struggling to Achieve Legal Certainty», *JPIL*, 2021, vol. 17, n.º 3, pp. 399-420.

337 Si bien algunos sectores doctrinales han defendido la consideración de los estándares sociales establecidos por las Directivas como orden público de la Unión Europea, en la jurisprudencia del TJUE no se les ha reconocido tal estatus: M. Llobera Vila, *El desplazamiento transnacional de trabajadores*, Tirant lo Blanch, Valencia, 2013, p. 237.

338 La jurisprudencia del TJUE referente al desplazamiento temporal de trabajadores y, en particular, la que interpreta el art. 3.10 de la Directiva de desplazamiento temporal ha de tenerse en cuenta a la hora de definir el concepto de norma internacionalmente imperativa laboral del Reglamento Roma I. Esta es la única jurisprudencia del TJUE con la que se cuenta a la hora de interpretar el concepto de norma internacionalmente imperativa en materia laboral, con excepción del mencionado asunto *Nikiforidis*. No obstante, el valor de

En los asuntos *Ingmar*[339] y *Unamar*[340] se admitió el juego de normas protectoras para los agentes comerciales de la Directiva 86/653/CEE[341] como normas internacionalmente imperativas. En *Ingmar*[342] la elección de la ley de un tercer Estado privaba al agente de la protección prevista por la Directiva, aunque el agente había desempeñado su actividad en un Estado miembro. En el asunto *Unamar*[343], en cambio, la elección de ley llevaba a la aplicación del ordenamiento de un Estado miembro que había transpuesto correctamente la Directiva, pero las normas de transposición del Estado miembro del foro establecían una protección superior. El TJUE admitió en ambos casos la posibilidad de que se aplicasen las normas de transposición más favorables.

Al resolver el asunto *Ingmar,* el TJUE no se refirió expresamente a su aplicación con carácter internacionalmente imperativo, pero sostuvo que la protección prevista en la Directiva cuando el agente ha desempeñado su acti-

esta jurisprudencia quizá deba relativizarse, pues no puede perderse de vista que ha visto la luz en el contexto particular del desplazamiento temporal de trabajadores entre Estados miembros. En particular, se trataba de situaciones en las que se enjuiciaba la aplicación de normas protectoras en materias adicionales, distintas de las ya comprendidas en el núcleo duro. Con su aplicación los Estados miembros pretendían imponer mayores cargas a los empleadores, de manera que la respuesta del TJUE debe entenderse circunscrita en cierta medida a la situación de desplazamiento temporal. *Vid.* Capítulo II: I.2.A) Naturaleza del núcleo duro de condiciones de trabajo del Estado miembro de destino.

339 STJUE de 9 de noviembre de 2000, C-381/98 (ECLI:EU:C:2000:605).

340 STJUE de 17 de octubre de 2013, C-184/12 (ECLI:EU:C:2013:663).

341 Directiva 86/653/CEE relativa a la coordinación de los derechos de los Estados miembros en lo referente a los agentes comerciales independientes (*DO* L 382/17 de 31 de diciembre de 1986).

342 En el asunto *Ingmar* el contrato de agencia se regía por el ordenamiento californiano, que había sido elegido, pero el agente comercial había desempeñado su actividad en un Estado miembro (Reino Unido). Tras la expiración del contrato, el agente planteó una demanda ante los tribunales ingleses, pero las normas de transposición de la Directiva de este ordenamiento *a priori* no podían aplicarse, por no formar parte del ordenamiento aplicable. Planteada su posible aplicación como normas internacionalmente imperativas, el TJUE estableció que las normas que garantizan derechos al agente una vez terminado el contrato deben aplicarse cuando este ha ejercido su actividad en un Estado miembro, aunque el contrato se rija por la ley de un tercer Estado en virtud de una cláusula de elección de ley.

343 En el asunto *Unamar* se discutía la aplicación de las normas de transposición protectoras para los agentes comerciales cuando tanto el ordenamiento aplicable fruto de una elección de ley como el ordenamiento del foro son los de Estados miembros que han transpuesto correctamente la Directiva. Las normas del ordenamiento del foro (belga) incrementaban la protección mínima de la Directiva, y el tribunal competente las aplicó sosteniendo su carácter internacionalmente imperativo. La elección de ley (ordenamiento búlgaro) quedaba, así, sin efectos. El TJUE resolvió el asunto sosteniendo que cabía la aplicación de las normas belgas con carácter internacionalmente imperativo, pero para ello el tribunal debía comprobar que el legislador belga había considerado crucial conceder al agente una protección más amplia que la de la Directiva en sus normas de transposición teniendo en cuenta la naturaleza y el objeto de la norma.

vidad en la UE debía aplicarse en todo caso, con independencia de que el ordenamiento aplicable en virtud de la elección de ley fuese otro. En el asunto *Unamar*, en cambio, se admite expresamente que la norma de transposición de la Directiva pueda aplicarse con carácter internacionalmente imperativo, pero ello se somete a la condición de que tal carácter se deduzca de la propia norma.

De ambas Sentencias podría deducirse que resulta admisible la aplicación de ciertas normas de transposición que protegen a los trabajadores como normas internacionalmente imperativas. El asunto *Ingmar*, en particular, puede invocarse para justificar una aplicación internacionalmente imperativa que permita aplicar las normas de transposición en todos los casos incluidos en el ámbito de aplicación de las Directivas laborales.

No obstante, es posible que la doctrina del TJUE en estos asuntos no pueda extrapolarse directamente a los contratos de trabajo, pues una elección de ley no puede privar al trabajador de la protección que le garantiza la norma de transposición del ordenamiento objetivo, que era precisamente lo que sucedía en ambos asuntos[344]. Al mismo tiempo, asumir un juego diferente de las normas internacionalmente imperativas en función de que la disposición controvertida afecte o no a una parte débil del Reglamento Roma I presenta difícil encaje con la naturaleza de estas normas. Implicaría que las normas internacionalmente imperativas puedan utilizarse en algunos casos como recurso para dotar de cierta protección a partes no protegidas en el Reglamento (agentes), pero no a aquellas que ya gozan de protección (trabajadores).

Tomando como ejemplo la Directiva (UE) 2019/1152, se ha visto que *a priori* debe aplicarse a todos los trabajadores que prestan servicios en la UE. Sin embargo, pueden darse casos en los que ni la ley objetiva ni la ley elegida sean las de un Estado miembro de la UE, de modo que las disposiciones de la Directiva no podrían aplicarse a pesar de que el trabajo se haya ejecutado en la UE. Si fuese posible plantear la demanda en la UE, el tribunal de Estado miembro competente podrá aplicar algunas de las disposiciones de la Directiva con carácter internacionalmente imperativo: como normas internacionalmente imperativas del foro, si de la norma de transposición se deduce que en esas norman concurren intereses generales y de orden público de ese Estado; o como normas internacionalmente imperativas de los Estados de ejecución, cumpliéndose las condiciones del art. 9.3 RRI y siempre en el Estado o Estados miembros de ejecución del trabajo alguna de las normas de transposición refleje, igualmente, tales intereses generales y de orden público. Adicionalmente, cabe plantear que existiría una obligación para el

344 No puede descartarse una aplicación «matizada» de las normas internacionalmente imperativas, teniendo en cuenta las circunstancias del caso concreto: L. M. van Bochove, «Overriding Mandatory Rules as a Vehicle for Weaker Party Protection in European Private International Law», *ELR*, n.º 3, 2014, pp. 147-156.

tribunal de aplicar las normas de transposición a todos los trabajadores que hayan ejecutado su trabajo en la UE, con independencia de que las normas de transposición reflejen expresamente la concurrencia de intereses generales y de orden público o no (asunto *Ingmar*). En cualquier caso, la posibilidad de que la aplicación de las normas de la Directiva quede garantizada por esta vía depende de que la demanda pueda plantearse en la UE.

100. La posibilidad de que se garantice la protección de las Directivas laborales en el resto de casos, cuando se trata de Directivas que no delimitan expresamente su ámbito de aplicación, queda sometida a las condiciones generales para la aplicación de las normas internacionalmente imperativas del art. 9 RRI.

La protección del trabajador se encomienda al mecanismo protector del art. 8.1 RRI[345], pero ello no excluye que algunas disposiciones particulares de las normas de transposición puedan aplicarse como normas internacionalmente imperativas[346]. En el carácter excepcional y de orden público que debe caracterizar en todo caso a estas normas **puede concurrir al mismo tiempo un efecto protector**. Como ya se ha visto, no se trata de categorías excluyentes[347], sino que, más bien al contrario, las normas que reflejan los intereses generales de un Estado en la regulación de su mercado de trabajo, al mismo tiempo, suelen proteger a los trabajadores[348]. La jurisprudencia que ha visto la luz en el ámbito del desplazamiento temporal de trabajadores introduce los condicionantes de **proporcionalidad y no afectación de las libertades europeas de los empleadores**[349]. En cualquier caso, la disposición ha de presentar encaje con alguna de las categorías del art. 9 del Reglamento

345 Lo cual excluiría una aplicación generalizada de las normas protectoras por la vía de las normas internacionalmente imperativas. En este sentido: O. Deinert, *op. cit.*, p. 185; M. Campo Comba, *op. cit.*, p. 273-281.

346 *Cf.* J. C. Fernández Rozas, S. Sánchez Lorenzo, *Derecho internacional privado*, 16.ª ed., Civitas Thomson Reuters, Navarra, 2022, p. 156. Así, el art. 9 RRI puede ser observado específicamente como una vía para la aplicación del Derecho derivado de la UE en ciertos casos: M. Renner, «Art. 9 Rome I», en G. P. Callies, M. Renner (eds.), *Rome regulations: commentary,* 2020, Kluwer Law International, Países Bajos, p. 258.

347 *Cf.* O. Deinert, *op. cit.*, p. 185-186.

348 Se contemplan las normas internacionalmente imperativas como un complemento a la protección de los trabajadores provista por el art. 8.1 RRI en algunos casos en C. Parra Rodríguez, «El alcance de las normas imperativas internacionales en el Reglamento Roma I: una visión desde su efecto en la contratación laboral», en P. Jiménez Blanco y Á. Espiniella Menéndez, *Nuevos escenarios del derecho internacional privado de la contratación*, Tirant lo Blanch, Valencia, 2021, pp. 294-337.

349 De este modo, puede sostenerse el sometimiento a un doble test de la norma para determinar su encaje en el concepto de norma internacionalmente imperativa: 1) excepcionalidad, interés público y crucial para el Estado; 2) respeto a las libertades europeas: proporcionalidad de las eventuales restricciones a las libertades europeas que la norma pueda suponer. En este sentido: A. Bonomi, *op. cit.* pp. 628-629.

Roma I, de modo que solo cabe su aplicación si son las del foro o las del lugar de ejecución, quedando condicionada su aplicación en este último caso a la discrecionalidad del tribunal[350].

Cumpliéndose estos presupuestos, la aplicación de ciertas disposiciones laborales como normas de policía del art. 9 RRI dependerá de lo dispuesto expresamente en la norma de transposición o, en su defecto, de la apreciación que al respecto mantengan los tribunales de los Estados miembros[351]. La única generalización que puede efectuarse es que cabe una aplicación con carácter internacionalmente imperativo, al menos, de las normas de transposición de las Directivas que, por la materia que regulan, presentan conexión con los Derechos fundamentales de los trabajadores[352]. Las normas que rigen estas materias presentan un encaje que debería considerarse indiscutido con el concepto de norma internacionalmente imperativa del art. 9 RRI. Así puede suceder con las normas antidiscriminatorias en el empleo, las reguladoras del ejercicio individual de los derechos colectivos, las de prevención de riesgos laborales, o la garantía de indemnidad de los trabajadores. No obstante, este criterio interpretativo no resulta determinante, pues no excluye que la concepción de las normas internacionalmente imperativas laborales pueda presentar una amplitud diversa o que se adopten distintas perspectivas para determinar el grado de vinculación de la norma con los derechos fundamentales de los trabajadores. Ello implica que la aplicación del Derecho laboral de la UE en ocasiones pueda terminar dependiendo de la posición mantenida al respecto en cada Estado miembro o de la interpretación del tribunal competente, redundando en una **aplicación desigual de los estándares laborales de la UE**.

Teniendo en cuenta lo expuesto, la aplicación de las normas de transposición de algunas de las Directivas mencionadas —Directiva 2001/23/CE relativa al mantenimiento de los derechos de los trabajadores en traspasos de empresas, Directiva 2000/79 sobre el tiempo de trabajo del personal de vuelo— así como de la Directiva 2008/104/CE (ETT), será objeto de análisis particular posteriormente.

---

350 Ello sin ignorar el fallo del TJUE en el asunto *Nikiforidis*, en el que se estableció que cabe una toma en consideración como circunstancia de hecho de normas internacionalmente imperativas de Estados diferentes al del foro y a los de ejecución, siempre que el ordenamiento aplicable lo permita.

351 *Cf.* L. Merret, *Employment contracts in Private International Law*, *op. cit.*, p. 242.

352 *Vid.* R. Callsen, *Eingriffsnormen und Orde public-Vorbehalt im Internationalen Arbeitsrecht*, Nomos, Alemania, 2015, esp. pp. 302 y ss.

2. Integración de los convenios colectivos en la ley del contrato de trabajo

101. Las normas simplemente imperativas del art. 8 RRI pueden hallarse en todas las fuentes que poseen eficacia normativa, incluidos los convenios colectivos que formen parte del ordenamiento objetivamente aplicable[353]. Para ello, el contrato de trabajo debe encontrarse incluido en el ámbito de aplicación temporal, espacial, personal y material del convenio. En ese caso, las normas simplemente imperativas que se encuentren en el convenio aplicable actuarán como límite a la autonomía de la voluntad, al igual que el resto de las disposiciones no derogables del ordenamiento objetivo[354].

Cuando las normas del ordenamiento objetivo permiten la introducción de mejoras por convenio colectivo, las disposiciones del convenio serán las que fijarán el mínimo de protección si en el ordenamiento objetivo existe un convenio cuyo ámbito de aplicación se cumple e introduce condiciones más favorables[355]. Tanto las partes en el contrato como la ley elegida podrán elevar el mínimo.

Cuando las normas del ordenamiento objetivo permiten la introducción de peores condiciones por convenio colectivo, el mínimo de protección lo establecerá el convenio. Es posible que el convenio rebaje la protección respecto a lo establecido en la norma general, que solo se aplica de forma supletoria, pero para ello el contrato deberá encontrarse incluido en el ámbito de aplicación del convenio. En cualquier caso, la ley elegida o las partes en el contrato podrán elevar la protección del convenio[356].

---

353 Tal como prevé el informe *Giuliano-Lagarde*, si la ley objetiva obliga al empleador a respetar los convenios colectivos, no se podrá privar al trabajador de la protección que estos le conceden mediante la elección de la ley de otro Estado (p. 23). *Cf.* Á. Espiniella Menéndez, *La relación laboral internacional*, *op. cit.*, p. 88; E. de Götzen «Contratto di lavoro, criteri di collegamento e legge applicabile: luci e ombre del Regolamento (CE) n. 593/2008», *Riv. dir. int. pr. proc.*, n.º 3, 2014, pp. 548-549; M. J. Serrano García, *Competencia judicial y ley aplicable en el ámbito de los contratos de trabajo internacionales,* Reus, Murcia, p. 147.

354 *Vid.* Capítulo II: I.1.B) Identificación de las normas imperativas del ordenamiento objetivo.

355 Si no existiese convenio colectivo aplicable, el mínimo de protección lo fija la norma de mínimos del ordenamiento objetivo.

356 En el ordenamiento español, un ejemplo de este tipo de normas se encuentra en el art. 14.1 ET, sobre el periodo de prueba: *Podrá concertarse por escrito un periodo de prueba, con sujeción a los límites de duración que, en su caso, se establezcan en los convenios colectivos. En defecto de pacto en convenio, la duración del periodo de prueba no podrá exceder de seis meses para los técnicos titulados, ni de dos meses para los demás trabajadores. En las empresas de menos de veinticinco trabajadores el periodo de prueba no podrá exceder de tres meses para los trabajadores que no sean técnicos titulados* (...). Así, la duración máxima del periodo de prueba del art. 14 ET solo se aplicará si en el convenio colectivo no se establece otro periodo, que puede ser superior, en perjuicio del trabajador. En cualquier caso, si la ley elegida establece un periodo de prueba inferior, se aplicará el periodo de prueba de este ordenamiento.

102. El Reglamento Roma I solo determina la aplicación de los **convenios colectivos con eficacia normativa**, que tienen la consideración de norma jurídica en el Estado en el que se ha desarrollado la negociación colectiva de la que son fruto. Así, cuando el resultado de la negociación colectiva es un acuerdo con eficacia meramente contractual entre las partes firmantes[357], la aplicación del acuerdo no es resultado de la remisión conflictual del art. 8 RRI.

103. Cada ordenamiento jurídico establece las materias que pueden ser objeto de regulación en los convenios colectivos. Junto a la regulación de las condiciones de trabajo y de empleo, el contenido típico de los convenios colectivos suele extenderse a la organización del trabajo en la empresa, el ejercicio de los poderes empresariales, la gestión de las relaciones colectivas y la protección social complementaria[358]. Como se ve, por su amplitud, el contenido de los convenios colectivos desbordaría la remisión conflictual de la norma de conflicto del art. 8, que solo alcanzaría al contenido propio del contrato de trabajo individual. En cualquier caso, la enumeración de las materias sometidas a la ley aplicable del art. 12 del Reglamento Roma I no debe considerarse exhaustiva[359]. El ámbito de aplicación del ordenamiento aplicable en virtud del Reglamento Roma I debe adaptarse a la naturaleza de cada relación contractual y, al implicar una integración permanente del trabajador en la empresa, resultan imprescindibles normas que regulen la gestión de las plantillas, espacio reservado generalmente a los convenios colectivos[360]. En cambio, la aplicación de las disposiciones del convenio colectivo relativas a materias ajenas al contrato de trabajo individual —piénsese, significativamente, en aquellas que regulan las relaciones laborales colectivas— no vendrá determinada por el art. 8 RRI.

104. La **aplicación del convenio colectivo** a todos los contratos de trabajo incluidos en su ámbito de aplicación tampoco queda garantizada en todos

---

357 Se trata del modelo de negociación colectiva seguido en los países nórdicos y en otros Estados miembros como Alemania. En algunos Estados, como España, se admite paralelamente también la celebración de acuerdos colectivos sin eficacia normativa (convenios colectivos extraestatutarios). Durante los últimos años han proliferado este tipo de acuerdos entre *Ryanair* y algunos sindicatos en distintos Estados miembros. Estos solo vinculan a la aerolínea con el sindicato firmante y se aplican a los trabajadores a este afiliados. Con la firma de este tipo de acuerdos se introducen diferentes condiciones laborales entre los trabajadores afiliados al sindicato firmante, que disfrutan de mejores condiciones en algunas materias, y los trabajadores no afiliados al sindicato firmante, a los cuales el acuerdo no les resulta aplicable.

358 *Cf.* A. Martín Valverde, J. García Murcia, *Derecho del Trabajo,* 32.ª ed., Tecnos, Madrid, 2023, pp. 390-391.

359 *Cf.* F. Ferrari, «Art. 12», en U. Magnus, M. Mankowski, *European Commentaries on Private International Law: Rome I Regulation*, Otto Schmidt, Köln, 2017, p. 720.

360 Repárese en que estas materias pueden quedar incluidas en un concepto amplio de «cumplimiento de las obligaciones» contractuales, en virtud del cual la ley del contrato se aplicaría no solo a las obligaciones principales sino también a las auxiliares o accesorias. *Vid. ibidem*, p. 725.

los casos por las **conexiones del art. 8 RRI**[361]. En ocasiones el contrato se encuentra incluido en el ámbito de aplicación del convenio, pero este no forma parte del ordenamiento objetivamente aplicable. Esto puede ocurrir cuando se trata de convenios colectivos de empresa o cuando el ámbito de aplicación espacial del convenio queda determinado por el lugar de ejecución del trabajo o por el centro de trabajo. Si la ley del contrato no es la del Estado donde se encuentra establecida la empleadora, la del Estado de trabajo habitual o a la del Estado en el que se encuentra el centro de trabajo en el que se encuentra integrado el trabajador, el convenio no formará parte del ordenamiento que rige el contrato[362]. Igualmente, aunque cabe plantearse la aplicación de un convenio perteneciente al ordenamiento elegido, el problema se encontrará generalmente en que para ello el contrato de trabajo debería encontrarse incluido en el ámbito de aplicación del convenio[363].

105. No existe una posición unánime sobre la articulación de la aplicación de los convenios colectivos en el Reglamento Roma I ni sobre el tratamiento conflictual que deben recibir[364]. En ocasiones se ha planteado su aplicación como **normas internacionalmente imperativas,** lo que en algunos casos garantizaría su aplicación en las situaciones reclamadas por su ámbito de aplicación cuando esta no queda garantizada por el art. 8[365]. Desde esta perspectiva, únicamente se encontraría justificada la aplicación como normas internacionalmente imperativas de algunas disposiciones específicas de los convenios colectivos en las que la atribución de tal carácter se encuentre justificada por motivos de orden público e interés general[366]. De este modo, la aplicación de una disposición particular del convenio como una norma internacionalmente imperativa se encontraría justificada cuando en esta se concretan condiciones laborales vinculadas a los derechos fundamentales en su vertiente laboral.

361 El problema es en cierta medida similar al que se plantea en relación con las Directivas europeas: ambas fuentes normativas establecen su propio ámbito de aplicación y en ocasiones este parece ser incompatible con las conexiones del art. 8 RRI. En ambos casos ello da lugar a la existencia aparente de sistemas normativos paralelos de difícil integración con el Reglamento Roma I.

362 Los problemas se suscitan generalmente cuando el ordenamiento del Estado en el que se ejecuta el trabajo no es el que rige el contrato. *Vid.* P. Rodiere, *La convention collective de travail en droit international. Contribution à l'étude des normes juridiquesde source professionnelle*, Litec, Francia, 1987, esp. pp. 189-194; G. Palao Moreno, *Los grupos de empresas multinacionales y el contrato individual de trabajo*, *op. cit.*, pp. 142-147.

363 *Vid.* Capítulo IV: III.1.C) Autonomía de la voluntad y convenios colectivos.

364 *Vid.* F. Jault-Seseke, «La détermination des accords collectifs applicables aux relations de travail internationales», en *Le droit international privé, esprit et méthodes, Mélanges Paul Lagarde*, Dalloz, Paris, 2005, pp. 455-473.

365 *Cf.* A. van Hoek, «Private International Law: An Appropriate Means to Regulate Transnational Employment in the European Union?», *ERL*, n.º 3, 2014. p. 165.

366 *Cf.* L. Carballo Piñeiro, *op. cit.*, p. 254; O. Deinert, *op. cit.*, pp. 195-197; A. L. Calvo Caravaca, J. Carrascosa González, «Contrato internacional de trabajo», *op. cit.*, p. 3578.

La principal crítica a este posicionamiento consistiría en que utilizar la categoría de las normas internacionalmente imperativas como una «segunda vía» para garantizar la aplicación de los convenios colectivos puede considerarse contrario al propio concepto de norma internacionalmente imperativa, de carácter excepcional y fundamentado en intereses de orden público. En este sentido, se ha sostenido que no cabe la aplicación como norma internacionalmente imperativa de las disposiciones de un convenio colectivo porque estos siempre tienen el objetivo de ajustar los intereses de las partes y, por tanto, no aspiran a proteger intereses públicos[367]. Al tratarse de materias configuradas como disponibles para la negociación colectiva, se excluiría una eventual naturaleza internacionalmente imperativa de las disposiciones de los convenios.

106. En otros casos no se invocan las normas internacionalmente imperativas, pero se recurre implícitamente a una aplicación unilateral del convenio[368]. Así, se ha sostenido que el convenio colectivo en el que se encuentre incluido el contrato siempre debe aplicarse y no es necesario articular su aplicación en el régimen conflictual del art. 8 RRI. Desde esta perspectiva, se contempla el convenio como una manifestación de la autonomía de la voluntad de la representación de los trabajadores y del empleador, lo que justificaría su aplicación, aunque el convenio no forme parte del ordenamiento objetivo ni del elegido. La autonomía de la voluntad de las partes en la negociación colectiva desempeñaría una función similar a la de la autonomía conflictual de las partes del contrato de trabajo, de modo que el convenio colectivo en el que se encuentra incluido el contrato le correspondería elevar la protección mínima de la ley objetiva.

La viabilidad de esta alternativa resulta muy controvertida, entre otros motivos, porque solo cabe plantear su admisibilidad cuando se trate de convenios colectivos sin eficacia normativa, que pueden equipararse a acuerdos alcanzados entre la representación de los trabajadores y el empleador. La aplicación del convenio se encontraría descartada cuando este tenga la consideración de norma en el ordenamiento conforme al cual se negoció, en cuyo caso esta solo podría tener lugar por la remisión de la norma de conflicto a este ordenamiento, al que pertenece el convenio.

107. No obstante, la aplicación de las disposiciones del convenio colectivo en el que el contrato se encuentre incluido será posible siempre que se respeten los límites concedidos a la **autonomía de la voluntad material** por el ordenamiento objetivo. En este caso, la aplicación del convenio no sería resultado de la aplicación de las normas de conflicto, sino del ejercicio de la autonomía material de las partes y quedaría restringida exclusivamente a las materias consideradas como disponibles para las partes en ese ordenamiento. En cualquier caso, el grado de exigibilidad del que gozarían las

---

367 *Cf.* M. Franzen, J. Wutte, «Article 8 Rome I», en G. P. Callies, M. Renner (eds.), *Rome Regulations, Commentary*, 3.ª ed., Wolters Kluwer, Países Bajos, 2020, p. 256.

368 *Vid.* Á. Espiniella Menéndez, *La relación laboral internacional*, *op. cit.*, p. 88.

disposiciones del convenio en caso de que beneficien al trabajador, pero la compañía empleadora se niegue a aplicarlas, resulta controvertido[369].

108. En vista de lo expuesto, ha de partirse de que *a priori* la aplicación de los convenios colectivos solo se encuentra garantizada cuando estos forman parte del ordenamiento aplicable. Así, la aplicación de los convenios colectivos cuyo ámbito de aplicación queda fijado por la base de operaciones asignada al personal de vuelo resultará problemática en las diferentes situaciones en las que esta no se encuentra en el Estado cuyo ordenamiento rige el contrato[370]. Pueden darse distintas situaciones en las que el convenio colectivo en el que se encuentre incluido el contrato no pueda aplicarse por no pertenecer al ordenamiento rector del contrato. Ello no excluye una posible aplicación *de facto* del convenio, que podría adquirir relevancia en la conexión de los vínculos más estrechos o ser interpretada como indicio de la existencia de una elección de ley[371].

III. Delimitación del régimen contractual: ámbito de aplicación de la(s) ley(es) del contrato de trabajo

1. Celebración del contrato

A) Daños por vulneración de derechos fundamentales en los procesos de selección

109. Las compañías aéreas suelen llevar a cabo procesos de selección en Estados distintos de aquellos en los que se encuentran establecidas con el

369 En este sentido, recuérdese la solución dada por el TS en la mencionada Sentencia 025/1994 de 16 de febrero de 1994. El TS rechazó la aplicación de las disposiciones del convenio colectivo a la contratación de trabajadores que prestaban servicios en otros Estados porque el ordenamiento aplicable a estos contratos no era el español, al que pertenecían los convenios, pese a que los contratos se encontraban incluidos en el ámbito de aplicación del convenio.

370 Con carácter general pueden darse situaciones en las que el trabajador se encuentra integrado un centro de trabajo localizado en un determinado Estado, que determina su inclusión en un convenio colectivo, pero presta servicios en un Estado diferente, que determina el ordenamiento rector del contrato. Estas situaciones serán menos habituales en el sector aéreo. Si la base de operaciones asignada al personal de vuelo no se encuentra en el Estado de trabajo habitual, esa base de operaciones no presentará vinculación real con el contrato. No obstante, no pueden descartarse situaciones en las que no exista un Estado de trabajo habitual, pero sí una base de operaciones que pueda ser considerada como centro de trabajo del personal de vuelo, con la que este presenta suficiente vinculación. *Vid.* Capítulo III: I.3. La base de operaciones como mera presunción: aplicación de los convenios colectivos.

371 *Vid.* Capítulo III: II.1.D) Fijación del salario y otras condiciones laborales y Capítulo IV: III.1.B) Elección tácita y vínculos más estrechos.

objetivo de contratar a los trabajadores que posteriormente prestarán servicios en vuelos conectados con el Estado en el que se lleva a cabo el proceso de selección. En ocasiones, el personal de vuelo será «captado» en el Estado en el que reside para trabajar posteriormente desde un Estado diferente.

Con carácter general, los eventuales daños que puedan derivarse de estos procesos de selección han de considerarse supuestos de **responsabilidad precontractual** que, en principio, quedarán sometidos a la ley aplicable al contrato de trabajo en caso de que esta pueda identificarse (*culpa in contrahendo* del art. 12 RRII)[372]. La interpretación del concepto autónomo de «responsabilidad precontractual» del Reglamento Roma II, en cualquier caso, requiere de desarrollo cuando este se aplica a los daños que pueden derivarse de los procesos de selección de trabajadores. Ha de analizarse si cualquier daño producido en el marco de estos procesos encajaría en esta categoría, o si, por el contrario, ha de requerirse que exista como mínimo una expectativa razonable de que el trabajador va a ser contratado. Así, cabe sostener que, al menos, los eventuales daños derivados de una frustración del contrato cuando ya se haya expresado por parte de la compañía aérea la voluntad de contratar al trabajador serían susceptibles de reclamaciones que quedarán sometidas a la ley que hubiera regido el contrato de haberse celebrado este en virtud del Reglamento Roma I (art. 12.1 RRII). No obstante, ante la probabilidad de que no sea posible conocer cuál habría sido el ordenamiento rector del contrato de trabajo, ha de tenerse en cuenta la remisión subsidiaria a la ley de la residencia habitual común de las partes, en su defecto, al ordenamiento del país en que se produjo el daño y, en cualquier caso, de existir, a la ley que presente una vinculación más estrecha (art. 12.2 RRII).

---

372 El considerando 30 del Reglamento Roma II establece que el concepto de *culpa in contrahendo* incluye la violación del deber de información y la ruptura de los tratos contractuales y «cubre únicamente las obligaciones extracontractuales con vínculo directo con los tratos previos a la celebración de un contrato», de modo que «si durante las negociaciones de un contrato una persona sufriera una lesión personal, se aplicaría el artículo 4 o cualquier otra disposición pertinente del Reglamento». Cualquier daño personal parece quedar excluido del ámbito de aplicación del art. 12 RRII, pero deberían analizarse las situaciones en las que se produzcan daños personales que sí tengan causa directa en los tratos previos a la celebración. Serían daños que se producen durante la negociación, pero no directamente relacionados con esta y sometidos, por tanto, al art. 4 RRII, aquellos que se produzcan aleatoriamente y que no tengan su causa en el proceso de selección, como podrían ser unas lesiones físicas a causa de un accidente que se produce donde este tiene lugar que no venga motivado por ninguna de las actividades llevadas a cabo en el marco del proceso de selección. Salvo elección de ley posterior al daño [art. 14.1 a) RRII], residencia habitual común o vinculación más estrecha con otro Estado, el daño se regirá por la ley del Estado donde se lleva a cabo el proceso de selección (lugar del daño). Aunque el contrato de trabajo llegue a celebrarse posteriormente, no cabe una extensión de la ley del contrato a estos daños mediante los vínculos más estrechos (art. 4.3 RRII), pues estos se fundamentan únicamente en la existencia de una relación contractual previa y no posterior.

110. Esta solución general difiere cuando se trata de reclamaciones por daños derivadas de vulneraciones de los derechos fundamentales de los candidatos durante los procesos de selección.

En enero de 2023, salieron a la luz varios casos en los que se habían producido tratos discriminatorios y vejatorios durante procesos de selección de auxiliares de vuelo celebrados en España. La aerolínea *Kuwait Airways* seleccionaba auxiliares de vuelo a través de una agencia extranjera especializada en la formación y reclutamiento de estos trabajadores. Una de las candidatas, tras haberle sido comunicado el acceso a la siguiente fase del proceso de selección, fue requerida para presentar la documentación necesaria para la formalización del contrato de trabajo, en la que constaban fotografías. Inmediatamente, la agencia se puso en contacto con la candidata para comunicarle que había sido expulsada del proceso de selección porque la compañía aérea no estaba dispuesta a contratar a personas de piel oscura. En el mismo proceso de selección, se rechazó directamente a los candidatos, argumentando que la aerolínea solo contrataba a mujeres, y algunas de las candidatas sufrieron tratos vejatorios (comentarios despectivos sobre su aspecto físico, requerimientos para retirarse determinadas prendas, exámenes corporales por parte de los reclutadores, exclusión del proceso de selección por su aspecto personal). A los candidatos que superaron la primera fase del proceso de selección celebrado en España se les requirió el pago de ciertas cantidades para acceder a la fase final del proceso de selección, que tendría lugar en Kuwait[373].

A priori, si se planteasen reclamaciones por daños por parte de los candidatos no cabría la aplicación del **Reglamento Roma II** porque las reclamaciones por daños derivados de una violación de la intimidad o de los derechos relacionados con la personalidad se encuentran **excluidas de su ámbito de aplicación** [art. 1.2 g)]. Así, parece claro que los daños causados por tratos vejatorios, ataques a la intimidad del trabajador o por prácticas discriminatorias en los procesos de selección se encuentran excluidos del ámbito de aplicación del Reglamento Roma II[374].

En cualquier caso, ha de señalarse que el art. 1.2 g) RRII no resulta concluyente respecto a lo que ha de entenderse por daños derivados de viola-

373 La Vanguardia, «La Fiscalía investigará si hubo delito en el proceso de selección de azafatas para Kuwait Airways» (https://www.lavanguardia.com/politica/20230120/8697180/fiscalia-investigara-hubo-delito-proceso-seleccion-azafatas-kuwait-airways.html); El Diario, «La Inspección de Trabajo investiga a la empresa que obligó a quedarse en ropa interior a candidatas a azafatas» (https://www.eldiario.es/sociedad/inspeccion-trabajo-investiga-empresa-obligo-quedarse-ropainteriorcandidatas-azafatas_1_9838253.html); El Diario, «Una reclutadora, a una azafata seleccionada: Lo siento, Kuwait Airways no contratará a personal de piel oscura» (https://www.eldiario.es/sociedad/reclutadora-azafata-seleccionada-siento-kuwait-airways-no-contratara-personal-piel-oscura_1_9842154.html).

374 *Cf.* Á. Espiniella Menéndez, *La relación laboral internacional*, *op. cit.*, pp. 35-36.

ciones de derechos de la personalidad, por lo que no pueden descartarse con rotundidad otras posibles interpretaciones[375]. Por ello, las reclamaciones por daños derivados de las discriminaciones padecidas por los candidatos durante la fase de negociación del contrato de trabajo en ocasiones se han considerado incluidas en el ámbito de aplicación del Reglamento, sosteniéndose su encaje en la noción de *culpa in contrahendo* del art. 12 RRII[376].

Si se asume la exclusión de estos daños del Reglamento Roma II, para determinar la ley aplicable a estas reclamaciones deberá aplicarse la norma de conflicto interna y tenderán a quedar sometidas al ordenamiento del lugar de producción del daño (art. 10.9 CC). La reclamación quedará sometida al ordenamiento del Estado miembro en el que se llevó a cabo el proceso de selección. Si el ordenamiento del Estado en el que se plantea la reclamación contiene una norma de conflicto especial para los supuestos de responsabilidad precontractual, tendrá que analizarse el potencial encaje de los daños padecidos por los candidatos en esa categoría según el Derecho nacional. En cualquier caso, podrían aplicarse las normas laborales antidiscriminatorias del foro como normas internacionalmente imperativas, cuya aplicación suele extenderse a la fase de selección de los trabajadores[377].

---

375 Ha de tenerse en cuenta el contexto particular en el que esta exclusión se introdujo en el Reglamento, pues vino motivada por el deseo de algunos Estados miembros de excluir del ámbito de aplicación del Reglamento Roma II la responsabilidad de los medios de comunicación por infracciones del derecho a la intimidad (*Cf.* T. Thiede, «Obituario al Libel Turism», *AEDIPr*, 2013, p. 489). Si bien la voluntad del legislador europeo podría no ser esta, lo cierto es que, literalmente, quedarían excluidos del Reglamento todos los daños derivados de violaciones de derechos relacionados con la intimidad, independientemente del contexto en el que estos se produzcan (*Cf.* P. Mankowski, «Article 1», U. Magnus, P. Mankowski, *European Commentaries on Private International Law, Rome II Regulation*, Otto Schmidt, Köln, 2019, p. 117).

376 Se sostiene la aplicación del Reglamento Roma II y el encaje en la noción de *culpa in contrahendo* de su artículo 12 en O. Deinert, *op. cit.*, p. 259. En cambio, el autor sostiene que los daños por otras violaciones de derechos de la personalidad se encuentran sometidos a la regla general del art. 4 RRII. De asumirse este posicionamiento, en caso de que se produzca un desistimiento por motivos discriminatorios cuando ya se ha seleccionado al candidato, el encaje en el art. 12 RRII no planteará dudas, pues la celebración del contrato se habrá visto frustrada por motivos discriminatorios.

377 La reclamación por daños se encontrará sometida al ordenamiento del Estado miembro en el que se lleva a cabo la selección como lugar de producción del daño. Los trabajadores podrán demandar en el Estado miembro del domicilio de la aerolínea, en el Estado miembro del domicilio de la agencia o en el Estado miembro en el que se llevó a cabo el proceso de selección si el demandado está domiciliado en la UE (art. 7.2 RBIb, *vid.* considerando 16 RBIb). Si los candidatos se encuentran domiciliados en el Estado miembro en el que se lleva a cabo el proceso de selección, podrán demandar el Estado de su domicilio y, asimismo, la reclamación quedará potencialmente sometida a ese mismo ordenamiento. Si la demandada se encuentra domiciliada en un tercer Estado, los tribunales españoles serán competentes cuando el proceso de selección se haya llevado a cabo en España con base en el art. 22 quinquies b) LOPJ.

111. En cuanto a las reclamaciones por los pagos que hayan sido requeridos a los candidatos para poder acceder o continuar en el proceso de selección, ha de plantearse su encaje en la noción de «enriquecimiento injusto» del Reglamento Roma II (art. 10), pues se trataría de un pago indebido por no ampararse en una causa legalmente contemplada[378]. No se tratará de un supuesto de enriquecimiento injusto derivado de contrato y sometido, por tanto, a la ley del contrato (art. 10.1 RRII), pues en el momento en el que se produce el pago no existe aún relación contractual alguna. Por ello, a falta de elección de ley (art. 14 RRII), se aplicará la ley de la residencia habitual común de las partes y, subsidiariamente, la ley del Estado donde se produjo el enriquecimiento injusto, salvo vinculación más estrecha con otro Estado.

B) Responsabilidad precontractual por formación sin celebración de un contrato de trabajo

112. En ocasiones, las aerolíneas se hacen cargo de la formación necesaria para la obtención de las licencias por parte de los trabajadores. En estas circunstancias, pueden darse supuestos de reclamaciones por daños en dos casos: cuando el trabajador soporta los costes de la formación proporcionada por la propia aerolínea con el objetivo de celebrar posteriormente un contrato de trabajo con esta, que finalmente no llega a celebrarse; o cuando la aerolínea se hace cargo de los gastos de la formación de los pilotos con el objetivo de contratarlos posteriormente, pero el contrato no llega celebrarse por voluntad del piloto.

113. Las situaciones en las que los trabajadores se hacen cargo de los costes de su formación pueden dar lugar a reclamaciones por daños en los que los trabajadores traten de obtener una compensación, al haberse generado la **expectativa de la celebración posterior de un contrato de trabajo** con la aerolínea que se ha visto frustrada. Para la formación de los trabajadores deberá haberse celebrado el correspondiente contrato entre la aerolínea y el trabajador. El éxito de la reclamación puede depender de las posibilidades de que se pruebe por parte de los trabajadores que la aerolínea había generado una expectativa real de que posteriormente se celebraría un contrato de trabajo[379], para lo cual puede resultar determinante el contenido del contrato de formación. En este contrato, pueden existir referencias a la futura celebración de un contrato de trabajo una vez superada la formación y se haya obtenido la correspondiente licencia. En caso de que se haya generado realmente tal expectativa, se tratará de un caso de responsabilidad precontractual sometido al Reglamento Roma II. La reclamación por daños del tra-

378 No solo no se amparan en causa legal, sino que tales pagos se consideran fraudulentos por constituir una discriminación en el acceso al empleo. En el ordenamiento español, se trataría de una discriminación prohibida según el art. 4.2 c) ET.

379 *Vid.* C. Brannigan y otros, *op. cit.*, pp. 156-170.

bajador presentaría encaje en el art. 12 RRII *culpa in contrahendo*, en virtud del cual la ley aplicable a los daños será aquella que habría regido el contrato de trabajo de haberse celebrado.

Estas situaciones han de distinguirse de las de «pay to fly» en el caso de los pilotos. En casos de «pay to fly» el piloto se hace cargo de los gastos de su formación y llega a pagar a la aerolínea para poder obtener el número de horas de vuelo requerido para completar la licencia. Sin embargo, bajo la apariencia de estar proporcionándose una formación por parte de la aerolínea, y aunque puede existir también la expectativa de la celebración de un contrato de trabajo con posterioridad, en realidad se encubre una relación laboral desde el inicio. No son casos de responsabilidad por daños, sino que la relación entre el trabajador y la aerolínea será contractual y calificada como laboral, en su caso, de modo que la ley del contrato determinada por el art. 8 RRI regirá directamente tales reclamaciones[380].

114. Cuando **la aerolínea es la que se hace cargo de los gastos de la formación** del piloto con el objetivo de que posteriormente se celebre un contrato de trabajo, pueden darse dos situaciones diferentes: que el contrato no llegue a celebrarse o que no se respete el pacto de permanencia habitualmente introducido en el contrato de trabajo ya celebrado.

En la primera situación, la aerolínea puede reclamar al trabajador para obtener una compensación por los gastos en los que ha incurrido al hacerse cargo de la formación del piloto. Nos encontraremos de nuevo en un supuesto de responsabilidad extracontractual sometida al Reglamento Roma II. En caso de que existiera un compromiso por parte del trabajador de celebrar un contrato de trabajo cuando finalizase la formación también puede tratarse de un supuesto de *culpa in contrahendo,* sometido al ordenamiento del hipotético contrato de trabajo, si este puede identificarse.

En cambio, si el contrato llega a celebrarse tras la obtención de la licencia, pero se extingue por voluntad del piloto sin que llegue a superarse el periodo fijado en la cláusula de permanencia, se tratará de una materia contractual, directamente sometida a la ley del contrato de trabajo determinada por el art. 8 RRI. La ley del contrato determinará la validez de la cláusula de permanencia, su extensión temporal máxima y los efectos de la dimisión del trabajador, que puede dar lugar a un derecho de indemnización para el empleador. Tanto la validez material de la cláusula como sus efectos se encontrarán sometidos, en su caso, a la comparación de favorabilidad entre el ordenamiento objetivo y el elegido, de modo que deberá aplicarse la ley que prevea consecuencias menos gravosas para el piloto[381].

380 Véase Capítulo I: III.1.A) Pilotos que trabajan sin remuneración.

381 *Vid.* Á. Espiniella Menéndez, *La relación laboral internacional*, *op. cit.*, p. 376-377.

C) Incidencia de las licencias sobre la validez del contrato

115. Como se ha visto, el acceso a la profesión de piloto y de auxiliar de vuelo se supedita a la obtención de licencias y certificados médicos que acreditan que los trabajadores han superado la formación y cuentan con la experiencia requeridas, así como que se encuentran en un Estado psíquico y físico óptimo para el desempeño de sus funciones. La necesaria obtención previa de las licencias condiciona el acceso a estas profesiones y, por tanto, también puede condicionar la validez inicial del contrato, así como su continuidad y su extinción.

En caso de una eventual **simulación** del trabajador de contar con las preceptivas licencias en el momento de la celebración del contrato, sin contar realmente con ellas, la ley hipotética del contrato determinará si ha existido un vicio del consentimiento y sus consecuencias (art. 10 RRI). Repárese en que se trataría de una materia sometida a la comparación de favorabilidad del art. 8.2 RRI. La remisión del art. 10 RRI a la ley del contrato ha de entenderse realizada tanto a la ley objetiva como a la ley elegida siempre que se trate de contratos de trabajo en los que exista una elección de ley, de modo que debe aplicarse el ordenamiento cuya aplicación resulte menos perjudicial para el trabajador.

En cualquier caso, el art. 10.2 RRI permite a la aerolínea invocar la aplicación del ordenamiento del Estado en el que se encuentre su administración central cuando no sea razonable que los efectos de su consentimiento se determinen según la ley objetiva o la ley elegida. La relevancia de esta posibilidad se encontraría en hipotéticas situaciones en las que la ley objetiva o la ley elegida no determinen la nulidad del contrato derivada de la simulación mientras que la ley del Estado de la administración central sí lo haga, lo que, no obstante, es muy improbable, dado que el ejercicio de estas profesiones se condiciona de formal general a la obtención previa de las licencias.

En el eventual caso de que el contrato se celebre a pesar de que el piloto o el auxiliar de vuelo no cuenten con las licencias exigidas sin existir simulación, la ley aplicable al contrato determinará las consecuencias de la falta de licencia. De todos modos, el contrato será ineficaz y no podrán prestarse servicios como piloto o auxiliar de vuelo, por lo que generalmente se procederá a su extinción. La ley del contrato determinará la modalidad extintiva en que el supuesto presente encaje y las correspondientes condiciones para la extinción.

2. Condiciones de trabajo

A) Incidencia de la contratación por medio de empresas de trabajo temporal

116. Como se ha visto, la contratación de los trabajadores por medio de compañías intermediarias es una práctica a la que recurren habitualmente

las aerolíneas. Estas compañías en ocasiones presentan un encaje dudoso con el concepto de ETT de la Directiva 2008/104/CE. En otros casos, ha de asumirse su consideración como tal y, por tanto, *a priori* resultan aplicables las normas de transposición de la Directiva[382].

La Directiva 2008/104/CE no establece expresamente su ámbito de aplicación espacial y no contiene una regulación expresa de las puestas a disposición transfronterizas por medio de ETT. El ámbito de aplicación material de la Directiva 2008/104/CE se refiere a los trabajadores que tengan una relación laboral con una ETT y que se pongan a disposición de empresas usuarias a fin de trabajar de manera temporal bajo su control y dirección. Debe deducirse que la protección de la Directiva deberá garantizarse por medio de la aplicación de la norma de transposición correspondiente siempre que el ordenamiento rector del contrato sea el de un Estado miembro, con independencia de que la ETT y/o la empresa usuaria se encuentren domiciliadas en un tercer Estado.

Asimismo, cabría sostener que la Directiva establece obligaciones para todas las ETT y las empresas usuarias establecidas en la UE, por lo que procedería la aplicación de las normas de transposición de la Directiva del Estado de establecimiento en todos los contratos de trabajo celebrados por ETT establecidas en la UE o para la cesión de trabajadores a empresas usuarias establecidas en la UE, incluso en el caso de que el ordenamiento rector del contrato no sea el de un Estado miembro. Se evitarían, así, vacíos de protección posiblemente contrarios al objetivo de la Directiva.

117. La regulación de las condiciones de empleo de los trabajadores contratados por ETT presenta significativas diferencias en los Estados miembros de la UE, pues la Directiva 2008/104/CE únicamente establece una armonización de mínimos respecto a las condiciones de trabajo y empleo y, significativamente, el principio de igualdad de trato entre trabajadores contratados por la ETT y trabajadores contratados por la empresa usuaria.

Un ejemplo de la relevancia de la distinta regulación de la contratación por medio de ETT dentro de la UE puede encontrarse en la Sentencia del Juzgado de lo Social n.º 1 de Girona de 21 de julio de 2014[383]. El trabajador despedido prestaba servicios desde la base de operaciones de Girona de la compañía *Ryanair* y había sido contratado por medio de una de las ETT/intermediarias a las que recurre habitualmente la compañía. Determinada la aplicación del ordenamiento español como ley objetiva, en contra de lo sostenido por la compañía, y la concurrencia de causas justificadas para el despido, se planteaba la determinación de la cuantía de la

382 *Vid.* Capítulo I: III.2. C) Contratación por medio de compañías intermediarias.

383 ECLI:ES:JSO:2014:317.

indemnización. Mientras que en el ordenamiento irlandés el tiempo trabajado por medio de la ETT/intermediaria no computa a efectos de la indemnización, sí lo hace en el ordenamiento español.

En cualquier caso, debe tratarse de una relación triangular (ETT-empresa usuaria-trabajador) caracterizada por la temporalidad. Las responsabilidades de los sujetos implicados en la cesión de trabajadores no tienen por qué ser coincidentes en los ordenamientos nacionales[384], que se enfrentan a la cuestión de cómo distribuir la responsabilidad entre la ETT y la empresa usuaria de diferentes formas: atribuyendo las responsabilidades del empleador exclusivamente a la ETT o a la empresa usuaria; dividiendo las responsabilidades del empleador entre las dos entidades; o atribuyendo la responsabilidad a ambas de forma conjunta y solidaria[385].

Igualmente, el recurso por parte de las aerolíneas a trabajadores cedidos por ETT debe atender en todo caso a necesidades temporales y no permanentes, pero la Directiva no establece una duración máxima de la contratación por ETT y los Estados miembros son libres para establecer límites temporales diversos en sus respectivos ordenamientos, así como para establecer las modalidades contractuales a las que pueden recurrir las ETT.

El reparto de responsabilidades entre ETT y aerolínea y el tiempo que el personal de vuelo puede permanecer contratado por la ETT, serán cuestiones sometidas a la ley del contrato de trabajo, independientemente de la regulación de tales cuestiones en el Estado en el que la ETT o la usuaria se encuentren domiciliadas.

La existencia de una cesión ilegal es una materia sometida a la ley del contrato y, por tanto, a la comparación de favorabilidad del art. 8 RRI. *Ryanair* ha sido condenada por cesión ilegal de trabajadores conforme a la ley española porque las compañías intermediarias que figuran en el contrato como empleadoras no desempeñaban realmente ninguna función real y, en realidad, se encubría una relación exclusiva entre los trabajadores y la aerolínea.

Entre otras, destaca la SAN de 17 de marzo de 2021[386], en la que se declaró la cesión ilegal de más de cuatrocientos auxiliares de vuelo a *Ryanair* por dos de sus intermediarias aplicando la ley española. Ha de tenerse en cuenta que para resolver sobre la existencia de una cesión ilícita previamente debería haberse identificado la ley aplicable a cada uno de los contratos de trabajo. Solo cabría que la cuestión

384 *Cf.* R. M. Rodríguez Romero, *La liberalización del sector aeronáutico y su impacto sobre las relaciones laborales individuales del personal a bordo de aeronaves*, *op. cit.*, p. 246; *Vid.* Countouris, N. y otros, *Report on Temporary Employment Agencies and Temporary Agency Work*, ILO, 2017, pp. 31-33, 38-74.

385 *Cf.* U. Grušić, *op. cit.*, pp. 83-88, esp. p. 86.

386 ECLI:ES:AN:2021:698.

se resolviese colectivamente en caso de que la ley aplicable a los cuatrocientos contratos de trabajo fuese la española y esta regulación fuese más favorable que la del ordenamiento elegido.

El hecho de que la ETT sea la empleadora formal pero no ejerza realmente como empleadora puede llevar a que se descarte la condición de establecimiento contratante de la intermediaria en la determinación de la ley aplicable y de la competencia. Repárese en que, cuando se reclama la existencia de una cesión ilegal, de no existir un Estado de trabajo habitual, al identificar el establecimiento contratante deberá prejuzgarse en cierta medida el fondo del asunto[387]. En cualquier caso, la interpretación autónoma del concepto de «establecimiento contratante» solo es relevante a efectos de la identificación de la ley objetivamente aplicable. Posteriormente será la ley del Estado en el que este se localiza, o la del Estado que presente mayor vinculación, la que determinará la existencia o no de una cesión ilegal.

118. En virtud del principio de igualdad de trato, las condiciones esenciales de trabajo y de empleo de los trabajadores cedidos por ETT deben ser, como mínimo, las que les corresponderían si hubiesen sido contratados directamente por la empresa usuaria en el mismo puesto de trabajo[388]. Al igual que el resto de las normas de transposición de la Directiva que afectan a los trabajadores cedidos por ETT, la aplicación del principio de igualdad de trato se encontrará garantizada cuando la ley aplicable al contrato sea la de un Estado miembro. La ley objetiva marcará el nivel mínimo de protección del trabajador y dentro de este nivel mínimo se encontrará la garantía de la igualdad de trato[389], que podrá ser elevada por el ordenamiento elegido.

Fuera de los casos de desplazamiento temporal, no existe ninguna regulación respecto a la aplicación del principio de igualdad de trato en situaciones transfronterizas[390]. En situaciones de trabajo transfronterizo sin desplazamiento temporal, al personal de vuelo le resultará aplicable el principio de igualdad de trato, de modo que **puede elevarse el nivel de protección** cuando las condiciones de que disfrutan los trabajadores contratados por la empresa usuaria sean más beneficiosas. El principio, tal como se encuentre regulado en el ordenamiento objetivo, operará, a su vez, fijando un estándar mínimo de protección, establecido en este caso a partir del nivel de protección del que gocen los trabajadores de la empresa usuaria.

---

387 *Vid.* Capítulo IV: I.1.B) Identificación del establecimiento contratante del personal de vuelo.

388 Art. 5.1 Directiva 2008/104/CE.

389 Aunque cabe plantear su eventual aplicación como una norma internacionalmente imperativa, ha de partirse de que, generalmente, el principio de igualdad de trato se aplicará como una norma simplemente imperativa del ordenamiento objetivo.

390 La aplicación del principio de igualdad de trato solo se encuentra expresamente prevista en las situaciones de desplazamiento temporal (art. 3.1 *ter* de la Directiva 96/71/CE tras su modificación por la Directiva 2018/957/UE).

La efectividad del principio de igualdad de trato, no obstante, puede verse significativamente reducida en función de su contenido en el ordenamiento rector del contrato y, en su caso, en el convenio colectivo aplicable, ya que la Directiva admite la introducción de múltiples excepciones en las legislaciones nacionales y en los convenios colectivos[391].

En situaciones trasfronterizas, la **formulación abstracta** del principio presenta dificultades de concreción que puede disminuir la protección real del personal de vuelo cedido por ETT. Al basarse en las condiciones de trabajo de los trabajadores contratados en el mismo puesto de trabajo por la empresa usuaria, el principio de igualdad de trato implica que indirectamente el estándar de protección quede fijado por el ordenamiento que rige estos últimos, pero ha de tenerse en cuenta que el ordenamiento que rige el contrato del trabajador cedido y de los trabajadores contratados por la empresa usuaria puede ser diferente y que el régimen de los contratos de trabajo de los trabajadores de la empresa usuaria no será homogéneo si sus contratos de trabajo se rigen por diferentes ordenamientos.

Si un piloto o un auxiliar de vuelo de la compañía *Ryanair* careciese de lugar de trabajo habitual, una eventual reclamación quedaría *a priori* sometida al ordenamiento irlandés, por ser Irlanda en Estado en el que se encuentran domiciliadas las ETT a las que recurre la aerolínea, a las que cabe considerar como establecimiento contratante. Así, en defecto de lugar de trabajo habitual, el Estado de establecimiento de las ETT regiría los contratos de trabajo por estas celebrados, salvo vinculación más estrecha con otro Estado. Se aplicaría el principio de igualdad de trato tal y como se regula en el ordenamiento irlandés y la referencia la marcarían las condiciones de trabajo del personal de vuelo contratado directamente por *Ryanair*. Se evidencia así el problema planteado: las condiciones de trabajo del personal de *Ryanair* varían significativamente en función de cuál sea el ordenamiento aplicable a cada contrato de trabajo de la aerolínea, de modo que la aplicación del principio de igualdad de trato requerirá el desarrollo de una interpretación específica por parte del tribunal competente.

B) Tiempo de trabajo

119. El Reglamento 965/2012 y la Directiva 2000/79/CE regulan el tiempo de trabajo del personal de vuelo, pero lo hacen desde perspectivas diferentes: exclusivamente técnica y con el objetivo de garantizar la seguridad

391 Se ha advertido de que con la admisión de tales excepciones el principio de igualdad de trato puede llegar a quedar prácticamente sin efecto. *Vid.* C. San Martín Mazzuconni, «Las empresas de trabajo temporal», M. E. Casas Baamonde, R. Gil Alburquerque (dirs.), *Derecho social de la Unión Europea. Aplicación por el Tribunal de Justicia*, 2.ª ed., Francis Lefebvre, Madrid, 2019, pp. 764-766. En cualquier caso, para que las restricciones al principio de igualdad de trato previstas en el convenio colectivo puedan aplicarse, el convenio debería formar parte del ordenamiento rector del contrato.

aérea, el Reglamento; socio-laboral, preventiva y protectora para los trabajadores, la Directiva.

Las normas sobre tiempo de trabajo del personal de vuelo que persiguen el objetivo de garantizar la seguridad aérea no forman parte del régimen contractual, tanto en contratos sin elementos de internacionalidad como en los contratos de trabajo transfronterizos. Cuando se trata de contratos de trabajo transfronterizos, sus efectos sobre el contrato pueden quedar supeditados a su aplicación como normas internacionalmente imperativas del art. 9 RRI. Estas deberán conciliarse con las normas de transposición de la Directiva 2000/79/CE y con cualquier otra norma laboral del ordenamiento rector del contrato de trabajo que regule el tiempo de trabajo del personal de vuelo[392]. Piénsese, significativamente, en las normas sobre conciliación de la vida familiar y profesional, materia particularmente problemática en el sector aéreo[393].

Solo las normas laborales sobre tiempo de trabajo quedarán incluidas en el régimen del contrato de trabajo y únicamente sobre ellas podrán plantearse reclamaciones laborales por parte del personal de vuelo, que se resolverán conforme a la ley del contrato. Para resolver tales reclamaciones habrá de partirse de una **delimitación** compleja entre las normas sobre tiempo de trabajo vinculadas a la seguridad aérea y el resto de las normas que regulan la materia, de naturaleza estrictamente laboral. Para efectuar tal delimitación habrá de estarse a la fuente en la que se encuentre la norma controvertida, así como a las autoridades encargadas de su control[394]. En los contratos de trabajo internacionales, además, la complejidad puede ser mayor porque, si existe elección de ley, puede incrementarse la **fragmentación del régimen del tiempo de trabajo** del personal de vuelo.

Una piloto plantea una demanda contra la aerolínea empleadora tras haberle sido denegada una solicitud de reducción de jornada para el cuidado de menores a cargo. Para valorar la pertinencia de la denegación o la obligación de conceder la reducción por parte de la compañía, el tribunal competente deberá partir de los límites impuestos en cuanto a turnos, horas de trabajo y jornada de los Reglamentos europeos, que se aplican como normas internacionalmente imperativas. Una vez delimitado este régimen obligatorio, el tribunal podrá valorar si existe margen para adaptar la jornada de la piloto, aplicando las normas del ordenamiento objetivo o del elegido, en función de cuál de ellos resulte más favorable a las pretensiones de la trabajadora. Adicionalmente, cabría plantear la eventual aplicación de

392 *Vid.* Capítulo I: II.1.B) Regulación del tiempo de trabajo.

393 *Vid.* J. Restillini, *Labour Relations in Aviation*, *op. cit.*, pp. 268-269; C. Brannigan y otros, *op. cit.*, pp. 136-174.

394 Así, las medidas introducidas en los convenios colectivos en relación con el tiempo de trabajo del personal de vuelo son de naturaleza laboral y estrictamente contractual y, por tanto, pueden ser objeto de reclamaciones laborales por parte de los trabajadores. *Vid.* J. Restillini, *Labour Relations in Aviation, op. cit.*, p. 90.

una norma internacionalmente imperativa en materia de conciliación laboral de otro Estado, en el que esta se considere una materia de interés público.

120. Adicionalmente, ha de repararse en los problemas de aplicación específicos que plantea la Directiva 2000/79/CE. Aunque no se define expresamente, el ámbito de aplicación de la Directiva queda definido, a su vez, por el del *Acuerdo europeo sobre la ordenación del tiempo de trabajo del personal de vuelo de la aviación civil*, cuyo texto la Directiva se limita a incorporar. En el Acuerdo consta una definición de «personal de vuelo en la aviación civil», en virtud de la cual este se aplica a «todos los miembros de la tripulación a bordo de una aeronave civil empleados por una empresa con domicilio social en un Estado miembro».

De nuevo, la aplicación de la Directiva *a priori* no se encontrará garantizada en todos los casos incluidos en su ámbito de aplicación, sino solamente cuando la ley objetiva sea la de un Estado miembro o se elija la ley de un Estado miembro[395]. Ha de descartarse la atribución directa de un carácter internacionalmente imperativo a las normas de transposición de la Directiva al tratarse de una regulación social y no una norma dirigida a preservar la seguridad aérea. La posibilidad de que las normas sobre tiempo de trabajo que transponen la Directiva se apliquen con carácter internacionalmente imperativo dependerá de la posición mantenida por cada Estado miembro en cuanto a la existencia o no de intereses generales y de orden público en estas. No obstante, teniendo en cuenta las materias que son objeto de regulación en la Directiva 2000/79/CE (periodo de vacaciones mínimo, tiempo máximo de vuelo anual y días libres), ha de partirse de que las normas de transposición *a priori* presentan encaje en la categoría de normas simplemente imperativas del art. 8 RRI.

C) Normas de prevención de riesgos laborales

121. Por su vinculación intrínseca con la ejecución del trabajo, generalmente se sostiene que procede una **aplicación territorial** de las normas de prevención de riesgos laborales, de modo que siempre han de respetarse las del Estado en el que se ejecute el trabajo[396]. Ello implica que, aunque la ley objetiva sea la del Estado de trabajo habitual, si el personal de vuelo trabaja ocasionalmente desde

395 Por la delimitación de su ámbito de aplicación, la norma de transposición de la Directiva estaría llamada a aplicarse incluso cuando el personal de vuelo no trabaje en la UE, siempre que esté contratado por una aerolínea domiciliada en un Estado miembro. En cambio, la regulación del tiempo de trabajo de la Directiva no cubriría al personal de vuelo que trabaje en la UE pero se encuentre contratado por una aerolínea domiciliada en tercer Estado.

396 En este sentido: F. Morgenstern, *Conflictos internacionales de Derecho laboral. Investigación sobre la ley aplicable a la relación laboral internacional*, Centro de Publicaciones Ministerio de Trabajo y Seguridad Social, Madrid, 1987, pp. 117-118.

un Estado distinto al de trabajo habitual, deberá respetarse la regulación en materia de prevención de riesgos laborales del Estado de ejecución del trabajo. Igualmente, aunque la ley aplicable sea la del Estado del establecimiento contratante o la designada por los vínculos más estrechos, deberán respetarse las normas de prevención de riesgos laborales del lugar o lugares de ejecución[397]. No obstante, la articulación de tal sometimiento a la regulación del Estado de ejecución en el Reglamento Roma I resulta compleja. Se han planteado distintas alternativas al efecto: su consideración como normas de Derecho público ajenas al Reglamento Roma I, su aplicación como normas internacionalmente imperativas del lugar o lugares de ejecución del art. 9 RRI o su toma en consideración como normas del país de cumplimiento del art. 12.2 RRI.

122. En primer lugar, se las ha considerado como **normas de Derecho público** ajenas, por tanto, al régimen contractual y al Reglamento Roma I. Se trataría de normas de «Derecho administrativo sancionador en materia laboral» que se aplican con carácter territorial e imponen obligaciones al empleador, protegidas por sanciones administrativas o penales[398]. Sin embargo, tal posicionamiento implica ignorar la dimensión contractual de tales normas, en las que concurre al mismo tiempo un doble carácter, público y privado[399].

---

397 Ha de tenerse en cuenta que la Directiva 2000/79/CE regula el tiempo de trabajo del personal de vuelo desde una perspectiva preventiva y también cuenta con disposiciones generales en materia de prevención de riesgos laborales. Por lo demás, al personal de vuelo le resultarán aplicables las normas de transposición de las Directivas generales en materia de prevención de riesgos laborales, es decir, la Directiva 89/391/CEE, relativa a la aplicación de medidas para promover la mejora de la seguridad y de la salud de los trabajadores (Directiva marco) y las numerosas directivas específicas que regulan la materia. Algunas de estas últimas contienen disposiciones en las que se tienen en cuenta los riesgos particulares del trabajo en aeronaves [Directiva 2013/59/Euratom por la que se establecen normas de seguridad básicas para la protección contra los peligros derivados de la exposición a radiaciones ionizantes (*DO* L 13, 17 de enero de 2014, pp. 1-73) y Directiva 2002/44/CE sobre las disposiciones mínimas de seguridad y de salud relativas a la exposición de los trabajadores a los riesgos derivados de los agentes físicos (vibraciones) (*DO* L 177, 6 de julio de 2002)]. No obstante, la inexistencia de un régimen específico en materia de prevención de riesgos laborales del personal de vuelo ha sido criticada. *Vid.* U. Belintxon Martin, «Derecho internacional privado y prevención de riesgos laborales en el sector del transporte en la UE: especial mención al sector aéreo y por carretera», en J. L. Goñi Sein, J. L. Iriarte Ángel (dirs.), *Prevención de riesgos laborales y protección social de trabajadores expatriados*, Aranzadi, Pamplona, 2019, pp. 179-183.

398 Serían normas de Derecho administrativo sancionador en materia laboral que no deben confundirse con las normas internacionalmente imperativas. *Cf.* J. Carrascosa González, «El contrato internacional de trabajo y la ley del país de ejecución de la prestación laboral en el derecho internacional privado de la unión europea», *Revista Justicia & Trabajo*, n.º 2, 2023, p. 86. En un sentido similar, aunque sin remitirse expresamente a las normas de prevención de riesgos laborales: A. L. Calvo Caravaca, J. Carrascosa González, «Contrato internacional de trabajo», *op. cit.*, p. 3568.

399 La seguridad y salud en el trabajo se configura como un deber legal y como una obligación contractual al mismo tiempo. Es una obligación contractual porque es una condición de la prestación del trabajo. Es un derecho del trabajador en su condición de parte de una rela-

El hecho de que el incumplimiento de sus deberes de protección de los trabajadores por parte del empleador sea susceptible de la imposición de sanciones administrativas no debería considerarse determinante de su consideración como normas de Derecho público ajenas al Reglamento Roma I. La regulación sobre las sanciones es una materia de Derecho público ajena al Reglamento Roma I, pero de la existencia de tales sanciones no debe inferirse que las materias sobre las que recaen queden excluidas del régimen del contrato de trabajo. Lo mismo puede decirse sobre el hecho de que control de su cumplimiento corresponda a las autoridades laborales de los Estados de ejecución del trabajo. No ha de considerarse determinante porque cabría considerar que nada impide que se aplique la regulación de otro Estado miembro, siempre que al mismo tiempo se respete el mínimo marcado por la ley del Estado de ejecución, cuyo cumplimiento tratan de garantizar las respectivas autoridades[400]. Aunque su «dimensión de Derecho público» obligue en todo caso a respetar la regulación de los Estados en los que se ejecuta el trabajo, ello no debería llevar a excluir automáticamente su pertenencia al régimen contractual y, con ello, la posibilidad de que la ley del contrato (objetiva o elegida) pueda introducir una mayor protección para el trabajador[401].

123. Por otro lado, se ha sostenido su aplicación como **normas internacionalmente imperativas** de los Estados de ejecución (art. 9.3 RRI). Desde este punto de vista, la norma de policía del Estado de ejecución fija el mínimo

ción laboral en cuyo desarrollo se encuentra expuesto a riesgos para su salud y seguridad. Por ello, al empleador, que tiene la facultad de controlar el lugar donde se presta el trabajo, las herramientas y demás elementos, se le atribuye el deber de protección frente a los riesgos derivados del trabajo. En virtud del contrato de trabajo, el empresario es deudor de seguridad respecto de cada trabajador. Sin embargo, el deber de seguridad y salud en el trabajo no tiene origen solo en la existencia de un contrato de trabajo: el empleador no es solo deudor de seguridad frente al trabajador, sino también frente al Estado y otros poderes públicos. Por ello, el deber de protección del empleador se configura también como una obligación legal de carácter público. La tutela de la salud y seguridad de los trabajadores, por afectar a la vida e integridad física, es considerada por los poderes públicos como un interés propio, por lo que se produce una fuerte intervención pública en su regulación como consecuencia de su propia obligación de tutela. *Cf.* J. L. Monereo Pérez, M. N. Moreno Vida, «La directiva marco 89/391/CEE como eje del Derecho social comunitario de la prevención de riesgos laborales», en M. E. Casas Baamonde, I. García-Perrote Escartín, R. Gil Alburquerque, A. Gómez García-Bernal, A. V. Sempere Navarro (dirs.), *Derecho social de la Unión Europea*, BOE, Madrid, 2023, pp. 1195-1196.

400 Ha de tenerse en cuenta que el sometimiento al régimen sancionador y al control de las autoridades laborales del Estado de ejecución del trabajo afecta también a otras obligaciones del empleador de las que, sin embargo, no se plantea una exclusión de su carácter contractual.

401 En este sentido, ha de recordarse de nuevo que el informe *Giuliano-Lagarde* establece que las normas no disponibles del art. 8 RRI consisten no solo en las previsiones relativas al contrato de trabajo propiamente, sino también otras previsiones como las concernientes a la seguridad e higiene, consideradas en algunos Estados miembros como previsiones de Derecho público (p. 23).

exigible, pero este se puede elevar por la ley del contrato[402]. El interés general y de orden público que han de presentar tales normas concurriría claramente por su conexión con el derecho a la salud y a la seguridad en el trabajo[403], pero ha de tenerse en cuenta que su aplicación quedaría condicionada a la discrecionalidad del tribunal competente. Cabe sostener que, si la ley del contrato ya provee al trabajador de la misma o superior protección, no será necesaria la aplicación de la norma internacionalmente imperativa, pero, como se ha visto, resulta controvertido que la aplicación de este tipo de normas —en puridad, llamadas a aplicarse en todos los casos con independencia de cuál sea el ordenamiento aplicable— pueda llegar a quedar condicionada por una comparación de favorabilidad respecto de la ley del contrato[404]. *A sensu contrario*, una aplicación de la norma internacionalmente imperativa en materia de prevención de riesgos laborales en todos los casos, aunque se excluya la aplicación de una ley objetiva o elegida más protectora para el trabajador, presenta mayor coherencia con el concepto de norma internacionalmente imperativa, pero presenta difícil encaje con el principio de protección de los trabajadores que trata de garantizar el art. 8 RRI.

124. Por último, el **art. 12.2 RRI** puede constituir una vía idónea para articular la aplicación de las normas de prevención de riesgos laborales, al prever que debe tenerse en cuenta la **ley del país de cumplimiento** al establecer las **modalidades de cumplimiento**. Esta alternativa presenta posibilidades de articulación con el sistema del art. 8 RRI, pues, en principio, las normas de prevención de riesgos laborales aplicables serían las de la ley del contrato, encontrándose la materia sometida a la comparación entre ordenamientos en caso de existir elección de ley. El nivel de protección del trabajador en esta materia, resultante de la combinación de ordenamiento objetivo y elegido, fijará un mínimo, pero este deberá adaptarse a la regulación que exista en cada Estado en el que se ejecute del trabajo, que puede prever medidas más exigentes. En contrapartida, ha de tenerse en cuenta que el art. 12.2 RRI no habilita una aplicación directa de la norma de prevención de riesgos laborales del Estado de ejecución, sino solo su toma en consideración.

125. Cabe sostener que las normas de prevención de riesgos laborales aplicables, *a priori*, serán las pertenecientes al régimen contractual, resultante de la comparación del ordenamiento objetivo y el elegido. El cumplimiento de las normas de los lugares de ejecución del trabajo podría fundamentarse tanto por la vía de su aplicación como normas internacionalmente

402 *Cf.* Á. Espiniella Menéndez, *La relación laboral internacional*, *op. cit.*, pp. 212-213.

403 *Vid.* O. Cachard, *Le transport international aérien de passagers, R. des C.*, vol. 373, 2015, p. 38.

404 Se plantean dudas sobre la posibilidad de que las medidas previstas en la norma de policía del Estado de ejecución puedan adaptarse en función de la regulación de la ley del contrato en M. Gardeñes Santiago, «Derecho imperativo y contrato internacional de trabajo», *op. cit.*, pp. 171-172.

imperativas como por medio del art. 12.2 RRI, y ello podría depender del caso. Si los estándares de prevención de la ley del contrato son insuficientes para garantizar la seguridad del trabajador la norma de prevención debería aplicarse como una norma de policía. En cambio, cabe sostener que cuando solo se requiere una adaptación de las normas de prevención de la ley del contrato a las concretas exigencias establecidas en las normas de los lugares de ejecución, el art. 12.2 RRI sería la vía adecuada.

126. De la territorialidad intrínseca de las normas de prevención de riesgos laborales se derivan consecuencias en casos de reclamaciones por los daños derivados de accidentes laborales producidos a causa de su incumplimiento. A la hora de resolver tales reclamaciones se plantean problemas para delimitar la aplicación de las normas del Estado de ejecución y de la ley del contrato de trabajo. La calificación de los accidentes laborales es una cuestión que no puede considerarse resuelta en la actualidad, y cabe plantearse tanto su calificación laboral como su calificación extracontractual, con la consiguiente aplicación del Reglamento Roma I o del Reglamento Roma II. Como se verá, se opte por una u otra, en ambos casos, lo más probable es que de forma directa o indirecta una hipotética reclamación por daños derivados de un accidente laboral se rija por la ley del contrato[405]. Ha de tenerse en cuenta que en algunos ordenamientos el reconocimiento de la responsabilidad por daños derivados de accidente laboral se supedita a la existencia de un incumplimiento de las normas de prevención de riesgos laborales por parte del empleador[406]. Es decir, las normas de prevención de riesgos laborales que resultaban aplicables en el lugar en el que se ejecutaba el trabajo y se produjo el accidente deberán ser tomadas en consideración al resolver la reclamación y podrán determinar la eventual responsabilidad de la aerolínea[407]. Si se aplica el Reglamento Roma II, esta toma en consideración de las normas del Estado de ejecución del trabajo podrá articularse por la vía del art. 17 RRII[408].

D) Protección del personal de vuelo en caso de suspensión de la licencia

127. La licencia del personal de vuelo puede suspenderse temporalmente cuando el trabajador sufre una dolencia que le impide continuar desempe-

---

405 *Vid.* Capítulo II: III.3.C) Daños sufridos por el personal de vuelo durante la ejecución del trabajo: responsabilidad del empleador derivada de accidentes laborales.

406 Por ejemplo, en el ordenamiento inglés. *Vid.* U. Grušić, *op. cit.*, p. 147.

407 Adicionalmente, ello implica que el reconocimiento de la responsabilidad por daños pueda quedar condicionado a la prueba de la ley en materia de prevención que resultaba aplicable.

408 Art. 17 RRII: *Para valorar el comportamiento de la persona cuya responsabilidad se alega, habrán de tenerse en cuenta, como una cuestión de hecho y en la medida en que sea procedente, las normas de seguridad y comportamiento vigentes en el lugar y el momento del hecho que da lugar a la responsabilidad.*

ñando sus funciones con seguridad durante un periodo de tiempo determinado. En estos casos, la ley del contrato determinará las medidas que puede adoptar la aerolínea empleadora (asignación temporal a otro puesto de trabajo, suspensión del contrato de trabajo), que se encontrarán sometidas, en caso de existir elección de ley, a la comparación de favorabilidad del art. 8 RRI[409].

En este contexto, ha de señalarse la situación particular en la que se encuentran las **auxiliares de vuelo y pilotos durante el embarazo y el periodo de lactancia**. Estas trabajadoras se encuentran expuestas a riesgos mayores por lo que suelen dejar de prestar servicios antes y durante más tiempo que el resto de trabajadoras. Con ello se busca proteger a la madre y al hijo antes y después del nacimiento, evitando riesgos para su salud. *A priori* la interrupción del trabajo es una medida preventiva y protectora, que, como se ha visto, podría venir impuesta por el ordenamiento del Estado de ejecución del trabajo, por la ley objetiva o por la elegida.

Ha de tenerse en cuenta que, en la práctica, el embarazo puede suponer la suspensión de la licencia de las trabajadoras[410], lo que altera la articulación de la medida en el Reglamento Roma I. En este caso, la imposibilidad de continuar trabajando temporalmente como piloto o auxiliar de vuelo no vendrá impuesta por la norma en materia de prevención de riesgos laborales, sino por las normas sobre licencias. La producción de efectos sobre el contrato de tal suspensión previsiblemente quedará supeditada a la toma en consideración de la norma que impone la suspensión de la licencia como una norma internacionalmente imperativa del art. 9 RRI[411]. Una vez articulada la suspensión de la licencia por esta vía, la validez de las medidas adoptadas por la aerolínea en respuesta a la perdida temporal de la licencia deberá determinarse conforme a la ley del contrato.

En el asunto *Parviainen*[412], tras quedar embarazada, la auxiliar de vuelo demandante había sido destinada provisionalmente a un puesto de trabajo en tierra de conformidad con el art. 5, apartados 1 y 2, de la Directiva 92/85/CEE[413] y la ley

409 También cabe una limitación de la licencia, de modo que se restrinjan las funciones que puede desempeñar el trabajador durante un periodo de tiempo determinado. *Vid.* J. Restellini, *Labour Relations in Aviation, op. cit.*, pp. 98-103.

410 El tratamiento de las trabajadoras durante el embarazo y el periodo de lactancia es objeto de una regulación doble. Por un lado, se regula en las normas de Derecho aeronáutico, mientras que, al mismo tiempo, resultan de aplicación las normas generales y específicas en materia de prevención de riesgos laborales. *Cf.* R. M. Rodríguez Romero, *La liberalización del sector aeronáutico y su impacto sobre las relaciones laborales individuales del personal a bordo de aeronaves, op. cit.*, pp. 167-168, np. 369.

411 *Vid.* Capítulo I: II.1.A) Licencias de acceso a la profesión.

412 STJUE de 1 de julio de 2010, asunto C-471/08 (ECLI:EU:C:2010:391).

413 Directiva 92/85/CEE relativa a la aplicación de medidas para promover la mejora de la seguridad y de la salud en el trabajo de la trabajadora embarazada, que haya dado a luz o en período de lactancia (*DO* L 348 de 28 de noviembre de 1992).

finlandesa. Como consta en la Sentencia, ello se debió a que el trabajo exponía a la auxiliar de vuelo a agentes físicos que podían causar lesiones fetales. El cambio de puesto de trabajo supuso una reducción significativa de la remuneración de la trabajadora, pues se dejaron de aplicar los complementos que percibía cuando ejercía como auxiliar de vuelo y el puesto temporal correspondía a un nivel jerárquico inferior. La trabajadora sostenía que durante su destino temporal en tierra debería haberse mantenido una remuneración equivalente a la que percibía previamente y que la disminución de su remuneración mensual constituía un comportamiento discriminatorio contrario a la Directiva 92/85/CEE. Sin embargo, el TJUE sostuvo que una trabajadora embarazada no tiene derecho a la remuneración media que percibía antes de traslado provisional a un puesto de trabajo distinto del que ocupaba antes de su embarazo en virtud de la Directiva 92/85/CEE. Cuando la remuneración previa comprende un salario base y diversos complementos, y algunos de estos complementos dependen del ejercicio de funciones específicas, la trabajadora no puede reclamar el mantenimiento de la remuneración íntegra que percibía antes de ese destino provisional[414]. No obstante, el TJUE recalcó que la Directiva solo establece una protección mínima y que los Estados miembros o los interlocutores sociales pueden prever el mantenimiento de todos los componentes de la remuneración y de todos los complementos a los que la trabajadora embarazada tenía derecho antes de su embarazo y de su traslado provisional a otro puesto de trabajo.

Del fallo del TJUE en este asunto, sin elementos de internacionalidad, cabe extraer algunos razonamientos para el caso de que el contrato sea transfronterizo. La ley del contrato determinará las condiciones de trabajo y empleo durante el destino temporal. Si la ley objetiva o la ley elegida contemplan una obligación para el empleador de mantener la remuneración íntegra durante el destino temporal, incluyendo todos los complementos, se aplicará aquella que contemple tal obligación. Incluso en el caso de que ninguno de estos dos ordenamientos prevea tal obligación, cabe plantear la eventual aplicación de una norma del ordenamiento del foro o del Estado de ejecución en la que se establezca obligación de mantener el salario íntegro con carácter internacionalmente imperativo. Los Estados disponen de un margen de apreciación propio a la hora de establecer el carácter internacionalmente imperativo de las disposiciones de sus respectivos ordenamientos y con ello se perseguiría un interés general consistente en preservar la igualdad de las trabajadoras embarazadas, por considerarse discriminatoria la reducción de la remuneración.

414 Art. 11.1 de la Directiva 92/85/CEE. En virtud del art. 11.1 de la Directiva, además del mantenimiento de su salario base, la trabajadora solo tiene derecho a los componentes de la remuneración o a los complementos inherentes a su condición profesional (los complementos relacionados con su calidad de superiora jerárquica, con su antigüedad y con sus cualificaciones profesionales).

No obstante, al mismo tiempo, han de valorarse las implicaciones que podría tener el posicionamiento mantenido por el TJUE al interpretar la Directiva 92/85/CEE. El carácter internacionalmente imperativo de la obligación de mantener la remuneración íntegra no vendría impuesto por el texto de la Directiva pues, al contrario, el TJUE ha sostenido que es una cuestión disponible para los Estados en sus respectivas normas de transposición. Cabe plantear la misma disyuntiva respecto a cualquier norma de transposición que imponga una protección superior a la mínima establecida en una directiva. Esta puede considerarse resuelta si se tiene en cuenta el fallo del TJUE en el asunto *Unamar*, en el que se habilitó la aplicación de la norma de transposición más favorable con carácter internacionalmente imperativo, a pesar de que la Directiva se encontraba correctamente transpuesta en el ordenamiento rector del contrato.

E) Procesos colectivos de modificación de las condiciones de trabajo

128. Cuando la aerolínea pretenda introducir modificaciones en las condiciones de trabajo de todos o parte de los trabajadores asignados a una o varias bases de operaciones localizadas en un mismo Estado, será preciso determinar qué aspectos quedan regidos por la ley del Estado en el que se encuentra la base de operaciones y en qué aspectos se rigen por la ley del contrato de trabajo[415].

Como ya se ha visto, el proceso colectivo, en cuanto a las causas de inicio y su desarrollo, incluida la preceptiva negociación, se regirá por la ley del Estado en el que se encuentran las bases de operaciones afectadas. Una vez adoptado el acuerdo o impuesta la modificación por sentencia, sus efectos individuales deben regirse por la ley del contrato.

La situación será problemática cuando el ordenamiento que ha regido el proceso colectivo (el del Estado en el que se encuentra la base de operaciones afectada), no es el mismo que el del contrato de trabajo. Dicho de otro modo, podría darse el caso de que la modificación de las condiciones de trabajo *a priori* venga **impuesta por un ordenamiento diferente de aquel que rige el contrato**[416]. Ante la inexistencia de una solución específica para

415 Los procedimientos colectivos a causa de la insolvencia de la aerolínea empleadora también pueden dar lugar a modificaciones colectivas de las condiciones de trabajo, pero dado que en la mayoría de las ocasiones estos procedimientos suelen dar lugar a la extinción de los contratos, esta cuestión se tratará posteriormente como un proceso de extinción colectiva. *Vid.* Capítulo II: III.4.C) Insolvencia de la aerolínea empleadora.

416 Si la ley aplicable es la del Estado en la que se encuentra esa base de operaciones, por ser este el Estado de trabajo habitual, no se producirán distorsiones. En este caso, el ordenamiento que rigió el proceso colectivo y determinó la modificación de las condiciones de trabajo es también el que rige el contrato.

los casos en los que la modificación colectiva afecta a contratos de trabajo transfronterizos cabe plantear distintas alternativas[417].

129. En primer lugar, cabría considerar que un proceso de modificación colectiva de las condiciones de trabajo solo puede afectar a los contratos de trabajo regidos por el mismo ordenamiento conforme al cual se desarrolla el proceso colectivo. Desde este punto de vista, la situación descrita es patológica y se debe a que en la regulación de los procesos colectivos no se tiene en cuenta que estos pueden afectar a contratos internacionales. Este posicionamiento implica que con carácter prioritario deba identificarse la ley de cada contrato de trabajo de los potencialmente incluidos en el proceso colectivo. Si la ley aplicable a alguno de los contratos es la de un Estado diferente, estos contratos deben quedar excluidos del proceso de modificación colectiva. De este modo la solución se simplifica y se garantiza su coherencia, pues el mismo ordenamiento rige el contrato y la modificación colectiva en la que este queda incluido.

130. Otra solución diferente consistiría en preservar la independencia del proceso colectivo. La modificación colectiva afectaría a todos los contratos que hayan quedado incluidos en esta en virtud de la regulación del Estado en el que se lleva a cabo, sin que sea preceptivo que los contratos se rijan por ese mismo ordenamiento. La solución es problemática por dos motivos fundamentales: en algunos casos podría no encontrarse garantizada la existencia de una vinculación suficiente del contrato de trabajo con el ordenamiento que ha regido la modificación colectiva y las modificaciones impuestas podrían no resultar compatibles con el ordenamiento que rige el contrato de trabajo. Estos problemas se evidencian en las distintas situaciones posibles:

- Si no existe un lugar de trabajo habitual, el contrato podría quedar incluido en un proceso de modificación de las condiciones de trabajo por la base de operaciones asignada. Cabe sostener que en esta situación la inclusión del contrato en la modificación colectiva solo se encontraría justificada si, pese a no existir un Estado de trabajo habitual, la base de operaciones puede asimilarse al centro de trabajo del personal de vuelo, por ser el establecimiento del empleador del que depende el trabajador. En cualquier caso, no resultaría admisible una imposición directa de las modificaciones, sino que debería evaluarse su compatibilidad con la ley del contrato[418]. Cabe sostener que la solución

417 La aplicación del Reglamento Roma I cuando se tramita colectivamente la modificación de las condiciones de trabajo resulta controvertida y resultaría necesaria una norma uniforme de Derecho internacional privado al respecto: Á. Espiniella, *La relación laboral internacional*, *op. cit.*, p. 281.

418 Ha de tenerse en cuenta la posibilidad de que el trabajador plantee posteriormente una demanda individual en la que se discutan las modificaciones introducidas en sus condiciones de trabajo. Podría darse el caso de que la demanda se plantee en otro Estado miembro, diferente de aquel en el que se encuentra la base de operaciones asignada y que

en estos casos ha de consistir en someter la efectividad de las medidas resultantes del proceso de modificación colectiva a la condición de que estas resulten admisibles en el ordenamiento rector del contrato[419]. Así, debería tratarse de medidas que en los respectivos ordenamientos sean susceptibles de imponerse colectivamente a los trabajadores[420].

- Otra situación posible es aquella en la que la base de operaciones no se corresponde con el lugar de trabajo habitual real. En esta situación, puede descartarse que la base de operaciones asignada constituya un centro de trabajo en el que el trabajador se encuentre verdaderamente integrado, de modo que la inclusión del trabajador en el proceso colectivo de modificación de las condiciones de trabajo no encontraría justificación.
- Por último, cabe plantearse una situación en la que la ley aplicable queda determinada por los vínculos más estrechos, aunque exista un Estado de trabajo habitual que se corresponde con el de la base de operaciones asignada. La modificación colectiva se habría desarrollado conforme a la ley de un Estado que sí presenta una vinculación suficiente con el contrato, pero este difiere del ordenamiento rector del contrato. Por ello, los efectos individuales del proceso colectivo deberían conciliarse con la regulación de la ley que rige el contrato en virtud de los vínculos más estrechos.

F) Efectos de la sucesión de la aerolínea empleadora sobre las condiciones de trabajo

131. Las sucesiones de empresas generan un **cambio en la figura del empleador**. La sucesión es producto de una operación regida por las normas de Derecho internacional empresarial o societario que puede tener origen en modificaciones estructurales empresariales de distinto tipo[421]. El cambio de empleador será consecuencia de una operación societaria entre la aerolínea originalmente empleadora y otra compañía que, tras la sucesión, pasa a convertirse en la nueva empleadora del personal de vuelo.

---

rigió el proceso colectivo, cuyos tribunales sean competentes en virtud del Reglamento Bruselas I bis. Si la base de operaciones no se corresponde con el lugar de trabajo habitual real, es posible que ni siquiera exista para el trabajador la posibilidad de plantear la demanda en el mismo Estado que rigió el proceso colectivo.

419 Una solución similar se plantea en Á. Espiniella, *La relación laboral internacional*, *op. cit.*, pp. 282-283.

420 Adicionalmente, la inclusión del trabajador en un proceso colectivo de modificación de las condiciones de trabajo por la base de operaciones asignada podría adquirir relevancia en una eventual aplicación posterior de la conexión de los vínculos más estrechos. *Vid.* Capítulo III: II.1.D) Fijación del salario y otras condiciones laborales.

421 *Cf.* Á. Espiniella Menéndez, *La relación laboral internacional*, *op. cit.*, p. 300.

Aunque la sucesión puede afectar a **grupos completos de trabajadores**, los efectos del cambio de empleador sobre los contratos de trabajo quedan sometidos a la ley de cada contrato afectado. La ley del contrato determina la existencia de una sucesión de empresas en los términos exigidos por las normas laborales de ese ordenamiento y la protección que en esta situación se garantiza a los trabajadores frente a un potencial empeoramiento de sus condiciones laborales a consecuencia del cambio de empleador[422]. Si existe elección de ley, la protección de los trabajadores en esta situación se encontrará sometida a la comparación de favorabilidad, debiendo aplicarse el ordenamiento que establezca mayores garantías para los trabajadores.

En la UE, los criterios para identificar la existencia de una sucesión del empleador y la protección dispensada a los trabajadores en esta situación se encuentran parcialmente armonizados por la Directiva 2001/23/CE[423], cuyo ámbito de aplicación presenta problemas de articulación específicos con el Reglamento Roma I. El objetivo de la Directiva es garantizar que los trabajadores conserven algunos de los derechos que tenían reconocidos antes del cambio de empleadora, de forma que este no suponga una merma del nivel de protección que disfrutaban. *A priori* quedan protegidos por la Directiva todos los **trabajadores de una entidad localizada en la UE antes del traspaso**: sea la adquirente una sociedad domiciliada en el mismo Estado que la entidad objeto de transferencia, una sociedad domiciliada en otro Estado miembro o en un tercer Estado[424].

---

422 *Cf.* M. Campo Comba, *op. cit.*, p. 263.

423 *Vid.* Art. 1.1. Directiva 2001/23/CE. La verificación de una situación en la que la entidad económica objeto del traspaso conserva su identidad actúa como presupuesto para la aplicación de la protección que la Directiva garantiza a los trabajadores. La delimitación de los presupuestos para su existencia ha sido uno de los aspectos que mayores dificultades ha suscitado en la aplicación de la Directiva: ha de identificarse la unidad que puede ser objeto de la transmisión (empresas, centros de actividad o partes de empresas o centros de actividad), cumplirse de la exigencia de conservación de la entidad y adoptarse un mecanismo de reestructuración empresarial a través del cual pueda producirse este traspaso con conservación de la identidad. La unidad objeto de transmisión ha de ser una entidad económica organizada de forma estable para el ejercicio de una actividad económica (*Cf.* M. Sabido Rodríguez, *La protección del trabajador en sucesiones internacionales de empresas*, Aranzadi, Navarra, 2009, p. 38). El traspaso de produce cuando, cambiando su titularidad, la entidad económica conserva su identidad, extremo cuya concurrencia resulta controvertida y ha generado una abundante casuística (*Vid.*, en particular, sobre la casuística habida en el sector aéreo: J. Restellini, *Labour Relations in Aviation, op. cit.*, pp. 256-262). Según el texto de la Directiva, el traspaso puede producirse a través de una cesión o una fusión, pero tales conceptos han sido interpretados de forma amplia y flexible, lo que contribuye a garantizar la protección de los trabajadores. Así, no se requiere la existencia previa de una relación contractual entre ambas sociedades y, por ejemplo, se admite la existencia de un traspaso con conservación de la identidad en casos de concesión administrativa.

424 *Vid.* Art. 1.2 Directiva 2001/23/CE: *La presente Directiva se aplicará cuando y en la medida en la que la empresa, el centro de actividad o la parte de éstos que haya de traspasarse se*

Con carácter general, los derechos y obligaciones de la sociedad cedente por los contratos de trabajo existentes en la fecha del traspaso serán transferidos a la nueva empleadora. El traspaso no puede ser en sí mismo un motivo de despido, aunque ello no impide que los despidos puedan producirse por razones económicas, técnicas o de organización. La nueva empleadora debe mantener las condiciones de trabajo pactadas mediante convenio colectivo hasta la fecha de expiración del convenio o de la entrada en vigor de otro convenio[425].

La protección de la que goce cada uno de los trabajadores afectados por una misma sucesión puede ser diferente en caso de que los contratos de trabajo se encuentren sometidos a ordenamientos diversos, incluso si todos ellos son ordenamientos de Estados miembros[426]. El período de mantenimiento de las condiciones de trabajo no puede ser inferior a un año, pero,

---

encuentre dentro del ámbito de aplicación territorial del Tratado. La protección de la Directiva se aplicará a los traspasos de empresas, de centros de actividad o de partes de estos localizados en la UE, tanto en sucesiones internas (entidad objeto del traspaso y sociedad adquirente localizadas/domiciliadas en el mismo Estado miembro) como en sucesiones transfronterizas (entidad objeto del traspaso localizada en la UE y sociedad adquirente domiciliada en otro Estado, sea un Estado miembro o un tercer Estado). La aplicación de la Directiva en sucesiones transfronterizas ha sido objeto de críticas y se ha llegado a sostener la conveniencia de su exclusión. *Vid.* C. Henckel, *Cross-Border Transfers of Undertakings* (tesis doctoral), Universidad de Groningen, 2016, pp. 30-40. Los problemas de aplicación de la Directiva se incrementan por la diversidad que existe en las normas de transposición. Al definir su ámbito de aplicación, los Estados miembros han interpretado de diferentes formas el art. 1.2 de la Directiva, de modo que en ocasiones se exige que la sociedad o establecimiento se encuentre en el territorio del Estado miembro, mientras que en otras se prevé la aplicación de la norma de transposición siempre que el establecimiento o la sociedad se encuentren localizados en la UE. *Cf.* M. Campo Comba, *op. cit.*, pp. 265-267. La Directiva no se aplica cuando un establecimiento localizado en un tercer Estado se transfiere a una sociedad domiciliada en la UE, de modo que no se establece ninguna protección para los trabajadores en esta situación. La Directiva no protege a los trabajadores de la entidad objeto de la transferencia ni tampoco a los trabajadores de la sociedad europea adquirente, cuyos contratos de trabajo también podrían sufrir alteraciones a causa de adquisición por parte de la empleadora. *Vid.* en este sentido S. Francq, *L'applicabilité du droit communautaire dérivé au regard des méthodes du droit international privé*, *op. cit.*, pp. 378-379. El art. 44 ET, en cambio, no delimita su ámbito de aplicación en función de la localización de la entidad objeto de la trasferencia, circunstancia a la que no se hace ninguna mención. Así, la protección prevista en el art. 44 ET se aplica siempre que la ley aplicable al contrato sea la española, con independencia del Estado en el que se localice la entidad objeto de la transferencia.

425 En el plano colectivo, deberán mantenerse el estatuto y la función de los representantes de los trabajadores en las condiciones existentes antes del traspaso, y adquieren especial relevancia las obligaciones de informar impuestas a las empresas implicadas.

426 Por ello, se ha sostenido la pertinencia de emplear otras conexiones para determinar la ley aplicable a la protección de los trabajadores afectados en estas situaciones, como la localización de la entidad afectada o la aplicación de la ley del Estado que ha regido la operación societaria de transferencia. *Vid.* C. Henckel, *Cross-Border Transfers of Undertakings* (tesis doctoral), *op. cit.*, pp. 221-237.

respetando este mínimo, los Estados miembros pueden limitarlo en sus normas de transposición de distintas formas. Asimismo, los Estados miembros pueden establecer la responsabilidad solidaria de cedente y cesionario respecto a esas obligaciones, pero tan solo se trata de una opción que, además, puede quedar sometida a plazos diversos. Adicionalmente, los Estados miembros en sus respectivas regulaciones introducen medidas de protección adicionales, no previstas en el texto de la Directiva.

132. Las normas protectoras que transponen la Directiva 2001/23/CE deben aplicarse como normas imperativas del art. 8.1 RRI[427], pero su aplicación no queda siempre garantizada por el juego de las conexiones del art. 8 RRI. Si la ley del contrato de trabajo no es la de un Estado miembro, aunque la aerolínea cuya titularidad se transfiere se encuentre domiciliada en la UE, la protección prevista en la Directiva no podrá aplicarse. La Directiva tendría la vocación de proteger a todo el personal de vuelo de aerolíneas domiciliadas en la UE objeto de un traspaso o de una fusión, pero la ley aplicable a su contrato de trabajo puede ser la de un tercer Estado en el caso de que el lugar de trabajo habitual no se encuentre en la UE, si se aplica la ley del establecimiento contratante y este se encontraba en un tercer Estado, o si existe una mayor proximidad con el ordenamiento de un tercer Estado[428]. En estas circunstancias únicamente cabría la aplicación de la protección prevista en la Directiva en caso de que se elija la ley de un Estado miembro, si la protección garantizada por las normas de transposición de ese Estado miembro es superior, en su caso, a la prevista frente a la misma situación en la ley de tercer Estado objetivamente aplicable.

En la Sentencia del BAG de 29 de octubre de 1992[429], los derechos garantizados por la norma alemana de transposición de la Directiva no pudieron aplicarse a los

427 Las garantías establecidas por la Directiva no son disponibles para el cedente ni para cesionario, tampoco para los representantes de los trabajadores y ni siquiera para los propios trabajadores. *Cf.* M.L. Arastey Sahún, C. Oró Martínez, «Capítulo 33: Aspectos laborales del traspaso de empresas (Directiva 2001/23/CE del Consejo, de 12 de marzo de 2001)», en M. E. Casas Baamonde, I. García-Perrote Escartín, R. Gil Alburquerque, A. Gómez García-Bernal y A. V. Sempere Navarro, *Derecho social de la Unión Europea: Aplicación por el Tribunal de Justicia*, BOE, Madrid, 2023, pp. 1426-1427. *Vid.* en este sentido la STJUE de 26 de mayo de 2005, asunto C-478/03 - *Celtec* (ECLI:EU:C:2005:321).

428 Esta inaplicación de la protección que *a priori* la Directiva trata de garantizar para todos los trabajadores de entidades localizadas en la UE puede producirse tanto en sucesiones internas como en sucesiones transfronterizas. El carácter transfronterizo de la transferencia no es determinante de las lagunas de protección que puedan producirse, pues pueden darse situaciones en las que, pese a tratarse de una sucesión interna, la ley aplicable sea la de un tercer Estado.

429 2 AZR 267/92 [https://www.unalex.eu/Judgment/Judgment.aspx?FileNr=DE-2228]. *Vid.* sobre esta Sentencia: M. Campo Comba, *op. cit.*, pp. 268, 270; U. Liukkunen, *The Role of Mandatory Rules in International Labour Law: A Comparative Study in the Conflict of Laws*, Talentum, Helsinki, 2004, pp. 153-155; A. Junker, «Anmerkung zu BAG, Urteil vom 29.10.1992 – 2 AZR 267/92: Betriebsübergang über die Grenze (Lufthansa-Berlinverkehr)»,

pilotos de una aerolínea estadounidense adscritos a un establecimiento localizado en Alemania cuando el establecimiento fue traspasado a otra aerolínea alemana. Aunque el Estado de trabajo habitual era Alemania, la ley aplicable a los contratos de trabajo había quedado determinada por los vínculos más estrechos, lo que condujo a la aplicación del ordenamiento estadounidense.

Aunque el impacto que la Directiva puede tener a un nivel conflictual es conocido, en esta **no se afrontan las cuestiones de DIPr que suscita su ámbito de aplicación**. Ante la inexistencia de previsiones específicas al respecto en la Directiva, podría considerarse que ello confirma la falta de una voluntad por parte del legislador europeo de que el ámbito de aplicación de la Directiva adquiera relevancia a nivel conflictual[430]. Extender la protección prevista en sus normas de transposición en todas las situaciones incluidas en el ámbito de aplicación de la Directiva podría observarse como una opción disponible para los Estados miembros, en caso de que estos opten por su aplicación como normas internacionalmente imperativas[431], pero la concurrencia de un interés público o general en estas normas es controvertida[432]. La doctrina del TJUE en el asunto *Ingmar* podría invocarse para fundamentar la aplicación de la protección de la Directiva, incluso cuando el ordenamiento objetivo y el elegido son los de terceros Estados[433].

SAE, n.º 1, 1994, pp. 37-43. Para sostener la vinculación más estrecha con Estados Unidos se tuvieron en cuenta las siguientes circunstancias: la nacionalidad estadounidense de los trabajadores, que era un requisito para la contratación; el domicilio del empleador; la nacionalidad de las aeronaves; el idioma —inglés— de los contratos; el lugar de celebración de los contratos; la referencia al Derecho estadounidense en los contratos; la presencia ocasional del personal de vuelo en Estados Unidos; y la fijación del régimen de pensiones conforme al Derecho estadounidense. La concurrencia de la nacionalidad estadounidense de los trabajadores, del empleador y de las aeronaves se consideró una circunstancia especialmente relevante. La conexión de los vínculos más estrechos condujo en este caso a la aplicación de la ley del país de origen de trabajadores y empleadora, uno de sus efectos habituales (*Cf.* M. Franzen, *op. cit.*, pp. 258-259).

430 En el proceso de redacción de las sucesivas versiones de la Directiva de sucesiones se pusieron de manifiesto los problemas conflictuales que se suscitan, particularmente, en las sucesiones transfronterizas. Aunque hubo iniciativas tendentes a la introducción de normas de conflicto en el texto, finalmente se optó por ignorar los problemas ocasionados por la delimitación del ámbito de aplicación de la Directiva. *Vid.* C. Henckel, *Cross-Border Transfers of Undertakings*, *op. cit.*, pp. 203-221. Teniendo en cuenta lo expuesto, ha de considerarse excluida la posibilidad de que el art. 1.2 de la Directiva sea considerado como una *lex specialis* del art. 23 RRI.

431 En este sentido, S. Francq, *L'applicabilité du droit communautaire dérivé au regard des méthodes du droit international privé*, *op. cit.*, p. 379.

432 En contra de la aplicación de las normas protectoras de la Directiva 2001/23/CE como normas internacionalmente imperativas: M. Campo Comba, *op. cit.*, pp. 281-285.

433 Adicionalmente, ha de tenerse en cuenta que la sucesión puede dar lugar a una modificación automática de la ley aplicable al contrato cuando el cambio de empleador viene acompañado o implica por sí mismo un cambio del Estado de trabajo habitual. Se producirá un cambio permanente del Estado habitual de trabajo del personal de vuelo, cuyos

G) Consecuencias del ejercicio del derecho de huelga sobre el contrato

133. A la hora de analizar la ley aplicable a los efectos del ejercicio del derecho de huelga sobre el contrato de trabajo, ha de partirse de dos premisas. En primer lugar, ha de tenerse en cuenta que la huelga, las consecuencias de su ejercicio sobre el contrato de trabajo y la responsabilidad por daños que de este puedan derivarse son **cuestiones materialmente vinculadas, pero independientes**: a cada una le resulta aplicable su respectiva norma de conflicto[434]. En segundo lugar, se ha de partir el carácter de **orden público** de las normas que regulan el derecho de huelga y su posible aplicación como normas internacionalmente imperativas, pues con carácter general este se considera un derecho humano y fundamental de los trabajadores.

En la Sentencia de 21 de julio de 2021 de la Corte di Cassazione italiana[435] *Ryanair* fue condenada por aplicar un convenio colectivo irlandés en el que existía una cláusula con la que se pretendía impedir cualquier tipo de interrupción en el trabajo, ya fueran huelgas o cualquier otra acción colectiva. De tener lugar cualquier acción colectiva, se sancionaría a los trabajadores implicados con la pérdida de los beneficios establecidos en el convenio colectivo. La demanda fue planteada por un sindicato que reclamaba que la cláusula se declarase discriminatoria[436].

134. La ley del contrato de trabajo debe regir los efectos que el ejercicio individual del derecho de huelga pueda tener sobre el contrato, mientras que la ley del Estado en el que esta se lleva a cabo determina su legalidad y las modalidades de su ejercicio[437]. La regulación del derecho de huelga en el

efectos sobre la ley aplicable y la competencia se analizan en el Capítulo III (III.1. Cambio estable del lugar de trabajo).

434 *Cf.* C. Laurichesse, *La grève en droit international privé* (tesis doctoral), Université de Bourgogne, 2014, p. 26.

435 Sentencia n.° 20819 (https://www.wikilabour.it/segnalazioni/rapporto-di-lavoro/corte-di-cassazione-sez-un-civ-sentenza-21-luglio-2021-n-20819/).

436 El tribunal italiano que conoció en primera instancia se declaró competente con base en el art. 7.2 RBIbis, al no existir una relación contractual entre el sindicato y la aerolínea. La reclamación del sindicato se basaba en la existencia de una violación de la libertad sindical y del principio de igualdad de trato, que se calificó como un daño. Se aplicó la ley italiana conforme al art. 4.1 del Reglamento Roma II, por ser Italia el lugar de producción del daño.

437 Por su parte, el art. 9 RRII se aplica a la eventual responsabilidad por daños en la que incurran los trabajadores. *Vid.* Capítulo II: III.3.A) Daños causados por los trabajadores durante la huelga. Se ha planteado la conveniencia de que algunas de las consecuencias de la huelga sobre el contrato individual de trabajo se rijan también por el art. 9 RRII —Estado en el que se lleva a cabo— y no por el ordenamiento determinado por el art. 8 RRI: C. Heinze, «Der Internationale Arbeitskampf», *RabelsZ*, n.° 73, 2009, pp. 789-791. La ley aplicable a la calificación de la huelga solo se menciona expresamente en el ámbito de la responsabilidad extracontractual. En los considerandos 27 y 28 del Reglamento Roma II se establece que el ordenamiento del Estado en el que tiene lugar la huelga es el que ha de

Estado en que esta se lleva a cabo condiciona las **posibilidades de su ejercicio individual** por los trabajadores, así como las formas en que tal derecho puede ejercerse. *A priori* los trabajadores no podrán ejercer el derecho de huelga si este no se reconoce en el Estado de trabajo habitual o en otros Estados donde el trabajo se ejecute con independencia de la regulación de la ley aplicable al contrato.

135. Cuando la ley del contrato sea la del Estado de trabajo habitual y este sea el Estado en el que tiene lugar la huelga, el mismo ordenamiento regirá la huelga y las consecuencias de su ejercicio sobre el contrato de trabajo, por lo que no se producirán distorsiones. Las situaciones problemáticas serán aquellas en las que el personal de vuelo participe en una huelga que se lleva a cabo en un Estado diferente de aquel cuya ley rige el contrato[438]. En estas situaciones ha de determinarse si la regulación del derecho de huelga del Estado en el que esta se lleva a cabo puede incidir y cómo sobre el contrato de trabajo, y pueden surgir problemas en la delimitación. En principio, que la ausencia al trabajo del personal de vuelo sea considerada legítima o un incumplimiento contractual dependerá de la regulación del Estado donde se lleva a cabo la huelga. Sin embargo, las consecuencias del incumplimiento —eventuales sanciones o despido— deberán determinarse conforme a la ley del contrato de trabajo.

Estos problemas de delimitación pueden darse si el trabajador participa en una huelga en un Estado en el que tal derecho no se reconoce. No obs-

---

aplicarse para delimitar las acciones que han de considerarse como medidas de conflicto colectivo, regular las condiciones para el ejercicio de esas acciones y la situación legal de los sindicatos, y no el ordenamiento aplicable a la responsabilidad extracontractual en virtud del art. 9 RRII. Así la ley del Estado donde la medida se lleva a cabo determina su licitud. Ello resulta coherente con el principio de territorialidad que rige los procesos de conflicto colectivo y adecuado a la diversidad que presenta su regulación en los distintos Estados, reconocida en el considerando 27 RRII, en el que se recuerda que el concepto de acción de conflicto colectivo varía de un Estado miembro a otro. Tal precisión se realiza en el marco de la determinación de la ley aplicable a los daños provocados por las medidas de conflicto colectivo, por lo que no debe descartarse una toma en consideración de otro ordenamiento para calificar la medida cuando se trata de determinar la ley aplicable a los efectos del ejercicio de huelga sobre el contrato de trabajo del trabajador huelguista. En el mismo sentido: O. Deinert, *op. cit.*, p. 396. Sin embargo, una interpretación coherente del Reglamento Roma I y del Reglamento Roma II llevaría a sostener que tales cuestiones han de quedar también sometidas a la ley del Estado en el que la huelga se lleva a cabo cuando se trate de reclamaciones contractuales.

438 Pueden plantearse varios escenarios posibles: que exista un Estado de trabajo habitual en el que se lleva a cabo la huelga, pero que la ley aplicable sea la de otro Estado que presenta una vinculación más estrecha; que el trabajador preste servicios en distintos Estados, de modo que no exista Estado de trabajo habitual y la huelga se celebre en uno de los Estados de ejecución del trabajo, siendo aplicable la ley del Estado en el que se localiza el establecimiento contratante o quedando determinada por los vínculos más estrechos; que exista un Estado de trabajo habitual, pero que el trabajo se ejecute temporalmente desde un Estado diferente, en el que se lleva a cabo la huelga.

tante, dado el reconocimiento generalizado del derecho de huelga desde una perspectiva de Derecho comparado, las situaciones más habituales serán aquellas en las que el derecho de huelga sí se reconoce en el Estado en el que se ejecuta el trabajo y esta se lleva a cabo, pero existen diferencias en la regulación en este Estado y en aquel cuyo ordenamiento rige el contrato. Así, puede darse el caso de que la huelga sí sea un derecho reconocido en el Estado en el que se celebra, pero en el que la participación del trabajador en la huelga no se haya alineado con la regulación de ese Estado. Para articular la aplicación de la ley del Estado en el que se lleva a cabo la huelga con la aplicación de la ley del contrato en estas situaciones han de valorarse simultáneamente distintos elementos.

136. En primer lugar, ha de tenerse en cuenta que el **art. 12 RRI** establece que «las consecuencias de un incumplimiento total o parcial» de las obligaciones contractuales quedan sometidas a la ley del contrato [art. 12.1 c)], mientras que la ley del país donde tenga lugar el cumplimiento debe tenerse en cuenta al establecer «las modalidades del cumplimiento y a las medidas que se deben tomar en caso de cumplimiento defectuoso» (art. 12.2 RRI). Cabría sostener que en virtud del art. 12.2 RRI, deberán tenerse en cuenta las modalidades de cumplimiento del contrato del Estado de ejecución del trabajo, quedando incluidas las modalidades de ejercicio del derecho de huelga. Este lugar no será —solo— el pactado en el contrato (lugar de trabajo habitual), sino aquel en el que la ejecución *de facto* tiene lugar[439].

En virtud del art. 12.1 c) será la ley del contrato la que determine los efectos del incumplimiento del trabajador. No se establece que la determinación de la existencia de un incumplimiento quede sometida a la ley del contrato, sino solo sus efectos. De modo que puede darse una situación en la que exista un incumplimiento contractual conforme al ordenamiento del Estado en el que se lleva a cabo la huelga, pero en la que tal incumplimiento no resulte sancionable conforme a la ley del contrato.

137. En segundo lugar, cabe plantear la determinación de la (i)licitud de la huelga como una **cuestión previa** que deberá resolverse o bien conforme al ordenamiento del Estado en el que tiene lugar la huelga o bien conforme al ordenamiento rector del contrato. Posteriormente, será el ordenamiento rector del contrato el que determine, en cualquier caso, los eventuales efectos que la participación del trabajador en la huelga pueda tener sobre el contrato[440].

439 *Cf.* F. Ferrari, *op. cit.*, p. 735.

440 Cabría plantear una toma en consideración de la regulación del derecho de huelga en el Estado en el que esta se lleva a cabo cuando esta no coincida con la ley aplicable al contrato de trabajo (teoría del segundo escalón). Sin embargo, la toma en consideración de un ordenamiento ajeno a la relación contractual debería obedecer a consideraciones de justicia material que no concurrirían en este caso si perjudica al trabajador. *Vid.* J. D. González Campos, «Diversification, spécialisation flexibilisation el máterialisation des rè-

Si se considera que la cuestión previa debe resolverse conforme a la regulación del Estado en el que se celebra la huelga, conocer si la huelga era licita y si la participación del trabajador se adecuó a la regulación del Estado donde se llevó a cabo resultará imprescindible para poder determinar posteriormente sus efectos sobre las condiciones laborales y de empleo conforme a la ley del contrato, pero no concluyente. El hecho de que la huelga sea ilegal conforme a la regulación del Estado donde esta se lleva a cabo no determina automáticamente la existencia de un incumplimiento contractual sancionable. El carácter de **orden público** del derecho de huelga blindaría al trabajador frente a eventuales medidas que le perjudiquen cuando estas se consideren contrarias al orden público del foro, con independencia de la regulación del derecho de huelga en el Estado en el que se ejecuta el trabajo y en el ordenamiento rector del contrato si no es el del foro[441].

Adicionalmente, una prohibición del derecho de huelga en los Estados de ejecución del trabajo usualmente será contraria a las **normas internacionalmente imperativas** del ordenamiento rector del contrato. El Reglamento Roma I únicamente prevé de forma expresa la aplicación de las normas internacionalmente imperativas del foro o de los Estados de ejecución, que también podrán adquirir relevancia. Sin embargo, la aplicación de las normas internacionalmente imperativas de la ley del contrato únicamente procederá si se considera que en la remisión del art. 8 RRI quedan incluidas estas normas y, particularmente, las que regulan el ejercicio individual del Derecho de huelga, cuestión que resulta controvertida.

138. La situación es distinta cuando el derecho sí se reconoce, pero la huelga es ilegal por no haberse respetado los procedimientos o los requisitos para su convocatoria, o cuando el ejercicio individual del trabajador no se ha adecuado a las modalidades del derecho de huelga en el Estado donde se celebra. La entrada en juego del orden público será menos probable en estos

---

gles de droit international privé», *R. des C.*, 287, 2000, pp. 329 ss.; L. García Gutiérrez, «El "doble escalón" del Derecho Internacional Privado: sobre la toma en consideración de otro ordenamiento jurídico en la interpretación del derecho material aplicable», en *Pacis Artes. Obra homenaje al profesor Julio D. González Campos*, vol. 2, Edifer, Madrid, 2005, pp. 1547-1561.

441 Sin embargo, se han dado casos en los que el orden público se invocó precisamente en sentido contrario. Los tribunales españoles han admitido la legalidad de la sanción o el despido impuestos tomando en consideración el carácter de orden público de la prohibición de la huelga en el Estado en el que se ejecutaba el trabajo, aunque la ley aplicable fuese la española. Repárese en que tal toma en consideración del orden público del Estado donde se celebra la huelga no resulta admisible, pues el Reglamento Roma I solo habilita la aplicación del orden público del foro. En realidad, cabe sostener que la prohibición de la huelga se aplicó como una norma internacionalmente imperativa del Estado de ejecución del trabajo. Se trataba de una norma internacionalmente imperativa contraria a la regulación de la *lex causae*, y cuya aplicación se encontraba sometida a la apreciación del tribunal español competente, que podría haber optado por su inaplicación. *Vid.* I. Guardans Cambó, *op. cit.*, pp. 441-443.

casos. No obstante, la determinación de la existencia de un incumplimiento contractual y sus consecuencias seguirán correspondiendo a la ley del contrato de trabajo y podrían rechazarse consecuencias perjudiciales sobre las condiciones de trabajo o empleo si se considera que con las condiciones impuestas se ha restringido de forma injustificada su derecho de huelga.

Las Sentencias del TSJ de Cataluña de 13 de enero de 2021[442] y del TSJ de Madrid de 5 de febrero de 2020[443] se pronuncian en dos supuestos muy similares de sustitución interna transfronteriza. Los trabajadores demandantes habían sido sancionados por la aerolínea *Ryanair* porque se habían negado a prestar servicios para cubrir a trabajadores huelguistas en Portugal. Aunque no consta expresamente en las Sentencias, los contratos se regían por el ordenamiento español, pues los trabajadores prestaban servicios habitualmente desde España, sin que se adviertan indicios de mayor vinculación con otro Estado. La aerolínea fue condenada a revocar la sanción, porque forzar el esquirolaje de los trabajadores sería contrario al derecho de huelga (del ordenamiento español) y, por tanto, al orden público. Ambos tribunales expresan dificultades para sostener tal razonamiento, porque la huelga había tenido lugar en Portugal y no en España, y en el Derecho portugués no se limitan las posibilidades de sustitución interna de los trabajadores huelguistas. Para revocar la sanción recurrieron al argumento de que forzar el esquirolaje de los trabajadores españoles para cubrir a los trabajadores portugueses sería contrario al derecho fundamental de estos últimos, y dieron la razón a los trabajadores demandantes, anulando las sanciones impuestas.

En ambas sentencias parece partirse implícitamente de la consideración de la calificación de la huelga como una cuestión previa que ha de resolverse conforme al ordenamiento del lugar en el que se llevó a cabo (Portugal). No obstante, el razonamiento quizá hubiera sido más sencillo si se hubiese partido de que el ordenamiento español resultaba aplicable a los contratos de trabajo. La sanción impuesta a los trabajadores es una materia contractual, regida por la ley española[444]. En la calificación de la sanción impuesta conforme a la ley española debe tenerse en cuenta que el derecho de huelga en el ordenamiento español ampara el derecho de los trabajadores a negarse a sustituir a trabajadores huelguistas[445], también cuando la huelga se lleve a cabo en otro Estado

---

442 ECLI:ES:TSJCAT:2022:301

443 ECLI:ES:TSJM:2020:727

444 De existir elección de ley, lo que no consta en las Sentencias, debería aplicarse el ordenamiento más favorable para el trabajador en materia de sanciones, es decir, aquel que no sanciona la conducta del trabajador o, en caso de que se sancione en ambos, el que prevé la sanción menos gravosa.

445 Como se hace constar en ambas Sentencias, en el Derecho español es un criterio jurisprudencial consolidado que los empresarios no pueden forzar a otros trabajadores a sustituir a los trabajadores huelguistas y se limitan las posibilidades de sustitución interna dentro de la empresa durante las huelgas.

en el que sí se admita la sustitución de trabajadores huelguistas. Así, la sanción impuesta debería revocarse porque la conducta de los trabajadores no resulta sancionable en el Derecho español, aplicable a los contratos de trabajo.

Por otro lado, cabría considerar que la cuestión previa pueda resolverse únicamente a estos efectos conforme a la ley del contrato de trabajo. Ello implicaría que, cuando se trate de una reclamación contractual, se ignore la regulación del Derecho de huelga en el Estado en el que esta se celebró. Si se adoptase esta posición, la solución se simplificaría y quedaría garantizada la coherencia de la regulación del derecho de huelga y de sus consecuencias sobre las conficiones laborales y de empleo.

3. Responsabilidad por daños

A) Daños causados por los trabajadores durante la huelga

139. La determinación de la ley aplicable a la responsabilidad extracontractual por daños derivados del ejercicio derecho de huelga cuenta con una norma especial en el Reglamento Roma II. En defecto de elección de ley[446] y de domicilio común de aerolínea y sindicato o trabajadores demandados[447], se aplica el art. 9 RRII, en virtud de la cual los daños se rigen por la ley del Estado donde se lleva a cabo la huelga[448].

446 En el Reglamento Roma II no se establece ninguna norma especial respecto a la autonomía de la voluntad en esta materia, por lo que, en principio, la ley elegida regirá la eventual responsabilidad extracontractual en la que hayan incurrido tanto sindicatos como trabajadores. No obstante, el pacto ha de ser posterior al hecho generador del daño y las probabilidades de que la autonomía de la voluntad se ejerza en estas circunstancias será prácticamente nula. *Cf.* F. Rödl, «Article 9 Rome II», en G.P. Callies, M. Renner (eds.), *Rome regulations: commentary,* 2020, Kluwer Law International, Países Bajos, p. 699.

447 En defecto de elección, la ley aplicable quedará determinada por la norma general del art. 4.2 RRII, en virtud de la cual se aplicará el ordenamiento del Estado de la residencia común de perjudicado y responsables. La residencia de la aerolínea perjudicada y, en su caso, del sindicato responsable, quedará, en principio, determinada por su administración central (art. 23). Las posibilidades de aplicación del art. 4.2 RII se ven reducidas porque habitualmente el Estado de la residencia de los sindicatos convocantes o de los trabajadores no coincide con el Estado de la aerolínea. También porque es común que se encuentren implicadas distintas organizaciones sindicales de diferentes Estados. Cabe plantear el juego de la base de operaciones como sucursal de la aerolínea, lo que incrementaría las posibilidades de la existencia de una residencia común. No obstante, ello conduciría al mismo resultado que la aplicación del art. 9 RRII, siempre que la huelga tenga lugar en el Estado en el que se encuentra la base de operaciones.

448 En el sector aéreo es habitual la convocatoria de huelgas que tienen lugar simultáneamente en distintos Estados. Aunque se trata de convocatorias coordinadas, la calificación y la determinación de la ley aplicable a los daños ha de realizarse respecto a cada huelga individualmente considerada.

En casos de reclamaciones por daños derivados del ejercicio de huelga u otras medidas de conflicto colectivo[449], se deberá determinar la ley aplicable a dos cuestiones independientes. La calificación de la medida debe efectuarse conforme a la ley del Estado en el que tiene lugar[450]. Ello implica que, si existe elección de ley o domicilio común de aerolínea y sindicato o trabajadores demandados, la calificación y el fondo de la reclamación no se regirán por el mismo ordenamiento. En cambio, si se aplica el art. 9 RRII a los daños, ambas cuestiones quedarán sometidas al ordenamiento del Estado en el que se lleva a cabo la huelga.

140. La **inexistencia de un concepto autónomo de «medida de conflicto colectivo»**[451], conduce a que el ámbito de aplicación del art. 9 RRII varíe en función del Estado en el que se lleve a cabo la medida. Se sostiene que la ley de este Estado determina qué concretas medidas de conflicto colectivo resultan admisibles en ese Estado, y solo los daños derivados de estas quedan sometidos al art. 9 RRII[452]. Si se adopta una medida de conflicto colectivo

---

449 En el concepto de «conflicto colectivo» quedan incluidas tanto las medidas adoptadas por el empresario —cierre patronal—, como las medidas adoptadas por los trabajadores. Pero en el último caso, si bien nos referimos a las acciones emprendidas por los trabajadores generalmente como «huelga», esta puede incluir distintos tipos de acciones que en algunos Estados miembros se admiten y en otros no. Existe consenso en el contenido mínimo del concepto de huelga: la ausencia de un colectivo de trabajadores convocada previamente por los sindicatos y anunciada con la debida antelación al empleador que generalmente se garantiza como un derecho fundamental de los trabajadores. Junto a este contenido básico, en algunos Estados miembros se admiten acciones que también quedan incluidas en el derecho de huelga y que son, precisamente, las que suelen emerger en situaciones transnacionales. Entre estas medidas se encuentran las acciones de acompañamiento (acciones de solidaridad, bloqueos, boicots) que, en cambio, se prohíben en otros Estados. *Vid.* LAURICHESSE, *op. cit.*, pp. 33-75; A. T. J. M. JACOBS, «The Law of Strikes and Lockouts, Comparative Labour Law and Industrial Relations in Industrialized Market Economies», *Wolters Kluwer*, Países Bajos 2014, pp. 731-799.

450 Considerando 27 del Reglamento Roma II: *El concepto exacto de acción de conflicto colectivo, ya sea huelga o cierre patronal, varía de un Estado miembro a otro y se rige por las normas internas de cada Estado miembro. Por ello, el presente Reglamento adopta como principio general el de aplicar la legislación del país en el que se lleve a cabo la acción de conflicto colectivo a fin de proteger los derechos y obligaciones de los trabajadores y empresarios.*

451 Se trata de una de las excepciones al uso de conceptos autónomos para garantizar la aplicación uniforme de los Reglamentos de DIPr. *Vid.* C. SCHMON, *The Interconnection of the EU Regulations Brussels I Recast and Rome I*, Springer, Reino Unido, 2020, p. 23. Critica la falta de uniformidad a que la ausencia de una interpretación autónoma puede dar lugar G. PALAO MORENO: «The law applicable to a non-contractual obligation with respect to an industrial action: A Commentary on Article 9 of the Rome II Regulation», *YPIL*, vol. 9, 2007, pp. 118-119.

452 El art. 9 RRII se aplica a los daños derivados de huelgas ya ejecutadas y a daños derivados de huelgas ya convocadas pero que aún no se han celebrado. Se incluyen las pérdidas del empleador por las medidas que haya adoptado para contrarrestar los efectos de una huel-

no contemplada en ese ordenamiento, esta no quedaría sometida a la norma especial del art. 9 RRI. A los daños derivados de acciones que no se consideren medidas de conflicto colectivo en el Estado en el que se llevan a cabo se aplicaría la regla general del art. 4 RRII. Sin embargo, una interpretación funcional del concepto llevaría a aplicarlo si se contempla expresamente la prohibición de determinadas medidas de conflicto colectivo. Adicionalmente, cabe sostener que el art. 9 RRII debería aplicarse siempre que se trate de una medida adoptada por una organización sindical o grupo de trabajadores de la que se han derivado daños, aunque se trate de medidas inexistentes en el ordenamiento aplicable ni tampoco expresamente prohibidas[453].

Calificada la medida como una acción de conflicto colectivo, deberá determinarse el ordenamiento aplicable a los daños surgidos en su desarrollo. En defecto de elección posterior y de residencia común de las partes, se aplica la ley del Estado en el que se haya emprendido o vaya a emprenderse la acción. El objetivo del art. 9 RRI es evitar que se aplique la norma general del art. 4.1 RRII, que conduciría a la aplicación de la ley del Estado donde se produce el daño[454]. Así, el hecho de que la huelga provoque daños en otro Estado no afectará a la ley aplicable, que seguirá siendo la del Estado donde esta se lleva a cabo.

141. El art. 9 RRII se aplica para determinar la responsabilidad de quienes pueden ser parte en un conflicto colectivo, es decir, trabajadores o sindicatos, y empresarios u organizaciones empresariales. Es decir, la misma norma determina la ley aplicable a las reclamaciones por daños planteadas contra trabajadores individuales y contra sindicatos y, aunque cabría plantear la idoneidad de esta solución, **no cabe extender la aplicación de la ley del contrato de trabajo** a las reclamaciones por daños contra los trabajadores.

El ámbito de aplicación del art. 9 podría extenderse a eventuales acciones planteadas por terceros, como pueden ser consumidores individualmente afectados por la huelga u organizaciones de consumidores. Estas no se excluyen expresamente pese a que durante el proceso de redacción del Reglamento Roma II la posible extensión de la aplicación del art. 9 más allá de demandas planteadas entre trabajadores, sindicatos y organizaciones empresariales fue detectada y discutida. A favor de tal interpretación puede esgrimirse la literalidad del precepto, que no se refiere a acciones entabladas entre las partes en el conflicto colectivo. También que se garantizaría la aplicación homogénea de la ley del lugar en el que tiene lugar la huelga en todos los supuestos de responsabilidad derivada de conflicto colectivo[455].

---

ga que fue anunciada, aunque finalmente la huelga no llegue a celebrarse. *Cf.* R. Plender y M. Wilderspin, *op. cit.,* p. 740; F. Rödl, *op. cit.,* p. 695.

453 *Cf. ibidem*, p. 698.

454 *Cf.* R. Plender y M. Wilderspin, *op. cit,* p. 739; F. Rödl, *op. cit.*, p. 692.

455 *Vid.* R. Morse, «Industrial Action in the Conflict of Laws», *Nuovi strumenti del diritto internazionale privato, Liber Fausto Pocar*, Giuffrè, Milán, 2009, pp. 723-733; F. Rödl, *op. cit.,* pp.

142. El Estado en el que se lleva a cabo la huelga tenderá a coincidir con el lugar de trabajo habitual del personal de vuelo, si este existe. Sin embargo, el personal de vuelo puede participar y ser responsable por daños en huelgas convocadas en otros Estados distintos al de trabajo habitual en los que también ejecuta su trabajo. Por ello, ha de descartarse que en los litigios contra trabajadores individuales pueda equipararse automáticamente «lugar de la huelga» con «lugar de trabajo habitual». Aunque se ha planteado la conveniencia de una ficción en virtud de la cual la huelga se debe considerar ejecutada en el lugar de trabajo habitual, por ser el lugar donde el trabajo debería haberse ejecutado si el trabajador no hubiese participado en la huelga[456], esta no resulta compatible con el tratamiento territorial que la huelga recibe en el Reglamento Roma II. El Reglamento adopta como principio general el de aplicar la legislación del país en el que se lleve a cabo la acción de conflicto colectivo (tanto a la calificación como a la responsabilidad extracontractual), porque cumpliría mejor el objetivo de proteger los derechos y obligaciones de trabajadores y empresarios (considerando 27). La ficción mencionada tendría la potencialidad de que la responsabilidad del trabajador tendería a regirse por la misma ley que el contrato de trabajo, pero no encuentra fundamento en el Reglamento Roma II.

143. La **legalidad de la huelga** puede llegar a determinar la existencia o la inexistencia del daño. Algunas acciones se admiten en el contexto de una medida lícita, en cambio, si se trata de una medida de conflicto ilícita, los sujetos participantes no estarán legitimados para adoptar tales acciones. Así, una pérdida sufrida por la aerolínea en el contexto de una medida de conflicto colectivo ilícita constituye un daño que puede ser objeto de reclamación (art. 9 RRII). En cambio, una medida de conflicto colectivo lícita consiste precisamente en generar un «daño» legítimo al empleador, que no puede ser objeto de compensación. Ello sin perjuicio de la posibilidad de que en el contexto de medidas de conflicto colectivo lícitas puedan producirse daños que excedan los límites de la legitimidad de la medida. Por ello, la determinación de la (i)licitud de la medida es considerada como una **cuestión previa** que debe resolverse en todo caso conforme al ordenamiento en el que tiene lugar la huelga, aunque otro (el de la residencia común o el elegido) en algunos casos pueda aplicarse para resolver el daño[457].

694-695. De excluirse la aplicación del art. 9 en reclamaciones planteadas por terceros, la ley aplicable a los daños quedaría determinada por la norma general del art. 4.1 RRII (lugar donde se produce el daño).

456 Sostiene una interpretación contraria F. Rödl, *op. cit.*, p. 700, remitiéndose al ejemplo de un piloto cuyo lugar de trabajo habitual es Irlanda y que provoca daños en una huelga celebrada en España. Para el autor, procedería aplicar la ley irlandesa a los daños.

457 Apoyaría esta interpretación el considerando n.º 28 RRII (O. Deinert, *op. cit.*, p. 394). *Vid.* O. Fotinopoulou Basurko, «La huelga en el derecho de la UE desde la perspectiva del Derecho Internacional Privado», en O. Fotinopoulou Basurko (dir.), *El derecho de huelga en el derecho internacional*, Tirant lo Blanch, Valencia, 2016, pp. 165-167. Podrán pronun-

El objeto de los asuntos *Viking*[458] y *Laval*[459] era determinar la licitud de sendas huelgas, convocadas con el objetivo de forzar a los empleadores a negociar o aplicar convenios colectivos, y las demandadas eran las organizaciones sindicales convocantes. En ambos casos, con el ejercicio del derecho de huelga se buscaba forzar a los empleadores a introducir medidas con el objetivo de aminorar los efectos negativos que el ejercicio por su parte de la libertad de establecimiento y de prestación de servicios en la UE tenía sobre las condiciones laborales. El TJUE estableció que la huelga ha de respetar el principio de proporcionalidad y que no puede constituir

---

ciarse sobre los daños producidos en el contexto de la huelga los tribunales del Estado en el que se encuentre domiciliado el trabajador demandado, y los del Estado de producción del daño (art. 7.2 RBIb). El TJUE estableció en el asunto *Torline* que la nacionalidad del barco puede tenerse en cuenta para determinar el Estado en el que se produce el daño. Aunque cabría plantear la extensión de esta interpretación en el sector aéreo, en la práctica, no tiene incidencia. Mientras que en el sector marítimo la huelga puede tener lugar a bordo del buque, en el aéreo la manifestación de la huelga consiste precisamente en que los vuelos programados no llegan a cumplirse y las acciones tienen lugar en tierra. Si la demanda se plantea ante los tribunales de un Estado distinto de aquel en el que se lleva a cabo la huelga, la competencia de estos tribunales determinará la eventual aplicación de las leyes de policía (art. 16 RRII) y del orden público del foro (art. 23 RRII). Por esta vía puede tener cabida la introducción de restricciones a la posibilidad de condenar por daños a los trabajadores, con independencia de que la medida sea considerada lícita o ilícita en el Estado en el que se llevó a cabo, cuando en el ordenamiento del foro la condena se considere incompatible con el derecho fundamental de huelga.

458 La sociedad demandante planeaba cambiar el pabellón de uno de sus buques, hasta ese momento registrado en Finlandia. El objetivo del cambio de registro era poder celebrar un nuevo convenio colectivo con un sindicato establecido en el Estado del nuevo pabellón y, de esta forma, poder reducir los salarios. El sindicato finlandés con el que se había negociado el convenio hasta entonces aplicable convocó una huelga con el objetivo de que la empresa se comprometiese a seguir aplicando el Derecho y el convenio colectivo finlandés a los trabajadores del buque, con independencia de que este finalmente cambiase de pabellón. El TJUE sostuvo que una empresa privada puede invocar el derecho a la libertad de establecimiento directamente contra un sindicato y equiparó el cambio de pabellón del buque con el ejercicio de la libertad de establecimiento por parte de la empresa. Se consideró que las pretensiones perseguidas con la huelga podrían tener el efecto de disuadir a la empresa de cambiar el pabellón, es decir, de ejercer su libertad de establecimiento. En palabras del TJUE, el ejercicio de tal libertad se volvería «inútil» para el armador, al impedirle recibir el mismo trato que las demás empresas establecidas en el Estado de acogida. De este modo, se configuró la huelga como un posible obstáculo a las libertades europeas. No obstante, el TJUE sostuvo que el ejercicio del derecho de huelga puede constituir un interés legítimo que justifica una restricción a las libertades europeas en ciertas condiciones.

459 El TJUE debió pronunciarse sobre la licitud de las medidas de conflicto colectivo adoptadas por un sindicato del Estado de destino para que a los trabajadores desplazados temporalmente se les aplicase el convenio colectivo del sector existente en aquel Estado (Suecia). Parte de las condiciones del núcleo duro se encontraban reguladas exclusivamente en el convenio colectivo, pero, al igual que en otros Estados miembros, en Suecia no se sigue un sistema de aplicación general. La sociedad empleadora se negó a adherirse al convenio sosteniendo que no podía conocer con antelación las obligaciones que se le impondrían en materia salarial.

un obstáculo para el ejercicio de las libertades económicas europeas por parte de los empleadores. De ambas sentencias se deduce que las libertades económicas en la UE pueden prevalecer sobre los derechos laborales fundamentales si estos obstaculizan su ejercicio.

En el caso *British Airways Plc, International Consolidated Airlines Group S.A. v. Sindicato Español de Pilotos de Líneas Aéreas* los tribunales ingleses se declararon incompetentes para pronunciarse sobre la licitud de una huelga llevada a cabo en otro Estado miembro. La demanda fue planteada por *British Airways* e IAG (grupo empresarial resultante de la fusión de Iberia y *Britrish Airways*) contra el Sindicato Español de Pilotos de Líneas Aéreas (SEPLA) y la *International Federation of Airline Pilots Association* (IFALPA). Iberia había anunciado su intención de fundar una nueva filial *low cost* a la que transferiría sus vuelos de corta y media distancia. Ante la posible pérdida de puestos de trabajo o la introducción de peores condiciones de trabajo, SEPLA convocó varias jornadas de huelga en 2011 y 2012. El sindicato español solicitó asistencia de IFALPA, plataforma de la que forma parte, y esta última requirió a los sindicatos que la conformaban para que sus pilotos afiliados no acudiesen a posibles llamamientos de Iberia para cubrir a los pilotos en huelga. Pese a que la huelga había sido convocada por un sindicato español y solo había sido seguida por los trabajadores de Iberia en España, la demanda se presentó ante los tribunales ingleses, por ser los del domicilio de IFALPA. En la demanda, *British Airways* e IAG alegaban que la huelga habría sido ilegal por provocar restricciones contrarias a su derecho a la libertad de establecimiento y a la libre prestación de servicios. Los demandantes sostenían que del asunto *Viking* podía deducirse que todos los sujetos de Derecho privado, incluidos los sindicatos, se encuentran sometidos a las obligaciones derivadas de las libertades fundamentales. La huelga habría provocado restricciones al ejercicio de las libertades europeas susceptibles de ser calificadas como daños con el objetivo de obtener una reparación. Sin embargo, el Tribunal sostuvo que los actos de sujetos de Derecho privado como los sindicatos no pueden constituir violaciones de los derechos de libre establecimiento y prestación de servicios. En virtud de tal razonamiento solo los Estados miembros pueden imponer restricciones o prohibiciones sobre las libertades de establecimiento y prestación de servicios, por lo que se trataba de una materia de Derecho público, y no de Derecho civil o mercantil. Por ello, el tribunal inglés rechazó su competencia, sosteniendo que el Reglamento Bruselas I no resultaba aplicable al caso[460].

460 El Tribunal también tuvo en cuenta que no había sido invocada por los demandantes ninguna otra norma de la que pudiera deducirse su competencia, pero sostuvo que en cualquier caso la declinaría recurriendo al *forum non conveniens*, porque no sería apropiado que un tribunal inglés se pronunciase sobre la licitud de una huelga que tuvo lugar en España, convocada por un sindicato español y aplicando el Derecho español, habiendo sido ordenado, además, el sometimiento a un arbitraje obligatorio por las autoridades españolas.

Como se ve, el fallo no se concilia con la jurisprudencia del TJUE[461]. La reclamación por daños debería haberse resuelto conforme al ordenamiento determinado por el art. 9 RRII. Así, en el caso, la ley española se aplicaría para resolver las tres cuestiones que se suscita una reclamación por daños causados en el contexto de una huelga: calificar la medida, determinar la (i) legalidad de la huelga y resolver los daños. Para determinar la (i)legalidad de la medida conforme al ordenamiento español, el tribunal inglés debería haber tomado en consideración la doctrina del TJUE en los asuntos *Viking* y *Laval,* que resulta aplicable exclusivamente a la hora de efectuar la calificación material de las medidas de conflicto colectivo[462].

B) Daños causados por el personal de vuelo durante la ejecución del trabajo

144. La responsabilidad en la que incurran los trabajadores por los daños provocados al empleador durante la ejecución de su trabajo puede considerarse como una materia contractual, sometida a la ley del contrato de trabajo. No obstante, no existe una certeza absoluta al respecto, por lo que ha de valorarse también la posible consideración de estos daños como una materia extracontractual del Reglamento Roma II[463].

145. En los asuntos *Bosworth and Hurley* y *Holterman Ferho Exploitatie y otros*, el TJUE ha admitido la aplicación de los foros laborales en litigios en los que las sociedades demandantes reclamaban la responsabilidad de los trabajadores por los daños que estos habían causado en ejecución de su trabajo.

---

461 El fallo de los tribunales ingleses entra en clara colisión con la jurisprudencia del TJUE en *Viking* y *Laval. Vid.* en este sentido: R. Plender y M. Wilderspin, *op. cit.*, pp. 737-738. Previamente, en el asunto *Torline*, el TJUE ya había aplicado el Reglamento Bruselas I para determinar la competencia en un litigio por daños derivados del ejercicio del derecho de huelga.

462 *Vid.* C. Peraro, «Right to collective action in cross-border employment contexts: a fundamental social right not yet covered by EU private international law», *UNIO - EU Law Jounal*. vol. 2, n.º 2, 2016, p. 23. En este sentido: O. Deinert, *op. cit.*, p. 397; U. Grušić, «The Right to Strike v. Fundamental Economic Freedoms in the English Courts, again: Hiding Behind the 'Public Law Taboo' in Private International Law», *JPIL*, vol. 9, n.º 3, 2013, pp. 413-430. Ha de tenerse en cuenta la eventual relevancia de esta jurisprudencia en el sector aéreo, en el que han sido habituales las huelgas contra el cierre de bases de operaciones por parte de las aerolíneas. En caso de que el cierre se produzca para establecer nuevas bases en otros Estados miembros, cabría plantearse la eventual calificación de la huelga como ilícita por perjudicar el ejercicio de las libertades europeas de las aerolíneas.

463 La determinación de la ley aplicable a estos daños puede resultar particularmente trascendente en el caso de los pilotos que actúan como comandantes de la aeronave, dadas las especiales responsabilidades que asumen y por su posición de mando sobre el resto de trabajadores.

En ambos casos, los demandados desempeñaban cargos de responsabilidad en las compañías demandantes (directivos y administradores), a las que también se encontraban vinculados por contratos de trabajo. Las compañías plantearon demandas con el objetivo de obtener indemnizaciones por los perjuicios sufridos como consecuencia de las operaciones fraudulentas adoptadas por los demandados (*Bosworth and Hurley*) y porque estos habían cometido faltas graves en el ejercicio de sus funciones (*Holterman*).

El TJUE debió pronunciarse sobre la calificación de la relación entre los demandados y las respectivas compañías conforme al concepto autónomo de contrato de trabajo, para determinar si resultaban aplicables los foros laborales. Sin embargo, no se precisa con claridad qué sucedería en caso de que se produjese tal encaje con el concepto autónomo.

Cabe sostener que de estas Sentencias se deriva que, una vez calificada la relación como laboral, procedería la aplicación directa del foro laboral del domicilio del trabajador para las reclamaciones por daños planteadas frente a este. Es decir, una calificación como laboral de la relación significaría una aplicación automática de las normas laborales de DIPr a las reclamaciones por daños generados por el trabajador, que el trabajador solo pueda ser demandado en su domicilio, y que la ley aplicable se determine conforme al art. 8 RRI. Desde esta posición, el Reglamento Roma II y el art. 7.2 RBIb solo se aplicarían cuando la relación no sea calificada como laboral[464].

En los asuntos *Bosworth and Hurley* y *Holterman Ferho Exploitatie y otros* se habría establecido una **delimitación específica entre materia extracontractual y laboral favorable a la protección de los trabajadores**, apartándose de los criterios generales. Compartimos esa interpretación, según la cual de estos asuntos puede deducirse una extensión de los foros laborales a la responsabilidad extracontractual en la que eventualmente puedan incurrir los trabajadores. Tal interpretación ha de extrapolarse directamente a la delimitación entre materia laboral y extracontractual en el ámbito de la ley aplicable para garantizar la coherencia requerida en la interpretación del Reglamento Bruselas I bis, el Reglamento Roma I y el Reglamento Roma II. De este modo,

464 Á. Espiniella Menéndez deduce tal aplicación automática del fallo del TJUE en el asunto *Bosworth and Hurley:* «Convenio de Lugano y concepto de contrato de trabajo de personal directivo: Sentencia del Tribunal de Justicia de 11 de abril de 2019, asunto C- 603/17: Bosworth y Hurley», *La Ley UE*, n.º 70, 2019. En un sentido similar, *vid*.: R. Ruiz Rodríguez, «Aplicación de la jurisprudencia Wikingerhof del TJUE sobre delimitación entre materia contractual y extracontractual a supuestos de infracción del secreto comercial», en A. Fernández Pérez (coord.), *El Derecho internacional privado ante la(s) crisis de la globalización*, Aranzadi, Pamplona, 2023, pp. 196-197. Igualmente, se deduce tal interpretación del fallo del TJUE en el asunto *Holterman Ferho Exploitatie y otros* en: O. L. Knöfel: «Grenzüberschreitende Organhauftung als Arbeitnehmerhaftung? Urteil des Europäischen Gerichtshofs vom 10.9.2015 – Rechtssache Holterman Ferho Exploitatie und andere», *EuZA*, 2016, n.º 3, pp. 348-367; B. Hess, *Europäisches Zivilprozessrecht*, 2.ª ed., de Gruyter, Berlin/Boston, 2020, p. 388.

se tendería a suprimir la incertidumbre que introduce la aplicación del Reglamento Roma II.

146. *A sensu contrario*, se ha considerado que tal interpretación no puede deducirse de la jurisprudencia del TJUE y que la calificación como laboral de la relación es únicamente el primero de los presupuestos que deben cumplirse[465]. En este caso, una vez calificada la relación como laboral, debería calificarse posteriormente la reclamación, para determinar su carácter contractual o extracontractual y aplicar las normas de DIPr correspondientes. Si ambas, la relación y la reclamación, son calificadas como laborales, se aplicarían los foros laborales y la ley del contrato de trabajo. Si la relación es calificada como laboral, pero no la reclamación, por considerarse extracontractual, se deberá determinar la ley aplicable conforme al Reglamento Roma II y la competencia conforme al art. 7.2 RBIb.

Esta segunda interpretación conduciría a que se descartase la aplicación automática de las normas laborales de DIPr una vez constatado el carácter laboral de la relación y sería necesario recurrir a los criterios empleados con carácter general para delimitar materia contractual y extracontractual. Como es sabido, esta delimitación es controvertida y el TJUE parece haber reconducido su posición en el asunto *Wikingerhof*[466]. Así, la calificación autónoma del TJUE ha variado de una delimitación entre materia contractual y extracontractual basada en los fundamentos de la demanda (asunto *Kalfelis*)[467], a una calificación basada en el comportamiento imputado, que puede considerarse un incumplimiento de las obligaciones contractuales si para valorar tal comportamiento es necesario tener en cuenta el objeto y el contenido del contrato (asunto *Brogsitter*)[468]. No obstante, en el asunto *Wikingerhof*, el TJUE ha vuelto a emplear el criterio de la fundamentación de la demanda, sosteniendo que la aplicación del foro contractual o del foro extracontractual del Reglamento Bruselas I bis dependerá de la elección del demandante y del examen por parte del tribunal de las condiciones específicas de aplicación de dichos foros.

De descartarse una extensión automática de la ley del contrato de trabajo, los criterios de la jurisprudencia expuesta deberán emplearse también en el marco de los contratos de trabajo. Si bien del asunto *Brogsitter* podría deducirse una tendencia a una calificación contractual de los daños provocados por los trabajadores, pues estos se producirán siempre en el marco de un contrato de trabajo y a consecuencia de su ejecución, los criterios empleados en *Kalfelis* y *Wikingerhof* podrían conducir a una calificación extracontractual en función de la *causa petendi*.

---

465 *Cf.* M. Poesen, «Concurrent liabilities and jurisdiction over individual contracts of employment under the Brussels I Regulation», *JPIL*, vol. 16, n.º 2, 2020, pp. 320-333.

466 STJUE de 24 de noviembre de 2020, asunto C-59/19 (ECLI:EU:C:2020:950).

467 STJUE de 27 de septiembre de 1988, asunto C-189/87 (ECLI:EU:C:2002:555).

468 STJUE de 13 de marzo de 2014, asunto C-548/12 (ECLI:EU:C:2014:148).

A favor de una calificación extracontractual podría argumentarse que, al tratarse de «daños» distintos al contenido del contrato, se trata de una materia autónoma e independiente, y corresponde aplicar el Reglamento Roma II. Puede darse una especial relevancia al hecho de que se trate de un daño producido en el contexto de un contrato preexistente entre las partes, circunstancia expresamente establecida en el Reglamento Roma II como reveladora de una mayor vinculación del daño con la ley aplicable al contrato (art. 4.3 RRII)[469]. Esta previsión del Reglamento conduce a sostener que la voluntad del legislador de la UE es que los daños producidos en la ejecución de un contrato se consideren materia extracontractual, pero también se tendría en cuenta el criterio de accesoriedad, de modo que se reconducirían a la ley aplicable al contrato por ser la que presenta mayor proximidad. Así, el daño también se sometería, previsiblemente, pero de modo indirecto, a la ley del contrato de trabajo. El Reglamento Roma II permite pactos de elección de ley con efectos plenos, sin sometimiento a la mayor favorabilidad de la ley elegida, pero este pacto solo puede tener lugar después de que se produzca el daño (art. 14 RRII). En defecto de elección, es probable una aplicación indirecta de la ley del contrato, pues se aplicará la ley de la residencia habitual común y, subsidiariamente, la ley del Estado en el que se produjeron los daños, pero solo cuando no haya otro país que presente mayor vinculación con el daño.

C) Daños sufridos por el personal de vuelo durante la ejecución del trabajo: responsabilidad del empleador derivada de accidentes laborales

147. En caso de que el personal de vuelo sufra daños durante la ejecución del trabajo y demande a la(s) empleadora(s) para obtener una compensación, se plantearán también problemas de calificación del daño[470]. El caso paradig-

---

469 *Cf.* Á. Espiniella, «Responsabilidad civil por accidentes de trabajo transfronterizos», *REEI*, n.º 37, 2019, p. 5.

470 Debe efectuarse una división entre cuestiones de Derecho público y cuestiones de Derecho privado cuyo origen se encuentra en el padecimiento de un accidente laboral o una enfermedad profesional por el personal de vuelo. Generalmente, los litigios derivados del padecimiento de un accidente o enfermedad profesional son de carácter público. En todos los procesos en los que deba ser parte la Administración laboral, la competencia y el ordenamiento aplicable quedarán determinados por la intervención de esa autoridad. La calificación como contingencia profesional o común corresponde a la autoridad laboral competente y los litigios derivados de una eventual falta de conformidad con tal calificación deberán plantearse en el Estado de la autoridad. Igualmente, en los litigios cuyo objeto sean las prestaciones de Seguridad Social derivadas de la contingencia profesional, tanto la competencia como la ley aplicable quedan determinadas por el Estado de afiliación. Los trabajadores no serán parte en otro tipo de litigios directamente relacionados, como son los que puedan derivarse de las sanciones administrativas impuestas al empleador como consecuencia del incumplimiento de las medidas de prevención de riesgos laborales. Las normas de DIPr solo deberán aplicarse cuando el personal de vuelo pueda

mático será el de los daños derivados de un accidente de trabajo, si bien las dificultades serán las mismas a la hora de calificar cualquier otra reclamación por un daño surgido durante la ejecución del trabajo planteada por el trabajador contra su empleador. Los argumentos a favor de una calificación contractual de estos daños son sustancialmente los mismos que han sido expuestos en relación con los daños provocados por los trabajadores. Los asuntos *Bosworth and Hurley* y *Holterman Ferho Exploitatie* también pueden invocarse a favor de tal interpretación[471]. De ellos puede deducirse que la voluntad del TJUE es extender la aplicación de los foros y conexiones laborales con carácter general a los daños que se producen durante la ejecución del trabajo. No existirían motivos para incluir algunos de los daños producidos durante la ejecución del trabajo en las normas laborales de DIPr y excluir los accidentes de trabajo, precisamente una materia en la que resulta especialmente conveniente que el trabajador sea tratado como parte débil del contrato.

Una calificación contractual general para todos los accidentes de trabajo por tratarse de un daño producido durante la ejecución del contrato tendería a garantizar un régimen uniforme. Sin embargo, ha de tenerse en cuenta que la calificación como contractual o extracontractual del daño derivado de un accidente laboral podría depender de la circunstancia de que este haya tenido lugar como consecuencia de un incumplimiento por parte de la empleadora de las **normas de prevención de riesgos laborales**. En la medida en que se trataría de un **incumplimiento contractual** de la aerolínea, cabría sostener una calificación contractual automática de los accidentes que se produzcan por este motivo[472]. Desde esta perspectiva, las reclamaciones derivadas de

dirigirse exclusivamente contra sujetos de Derecho privado, ya sea contra el empleador o contra otros sujetos de Derecho privado, como las mutuas. Adicionalmente, ha de tenerse en cuenta que, al margen de los supuestos de responsabilidad extracontractual, pueden surgir reclamaciones del trabajador respecto a las mejoras habitualmente introducidas en los convenios colectivos en caso de producirse accidentes de trabajo. Se trata de una materia contractual y estas resultarán exigibles por el trabajador siempre que el convenio colectivo resulte aplicable. Para un estudio clásico de esta materia, *vid*. R. Jambu-Merlin, «La loi aplicable aux accidents du travail en Droit international et en Droit communautaire», *R. des C.*, vol. 180, pp. 239-294. Un análisis conjunto de las cuestiones de Derecho privado y de Seguridad Social que se suscitan en los accidentes de trabajo transfronterizos puede encontrarse en: T. Thiede, «The European Coordination of employers' Liability and Workers' Compensation», en K. Oliphant, G. Wagner (eds.), *Employers' Liability and Workers' Compensation*, De Gruyter, Berlin/Boston, 2012, pp. 485-517.

471 *Vid*. A. van Hoek, «Collective Labour Law in the Brussels I bis Regulation», *op. cit.*, p. 181.

472 Desde otro punto de vista, se ha distinguido entre accidentes de trabajo producto de un incumplimiento de una obligación legal por parte del empleador y accidentes de trabajo producto del incumplimiento de una obligación que el empleador asumió libremente. Solo las reclamaciones relativas a estos últimos serían calificadas como contractuales, mientras que las derivadas de un incumplimiento legal deberían ser calificadas como extracontractuales. De este modo, todas las reclamaciones derivadas de accidentes de trabajo producto de un incumplimiento de las normas de prevención de riesgos laborales deberían calificarse como extracontractuales. *Vid.* N. Goñi Urriza, «Responsabilidad del empresa-

accidentes producidos de forma fortuita, sin un incumplimiento de las normas de prevención, deberían calificarse como extracontractuales.

148. Si el accidente se calificase como materia extracontractual, la reclamación quedaría sometida a la ley determinada por el Reglamento Roma II sin ninguna especialidad[473]. Solo cabría un pacto de elección de ley posterior al accidente, pero sus efectos no se encontrarían supeditados a la comparación con el ordenamiento elegido[474]. No obstante, en defecto de pacto de elección de ley, cabe sostener que lo más probable que la ley aplicable quede determinada por la conexión de los vínculos más estrechos, que previsiblemente conduciría a una aplicación indirecta de la ley del contrato, conforme al art. 4.3 RRII. Resultaría la opción más adecuada teniendo en cuenta que el accidente puede tener lugar en cualquiera de los Estados en los que se ejecuta el trabajo, y que la ley aplicable con base en el lugar del daño puede quedar determinada de forma prácticamente aleatoria.

La primera presunción en defecto de pacto válido de elección de ley es la aplicación de la ley de la **residencia habitual común del empleador y del trabajador**, si esta existe. Habrá de determinarse si la base de operaciones puede considerarse como una «sucursal, agencia o cualquier otro establecimiento» del art. 23 RRII, lo que llevaría a considerar que la residencia de la aerolínea se encuentra en el Estado de la base, y a aplicar esta ley siempre que el trabajador se encuentre domiciliado en el mismo Estado, lo que será habitual. Asimismo, resulta problemática la aplicación de esta conexión en supuestos de múltiples empleadores. Si la reclamación por daños se dirige contra más de un empleador, todos los demandados deberán residir en el mismo Estado

---

rio por los daños ocasionados a los trabajadores en derecho internacional privado», en J. L. Goñi Sein y J. L. Iriarte Ángel (dirs.), *Prevención de riesgos laborales y protección social de trabajadores expatriados*, Aranzadi, Pamplona, 2019, p. 402; A. L. Calvo Caravaca, J. Carrascosa González, «Contrato internacional de trabajo», *op. cit.*, pp. 3573 y 3574.

473 Ha de tenerse en cuenta la posibilidad de que deba determinarse la ley aplicable a la responsabilidad por daños de la aerolínea empleadora también cuando el trabajador sufre daños en el contexto de la ejecución del contrato de trabajo, pero estos no son calificados como accidentes de trabajo por la autoridad laboral correspondiente. Un ejemplo en este sentido puede ser el de la STSJ de Madrid de 30 de diciembre de 2008 (ECLI:ES:TSJM:2008:27281). La auxiliar de vuelo demandante sufrió lesiones en un atraco que tuvo lugar en el Estado de destino, antes de regresar al Estado de origen del trayecto. La tripulación debía pasar la noche en ese Estado, por lo que se excluyó que se tratase de un accidente laboral, al haberse producido fuera de las horas de trabajo. Repárese en que, ante la inexistencia de una norma específica para los accidentes laborales, en una hipotética reclamación por daños, las normas para determinar el ordenamiento aplicable en situaciones de este tipo serían las mismas.

474 En cualquier caso, cuando todos los elementos del contrato de trabajo estén localizados en la UE, resultaran aplicables las normas europeas de prevención de riesgos laborales y cualquier otra con incidencia sobre la determinación de la compensación del daño, aunque se elija la ley de un tercer Estado (art. 14.3 RRII). Se aplicará la norma tal y como haya sido transpuesta en el Estado miembro del foro.

que el trabajador para que quepa su aplicación. Sin embargo, la reclamación podría dirigirse únicamente contra uno de los empleadores, de modo que la única residencia habitual relevante a estos efectos será la del empleador contra el que se dirige la reclamación. Podría darse el caso de que esta no se dirija contra el empleador responsable del daño (por ejemplo, aquel que incumplió las normas de prevención de riesgos laborales), sino contra otro empleador, al que se reclama la responsabilidad por los incumplimientos del primero[475].

En defecto de residencia habitual común, deberá aplicarse la ley del **Estado donde se produjo el accidente**, entendido como el lugar donde se produce la lesión, y sin que se tenga en cuenta el lugar donde se produce el hecho causal (significativamente, el lugar desde dónde se emitieron las eventuales instrucciones que llevaron a que se produjese el accidente)[476].

En cualquier caso, aunque exista una residencia habitual común o proceda la aplicación subsidiaria de la conexión del lugar del accidente, puede prevalecer la ley de otro Estado —ley del contrato— si presenta mayor vinculación. La cláusula de escape permite evitar la aplicación de leyes escasamente vinculadas con el hecho causante del daño derivado del trabajo y, por tanto, leyes cuya aplicación es imprevisible para trabajador y empleador[477].

> Han de plantearse las posibles situaciones: que el accidente tenga lugar en el Estado de origen de los vuelos, durante la ejecución del trabajo en el aeropuerto; que tenga lugar a bordo de la aeronave; o que se produzca en el Estado de destino de los vuelos, antes de regresar a la base de operaciones.
>
> Si el accidente se produce durante la ejecución del trabajo en la base de operaciones, no resultará complejo identificar el lugar del accidente. Cuando se trate de una base de operaciones en la que se inicia regularmente el trabajo, será probable que este Estado sea el del domicilio del trabajador. La aplicación de la ley de ese Estado presentará proximidad y previsiblemente será también el ordenamiento rector del contrato. Sin embargo, cuando los trabajadores carecen de un lugar de trabajo estable, este lugar puede presentar una proximidad muy escasa. En esta situación, será más probable que entre en juego la conexión de los vínculos más estrechos del art. 4.3 RRII.

---

475 Así, la residencia habitual del empleador causante del daño puede llegar a ser irrelevante. *Cf.* N. Goñi Urriza, *op. cit.*, p. 409.

476 Tampoco debe confundirse con el lugar de manifestación del daño, precisión importante en casos de enfermedades profesionales. *Cf. ibidem*, pp. 414-415.

477 La aplicación de la «cláusula de escape» queda sometida en el Reglamento Roma II a la condición de que exista un ordenamiento más próximo que aquel al que conducen las conexiones de la residencia habitual y del Estado en el que tiene lugar el accidente de trabajo. Igualmente, en su aplicación deben tenerse en cuenta las exigencias de seguridad jurídica y la necesidad de hacer justicia en casos individuales (considerando 14). Ello ha conducido a plantear la posibilidad de que en la aplicación de los vínculos más estrechos de Roma II se tenga en cuenta cuál es el ordenamiento que establece una solución más beneficiosa para la víctima. *Cf. ibidem.*, p. 415.

Si el accidente tiene lugar a bordo de la aeronave existirán problemas para identificar el Estado cuya ley resulta aplicable. La solución puede resultar excesivamente compleja. Si cuando se produce el accidente la aeronave se encuentra en un espacio aéreo territorial en principio sería posible identificar el Estado en el que tuvo lugar el accidente. Si el accidente ocurre cuando la aeronave atraviesa un espacio ajeno a la soberanía estatal *a priori* no resultaría posible identificar el Estado de en el que el accidente tiene lugar. No obstante, cabría plantear la relevancia de la nacionalidad de la aeronave a estos efectos. Si bien se ha negado cualquier relevancia de la nacionalidad de la aeronave en la identificación del lugar de trabajo habitual, ha de tenerse en cuenta que en el asunto *Torline* el TJUE admitió que la bandera del buque pueda tener relevancia a la hora de identificar el Estado de producción del daño en la determinación de la competencia. En cualquier caso, la determinación de la ley aplicable conforme a la conexión de los vínculos más estrechos prevalecerá siempre que otro Estado presente mayor proximidad.
Por último, cuando el accidente tiene lugar una vez los trabajadores han aterrizado en el Estado de destino no resultará problemático identificar el Estado en el que se produjo el accidente, pero este puede presentar una proximidad muy escasa o inexistente. Sería, de nuevo, una situación idónea para la entrada en juego de la conexión del art. 4.3 RRII.

Si se opta por asimilar los vínculos más estrechos del Reglamento Roma II con la ley aplicable al contrato de trabajo, los efectos de las situaciones en las que la ley del contrato presente poca proximidad se extenderán a la responsabilidad extracontractual derivada del accidente. Resultará trascendental la identificación de la ley del contrato en el momento de determinar la ley aplicable a los daños provocados por el accidente. Debería procederse a una determinación de la ley aplicable al contrato como si de un litigio laboral se tratase, omitiéndose la toma en consideración directa de la ley que *de facto* se aplica al contrato, que puede haber quedado determinada por un lugar de trabajo habitual fijado en el contrato que no se corresponde con el real[478]. Asimismo, en casos de elección de ley, deberá extenderse la comparación basada en mayor favorabilidad que, de este modo, garantizaría la aplicación del ordenamiento —objetivo o elegido— que prevea una solución más beneficiosa para el trabajador.

4. Extinción del contrato

A) Despido individual: extinción por pérdida de las licencias

149. En todos los casos de **pérdida de las licencias**, sea por alcanzarse la edad máxima en el caso de los pilotos o, con carácter general, por dejar de

478 Si la ley aplicable al contrato de trabajo queda determinada por los vínculos más estrechos, se produciría una aplicación doble de la conexión (los vínculos más estrechos del art. 8.4 del Reglamento Roma I y del art. 4.3 del Reglamento Roma II), que puede introducir una incertidumbre excesiva e indeseable. *Vid*, sobre la «paradoja de los dobles vínculos más estrechos»: Á. Espiniella, *La relación laboral internacional*, *op. cit.*, p. 243.

cumplirse los requisitos en cuanto al estado físico-psíquico, el personal de vuelo ya no podrá continuar ejerciendo como tal. La obligación de contar con licencias en vigor para ejercer estas profesiones es una norma internacionalmente imperativa, de modo que el trabajador no puede continuar prestando servicios como auxiliar de vuelo o como piloto en ningún caso, con independencia de cuál sea la ley aplicable al contrato. La imposibilidad de continuar trabajando vendrá impuesta por la norma internacionalmente imperativa, y está deberá articularse en la ley del contrato, que será las que establezca sus consecuencias. Las consecuencias de la pérdida de la licencia —sea el despido del trabajador o su reubicación en otro puesto de trabajo— se encontrarán sometidas a la ley del contrato.

Los pilotos no pueden continuar ejerciendo como tal, pero ello no implica una extinción directa del contrato, aunque sí puede ser una causa justificada de despido en el ordenamiento aplicable. En particular, en cuanto al límite de edad de los pilotos, no cabe invocar la aplicación de las normas antidiscriminatorias laborales del ordenamiento rector del contrato una vez se ha alcanzado la edad máxima con el objetivo de continuar ejerciendo la profesión[479].

Los convenios colectivos pueden prever que los pilotos pasen a prestar servicios para la aerolínea en otros puestos de trabajo una vez alcanzada la edad máxima, hasta alcanzar la edad de jubilación. En algunos convenios colectivos se introduce también la posibilidad de que los pilotos pasen a situación de excedencia incluso antes de alcanzar la edad máxima. Estas medidas *a priori* solo resultarán exigibles si el convenio colectivo forma parte del ordenamiento aplicable y se cumple su ámbito de aplicación[480].

B) Procesos de despido colectivo

150. La extinción del contrato de trabajo del personal de vuelo también puede ser resultado de la inclusión de los trabajadores en un proceso colectivo. Como se ha visto, los procesos de despido colectivo de sustancian de forma similar a los procesos de modificación colectiva de las condiciones de trabajo: debe existir un periodo de negociación entre la aerolínea y los repre-

479 En las Sentencias de 13 de septiembre de 2011 (asunto C-447/09 – *Prigge y otros*, ECLI:EU-:C:2011:573), y de 5 de julio de 2017 (asunto C-190/16 – *Fries,* ECLI:EU:C:2017:513), el TJUE se ha pronunciado sobre la admisibilidad de la limitación de edad de los pilotos, sosteniendo que no es discriminatoria, sino una medida proporcionada para lograr el objetivo de salvaguardar la seguridad aérea. *Vid.* R. M. RODRÍGUEZ ROMERO, «Nuevas perspectivas en relación con la extinción del contrato laboral de los pilotos de vuelos comerciales una vez cumplida la edad de 65 años: (a propósito de la S. TJUE de 5 de julio de 2017, asunto C-190/16, caso Fries C. Lufthansa)», en M. V. PETIT LAVALL, A. PUETZ (dirs.), *El transporte como motor del desarrollo socioeconómico,* Marcial Pons, Madrid, 2018, pp. 515-533.

480 *Vid.* Capítulo II: II.2. Integración de los convenios colectivos en la ley del contrato de trabajo.

sentantes de trabajadores con el objetivo de llegar a un acuerdo. El proceso de negociación es supervisado por la autoridad del Estado donde se encuentran los centros de trabajo afectados, que en el sector aéreo se asimilan a las bases de operaciones. En cambio, los efectos individuales del acuerdo de despido colectivo se rigen por la ley del contrato de trabajo y, de nuevo, es posible que el ordenamiento de la base de operaciones, que ha regido el proceso de despido colectivo, y el ordenamiento rector del contrato de trabajo no sean coincidentes. De este modo, el despido del trabajador podría venir *a priori* impuesto por un ordenamiento distinto del que rige el contrato de trabajo[481]. Este ordenamiento puede ser uno distinto del que ha regido el proceso de despido colectivo cuando la ley del contrato no coincide con la del Estado en la que se encuentra la base de operaciones asignada al trabajador, bien porque el lugar de trabajo habitual real es otro, por la inexistencia de lugar de trabajo habitual o por la determinación del ordenamiento rector del contrato por los vínculos más estrechos[482].

Al igual que en los supuestos de modificaciones colectivas de las condiciones de trabajo, *a priori* el contrato solo debería quedar incluido en el proceso de despido colectivo si este se desarrolla en el Estado cuyo ordenamiento rige el contrato. Adicionalmente, cabe plantear la posibilidad de que se admita la inclusión del trabajador en el proceso colectivo de despido si la base de operaciones asignada puede asimilarse al centro de trabajo del que realmente depende, aunque el ordenamiento rector del contrato sea el de otro Estado. En este caso, posteriormente deberá evaluarse si el despido resulta admisible en el ordenamiento rector del contrato[483].

En este sentido, podría plantearse la conveniencia de una toma en consideración de las normas sobre despido colectivo del ordenamiento rector del contrato, de forma que solo cabría admitir el despido si este hubiese sido posible de haberse aplicado esta regulación. El inconveniente es que estas normas solo presentarán vocación de aplicarse en los despidos colectivos

---

481 *Vid.* F. Morgenstern, *op. cit.*, pp. 127-130.

482 De nuevo, la inclusión del trabajador en el proceso de despido colectivo por la base de operaciones asignada podría adquirir relevancia en la conexión de los vínculos más estrechos. *Vid.* Capítulo III: II.1.D) Fijación del salario y otras condiciones laborales.

483 Las prioridades de permanencia en la empresa de los representantes de los trabajadores deben considerarse una excepción a la aplicación de la ley del contrato. La protección de los representantes queda determinada por la ley del Estado en el que se localiza el centro de trabajo en el que se ejerce esa representación. *Cf.* Á. Espiniella, *La relación laboral internacional*, *op. cit.*, p. 393; O. Deinert, *op. cit.*, p. 353. *A sensu contrario*: P. Coursier, *Le conflit de lois en matière de contrat de travail: Étude en droit international privé français*, LGDJ, Francia, 1993, p. 139. Ha de tenerse en cuenta que en el asunto *Koelzsch* la cuestión fue tratada implícitamente como perteneciente al ámbito de aplicación del ordenamiento rector del contrato de trabajo. *Vid.* en este sentido: A. Van Hoek, «Collective Labour Law in the Brussels I bis Regulation», en P. Mankowski (ed.), *Research handbook on the Brussels Ibis Regulation*, Elgar, UK, 2020, p. 181.

que afecten a centros de trabajo localizados en el territorio del Estado cuya ley rige el contrato.

En cualquier caso, tanto las **condiciones de la extinción** como otras posibles **medidas alternativas** (significativamente, la recolocación en otras bases de operaciones) deben regirse por la **ley del contrato de trabajo**, de modo que estas solo puedan imponerse si resultan admisibles en este ordenamiento.

C) Insolvencia de la aerolínea empleadora

151. En los casos en los que la extinción del contrato es consecuencia de la insolvencia de la aerolínea empleadora resulta igualmente necesario delimitar qué aspectos quedan sometidos a la **ley que regula el procedimiento de insolvencia** y qué aspectos pertenecen a la **ley del contrato**. Se parte de la situación habitual, en la que la insolvencia de la aerolínea provoca el despido y en la que el Estado donde prestan servicios los trabajadores afectados no coincide con el Estado en el que se encuentra el centro de intereses de la empleadora (domicilio de la aerolínea)[484].

Cuando la ley del contrato de trabajo sea la de un Estado miembro, esta deberá aplicarse de forma complementaria con el Reglamento europeo de insolvencia[485], mientras que cuando la ley aplicable al contrato sea la de un tercer Estado, su aplicación deberá coordinarse con la ley concursal de cada Estado miembro[486].

Los efectos del concurso sobre el contrato de trabajo se someten expresamente a la ley del contrato[487]. Así, a la ley del contrato le corresponde

---

484 *Vid.* en este sentido la Sentencia de la Corte de Casación francesa de 20 de diciembre de 2023 (ECLI:FR:CCASS:2023:SO02209), en la que se resuelven las demandas de despido presentadas por varios trabajadores de la aerolínea *Alitalia* que prestaban servicios en Francia. Aunque los demandantes no eran personal de vuelo de la compañía, el caso ilustra el tipo de problemas que pueden plantearse en estas situaciones: tras declararse la situación de insolvencia, la aerolínea *Alitalia* fue adquirida por otra sociedad y los trabajadores que prestaban servicios en la sucursal francesa de la compañía aérea fueron despedidos. Los trabajadores plantearon una demanda contra la adquirente sosteniendo que, conforme a la ley francesa, que regía sus contratos, no procedía el despido, sino que sus contratos deberían haber sido transferidos. La sociedad adquirente sostenía que, conforme a la ley italiana, que regía el procedimiento de insolvencia, no estaba obligada a mantener los contratos. En cambio, en la Sentencia se resolvió que los contratos deberían haber sido transferidos, pues conforme al ordenamiento francés, aplicable a los contratos, la situación presentaba encaje en las normas sobre sucesión de empresas, que garantizan la continuidad de los contratos.

485 Reglamento (UE) 2015/848 de 20 de mayo de 2015 sobre procedimientos de insolvencia (*DO* L 141/19 de 5 de junio de 2015).

486 En este sentido: O. Deinert, *op. cit.*, p. 360.

487 Art. 13 del Reglamento (UE) 2015/848. *Vid.* considerando n.º 72 del Reglamento: *Con el fin de proteger a los trabajadores y de defender el empleo, los efectos del procedimiento de*

determinar si procede el mantenimiento, la suspensión, la modificación de las condiciones laborales o, en su caso, la resolución del contrato[488]. El concurso abierto no tiene por qué coincidir con el modelo de procedimiento de insolvencia del ordenamiento que rige el contrato, de forma que puede darse una falta de adaptación entre la ley que rige el contrato de trabajo y la que rige el procedimiento de insolvencia. En este caso, se ha planteado el recurso a la transposición de instituciones. Es decir, procedería identificar la figura concursal de entre las previstas en la ley del contrato de trabajo que más se aproxime al concurso abierto en otro Estado[489].

La ley del concurso, en cambio, se aplica exclusivamente a la prelación y privilegios de los créditos salariales. Así, la eventual posición de «acreedores privilegiados» de los trabajadores la establece, en su caso, la ley del concurso determinada por el art. 7 del Reglamento europeo de insolvencia cuando el ordenamiento rector del contrato es el de un Estado miembro[490]. Se trata de una materia concursal que se sustrae del ámbito de aplicación de la ley del contrato, de modo que no se aplicarán las disposiciones del ordenamiento rector del contrato que establezcan la preferencia de los créditos salariales de los trabajadores[491].

---

insolvencia sobre la continuación o conclusión de la relación laboral y sobre los derechos y obligaciones de todas las partes que intervienen en dicha relación deben quedar determinados por el Derecho aplicable a los contratos de trabajo de que se trate con arreglo a las normas generales de conflicto de leyes.

488 Si existe elección de ley, determinar la mayor o menor favorabilidad de una u otra regulación puede resultar particularmente complejo en esta situación. Ante la imposibilidad de determinar objetivamente si las medidas del ordenamiento objetivo o del ordenamiento elegido resultan más favorables puede ser necesario tomar en consideración la preferencia informada del trabajador. *Vid.* Capítulo IV: III.1.D) Comparación entre ordenamientos.

489 *Cf.* Á. Espiniella Menéndez, *La relación laboral internacional*, *op. cit.*, pp. 398-399.

490 *Cf.* A. L. Calvo Caravaca, J. Carrascosa González, «Insolvencia internacional», en A. L. Calvo Caravaca, J. Carrascosa González, *Tratado de Derecho internacional privado* (tomo III), Tirant lo Blanch, Valencia, 2022, p. 4436. *Vid.* considerando 72 del Reglamento 2015/848: *Cualquier otra cuestión relativa a la ley de insolvencia, como la posible protección de los créditos de los trabajadores en virtud de derechos preferentes o el orden de prelación entre estos, debe determinarse con arreglo al Derecho del Estado miembro en el que se haya abierto un procedimiento de insolvencia (principal o secundario), salvo en caso de que se haya contraído el compromiso de evitar procedimientos de insolvencia secundarios de conformidad con el presente Reglamento.*

491 El TJUE se ha pronunciado tangencialmente sobre esta cuestión en la Sentencia de 18 de abril de 2024, asuntos acumulados C-765/22 – *Luis Carlos y otros*, y C-772/22- *Victoriano y otros* (ECLI:EU:C:2024:331). En 2017 se inició en Alemania un procedimiento de insolvencia contra la aerolínea Air Berlin. Los contratos de los trabajadores de la sucursal que la aerolínea tenía en España se extinguieron en un proceso de despido colectivo que después fue declarado nulo por la SAN 1512/2018 de 30 de abril de 2018 (ECLI:ES:AN:2018:1512). Pese a ello, la readmisión de los trabajadores no era posible, debido al cese de actividad de la aerolínea. En consecuencia, presentaron sus créditos en el concurso alemán y, de conformidad con la ley concursal alemana, fueron calificados como créditos preferentes

Cuando la extinción del contrato de trabajo se produzca en el marco de un proceso de despido colectivo derivado de la insolvencia de la aerolínea empleadora, podrán entrar en juego hasta cuatro ordenamientos diferentes. El ordenamiento del Estado en el que se lleva a cabo el despido colectivo rige todo el proceso colectivo, incluidas sus causas, de modo que se evaluará conforme a este ordenamiento si la insolvencia de la aerolínea justifica el despido colectivo. En cuanto a las consecuencias del despido colectivo sobre el contrato de trabajo, estas en todo caso deberán determinarse individualmente conforme a la ley de cada contrato de trabajo transfronterizo incluido en el proceso colectivo. Si existe elección de ley, se aplicará el ordenamiento más favorable para el trabajador. La ley que rige el procedimiento de insolvencia determinará el orden de prelación de los créditos salariales en caso de que conforme a la ley del contrato su extinción sea posible.

contra la masa. Sin embargo, según puede deducirse, los trabajadores nunca llegaron a cobrar. En 2020 se abrió en España un concurso secundario, en el que los créditos de los trabajadores fueron calificados como créditos concursales con privilegio general y ordinario. A juicio del administrador concursal, la Ley Concursal española solo daba la calificación de créditos contra la masa a los créditos laborales declarados por resolución judicial posteriores a la apertura del concurso en España (2020), y no a los previos. Adicionalmente, en 2019 se había acordado una transferencia desde España a la cuenta fiduciaria del administrador concursal, en concepto de pago a Air Berlin de un crédito con garantía real sobre unas fincas localizadas en España. No se tuvo en cuenta el embargo preventivo que existía sobre los bienes y derechos de Air Berlin, trabado precisamente para asegurar el pago de los créditos laborales. *Vid*. Á. Espiniella Menéndez, «Las masas activa y pasiva en los concursos secundarios (STJ 3ª 18 abril 2024, ass. C-765/22 y C-772/22: Air Berlin)», *La Ley UE*, nº 127, 2024.

PARTE II.

LEY APLICABLE AL CONTRATO DE TRABAJO DE LA TRIPULACIÓN Y LITIGIOS LABORALES TRASFRONTERIZOS

CAPÍTULO III

DETERMINACIÓN DE LA LEY APLICABLE Y DE LA COMPETENCIA POR LA EJECUCIÓN DEL TRABAJO

I. Identificación del Estado de trabajo habitual del personal de vuelo

1. Interpretación única en ley aplicable y competencia: Estado de partida y retorno habitual reforzado con indicios de proximidad

152. La ejecución del trabajo del personal de vuelo se caracteriza por iniciarse en el territorio de un Estado, para posteriormente desempeñarse mayoritariamente en espacios ajenos a la soberanía Estatal. Por ello, la fórmula lugar «en el que» se trabaja habitualmente no resulta operativa para determinar la ley aplicable y la competencia. Tal falta de operatividad, general en los contratos de trabajo caracterizados por una movilidad constante, se salvó introduciendo la alternativa del Estado «a partir del cual» y del lugar «desde el cual» se trabaja habitualmente en los Reglamentos Roma I (art. 8.2) y Bruselas I bis [art. 21.1.b) i)] respectivamente. De este modo, se optó por salvaguardar la aplicación de la conexión/foro del lugar de trabajo habitual, asimilándolo con el Estado más habitual de inicio de los trayectos de los trabajadores, en lugar de considerar que no existe un lugar de trabajo habitual, con la consiguiente aplicación de la conexión/foro subsidiarios del establecimiento contratante.

Conocer la evolución de la interpretación del concepto de «lugar de trabajo habitual» resulta imprescindible para analizar la aplicación de esta conexión/foro en los contratos de trabajo del personal de vuelo. En la jurisprudencia del TJUE se encuentra el origen de la modificación de los Reglamentos Roma I y Bruselas I bis asimilando el lugar de trabajo habitual con el lugar de inicio habitual del trabajo[492]. Posteriormente, esta formulación ha sido objeto de una interpretación específica por parte del TJUE en los contratos de trabajo del transporte internacional, en virtud de la cual el lugar de inicio habitual del trabajo debe identificarse mediante un sistema indiciario, es decir, tomando en consideración las circunstancias particulares de la ejecución del trabajo en cada caso.

153. Los primeros antecedentes de esta interpretación amplia del concepto de «lugar de trabajo habitual» se encuentran en los asuntos *Mulox* y *Rutten*, cuyo objeto era la determinación de la competencia judicial internacional. Se trataba de trabajadores móviles que desempeñaban su trabajo en distintos Estados miembros. Los trabajadores ejecutaban parte del trabajo en un despacho localizado el Estado miembro en el que residían, del que partían y al que regresaban después de cada desplazamiento a otros Estados miembros. En esta jurisprudencia inicial, el TJUE dio una relevancia fundamental a dos circunstancias: el **tiempo** trabajado en el Estado miembro de partida y retorno y la existencia en ese mismo Estado de un **despacho** del trabajador[493].

Previamente, en el asunto *Six Constructions*, el TJUE ya había admitido implícitamente la posibilidad de aplicar el foro del lugar de trabajo habitual cuando el trabajo se ejecuta en varios Estados. En el caso, no obstante, se descartó la existencia de un lugar de trabajo habitual, porque el trabajo se había ejecutado íntegramente en varios Estados no pertenecientes a la UE. Aunque el trabajador residía en un Estado miembro, del que partía y al que regresaba, no había trabajado en ese

492 El Convenio de Roma contaba desde el inicio con una norma específica para los contratos de trabajo, en la que, al igual que en el Reglamento Roma I, la conexión del Estado de trabajo habitual actúa como primera presunción en defecto de mayor vinculación con otro Estado. En cambio, en el sector de la competencia, inicialmente no existían normas específicas y el foro del lugar de trabajo habitual se introdujo en el Convenio de Bruselas a través la modificación operada por el Convenio de San Sebastián (*DO* L 285/1 de 3 de octubre de 1989). Previamente, cuando aún se aplicaba el foro general en materia contractual del art. 5 CB, en el asunto *Ivenel* se estableció que la obligación contractual que debía tomarse en consideración era únicamente la ejecución del trabajo. Posteriormente, el concepto de «lugar de trabajo habitual» se ha interpretado en los siguientes asuntos: *Six Constructions* [STJUE de 15 de febrero de 1989, asunto C-32/88 (ECLI:EU:C:1988:552)] (determinación de la competencia desempeñándose el trabajo íntegramente en terceros Estados no pertenecientes a la UE), *Mulox* y *Rutten* (determinación de la competencia cuando el trabajo se ejecuta en varios Estados miembros), *Weber* (determinación de la competencia cuando el trabajo se ha ejecutado en espacios ajenos a la soberanía estatal y además ha existido un cambio estable del lugar de trabajo habitual), *Voogsgeerd*, *Koelzsch* y *Nogueira* (determinación de la ley aplicable —*Voogsgeerd*, *Koelzsch*— y de la competencia —*Nogueira*— en los contratos de trabajo del transporte internacional); *Pugliese* (determinación de la competencia cuando ha existido un cambio del lugar de trabajo habitual para prestar servicios en un nuevo Estado miembro para otra compañía del grupo con celebración de un nuevo contrato) y Markt 24 (aplicación del foro del lugar de trabajo habitual cuando el contrato se extingue sin haber llegado a ejecutarse el trabajo).

493 *Cf.* U. GRUŠIĆ, *The European Private International Law of Employment*, *op. cit.*, p. 111.

Estado miembro. Cabe plantear que, si parte del trabajo se hubiese ejecutado en el Estado miembro de inicio y regreso, este podría haberse considerado como el Estado miembro de trabajo habitual, pese a la ejecución parcial del trabajo fuera de la UE.

En el asunto *Mulox*, el trabajador demandante se dedicaba a introducir los productos de la empleadora desde su despacho —localizado en Francia— en Alemania, Bélgica, Países Bajos y los países escandinavos, Estados miembros a los que se desplazaba con frecuencia. El TJUE estableció que el lugar de cumplimiento de la obligación que caracterizaba al contrato era el lugar en el cual o desde el cual el trabajador había cumplido principalmente sus obligaciones, aunque se desplazase con carácter temporal a otros Estados miembros. Para la determinación de este lugar debía tenerse en cuenta que el desempeño del trabajo se realizaba desde un despacho situado en un Estado miembro, en el que el trabajador había establecido su residencia, desde el que desempeñaba sus actividades y al que regresaba después de cada uno de sus desplazamientos profesionales. Además, el TJUE también otorgó relevancia al hecho de que en el momento en el que se planteó el litigio el trabajador realizaba su trabajo exclusivamente en Francia, donde se encontraba su despacho.

El trabajador demandante en el asunto *Rutten* había trabajado para dos empresas desde su despacho, instalado en su domicilio en Países Bajos, al que regresaba después de cada viaje profesional a distintos países. Estos viajes suponían aproximadamente un tercio de su tiempo de trabajo, mientras que el resto del tiempo trabajaba en su despacho. El TJUE estableció que el lugar de trabajo habitual se encontraba en el Estado en el que el trabajador había establecido el centro efectivo de sus actividades profesionales y para la identificación de este lugar se consideró determinante el hecho de que el trabajador pasara la mayor parte de su tiempo de trabajo en el Estado en el que se encontraba su despacho, desde el cual organizaba sus actividades y al que regresaba después de cada viaje profesional al extranjero[494].

154. Posteriormente, en el asunto *Weber*, el TJUE volvió a interpretar el concepto de lugar de trabajo habitual en un caso de cambio estable del lugar de trabajo. El TJUE sostuvo también la relevancia del elemento temporal, de manera que el lugar de trabajo habitual se encontraría en principio en el Estado en el que el trabajador había prestado servicios durante más tiempo. Sin embargo, se estableció que el último Estado de ejecución del trabajo

494 La situación de los trabajadores en ambos casos no se distingue con nitidez de la de desplazamiento temporal, por lo que cabe plantearse que la solución por la que optó en aquel momento el TJUE se debió a que aún no existía una norma sobre el desplazamiento temporal de trabajadores en la UE. *Vid.* en este sentido O. Fotinopoulou Basurko, *Habitualidad vs temporalidad en los contratos de trabajo ligados al transporte internacional*, *op. cit.*, pp. 128-129. Ello lleva a la autora a sostener que el desarrollo del concepto de lugar de trabajo habitual en la jurisprudencia posterior se asienta sobre unas bases equivocadas, pues estos primeros casos realmente no eran de trabajo en múltiples Estados, sino situaciones de desplazamiento temporal.

podría prevalecer pese a ser el de menor duración si el contrato presentaba **«vínculos más estrechos»** con este Estado, empleando una terminología propia del sector de la ley aplicable. De la Sentencia se deduce que la mayor vinculación con el último Estado de trabajo existirá cuando este estuviese destinado a convertirse en el de trabajo habitual.

El supuesto de hecho en el asunto *Weber* era diferente, pues el trabajo no se caracterizaba por una movilidad constante entre distintos Estados: el trabajador había prestado servicios durante la mayor parte de la relación laboral en la plataforma continental adyacente a los Países Bajos, trabajando como cocinero a bordo de buques o en instalaciones mineras[495], para, posteriormente, durante los últimos tres meses del contrato, pasar a hacerlo en aguas territoriales danesas. Por ello, el asunto *Weber* es relevante para determinar el tratamiento que deben recibir los cambios estables del Estado a partir del cual se trabaja[496].

155. La asimilación expresa del lugar de trabajo habitual con el Estado a partir del cual los trabajadores prestan servicios se introdujo en primer lugar en el **Reglamento Roma I**, con la voluntad manifiesta de permitir que la conexión del lugar de trabajo habitual resultase aplicable al personal de vuelo. Según la Propuesta de Reglamento del Parlamento Europeo y del Consejo sobre la ley aplicable a las obligaciones contractuales (Roma I), la conexión del lugar de trabajo habitual se completó con los términos «país a partir del cual» para incorporar la jurisprudencia del TJUE que ya había visto la luz en el marco del artículo 18 del Reglamento Bruselas I y su amplia concepción del lugar habitual de trabajo, en referencia a los asuntos *Mulox, Rutten* y *Weber*[497]. En la propuesta se menciona específicamente al personal de vuelo, sosteniendo que esta modificación permitiría aplicar la conexión al personal que trabaja a bordo de aviones siempre que exista una base fija a partir de la cual se organiza el trabajo y donde se ejercen otras obligaciones frente al empresario, como los registros y los controles de seguridad[498]. Así,

---

495 Como ya se ha visto, se planteaba también el problema de la extraterritorialidad del trabajo durante la primera fase de la relación laboral, pues el trabajador había prestado servicios en la zona de la plataforma continental. *Vid.* Capítulo I: I.2. Irrelevancia de la nacionalidad de la aeronave.

496 *Vid.* Capítulo III: III.1. Cambio estable del lugar de trabajo.

497 En estos asuntos, no obstante, se había interpretado el concepto de lugar de trabajo habitual a efectos de la aplicación del artículo 5 del Convenio de Bruselas.

498 *Propuesta de Reglamento del Parlamento Europeo y del Consejo sobre la ley aplicable a las obligaciones contractuales* (Roma I) presentada por la Comisión, de 15 de diciembre de 2005 [COM (2005) 650 final], p. 7. Como se verá a continuación, la efectividad de la *«base rule»* se extiende, no obstante, a todas las prestaciones de servicios en las que pueda identificarse un centro de actividad o una base fija a partir del cual se desarrolla la prestación de servicios, donde se organiza y se ejecuta parte del trabajo. *Vid.* L. L. Hansen, «Applicable Employment Law after Rome I: The Draft Rome I Regulation and Its Importance for Employment Contracts», *European Business Law Review*, 2008, vol. 19, n.º 4, p. 768.

la consideración del aeropuerto del que parten los vuelos como lugar de trabajo habitual se condicionaba a la organización y a la ejecución de parte de trabajo en el aeropuerto.

156. Ya incorporada la alternativa del Estado de inicio del trabajo en el Reglamento Roma I, el TJUE la aplicó, adaptándola, en casos de contratos de trabajo del transporte internacional cuyo objeto era la determinación de la ley aplicable. Así, el TJUE aplicó por primera vez la alternativa del lugar a partir del cual se prestan servicios en el sector de la ley aplicable en casos de trabajo en el transporte por carretera *(Koelzsch)* y marítimo *(Voogsgeerd)*[499], estableciendo que para identificar este lugar en estos contratos debe recurrirse a un **sistema indiciario**. Es decir, debe comprobarse la concurrencia cumulativa de ciertos elementos de la ejecución del trabajo en el Estado de partida y retorno de las misiones de transporte.

En el asunto *Koelzsch*, el TJUE estableció que la conexión del lugar de trabajo habitual resulta aplicable siempre que el tribunal pueda identificar un Estado con el que «el trabajo tiene un vínculo significativo». El TJUE incorporó los criterios de la jurisprudencia previa al establecer que el criterio del país en que se realiza habitualmente el trabajo debe entenderse en el sentido de que se refiere al lugar en el cual o a partir del cual el trabajador cumple la parte principal de sus obligaciones frente al empresario, donde desempeña efectivamente su actividad profesional y, a falta de centro de actividad, al lugar en el que éste realice la mayor parte de su trabajo. Ante la falta de operatividad de estos criterios previos, como circunstancias determinantes para identificar el lugar a partir del cual el conductor había prestado servicios, se establecieron las siguientes: el lugar a partir del cual el trabajador lleva a cabo sus misiones de transporte; donde recibe las instrucciones sobre sus misiones y organiza su trabajo; el lugar en que se encuentran las herramientas de trabajo; los lugares en que se efectúa principalmente el transporte; los lugares de descarga de la mercancía; y el lugar al que el trabajador regresa una vez finalizadas sus misiones.

Inmediatamente después, en el asunto *Voogsgeerd*, en la misma línea, se estableció que para la determinación del lugar de trabajo habitual en el transporte marítimo deben tenerse en cuenta el conjunto de las circunstancias que caracterizan la actividad del trabajador atendiendo a la naturaleza del trabajo, en particular: el lugar a partir del cual el trabajador lleva a cabo sus misiones de transporte, dónde recibe las instrucciones sobre sus misiones y organiza su trabajo, así como el lugar en que se encuentran las herramientas de trabajo.

---

499 En estos casos el Reglamento Roma I no resultaba aplicable por razones temporales. El instrumento aplicable era el Convenio de Roma, en el que aún no se encontraba esta interpretación amplia materializada en la formulación alternativa «a partir del cual». Sin embargo, el lugar de trabajo habitual fue interpretado de este modo igualmente, invocándose la coherencia de tal interpretación con la nueva redacción de la conexión en el Reglamento Roma I.

157. Posteriormente, la fórmula lugar «desde el cual» se trabaja habitualmente se incorporó en el **Reglamento Bruselas I bis**, de manera que el Estado de inicio del trabajo se asimila expresamente al lugar de trabajo habitual tanto en ley aplicable como en competencia. Ha de tenerse en cuenta que en el Reglamento Bruselas I existía ya una alternativa —inexistente en el Reglamento Roma I y en el Convenio de Roma—, que se mantuvo en el Reglamento Bruselas I bis, en virtud de la cual la demanda puede presentarse también en el **último Estado en el que se haya trabajado**.

158. Finalmente, en el asunto *Nogueira*, el TJUE trasladó al sector aéreo el sistema indiciario ya empleado previamente en el transporte por carretera y marítimo[500], en este caso, a efectos de la determinación de la competencia. Como indicios para la identificación del lugar de trabajo habitual en el sector aéreo, se establecieron los siguientes:

- el lugar a partir del cual el trabajador desempeña sus misiones de transporte
- el lugar al que regresa una vez finalizadas sus misiones
- el lugar donde recibe las instrucciones sobre sus misiones y organiza su trabajo
- el lugar en el que se encuentran las herramientas y están estacionados los aviones a bordo de los cuales se desempeña habitualmente el trabajo
- y la base de operaciones asignada al trabajador, que no puede asimilarse automáticamente al lugar de trabajo habitual, y es únicamente otro indicio, considerado «significativo» por el TJUE.

Al identificar el lugar de trabajo habitual en el transporte internacional en los asuntos *Koelzsch, Voogsgeerd* y *Nogueira*, el TJUE ha omitido la toma en consideración del criterio temporal, que sí fue tenido en cuenta en la jurisprudencia previa. No se da

500 *Vid.* V. Parisot, «Vers une cohérence verticale des textes communautaires en droit du travail?: Réflexion autour des arrêts Heiko Koelzsch et Jan Voogsgeerd de la Cour de justice», *JDI*, n.º 2, 2012, pp. 597-660. Se ha considerado que la extensión de la misma solución a todos los sectores del transporte internacional podría no ser adecuada. Así, sería una solución viable para el personal de vuelo, porque estos trabajadores presentan usualmente mayor vinculación con el Estado a partir del cual trabajan, pero no para los trabajadores del mar. *Cf.* P. Mankowski, O. Knöfel, «On the Road again oder: Wo arbeitet ein Fernfahrer? Neues vom europäischen Internationalen Arbeitsvertragsrecht», *EuZA*, n.º 4, 2011, pp. 530-531. Al mismo tiempo, se considera que el tratamiento uniforme de los contratos de trabajo de los distintos sectores del transporte internacional es adecuado, porque no existiría ninguna razón para un tratamiento diferenciado que podría ser contrario al principio de igualdad de los artículos 20 y 51 de la Carta de los Derechos Fundamentales de la UE: F. Temming, «The case of Sandra Nogueira and Others v. Crewlink Ireland ltd. And Miguel José Moreno Osacar v. Ryanair Designated Activity Company. Comment to Court of Justice of the European Union (Second Chamber), judgement of 14 September 2017, Case C-168/16», *ELLJ*, vol. 9, n.º 2, 2018, p. 209.

relevancia expresamente al trabajo desempeñado en el Estado de inicio y regreso ni a la duración de este. Tampoco se tiene en cuenta la existencia de un despacho en el Estado de inicio y regreso, que en el transporte internacional podría asimilarse a la existencia de un establecimiento u oficina del empleador en ese Estado.

159. Como se ve, el concepto de «lugar de trabajo habitual» se reformula doblemente: en primer lugar, al asimilarse expresamente con el lugar «a partir del cual»/«desde el cual» se trabaja; y, en segundo lugar, al introducirse jurisprudencialmente un **sistema específico** para los contratos de trabajo del transporte internacional, con el que se trata de asegurar una proximidad suficiente de ese Estado.

Para el TJUE, el método indiciario tiene la ventaja de que obliga a ponderar todas las circunstancias que caracterizan la actividad del trabajador[501]. En efecto, la **proximidad** del lugar de trabajo habitual identificado de esta forma se trata de garantizar con la exigencia de que concurran ciertos elementos en el lugar a partir del cual se trabaja y al que se regresa periódicamente para que pueda actuar como conexión/foro. **No se trata únicamente del Estado de partida y regreso**, sino que este debe ser también aquel en el que se organiza el trabajo, donde estacionan los aviones y se encuentran las herramientas de trabajo, que deberá coincidir con la base de operaciones asignada al trabajador[502]. El TJUE introduce exigencias para aplicar la conexión/foro del lugar de trabajo habitual que no se deducen de una lectura literal de los artículos 8.2 RRI y 21.1.b) i) RBIb. Así, no es posible aplicar la conexión/foro del lugar de trabajo habitual cuando existe un mero Estado de partida y de retorno del personal de vuelo en el que no concurren el resto de circunstancias.

Si el personal de vuelo inicia sus vuelos desde un Estado X y regresa periódicamente al mismo, pero en este no se organiza el trabajo y no se estacionan los aviones, aunque en este se encuentre la base de operaciones formalmente asignada, podría descartarse la existencia de un lugar de trabajo habitual en el Estado X y, en consecuencia, debería aplicarse la conexión/foro del establecimiento contratante. En competencia, cabe plantearse el mantenimiento de la competencia de los tribunales del Estado miembro en el que se encuentra la base de operaciones —sin suficiente proximidad para ser considerado como lugar de trabajo habitual— por medio de los foros basados en la sucursal (art. 7.5 y 20.2 RBIb), pues esta podría considerarse como el establecimiento del empleador del cual dependen los trabajadores, o centro de trabajo desde el punto de vista del Derecho laboral sustantivo[503].

---

501 Al tener en cuenta todas las circunstancias del trabajo, «permite reflejar mejor la realidad de las relaciones jurídicas» (asunto *Nogueira*, apartados 61-62).

502 Se enfatiza en esta idea en las Conclusiones de la AG en el asunto *Koelzsch*. Ha de tenerse en cuenta que el origen del sistema indiciario para la identificación del lugar a partir del cual se trabaja se encuentra en estas Conclusiones.

503 *Vid.* Capítulo IV: I.3. La base de operaciones: ¿sucursal de la aerolínea empleadora?

Puede darse una situación en la que el trabajo se ejecute solo parcialmente en la UE y se combine con la ejecución del trabajo en uno o varios terceros Estados. Como se ha visto, en el asunto *Six Constructions*, a efectos de la determinación de la competencia, se descartó la relevancia de un mero Estado miembro de partida y regreso, ejecutándose íntegramente el trabajo fuera de la UE. Trasladado el fallo al trabajo en el transporte internacional, cabe sostener la competencia de los tribunales del Estado de partida y regreso en la UE en el que concurran cumulativamente los indicios de la ejecución del trabajo, aunque los vuelos tengan como destino terceros Estados, e incluso aunque el trabajo desde la UE se combine con el trabajo en vuelos entre terceros Estados[504].

2. Debilidades de la identificación a partir de indicios

A) Transformación del concepto de «lugar de trabajo habitual» y deficiencias de proximidad

160. Asumido el manejo de un concepto amplio de lugar de trabajo y asimilado este expresamente con el Estado desde el que se prestan servicios, el TJUE se pronunció específicamente sobre su identificación en los contratos de trabajo del sector aéreo en el asunto *Nogueira*. Al igual que en los otros sectores del transporte internacional, para su identificación se debe emplear un sistema indiciario. Ello implica que se debe recurrir a la valoración de criterios sustanciales de la ejecución del trabajo[505] y comprobar su concurrencia en el Estado de partida y retorno habitual de los vuelos.

Para algunos autores, el empleo de este sistema resulta cuestionable porque puede conducir a **Estados que no presenten suficiente proximidad** en términos conflictuales y procesales. Son comunes las críticas al método empleado para salvaguardar la aplicación de esta conexión/foro a los trabajadores del transporte internacional, sosteniendo que esta extensión del concepto «lugar de trabajo habitual» es **artificial** y puede conducir a Estados que no presentan vinculación real con el contrato de trabajo. En el lugar a partir

---

504 La existencia de un Estado de trabajo habitual en la UE impide la entrada en juego de las normas internas de competencia de otros Estados miembros, distintos al de trabajo habitual. Así, si existe un Estado de trabajo habitual en la UE, no cabe la aplicación de los foros de competencia de las normas nacionales, que podrían favorecer al trabajador. En este sentido se ha pronunciado el TJUE en el asunto *Roi Land Investments*. *Cf.* V. LAZIĆ, *op. cit.*, p. 263. En consecuencia, la interpretación amplia del concepto de «lugar de trabajo habitual» puede perjudicar al trabajador en algunos casos.

505 *Vid.* ap. 97 de las Conclusiones de la AG en el asunto *Koelzsch*. *Cf.* O. FOTINOPOULOU BASURKO, *Habitualidad vs temporalidad en los contratos de trabajo ligados al transporte internacional, op. cit.*, p. 135.

del cual se ejecuta el trabajo identificado conforme a los elementos establecidos por el TJUE no concurrirían los requisitos definitorios de la conexión/foro del lugar de trabajo habitual, porque no sería el lugar de trabajo, ni tampoco se cumpliría la nota de habitualidad, en el sentido de lugar en el que transcurre la mayor parte del tiempo de trabajo[506]. Desde esta perspectiva, el concepto «lugar de trabajo habitual» podría no resultar aplicable a los trabajadores del transporte internacional. En estos casos no existiría un «centro de gravedad» asimilable al lugar de trabajo habitual y, por tanto, debería recurrirse a la conexión subsidiaria del establecimiento contratante, que existe, precisamente, para ser aplicada en estos casos.

En efecto, la nota de «habitualidad» solo puede atribuirse al lugar a partir del cual se prestan los servicios por ser este el Estado en el que usualmente se inician los trayectos. Por ello, se ha considerado que esta alternativa transforma injustificadamente la naturaleza de la conexión del lugar de trabajo habitual[507], pues **no puede sostenerse que la prestación característica se realiza en este lugar**[508].

No obstante, las desviaciones o excepciones del concepto de prestación característica existen también en otras materias, y su interpretación en un sentido funcional puede justificarse, entre otros motivos, por los problemas para la determinación de los conceptos sobre cuya operatividad se apoya su funcionamiento (lugar de trabajo habitual) o por la necesidad de satisfacer intereses y políticas económicos y sociales[509]. Esta última razón podría considerarse concurrente, si se tiene en cuenta que uno de los objetivos manifiestos de esta interpretación es evitar que se aplique la conexión/foro del establecimiento contratante, considerado menos protector para los trabajadores y susceptible de manipulación por parte de los empleadores.

En cualquier caso, procurar la **inaplicación *de facto* del criterio del establecimiento contratante** por vía de una interpretación extensiva del concepto

506 *Vid. ibidem*, pp. 133-154.

507 *Cf.* L. F. Carrillo Pozo, «La ley aplicable al contrato de trabajo plurilocalizado: el Reglamento Roma I», *Revista del Ministerio de empleo y Seguridad Social*, n.° 132, 2017, p. 145. El lugar de trabajo habitual se determinaría de una forma artificial que no se corresponde con las necesidades de estos trabajadores, con el objetivo de que no resulte aplicable la conexión del establecimiento contratante: *Cf.* N. Nord, «La nécessaire refonte du système de conflit de lois en matière de contrat de travail international», *Rev. crit. dr. int. priv.*, n.° 2, 2016, p. 328. Se operaría un trasvase de la noción de «habitualidad» exigida en el Reglamento a la noción de «punto de conexión más significativo»: P. Jiménez Blanco, «Los foros de competencia en materia de contrato de trabajo en los Convenios de Bruselas y de Lugano», en A. Borrás Rodríguez (ed.): *La revisión de los Convenios de Bruselas de 1968 y Lugano de 1988 sobre competencia judicial y ejecución de resoluciones judiciales: una reflexión preliminar española*, Marcial Pons, Madrid, 1998, p. 227.

508 *Vid.* Carballo Piñeiro, *op. cit.*, p. 197.

509 *Vid.* L. F. Carrillo Pozo, *El contrato internacional: la prestación característica*, Publicaciones del Real Colegio de España, Bolonia, 1994, pp. 38-39.

de «lugar de trabajo habitual» no parece la solución idónea. Si se asume que la conexión/foro del establecimiento contratante es un criterio ineficiente en términos de proximidad y contrario al principio de protección de los trabajadores, quizá lo procedente sería valorar su eliminación de los Reglamentos Roma I y Bruselas I bis y la introducción de otras alternativas, y no privarlo de relevancia en la práctica[510].

161. En el sector de la ley aplicable, las críticas podrían orientarse también en el sentido de que la conexión del lugar de trabajo habitual ya **no cumpliría su objetivo como presunción**, que consiste precisamente en concretar y facilitar la identificación del Estado en el que concurre la mayor proximidad[511]. Con la transformación del lugar de trabajo habitual en el «lugar a partir del cual», y debiendo identificarse este de forma indiciaria, ciertamente no se contribuye a aumentar la seguridad ni la previsibilidad y, en ocasiones, tampoco a facilitar la determinación del ordenamiento aplicable.

Junto a lo expuesto, se incrementan las posibilidades de que el lugar a partir del cual se ejecuta el trabajo solo pueda identificarse ***a posteriori***, y no desde el inicio de la relación laboral[512]. En consecuencia, será probable que el ordenamiento rector del contrato deba corregirse una vez planteado un litigio. Por ello, la conexión del lugar de trabajo habitual se asemeja a la conexión de los vínculos más estrechos[513]. En efecto, ambas conexiones pasan a tener en común su inherente **flexibilidad**, pues su aplicación requiere en ambos casos un análisis de la **concurrencia de ciertos elementos** en un determinado Estado. A ello se suma una controvertida remisión en el asunto *Nogueira,* al interpretar el concepto de «lugar de trabajo habitual», al asunto *Schlecker*, en el que se interpretó la conexión de los vínculos más estrechos[514].

Sin embargo, el funcionamiento de ambas conexiones es diferente, pues al identificar el lugar de trabajo habitual no se debe fundamentar el desvío de una presunción general, como sí ocurre en los vínculos más estrechos. Mientras que la conexión de los vínculos más estrechos permite dejar sin efecto la conexión establecida con base en la presunción de mayor proximidad —lugar de trabajo habitual, subsidiariamente establecimiento contratante—, el sis-

510 *Vid.* Capítulo IV: I.1. Inexistencia de lugar de trabajo habitual: la conexión y el foro del establecimiento contratante.

511 Como este último es demasiado vago, con el establecimiento de presunciones de proximidad a partir de la prestación característica precisamente se busca anular su inherente ambigüedad mediante una localización que atienda a la esencia del contrato. *Cf.* L. F. Carrillo Pozo, *El contrato internacional: la prestación característica, op.cit.*, pp. 37-38.

512 *Vid*. Carballo Piñeiro, *op. cit.*, p. 197.

513 *Ibidem*, p. 196.

514 *Vid*. Capítulo III: II. Identificación indiciaria del Estado de trabajo habitual y vínculos más estrechos.

tema indiciario en la identificación del Estado de trabajo habitual se utiliza para identificar precisamente esta conexión que actúa como presunción. Así, para la aplicación de los vínculos más estrechos actúa como presupuesto la previa identificación del lugar de trabajo habitual o la determinación de su inexistencia. La conexión del lugar de trabajo habitual identificado indiciariamente no determinará la ley aplicable si existe otro Estado que presente mayor proximidad. En cambio, el lugar de trabajo habitual indiciariamente identificado supondrá el grado máximo de proximidad al que puede aspirarse en el sector de la competencia.

B) ¿Idoneidad de los indicios expresamente establecidos?

162. El TJUE establece una lista de indicios de cuya concurrencia en un mismo Estado el tribunal deberá cerciorarse en cada caso. Estos deben estar presentes en el Estado en el que se inician los trayectos, pero se desconoce en qué medida y cómo deben probarse para que pueda considerarse que realmente existe un lugar en el que se inicia la prestación de servicios suficientemente próximo, o si la ausencia de uno o varios de ellos debe llevar en todo caso a descartar la existencia de un lugar de trabajo habitual. Correlativamente, tampoco se determina cuándo deberá recurrirse al criterio subsidiario del establecimiento contratante.

Adicionalmente, el valor de los indicios establecidos por el TJUE en ocasiones se ha cuestionado y se han ignorado sin justificación otras circunstancias que pueden resultar particularmente eficientes en los contratos de trabajo del sector aéreo, como son el Estado donde residen los trabajadores y el trabajo ejecutado en el aeropuerto.

163. En cuanto a los **lugares de inicio y de regreso** de los trayectos, no operan como indicios independientes, sino que un aspecto fundamental es la **periodicidad** con la que el personal de vuelo retorna a este Estado, lo que no se menciona en la jurisprudencia del TJUE. En realidad, ambos elementos no funcionan como indicios, sino como **presupuesto**, tomados conjuntamente: lo primero que ha de comprobarse es si existe un Estado de partida y retorno, para después determinar si este presenta proximidad suficiente valorando la concurrencia de ciertas circunstancias de la ejecución del trabajo en ese Estado.

Este problema emerge en el caso del personal de vuelo «altamente móvil»[515], que, si bien puede contar con un Estado de inicio y retorno, no regresa a ese Estado durante un periodo de tiempo que puede ser demasiado

515 Terminología empleada respecto a los trabajadores del transporte internacional que no cuentan con un lugar de partida y regreso estable y que se encuentran sometidos a prácticas de deslocalización por parte de las sociedades empleadoras. *Vid.* G. Busschaert, P. Pecinovsky, *The Application of the EU Posting Rules to Aircrew*, *op. cit*.

extenso, porque este solo es el primer trayecto de una serie de vuelos que se encadenan, con origen y destino en distintos Estados. En estos casos, de trabajo simultáneo desde múltiples Estados, habrá de determinarse en qué momento ha de descartarse la existencia de un lugar de trabajo habitual, por no regresar al Estado de inicio con la periodicidad suficiente. Se incrementan los riesgos de soluciones divergentes, pues cada tribunal valorará tal circunstancia conforme a sus propios criterios.

164. Respecto al indicio del **lugar en el que se encuentren las herramientas y al lugar en el que estén estacionados los aviones** a bordo de los cuales se desempeña habitualmente el trabajo, se trata de un elemento circunstancial, que puede resultar aleatorio y venir determinado por la voluntad de la aerolínea[516]. El valor de este criterio para identificar el lugar de trabajo habitual es muy dudoso: el lugar que la compañía aérea elija para estacionar las aeronaves puede no guardar relación con el de partida y regreso de los vuelos, y pueden no coincidir si el avión se emplea en otros vuelos en los que no presta servicios el trabajador cuyo lugar de trabajo habitual se pretende determinar.

165. En cuanto al indicio del **lugar en el que se reciben las instrucciones y se organiza el trabajo**, ha de tenerse en cuenta que usualmente existe una fase de planificación del vuelo que tiene lugar en la base de operaciones[517], pero pueden darse casos en los que no existe tal fase en el aeropuerto, sino que el trabajador recibe las instrucciones utilizando medios digitales, encontrándose en otros lugares. Mayor relevancia podría tener el hecho de que el personal de vuelo disponga y haga uso de oficinas y otras instalaciones en la base de operaciones, en las que se utilizan equipos informáticos para trabajar y recibir comunicaciones de los planes de vuelo o efectuar comunicaciones con la aerolínea[518]. Así, es común que se utilicen medios y herramientas proporcionadas por la aerolínea para trabajar, recibir instrucciones y organizar el trabajo en el aeropuerto de origen y esta puede ser una circunstancia relevante para la identificación del lugar de trabajo habitual. Se atraería así el criterio del despacho (asuntos *Mulox* y *Rutten*) y se otorgaría relevancia a la actividad desempeñada por los trabajadores en el aeropuerto.

---

516 *Cf.* O. Fotinopoulou Basurko, *Habitualidad vs temporalidad en los contratos de trabajo ligados al transporte internacional, op. cit.*, p. 143. El criterio puede resultar útil cuando se trata de otros sectores del transporte internacional, en particular, los que se caracterizan por el uso individual de los medios de transporte (carretera), en los que en realidad en algunos casos servirían para tomar en consideración indirectamente el domicilio del trabajador (*ibidem,* p. 146), pero pierde relevancia cuando el trabajador no tiene el control sobre ellos, como ocurre con el personal de vuelo.

517 El TJUE no se refiere al lugar desde el que se emiten las instrucciones —usualmente el Estado en el que se encuentra domiciliada la aerolínea—, circunstancia irrelevante a efectos de la identificación del lugar de trabajo habitual, que solo podría adquirir trascendencia, en su caso, en la conexión de los vínculos más estrechos.

518 Así consta, por ejemplo, en el asunto *Nogueira*.

166. De un análisis de los elementos enumerados por el TJUE se deduce que en el Estado de inicio y regreso deben concurrir otras circunstancias que revelen una apariencia global de vinculación estable del contrato de trabajo con este Estado. Como se ve, ninguno de los elementos planteados por el TJUE puede considerarse determinante. Ha de concluirse que los indicios del TJUE no son exhaustivos: no actúan como requisitos y la ausencia de uno o varios no debería suponer que se descarte la aplicación de la conexión/foro del lugar de trabajo habitual[519]. Ello teniendo en cuenta que esta ausencia puede compensarse con la valoración de otras circunstancias no expresamente previstas que revelen una vinculación suficiente. El TJUE no excluye que puedan valorarse otros elementos además de los establecidos, aunque tampoco hace ninguna mención en tal sentido. En contrapartida, la posibilidad de que otras circunstancias sean tenidas en cuenta aumenta la discrecionalidad[520] y el riesgo de soluciones divergentes.

Otros elementos, como el Estado donde reside el trabajador o el trabajo desempeñado en la base de operaciones, pueden resultar valiosos por su potencial para contribuir a garantizar la efectividad del principio de proximidad, porque se adecúan a la prestación de servicios del personal de vuelo, y porque pueden resultar efectivos para resolver las situaciones más problemáticas, en las que se trabaja desde múltiples Estados. La omisión de estos criterios por el TJUE puede deberse en parte al trasvase directo de la interpretación dada para los distintos sectores del transporte internacional, sin tener en cuenta las especificidades del trabajo en cada uno de estos sectores.

167. Las aerolíneas introducen cláusulas en los contratos de trabajo en las que se establece que los trabajadores deben residir en un determinado radio de kilómetros respecto a la base de operaciones asignada[521]. La **obli-**

---

519 En este sentido, E. Sinander, «The role of Foreseeability in Private International Law», *Nordic Journal of Labour Law*, vol. 1, n.º 1, 2023, pp. 16-17.

520 La ya citada Sentencia del TSJ de Valencia de 9 de enero de 2018 resulta significativa, por reveladora de la poca efectividad que puede llegar a tener el sistema indiciario establecido, dada su intrínseca discrecionalidad. Este fallo, no obstante, ha de considerarse contrario a la doctrina del TJUE. Se establece que el lugar de trabajo era Irlanda por ser este el país de la nacionalidad de la aeronave en el que, además, concurren otras circunstancias del contrato, para a continuación sostener que no se contraviene la doctrina sentada en el asunto *Nogueira* porque la base de operaciones solo constituye un indicio significativo para determinar el lugar habitual de trabajo y «*no puede considerarse como determinante, sino ser valorado con el conjunto de circunstancias concurrentes a fin de determinar donde el trabajador cumple la parte principal de sus obligaciones frente al empresario...*». De este modo, se da relevancia a una circunstancia expresamente descartada —nacionalidad de la aeronave— y se ignora por completo el sistema establecido por el TJUE para la identificación del Estado de trabajo habitual.

521 En el asunto *Nogueira,* el AG propuso la toma en consideración de la residencia contractualmente pactada como indicio, pero este elemento no fue tomado en consideración por el TJUE en la Sentencia. Este indicio no se referiría al lugar de residencia efectiva del trabajador, sino al lugar donde esté contractualmente obligado a residir.

gación de residir a una determinada distancia de la base de operaciones suele imponerse a los trabajadores teniendo en cuenta eventuales necesidades sobrevenidas que conducen a llamadas para presentarse en la base de operaciones con poca antelación. En estos casos, la residencia contractualmente pactada puede considerarse un claro indicador del Estado de inicio habitual del trabajo[522].

No obstante, no debe excluirse la relevancia de la residencia efectiva aun cuando no exista una obligación contractualmente impuesta de residir en un determinado Estado. La vinculación entre la residencia del trabajador y lugar de inicio habitual en el sector aéreo puede ser relativa, pues es posible que el personal de vuelo no resida en el Estado del que salen y al que retornan los vuelos[523]. Sin embargo, en cualquier caso, esta circunstancia conserva trascendencia si concurre con otros elementos de la ejecución del trabajo y puede ser un claro indicador a la hora de descartar lugares de trabajo habitual formales, que no se corresponden con el real[524].

168. La prestación de servicios del personal de vuelo suele considerarse exclusivamente ejecutada a bordo de la aeronave y, por tanto, en un espacio ajeno al territorio de cualquier Estado. Sin embargo, tanto auxiliares de vuelo como pilotos ejecutan usualmente parte de su **trabajo en el aeropuerto**. Por ello, resulta eficiente una combinación de criterios temporales y sustanciales: debería tomarse en consideración el tiempo que el personal de vuelo debe permanecer en el aeropuerto, utilizando los medios e instalaciones proporcionados por la aerolínea, como un dato relevante para identificar el lugar de trabajo habitual[525].

---

522 El domicilio del personal de vuelo ha sido utilizado en ocasiones por los tribunales de los Estados miembros como indicio para la determinación del lugar de trabajo habitual. *Vid.* Sentencia de 14 de febrero de 2019 del Tribunal da Relação de Évora (Proceso n.º 747/18.5T8PTM-A.E1).

523 Determinadas prácticas de las compañías facilitan cambios del lugar de trabajo sin que varíe la residencia del trabajador. Adicionalmente, las aerolíneas pueden programar los vuelos haciendo que su tripulación no descanse en el lugar donde suele iniciar la prestación de servicios y donde suele vivir. *Vid.* M. É. Bocquet, *op. cit.,* p. 36. La programación de los vuelos por parte de las aerolíneas permite que el personal de vuelo en ocasiones pueda establecer su residencia en el lugar de destino de los vuelos. *Vid.* STS de 30 de diciembre de 2013 (ECLI:ES:TS:2013:6664); C. Brannigan, *op. cit.,* p. 184.

524 En el resto de casos, cabe seguir sosteniendo la posible relevancia del domicilio del trabajador como una circunstancia a tener en cuenta en la conexión de los vínculos más estrechos.

525 Se ha sostenido que la omisión del criterio del trabajo ejecutado en tierra podría tener el objetivo de que no se excluya a los pilotos de la posibilidad de aplicar la conexión/foro del lugar de trabajo habitual, pues, en ocasiones, su actividad en el aeropuerto es muy reducida o inexistente. Sin embargo, ha de tenerse en cuenta que los indicios de proximidad son elementos significativos para la identificación del lugar de trabajo habitual y, como se ha dicho, no deben considerarse excluyentes ni configurarse como requisitos para poder sostener la existencia de tal lugar. De este modo, la ausencia de uno o varios no excluye

La naturaleza de las funciones asignadas y su duración puede variar, pero, en cualquier caso, teniendo en cuenta las limitaciones a los tiempos de vuelo que imponen las normas sobre seguridad aérea no es probable que este sea mayoritario dentro del total del tiempo de trabajo. Adicionalmente, tanto pilotos como auxiliares deben permanecer en la base durante los periodos en los que se encuentran a disposición de la aerolínea y también durante ciertos periodos de descanso[526].

Como se ha visto, en la Propuesta del Reglamento Roma I se previó que la cláusula «desde el cual» solo debería aplicarse si el trabajo se organiza desde un lugar fijo en el que el personal realiza además otras tareas. Así, la actividad en tierra originalmente se planteaba como un requisito, de manera que para que pudiese existir un lugar de trabajo habitual sería obligatoria la ejecución de parte del trabajo en un aeropuerto localizado en ese Estado. Puede sostenerse que la prestación característica del contrato se ejecuta parcialmente en tierra, por lo que considerar esta circunstancia como indicio contribuiría a reforzar técnicamente la conexión del lugar «a partir del cual» se prestan los servicios y a garantizar la proximidad de este lugar con el contrato. En realidad, se trataría de un **Estado «en el que» parcialmente se prestan servicios** y no solo a partir del cual se trabaja. Debe repararse, además, en el hecho de que es una parte de la prestación de servicios ejecutada en un espacio sometido a la soberanía territorial de un Estado, de forma que técnicamente sería el único Estado de ejecución del trabajo[527].

---

la existencia de un Estado de trabajo habitual y el hecho de que no se ejecute parte del trabajo en el aeropuerto no excluiría la aplicación de la conexión/foro. Así, no sería necesario que el personal de vuelo realice actividades complementarias en tierra para poder sostener la existencia de un lugar de trabajo habitual. *Cf.* M. Henze, *op. cit.*, pp. 356-357; Y. Jorens, *Cross-border EU Employment and its Enforcement*, Springer, Hamburgo, 2022, p. 105.

526 *Vid.* Anexo II del Reglamento n.º 83/2014 de la Comisión, de 29 de enero de 2014, que modifica el Reglamento (UE) n.º 965/2012, por el que se establecen requisitos técnicos y procedimientos administrativos en relación con las operaciones aéreas en virtud del Reglamento (CE) n.º 216/2008 del Parlamento Europeo y del Consejo. Aunque estos periodos no sean considerados como tiempo de trabajo, ello no excluye la relevancia del lugar donde el personal de vuelo debe permanecer disponible para iniciar su trabajo en caso de ser requerido en la identificación del Estado de trabajo habitual. En el mismo sentido: Á. Espiniella Menéndez, *La relación laboral internacional*, *op. cit.*, p. 483.

527 A favor de la toma en consideración del trabajo desempeñado en tierra, *vid.* L. F. Carrillo Pozo, «La ley aplicable al contrato de trabajo plurilocalizado: el Reglamento Roma I», *op. cit.*, pp. 135-136. En el asunto *Nogueira,* el AG excluye expresamente la relevancia del trabajo ejecutado en la base para poder sostener la existencia de un lugar «en el cual» se trabaja (ap. 92). Sin embargo, no se plantea como indicio para identificar el lugar a partir del cual el personal de vuelo prestaba servicios. Tal omisión puede deberse al tratamiento uniforme dado a todas las prestaciones de servicios del transporte internacional por el TJUE, sin que se hayan tenido en cuenta las especialidades de cada uno de los sectores, y que en este caso generalmente sí se ejecuta parte del trabajo en el lugar desde el que se inician los trayectos, al contrario de lo que pueda suceder en algunos casos en el sec-

C) Límites del concepto amplio y de la interpretación única

169. El lugar de trabajo habitual del personal de vuelo tanto en la determinación de la ley aplicable como de la competencia se encuentra en el Estado en el que habitualmente estos trabajadores inician sus trayectos y en el que deben concurrir otros elementos de la ejecución del trabajo. Las partes conocen que el lugar de trabajo habitual del personal de vuelo es aquel en el que los trabajadores inician la prestación de servicios y al que regresan, en el que se organiza su trabajo y se encuentran los aviones a bordo de los que prestan servicios, que deberá coincidir con su base de operaciones. Si el lugar de trabajo habitual establecido en el contrato no coincide con aquel en el que se dan estas condiciones, nos encontraremos ante una situación en la que el lugar de trabajo establecido en el contrato no es real. La situación no difiere de la que puede darse en otros ámbitos cuando se establece un lugar de cumplimiento que no se corresponde con aquel en el que se ha ejecutado realmente el contrato[528] y la aplicación del sistema indiciario una vez planteada una demanda conducirá a que deba corregirse la ley que se ha venido aplicando para fijar las condiciones de empleo y trabajo.

170. En cualquier caso, ha de admitirse que el método introducido para la identificación del lugar de trabajo habitual en el transporte internacional se caracteriza por la dificultad que entraña su aplicación en la práctica y por el riesgo de soluciones divergentes por parte de los tribunales de los distintos Estados miembros.

Cuando el trabajo se inicie de forma estable desde un mismo Estado, la complejidad para determinar el lugar de trabajo habitual del personal de vuelo será menor, pues en circunstancias normales este será el lugar en el que concurran el resto de los elementos de la ejecución del trabajo que han de valorarse. En estos casos, puede considerarse que las dificultades que plantea la aplicación del sistema indiciario son menores y, asimismo, que este conducirá generalmente a un Estado que *a priori* presenta **proximidad suficiente**.

---

tor marítimo y del transporte por carretera. No obstante, ha de tenerse en cuenta que el trabajo en tierra tiene lugar tanto en el Estado de inicio como en el de destino, aunque la naturaleza y entidad de las actividades presumiblemente varía. En caso de trabajo desde múltiples Estados, además, las tareas en tierra tendrán lugar en cada uno de ellos, por lo que este elemento podría no resultar efectivo para la identificación de lugar de trabajo habitual. En estas circunstancias puede optarse por valorar la entidad y el tiempo dedicado a las tareas desarrolladas en tierra, asumiendo que el Estado asimilable al lugar de trabajo habitual será aquel en el que más tiempo se dedique a estas actividades.

528 No obstante, la fijación formal de un Estado de trabajo habitual en el contrato puede resultar problemática en el caso particular de que el contrato celebrado no llegue a ejecutarse. El lugar de trabajo habitual no es el fijado en el contrato, sino donde efectivamente se realiza la prestación de servicios, salvo que el contrato no haya llegado a ejecutarse, situación en la que el lugar de trabajo habitual será el establecido en el contrato (asunto *Markt24*).

Las dificultades se dan cuando tienen lugar prácticas habituales y de diverso tipo que implican que el personal de vuelo en ocasiones preste servicios desde distintos Estados[529]. No se solucionan los casos realmente problemáticos, en los que **deberá determinarse la elasticidad que admite el concepto** de «lugar de trabajo habitual»: trabajadores que no cuentan con un aeropuerto base, es decir, aquellos cuyo Estado de partida varía sucesivamente; y trabajadores que trabajan simultáneamente desde múltiples Estados.

Adicionalmente, persisten dudas sobre la aplicación de la Directiva 96/71/CE de desplazamiento temporal al personal de vuelo. Ha de asumirse que al personal de vuelo le resulta aplicable la Directiva, pero **identificar verdaderas situaciones de desplazamiento temporal** cuando para la identificación de los Estados de trabajo habitual y temporal debe recurrirse al sistema indiciario resulta particularmente complejo.

171. La evolución normativa y jurisprudencial del concepto de «lugar de trabajo habitual» se ha caracterizado por el paralelismo de las soluciones y el traslado automático de las interpretaciones dadas en el sector de la ley aplicable y de la competencia. Ello ha ocasiona inconsistencias problemáticas que el TJUE no ha abordado en su jurisprudencia.

El TJUE se ha mostrado siempre tajante al mantener que el foro del lugar de trabajo habitual solo puede conducir a la **competencia de los tribunales de un único Estado**, aunque el trabajador haya prestado servicios en distintos países[530]. Tal solución, **excluyendo el desdoblamiento** del foro, se ha justificado por el objetivo de evitar la multiplicidad de tribunales competentes[531]. Por tanto, no sirve para justificar la opción por un único Estado de

529 Es una carencia de la solución del asunto *Nogueira*, que no tiene en cuenta estas prácticas, situaciones en las que emerge verdaderamente la complejidad a la hora de identificar un lugar de trabajo habitual del personal de vuelo. En este sentido: G. Calvellini, G. Frosecchi, M. Turo, «The Ryanair case in the Italian and European framework: who decides the rules of the game?», *Centre for the Study of European Labour Law Massimo d´Antona Working papers*, n.° 148, 2019, p. 12.

530 Lo expuesto no se contradice con la aparente alternativa existente en el art. 21 RBIb entre *«el lugar en el que o desde el cual el trabajador desempeñe habitualmente su trabajo»* y el *«último lugar en que lo haya desempeñado»*. El lugar de trabajo habitual solo será uno, el lugar desde el cual se haya prestado servicios durante más tiempo o el último lugar a partir del cual se hayan prestado servicios. *Vid.* Capítulo III: III.1. Cambio estable del lugar de trabajo. Así, el TJUE combina una interpretación amplia, al sostener la aplicación del criterio del lugar de trabajo habitual, aunque el trabajo se desempeñe en varios Estados, con una interpretación estrecha, al sostener que este solo puede conducir a un único Estado en todo caso. *Vid.* U. Grušić, *The European Private International Law of Employment*, *op. cit.*, p. 114.

531 *Vid.* asunto *Weber* ap. 55. Tal limitación se ha considerado coherente con el empleo del requisito de «habitualidad», que solo podría concurrir en un Estado, y no en múltiples Estados al mismo tiempo. *Vid.* B. Scraback, *Das prinzip der Konfliktkonzentration in der Brüssel Ia-VO*, Mohr Siebeck, Alemania, 2022, pp. 35-39. Sin embargo, la solución puede

trabajo habitual en el sector de la ley aplicable. El traslado automático de esta solución al sector de la ley aplicable implicaría que el régimen del contrato debe quedar determinado por una única ley, pero cabe plantear que una determinación de la ley aplicable por tramos resulta más adecuada cuando se produce un cambio estable del Estado de trabajo habitual.

En particular, ha de analizarse la **compatibilidad del concepto amplio de lugar de trabajo habitual con la conexión de los vínculos más estrechos**. La integración de ambas conexiones plantea interrogantes, pues la aplicación de la conexión del lugar de trabajo habitual pasa a caracterizarse también por la valoración de indicios de proximidad. Por ello, se ha considerado que el empleo de un sistema indiciario implica una asimilación del lugar de trabajo habitual con los vínculos más estrechos[532]. Significativamente, obliga a aplicar **dos sistemas basados en el análisis de la concurrencia de indicios** o elementos en un determinado Estado de forma sucesiva, uno para la identificación del Estado de trabajo habitual y otro en la conexión de los vínculos más estrechos, y la articulación de ambos sistemas resulta compleja.

3. La base de operaciones como mera presunción: aplicación de los convenios colectivos

172. La relevancia real del indicio del Estado en el que se encuentra la base de operaciones permanece indeterminada. Realmente esta solo puede jugar como una presunción, pues cuando exista un Estado de inicio y retorno habitual ambos Estados deberán coincidir. Pueden darse distintas situaciones:

1) Los indicios concurren en la base de operaciones asignada: se produce una **asimilación *de facto*** de la base de operaciones asignada con el lugar de trabajo habitual. La base de operaciones puede establecerse en el país que

considerarse en cierta medida contradictoria o, al menos, no suficientemente fundamentada si se tienen en cuenta dos argumentos. En primer lugar, los trabajadores suelen disponer de más de una alternativa. Esta es, precisamente, una de las formas en las que se materializa el principio de protección de los trabajadores en el sector de la competencia. Así, junto al foro general del domicilio del demandado, los trabajadores pueden plantear la demanda en el Estado de trabajo habitual o, subsidiariamente, en el Estado del establecimiento contratante, sin perjuicio de que, además, puedan concurrir otros foros (foro de la sucursal, sumisión válida, pluralidad de demandados). En segundo lugar, ha de tenerse en cuenta que en otras materias sí se ha admitido el desdoblamiento de los foros, por lo que podría haberse planteado la viabilidad de un desdoblamiento del foro del lugar de trabajo habitual, lo que el TJUE nunca ha hecho.

532 *Cf.* O. Fotinopoulou Basurko, *Habitualidad vs temporalidad en los contratos de trabajo ligados al transporte internacional, op. cit.*, pp. 176-188; I. Ribes Moreno, «Los contratos de trabajo de los trabajadores del transporte desde la perspectiva del Derecho social europeo y la política social europea: aspectos críticos», en O. Fotinopoulou Basurko (dir.), *Los trabajadores del transporte en el Derecho de la Unión Europea*, Aranzadi, Navarra, 2022, p. 67.

ofrece mayores ventajas para el empleador, de manera que existe el peligro de que se fijen «bases de conveniencia» con fines de *dumping social*[533]. El hecho de que a los trabajadores les sea asignada una base de operaciones localizada en un determinado Estado porque la legislación laboral de este sea menos protectora no excluye que este sea el Estado de trabajo habitual a efectos de la competencia y de la ley aplicable, si en esta base concurren las circunstancias de la ejecución requeridas, empleadas como indicios de la «veracidad» de esa base de operaciones. El establecimiento de bases de operaciones que sí se corresponden con el lugar de trabajo habitual con el objetivo de reducir los costes sociales y laborales no puede atajarse desde las normas de DIPr. La solución de esta problemática correspondería, en caso de existir tal voluntad, al Derecho material.

2) La base de operaciones asignada se localiza en un Estado diferente de aquel en el que concurren los indicios: a efectos de las normas de DIPr se tratará de una **base de operaciones ficticia**. La base de operaciones no deberá ser tenida en cuenta y el lugar de trabajo habitual deberá identificarse únicamente a partir del resto de los elementos de la ejecución del trabajo[534]. Así, la ausencia de una asimilación directa entre base de operaciones y lugar a partir del cual se trabaja resulta protectora para los trabajadores, al evitar la consideración automática de las bases de operaciones ficticias asignadas unilateralmente por la aerolínea empleadora como lugar de trabajo habitual[535].

En el asunto *Nogueira* se establece que la relevancia de la base de operaciones solo desaparece cuando el litigio presenta unos vínculos de conexión

533 *Vid.* R. M Rodríguez Romero, *La liberalización del sector aeronáutico y su impacto sobre las relaciones laborales individuales del personal a bordo de aeronaves*, *op. cit.*, pp. 215-236.

534 Lo expuesto presenta coherencia con la jurisprudencia del TJUE relativa al empleo de la base como criterio para determinar el Estado de afiliación a la Seguridad Social, en la que se ha sostenido que solo cabe que el Estado de afiliación quede determinado por la base de operaciones si el mismo Estado es el de inicio y retorno de los trayectos, donde se reciben las instrucciones de trabajo y donde se encuentran las herramientas de trabajo, con una remisión expresa al asunto *Nogueira*. *Vid.* Capítulo I: II.2.C) Relevancia en la determinación del Estado de afiliación a la Seguridad Social.

535 En este sentido, en el asunto *Nogueira* el TJUE sostuvo que el método indiciario empleado tiene dos ventajas fundamentales, además de que permite reflejar mejor la realidad de las relaciones jurídicas, evita que el término «lugar en el cual o a partir del cual el trabajador desempeña habitualmente su trabajo» sea instrumentalizado para la práctica de estrategias de elusión de obligaciones. Para L. F. Carrillo Pozo [«Competencia judicial internacional en el trabajo aeronáutico (Desarrollos a partir de la Sentencia del TJUE de 14 de septiembre de 2017)», *Revista española de derecho del trabajo*, n.º 210, 2018, pp. 33-36], con el sistema indiciario no se contribuye definitivamente a neutralizar los problemas atribuidos al concepto de base de operaciones: por la amplitud del concepto, susceptible de interpretaciones diferentes en los distintos Estados miembros, y porque no implica de por sí una vinculación estrecha entre el trabajador y la base.

más estrechos con un lugar de trabajo distinto[536]. Cabe sostener que el TJUE se estaría refiriendo a estos casos, en los que los indicios no conducen al mismo Estado que la base de operaciones (ficticia)[537], decayendo la presunción. No obstante, algunos autores han interpretado tal mención por parte del TJUE a un Estado que presente vinculación más estrecha como la posibilidad de recurrir a una «cláusula de excepción», inexistente en el ámbito de la competencia, equivalente a la admisión del *forum non conveniens*. Así, la falta de concreción del TJUE también ha llevado a plantear que, incluso en caso de que exista una base de operaciones en la que concurran los indicios, otras circunstancias podrían ser valoradas para sostener que el lugar de trabajo habitual se encuentra en otro Estado distinto[538].

3) Cuando no exista un lugar de trabajo habitual, por la dispersión o inaplicación al caso de los indicios, se tratará una **base de operaciones formal**. El trabajador contará igualmente con una base de operaciones asignada, pues se trata de un requisito de Derecho administrativo aéreo, pero esta no debería tener relevancia en la identificación del Estado de trabajo habitual.

Teniendo en cuenta la forma en que se define el concepto de «base de operaciones» en las normas de seguridad aérea, cabe sostener que la voluntad del legislador europeo es que el personal de vuelo cuente con un lugar de inicio y retorno estable de los vuelos que debería coincidir con el Estado de trabajo habitual de las normas de DIPr. La solución de estas situaciones, en las que existe una base de operaciones, pero no un Estado de trabajo habitual, y la eventual introducción de limitaciones a la capacidad de las aerolíneas de deslocalizar a los trabajadores corresponde, igualmente, al Derecho material y a las autoridades aéreas y laborales correspondientes de cada Estado miembro. Ha de tenerse en cuenta que en las normas de Derecho aeronáutico ni siquiera se prevé expresamente que solo quepa la asignación de una única base por trabajador y tampoco se limita el número de cambios de base posibles en un periodo determinado.

Es posible que una base de operaciones ficticia o formal haya determinado el Estado de afiliación a la Seguridad Social, por la asimilación directa que opera en este ámbito, pese a no corresponderse con un lugar de trabajo habitual real. La base de operaciones fijada de este modo puede adquirir relevancia indirectamente en la determinación de la ley aplicable por medio de la conexión de los vínculos más estrechos[539].

---

536 Apartado 73 Asunto *Nogueira*.

537 En el mismo sentido: O. L. Knöfel, «Flugpersonal im Europäischen Arbeitsprozessrecht», *op. cit.*, p. 47.

538 Ha de tenerse en cuenta que una fórmula similar —establecimiento de una presunción para la identificación del lugar de trabajo habitual que puede quedar sin efecto en caso de «vinculación más estrecha» con otro Estado— se encontraba ya en el asunto *Weber* (ap. 58). *Vid.* Capítulo III: III.1. Cambio estable del lugar de trabajo.

539 La base de operaciones es el criterio tomado para determinar el Estado de afiliación, pero debería omitirse su toma en consideración cuando no se corresponda con el Estado de

173. Adicionalmente, el empleo de la base de operaciones como criterio delimitador del ámbito de aplicación de los convenios colectivos es problemático cuando resulta aplicable la ley de otro Estado. Cuando la ley objetivamente aplicable haya quedado determinada por el lugar de trabajo habitual se aplicará el convenio colectivo de la aerolínea en ese Estado. Sin embargo, como se ha visto, los convenios colectivos suscitan problemas de aplicación generales cuando, a pesar de que el contrato de trabajo se encuentra incluido en el ámbito de aplicación del convenio, este no pertenece al ordenamiento aplicable al contrato de trabajo en virtud de las conexiones del art. 8 RRI. Trasladada esta problemática el sector aéreo, se suscitarán problemas de aplicación cuando el ordenamiento rector del contrato sea uno diferente de aquel en el que se encuentra la base de operaciones asignada, ya que este es el criterio generalmente utilizado para definir el ámbito de aplicación de los convenios colectivos[540].

174. Si **lugar de trabajo habitual y base de operaciones asignada no son coincidentes** —situaciones de bases ficticias—, el convenio colectivo será una **norma ajena al ordenamiento aplicable**, por lo que no cabría su aplicación. Cabría sostener una corrección *de facto* del convenio aplicable, identificando el convenio de la aerolínea aplicable en la base de operaciones real del trabajador, es decir, aquella que se corresponda con el lugar de trabajo habitual real. Este convenio colectivo formaría parte del ordenamiento aplicable. Sin embargo, no ha de perderse de vista la posibilidad de que no exista un convenio colectivo de la aerolínea empleadora en el Estado en el que se encuentra el lugar de trabajo habitual real. En este caso, no tendría sentido privar al trabajador de la aplicación del convenio colectivo aplicable en la base de operaciones formalmente asignada por la aerolínea en caso de que su aplicación le beneficie.

175. Otra situación que debe plantearse es aquella en la que la ley objetivamente aplicable al contrato es la del **establecimiento contratante**, por no ser posible identificar un lugar de trabajo habitual. En esta situación deberá determinarse si procede aplicar el convenio colectivo del ordenamiento aplicable o el del Estado donde se encuentra la base de operaciones asignada. En cualquier caso, de tenerse en cuenta que si existe un convenio colectivo de la aerolínea en el Estado del establecimiento contratante, es posible que su ámbito de aplicación se extienda únicamente a los trabajadores cuya base de operaciones —lugar de trabajo habitual— se encuentre en ese país.

trabajo habitual. Sin embargo, no puede descartarse que en algunas situaciones una base de operaciones formal o ficticia determine el Estado de afiliación. *Vid.* capítulo III: II.1.B) Estado de afiliación a la Seguridad Social.

540 Ha de tenerse en cuenta la relevancia que puede adquirir la posible aplicación de un convenio colectivo que no pertenece al ordenamiento en principio aplicable en la conexión de los vínculos más estrechos. Si el convenio ha determinado algunas condiciones de trabajo del personal de vuelo, la aplicación del convenio puede llegar a funcionar como indicio de mayor proximidad respecto al Estado de cuyo ordenamiento jurídico forma parte. *Vid.* Capítulo III: II.1.D) Fijación del salario y otras condiciones laborales.

En cuanto a la aplicación del convenio colectivo de la base de operaciones asignada, ha de partirse de que esta pasaría a convertirse en un criterio formal y, al igual que en el caso anterior, se tratará de **convenio colectivo ajeno al ordenamiento objetivo**. Ha de tenerse en cuenta que todos los trabajadores han de tener una base de operaciones asignada, con independencia de que en realidad no desarrollen servicios de forma estable desde un determinado Estado. En este ámbito, una base de operaciones formal se convertiría en un criterio que permite que el trabajador permanezca incluido en el ámbito de aplicación de un convenio colectivo pese a carecer de lugar de trabajo habitual, por lo que podría continuar teniéndose en cuenta a estos efectos si resulta protector para el trabajador.

176. Si el ordenamiento aplicable no es el del lugar de trabajo habitual ni el del establecimiento contratante, sino otro con el que el contrato presente **vínculos más estrechos**, los problemas serán similares a los expuestos cuando se aplica el ordenamiento del establecimiento contratante. El convenio colectivo de la base de operaciones asignada no formaría parte del ordenamiento aplicable. *A priori* procedería la aplicación del convenio colectivo de la aerolínea en el Estado cuyo ordenamiento resulta aplicable, pero, si existe, es posible que la aplicación de ese convenio se limite a los casos en los que la base de operaciones se encuentra en ese Estado. No obstante, en este caso **puede existir un lugar de trabajo habitual que se corresponde** con la base de operaciones asignada, y que esta sea realmente el **centro de trabajo** del que depende el trabajador cumpliéndose el ámbito de aplicación del convenio. Aunque el convenio en principio no podría aplicarse por no formar parte del ordenamiento rector del contrato, cabe sostener que la aplicación del convenio se encuentra justificada y debe mantenerse si incrementa la protección del trabajador[541].

II. Identificación indiciaria del Estado de trabajo habitual y vínculos más estrechos

1. Indicios de proximidad de la conexión de los vínculos más estrechos

A) Vinculación más estrecha con base en criterios de Derecho público

177. Uno de los rasgos definitorios de la conexión de los vínculos más estrechos (art. 8.4 RRI) consiste en que esta se caracteriza por producir un cambio del ordenamiento aplicable, dejando sin efecto las presunciones del Estado de trabajo habitual o del establecimiento contratante y ejerciendo,

541 *Vid.* en este sentido Á. Espiniella Menéndez, *La relación laboral internacional*, *op. cit*, p. 88.

de este modo, una **función correctora**[542]. De la flexibilidad inherente a esta conexión se derivan consecuencias positivas y negativas: la posible quiebra de la seguridad y previsibilidad jurídicas[543]; y la capacidad de adaptación al caso concreto, garantizando la aplicación del ordenamiento que realmente presenta mayor proximidad con el contrato de trabajo.

La eventual entrada en juego de la conexión de los vínculos más estrechos se producirá una vez se ha iniciado un litigio y dependerá de la valoración del tribunal[544]. La discrecionalidad del tribunal se extiende a la selección de los indicios de proximidad, a su valoración global y a la determinación de la mayor o menor proximidad que presente el Estado en el que estos concurran en comparación con el Estado de trabajo habitual o del establecimiento contratante.

178. En el asunto *Schlecker* el TJUE estableció expresamente tres elementos que deben tomarse como indicios de proximidad para determinar la mayor vinculación del contrato con un ordenamiento diferente al del lugar de trabajo habitual o al del establecimiento contratante: el Estado de afiliación a la Seguridad Social, el Estado de tributación de las rentas del trabajo y los parámetros relacionados con la fijación del salario u otras condiciones de trabajo[545]. Ello sin descartar que otros elementos puedan tomarse en consideración, pues, según puede leerse en la Sentencia, el tribunal debe tener en cuenta la totalidad de las circunstancias del caso.

El TJUE opta por la toma en consideración de elementos que revelan una **vinculación *de facto*** del contrato de trabajo con un determinado Estado. En principio lo relevante es identificar cuál es el Estado de afiliación a la Seguridad Social y de tributación y, en su caso, aquel cuyo ordenamiento ha incidido sobre las condiciones de trabajo, y parecen irrelevantes los criterios tomados por el Estado correspondiente para la imposición de tales cargas[546].

542 *Vid.* P. Lagarde: «Le principe de proximité dans le droit international privé contemporain», *R. des. C.*, vol. 196, 1986, pp. 9-238, esp. pp. 97-126.

543 No obstante, la aplicación de la conexión de los vínculos más estrechos no debería estar reñida con la previsibilidad, sino al contrario, al conducir a la aplicación del ordenamiento que realmente resulta más previsible para las partes por ser el más próximo. *Vid.* en este sentido: P. Rodríguez Mateos, «Una perspectiva funcional del método de atribución», *REDI*, vol. 40, n.º 1, 1988, p. 105.

544 Cabría plantear una aplicación del ordenamiento más próximo determinado por la conexión de los vínculos más estrechos desde la celebración del contrato, en caso de que en ese momento ya pueda determinarse la mayor proximidad con un Estado diferente al de trabajo habitual o al del establecimiento contratante. Las partes asumirían entonces la función de efectuar la valoración de proximidad y ello podría asemejarse demasiado a una elección de ley, que siempre resultará más protectora para el trabajador.

545 La toma en consideración de estos criterios de Derecho público en la aplicación de la conexión de los vínculos más estrechos había sido ya planteada previamente. *Vid.* O. Fotinopoulou Basurko, *La determinación de la ley aplicable al contrato de trabajo internacional*, Aranzadi, Pamplona, 2006, pp. 136-143.

546 *Cf. ibidem*, p. 139.

No obstante, ello **no debería conducir a una toma en consideración automática e indiscriminada** de estas circunstancias. En cualquier caso, resulta necesario que el tribunal compruebe cómo han quedado fijados estos indicios, para descartarlos cuando hayan quedado fijados de forma fraudulenta. Igualmente, debería descartarse la toma en consideración de los elementos que hayan quedado fijados por voluntad exclusiva del empleador, pues de otro modo se estaría favoreciendo una fijación indirecta del ordenamiento aplicable por su parte[547]. Igualmente, en la selección de otros indicios, diferentes de los expresamente establecidos por el TJUE, han de ignorarse todas aquellas circunstancias que no tienen valor para revelar proximidad en términos conflictuales.

Repárese en las circunstancias del asunto *Nogueira*, generalizadas en los contratos de trabajo de *Ryanair*: los contratos estaban redactados en inglés; se elegían los tribunales irlandeses; los trabajadores estaban afiliados a la Seguridad Social irlandesa y tributaban en Irlanda; los aviones estaban matriculados en Irlanda; los contratos se habían celebrado en otros Estados, pero se habían perfeccionado en Irlanda; y el pago del salario tenía lugar en una cuenta bancaria irlandesa. La selección de los indicios de proximidad es clave: una toma en consideración indiscriminada de todos los elementos del contrato, sin descartar los que habían quedado fijados de forma fraudulenta, por voluntad exclusiva de la aerolínea o sin valor para revelar proximidad, llevaría con facilidad a la aplicación del ordenamiento irlandés.

Los tres indicios planteados por el TJUE pueden resultar problemáticos por estos motivos[548]. Por ello, deben indagarse los criterios que subyacen en la determinación del Estado de afiliación a la Seguridad Social y de tributación de las rentas del trabajo, así como el fundamento de la aplicación de determinadas normas para la fijación de las condiciones de trabajo. Una vez se conoce cómo han quedado fijadas estas circunstancias, si es preciso, debe descartarse su toma en consideración como indicios de proximidad.

179. Adicionalmente, otros elementos de la relación laboral pueden ser tomados como indicios de proximidad. En principio, las circunstancias que podrán tomarse en consideración a estos efectos serán aquellas que no se utilizan para identificar el lugar de trabajo habitual[549]. Por otro lado, deben

---

547 *Vid.* Capítulo IV: III.1.B) Elección tácita y vínculos más estrechos. Debería procederse del mismo modo si se trata de circunstancias introducidas por la voluntad del trabajador o por acuerdo de ambas partes cuando los trabajadores cuentan con poder de negociación.

548 Se ha considerado que los indicios establecidos en el asunto *Schlecker* no deberían ser relevantes en la determinación de la ley aplicable: R. Plender y M. Wilderspin, *op. cit.,* p. 354.

549 Sin embargo, es posible que una circunstancia que haya sido tomada en consideración en la identificación del Estado de trabajo habitual finalmente no concurra en el Estado considerado como de trabajo habitual tras la aplicación del sistema indiciario. Posteriormente, esa circunstancia puede volver a tomarse en consideración en la aplicación de la conexión de los vínculos más estrechos. *Vid.* Capítulo III: II.2. Compatibilidad de la interpretación amplia del lugar de trabajo habitual con la conexión de los vínculos más estrechos.

cumplirse las condiciones previamente expuestas: debe tratarse de circunstancias que no hayan quedado fijadas de forma fraudulenta, cuya fijación no corresponda a la voluntad del empleador y que sean valiosas para revelar proximidad en términos conflictuales. Pueden señalarse las siguientes: las relativas a las funciones propias del empleador (particularmente, desde dónde se emiten las instrucciones de trabajo)[550]; el Estado en el que el trabajador fue captado; o la base de operaciones asignada, si no existe un Estado de trabajo habitual, pero ha influido sobre la relación laboral al poder identificarse con el centro de trabajo[551]. La relevancia de los indicios de proximidad, en cualquier caso, solo puede identificarse a partir una valoración global de las circunstancias del contrato, cuando concurran junto con otros en un mismo Estado.

180. Las posibilidades de que la conexión de los vínculos más estrechos entre en juego dependerán en gran medida de la existencia o no de un Estado de trabajo habitual. Si existe un lugar de trabajo habitual, para que se aplique otro ordenamiento, en principio, será necesario que el trabajador se encuentre afiliado al sistema de Seguridad Social de otro Estado, que tribute por las rentas del trabajo en otro Estado y que el ordenamiento de otro Estado haya influido sobre la determinación de algunas condiciones de trabajo[552]. Ha de tenerse en cuenta que algunos de estos indicios de proximidad suelen quedar fijados indirectamente por el lugar de trabajo habitual (Estado de afi-

550 Así, el lugar donde los trabajadores reciben las instrucciones sobre sus misiones y organizan su trabajo es un indicio para la identificación del Estado de trabajo habitual (asunto *Nogueira*), mientras que el Estado desde el que se emiten las instrucciones puede actuar como un indicio de proximidad de los vínculos más estrechos. En cualquier caso, ha de repararse en la limitada operatividad que puede llegar a tener esta circunstancia como indicio de proximidad de los vínculos más estrechos, pues es posible que las instrucciones se emitan desde diferentes Estados cuando distintas sociedades se encuentran involucradas en el contrato de trabajo.

551 En este mismo sentido, se ha sostenido la toma en consideración del establecimiento en el que se encuentra integrado el trabajador como indicio de proximidad de los vínculos más estrechos: O. Deinert, *op. cit*, p. 152. En cualquier caso, la base de operaciones asignada solo podrá tomarse en consideración como indicio de proximidad, por sí misma, cuando no ha sido el criterio determinante del Estado de afiliación a la Seguridad Social. De lo contrario, la misma circunstancia (base de operaciones asignada) estaría tomándose en consideración doblemente —directa e indirectamente— en la aplicación de la conexión de los vínculos más estrechos.

552 El trabajador se vería privado de la protección prevista en el ordenamiento del Estado de trabajo habitual, que puede ser superior a la protección garantizada por la ley del Estado que presenta mayor proximidad. En estos casos solo cabe que se conserve la protección del Estado de trabajo habitual si alguna de sus normas es aplicada como norma de policía del Estado de ejecución del trabajo, o como norma de policía del foro si el trabajador presenta la demanda en el Estado de trabajo habitual. Así, las normas de policía, en ciertos casos, podrían ejercer la función de corregir la desprotección del trabajador provocada por la «huida» del ordenamiento del Estado de trabajo habitual por medio de los vínculos más estrechos.

liación a la Seguridad social o, generalmente, los parámetros utilizados para determinar las condiciones laborales), de forma que tenderán a confirmar la mayor proximidad de ese Estado, neutralizándose las posibilidades de que la conexión de los vínculos más estrechos deje sin efecto la presunción.

Pese a existir un Estado de trabajo habitual, se incrementarán las posibilidades de que el ordenamiento objetivo quede determinado por la conexión de los vínculos más estrechos si este es un Estado en el que se ha trabajado, pero no presenta una gran proximidad con el contrato, lo que en algunos casos no puede descartarse[553].

Si no existe un lugar de trabajo habitual, la entrada en juego de los vínculos más estrechos será más probable porque la presunción subsidiaria del establecimiento contratante suele presentar escasa proximidad con el contrato. No obstante, dada la inexistencia de un lugar de trabajo habitual, también será más probable que los indicios de proximidad se encuentren dispersos en múltiples Estados, fruto de la deslocalización del trabajador. La determinación de la mayor vinculación con otro Estado resultará más compleja y conllevará una mayor carga valorativa[554].

B) Estado de afiliación a la Seguridad Social

181. Como se ha visto, en la actualidad el criterio utilizado en la UE para determinar el Estado de afiliación a la Seguridad Social es la base de operaciones asignada al trabajador (art. 11.5 del Reglamento (CE) 883/2004). En este ámbito se establece una **asimilación directa entre lugar habitual de trabajo y base de operaciones** con el objetivo de facilitar la determinación del Estado de afiliación a la Seguridad Social que, sin embargo, puede ser objeto de excepciones.

Del asunto *INAIL e INPS* se deduce que procede a un análisis detallado de los elementos que concurren en la base de operaciones para determinar si esta puede operar como criterio de afiliación a la Seguridad Social[555]. Los elementos tomados en consideración para establecer si la base de operaciones es un criterio válido para determinar el Estado de afiliación a la Seguridad Social son sustancialmente los mismos que los utilizados para la identificación del lugar de trabajo habitual del personal de vuelo, de modo que el

553 En este sentido, se ha sostenido que la aplicación de la conexión de los vínculos más estrechos debería reservarse particularmente como solución en los contratos de trabajo en los que la localización resulta compleja, con referencia expresa del personal de vuelo. *Vid.* R. Clerici, «Quale favor per il lavoratore nel Regolamento Roma I?», en G. Venturini, S. Bariatti (eds.), *Nuovi strumenti del diritto internazionale privato, Liber Fausto Pocar*, Giuffrè, Milán, 2009, p. 218.

554 *Vid.* Capítulo IV: I.1.C) Interacción con los vínculos más estrechos.

555 *Vid.* Capítulo I: II.2.C) Relevancia en la determinación del Estado de afiliación a la Seguridad Social.

lugar de trabajo habitual de las normas de DIPr y el Estado de afiliación a la Seguridad Social deben coincidir. Si, pese a ello, el Estado de afiliación a la Seguridad Social ha quedado determinado por una **base de operaciones ficticia o formal**, el indicio de proximidad del Estado de afiliación a la Seguridad Social **deberá omitirse en la aplicación de la conexión de los vínculos más estrechos**.

182. La solución para los casos en los que el personal de vuelo no trabaja de forma estable en un Estado consiste en inaplicar la regla de la base de operaciones[556] y aplicar subsidiariamente la regla para los trabajadores que ejercen actividades en dos o más Estados miembros (art. 13 Reglamento (CE) 883/2004)[557]. En virtud de esta norma, en primer lugar, procede la afiliación al sistema de Seguridad Social del **Estado en el que resida el trabajador**, siempre que ejerza una parte sustancial de su actividad en ese Estado[558]. Si el trabajador no ejerce una parte sustancial de su actividad en el Estado miem-

556 *Vid.* el considerando 18 ter del Reglamento 883/2004: *Con el fin de facilitar la aplicación del título II del presente Reglamento a los miembros de tripulaciones de vuelo y de cabina, está justificado tomar este concepto de «base» como el criterio para determinar cuál es la legislación aplicable a los miembros de las tripulaciones de vuelo y de cabina. Sin embargo, la legislación aplicable a los miembros de las tripulaciones de vuelo y de cabina debe mantenerse estable y el principio de «base» no ha de entrañar cambios frecuentes de legislación aplicable debido a los modelos de trabajo del sector industrial o a demandas estacionales.*

557 *Vid.* CACSS, *op. cit.*, pp. 31-34. La guía de la CACSS prevé la aplicación del art. 13 del Reglamento en los siguientes casos: cuando el personal de vuelo tenga dos o más bases de operaciones en diferentes Estados miembros, cuando el personal de vuelo haya sido contratado para misiones cortas y sucesivas de pocos meses en Estados miembros diferentes, si el personal de vuelo ha cambiado regularmente de base de operaciones en un período de doce meses naturales anteriores a la última determinación del Estado de afiliación o si es probable que vaya a cambiar regularmente de base de operaciones en los doce meses naturales siguientes. Ha de tenerse en cuenta que la complejidad que reviste la aplicación de las reglas del art. 13 del Reglamento (CE) 883/2004 al personal de vuelo y su posible manipulación por parte de las aerolíneas empleadoras fueron los motivos que justificaron la introducción de la regla específica de la base de operaciones. La aplicación de esta regla generaba cambios frecuentes en el Estado de afiliación en función del plan de operaciones de las compañías aéreas, al depender del tiempo trabajado en el Estado miembro de residencia del trabajador, y las compañías podían incidir en la determinación del Estado de afiliación. *Cf.* A. MARTÍN-POZUELO LÓPEZ, *op. cit.*, p. 386-387.

558 Se estima que se ha realizado una actividad sustancial en el Estado miembro de la residencia cuando en este Estado se desarrolla una parte cuantitativamente importante del conjunto de la actividad. De una evaluación global debe resultar que al menos el 25 % de la actividad se ejerce en el Estado de la residencia [art. 14.8 del Reglamento 987/2009 por el que se adoptan las normas de aplicación del Reglamento (CE) 883/2004, sobre la coordinación de los sistemas de seguridad social (*DO* L 284/1 de 30 de octubre de 2009)]. Se utilizan como criterios para determinar si se cumple este porcentaje el tiempo de trabajo en el Estado de la residencia o la remuneración. En el caso particular del personal de vuelo, se puede tener en cuenta el número de despegues y de aterrizajes en el Estado miembro de la residencia. *Cf.* CACSS, *op. cit.*, p. 32. *Vid.* Á. MARTÍN POZUELO, *op. cit.*, pp. 477-478.

bro en el que reside, procede la afiliación al sistema de Seguridad Social del **Estado miembro en el que tenga su sede o domicilio el empleador**[559].

Como se ve, cuando no procede la aplicación de la regla de la base de operaciones, este indicio de proximidad puede jugar de modo ambivalente: apuntará hacia el Estado de la residencia del trabajador o hacia el del empleador en función de que el personal de vuelo haya trabajado o no con carácter estable en el Estado en el que reside.

183. Adicionalmente, han de tenerse en cuenta las normas específicas para la determinación del Estado de afiliación a la Seguridad Social del **personal de vuelo temporalmente desplazado**. El Reglamento (UE) 883/2004 también introduce una regla especial para los supuestos de desplazamiento temporal de trabajadores[560]. Esta se aplica al personal de vuelo al igual que a cualquier otro trabajador desplazado. En virtud de tal norma, procede la afiliación al sistema de Seguridad Social del Estado de origen durante un máximo de dos años. En estos casos, el cambio de la base de operaciones asignada no dará lugar a un cambio del Estado de afiliación a la Seguridad Social, que solo tendría lugar transcurridos dos años, momento en el que procede la afiliación al sistema de Seguridad Social del Estado de destino.

La fijación del Estado de afiliación a la Seguridad Social por medio de «falsos desplazamientos» ha sido relativamente común. Los trabajadores permanecían afiliados al sistema de Seguridad Social de un Estado miembro de origen ficticio, en el que realmente el personal de vuelo nunca había trabajado antes del supuesto desplazamiento. Para ello, las aerolíneas solicitaban la emisión de certificados E101 —por medio de los cuales se articula el mantenimiento de la afiliación al sistema de Seguridad Social del Estado de origen— a las autoridades de ese falso Estado de origen, y estas los emitían sin comprobar la veracidad del desplazamiento. El TJUE ha descartado que quepa la anulación de tales certificados por los Estados miembros de destino, incluso aunque se haya constatado el fraude, estableciendo que solo es posible una rectificación por parte de las autoridades de los Estados miembros de origen. En el sector aéreo, el TJUE se ha pronunciado en este sentido

559 Las dos presunciones se complementan con otras tres para el caso de que existan múltiples empleadores. En primer lugar, procede la afiliación al Estado en el que todos los empleadores tengan su sede o domicilio. Si tienen su sede o domicilio en dos Estados diferentes procede la afiliación al Estado en el que reside el trabajador si coincide con uno de ellos. Por último, si al menos dos empleadores tienen su sede o domicilio en Estados miembros diferentes y distintos al de la residencia del trabajador, procede la afiliación en el Estado de la residencia del trabajador. *Cf.* Á. Martín-Pozuelo, *op. cit.*, p. 463.

560 Artículo 12 del Reglamento 883/2004: *La persona que ejerza una actividad asalariada en un Estado miembro por cuenta de un empleador que ejerce normalmente en él sus actividades y a la que este empleador envíe para realizar un trabajo por su cuenta en otro Estado miembro seguirá sujeta a la legislación del primer Estado miembro, a condición de que la duración previsible de dicho trabajo no exceda de veinticuatro meses y de que dicha persona no sea enviada en sustitución de otra persona enviada.*

en el asunto *CRPNPAC*[561]. En la aplicación de la conexión de los vínculos más estrechos, en cambio, una vez comprobada la afiliación fraudulenta al sistema de Seguridad Social del falso Estado de origen, deberá descartarse la toma en consideración de esta circunstancia como indicio de proximidad.

C) Estado de tributación de las rentas del trabajo

184. El Estado de tributación por las rentas del trabajo depende del modo en que cada Estado define la relación con su territorio requerida para gravar tales rentas. Así, en todo caso, se requiere la existencia de una relación con el territorio del Estado, pero la relación exigida puede ser de dos tipos: una vinculación personal, generalmente ligada a la noción de residencia del trabajador y que implica la tributación por su renta mundial (es decir, por todas las rentas que obtenga en el Estado en cuestión y en el extranjero); o una vinculación real, conectada no con la persona, sino con la renta en cuestión, motivo por el que suele suponer la tributación en el Estado de domicilio del empleador (como Estado fuente de la renta, únicamente por esa concreta manifestación de riqueza).

185. Pueden darse casos en las que la misma renta es gravada por dos Estados. Es decir, pueden darse situaciones de doble imposición, en las que el personal de vuelo se encuentra obligado a pagar impuestos tanto en el Estado de su residencia como en el Estado en el que se encuentra domiciliada la empleadora[562].

Estas situaciones tratan de atajarse fundamentalmente con la adopción de medidas nacionales, pero también, y muy especialmente, con la adopción de convenios bilaterales de doble imposición. La mayoría de estos convenios internacionales siguen el Modelo de Convenio Tributario sobre la Renta y el Patrimonio de la OCDE (MCOCDE)[563]. El artículo 15 MCOCDE contiene el régimen en de tributación de las rentas del trabajo por cuenta ajena, precepto en el que figura una norma especial para las retribuciones obtenidas por razón de un empleo ejercido a bordo de un buque o aeronave explotados

561 Sentencia de 2 abril 2020, asuntos acumulados C-370/17 y C-37/18 (ECLI:EU:C:2020:260). Si bien en la jurisprudencia española no se encuentran casos en los que emerja directamente esta problemática, sí que se han dado casos en los que, pese a prestar servicios desde España, los trabajadores no estaban afiliados al sistema de Seguridad Social español. *Vid*. STSJ de Cataluña de 14 de enero de 2014 (ECLI:ES:TSJCAT:2014:72).

562 *Vid.* C. Brannigan y otros, *op. cit.* pp. 62, 77, 81, 210, 213, 221. También son conocidas las dificultades del personal de vuelo de determinadas compañías para conocer el Estado en el que deben pagar impuestos, ya que en ocasiones la aerolínea indica erróneamente a los trabajadores el Estado de tributación —el de domicilio de la aerolínea— sin que este se corresponda con el Estado en el que realmente correspondería tributar.

563 El modelo es generalmente seguido por los Estados miembros de la UE, así como también ampliamente por terceros Estados.

en el tráfico internacional. En virtud de tal regla las retribuciones obtenidas por el personal de vuelo serán gravadas exclusivamente por el Estado de residencia del trabajador[564], con una única excepción para el caso de que la aeronave se explote únicamente entre puntos situados en el otro Estado contratante[565]. No obstante, esta es únicamente la regla general, que admite adaptaciones. Así, el Estado de residencia del trabajador puede ceder la potestad de gravar las rentas al Estado del domicilio de la aerolínea. También cabe la posibilidad de que se diseñe un régimen de tributación compartida, siempre que se excluya la doble imposición del trabajador[566].

186. Como se ve, el Estado de tributación del personal de vuelo **dependerá del modelo seguido en cada Estado miembro** y, en su caso, de la existencia de convenios bilaterales de doble imposición. El indicio del Estado de tributación por las rentas del trabajo podrá apuntar tanto hacia el Estado de la residencia del trabajador como hacia el Estado del empleador[567]. De este modo, la contratación del personal de vuelo por compañías intermediarias puede adquirir relevancia también en este ámbito. En situaciones de doble imposición, si el convenio sigue el MCOCDE, será probable que corresponda tributar en el Estado de la residencia del trabajador. Así, en estos casos el indicio de proximidad del Estado de tributación tenderá a apuntar hacia este Estado, si bien existen otras soluciones[568] y no puede descartarse la aplicación de convenios que sigan criterios distintos.

564 Art. 15.3: *No obstante, las disposiciones precedentes de este artículo, las retribuciones obtenidas por un residente de un Estado contratante por razón de un empleo ejercido a bordo de un buque o aeronave explotados en el tráfico internacional como miembro de la tripulación habitual del buque o la aeronave, serán gravables exclusivamente en el Estado mencionado en primer lugar, excepto cuando el buque o aeronave se exploten únicamente entre puntos situados en el otro Estado contratante*. Repárese en que en la versión anterior del MCOCDE (2010), la regla específica para el personal de vuelo consistía en el pago de tributos en el Estado de la sede de la aerolínea (art. 15.3: *No obstante las disposiciones precedentes de este artículo, las remuneraciones obtenidas de un trabajo dependiente realizado a bordo de un buque o aeronave explotados en tráfico internacional, o de una embarcación destinada a la navegación por aguas interiores pueden someterse a imposición en el Estado contratante en que esté situada la sede de dirección efectiva de la empresa*).

565 El criterio aplica igualmente en el caso de que el trabajo se haya ejercido a bordo de una aeronave explotada por una aerolínea de tercer Estado (MCOCDE, p. 321).

566 *Vid.* MCOCDE, pp. 322-323.

567 Se valora positivamente el empleo de este indicio de proximidad en los contratos de trabajo del personal de vuelo en O. L. Knöfel: «The Sweet Escape – Zur Ausweichklausel im Europäischen Internationalen Arbeitsvertragsrecht», *EuZA*, n.º 7, 2014, p. 384.

568 *Vid.* C. Brannigan y otros, *op. cit*, p. 80. Adicionalmente, han de tenerse en cuenta las situaciones de falso trabajo autónomo, en las que el trabajador habrá cotizado íntegramente en el Estado del domicilio de la aerolínea o de la intermediaria. Determinada la naturaleza laboral de la relación, la solución óptima podría consistir en descartar el juego del indicio de la tributación, pues esta habrá quedado determinada de forma fraudulenta.

D) Fijación del salario y otras condiciones laborales

187. Junto al Estado de afiliación a la Seguridad Social y de tributación de las rentas del trabajo, en el asunto *Schlecker* el TJUE estableció un tercer indicio de proximidad: «los parámetros relacionados con la fijación del salario u otras condiciones de trabajo»[569]. El indicio puede resultar problemático si se interpreta de forma que la **aplicación de una ley impuesta por el empleador,** distinta de la que correspondería aplicar en virtud del art. 8 RRI, actúe como indicio de proximidad, pues se favorecería que esta se convierta formalmente en la ley aplicable al contrato de trabajo. Es preciso distinguir entre las distintas situaciones en las que un ordenamiento ajeno al que resulta aplicable puede haber influido sobre las condiciones de trabajo.

Si el contrato de trabajo se ha regido por la ley de un Estado de trabajo habitual real, la toma en consideración de las normas que hayan regido las condiciones laborales tenderá a neutralizar la conexión de los vínculos más estrechos, pues este indicio revelará la mayor proximidad del Estado cuyo ordenamiento se ha aplicado hasta el momento.

El criterio resultaría problemático cuando se haya aplicado directa y exclusivamente la ley elegida por la compañía aérea. El salario y otras condiciones laborales habrán quedado determinados por este ordenamiento. En caso de plantearse un litigio, el empleo de este indicio podría contribuir a que la ley elegida unilateralmente por la aerolínea se transforme en el ordenamiento objetivo.

También resulta problemático en caso de fijación en el contrato de un lugar de trabajo que no se corresponde con el real, con la consiguiente aplicación de este ordenamiento. Igualmente, este ordenamiento habrá determinado el salario y otras condiciones laborales, y con el empleo de este indicio de proximidad tendería a producirse una conversión de este en el ordenamiento objetivo por la vía de los vínculos más estrechos.

En estos casos, ha de descartarse una interpretación de este indicio de proximidad que admita tales efectos de la conexión de los vínculos más estrechos. Aunque se haya adoptado una perspectiva fáctica de la conexión, esta no puede convertirse en una vía para «naturalizar» fijaciones de la ley aplicable contrarias al art. 8 RRI.

---

569 Ap. 41 asunto *Schlecker*: *...el órgano jurisdiccional nacional debe tener en cuenta también la totalidad de las circunstancias del asunto, como, en particular, los parámetros relacionados con la fijación del salario u otras condiciones de trabajo.* Por su formulación, este criterio plantea dudas interpretativas que pueden aclararse acudiendo a las Conclusiones del AG. Según puede leerse en las Conclusiones el juez puede examinar con arreglo a qué convenio o a qué baremo nacional se determinaron el salario y el resto de condiciones laborales. En palabras del AG, este examen puede realizarse por referencia a las indicaciones contenidas en el contrato de trabajo y a los documentos que eventualmente estén incorporados a él como anexo o a los que haga referencia expresamente.

188. Generalmente, la imposición de determinadas condiciones laborales por parte de la empleadora conforme a un determinado ordenamiento no deberá considerarse como un indicio de proximidad de los vínculos más estrechos, sino como un indicio de la existencia de una **elección de ley tácita**, de modo que el trabajador, en todo caso, disfrutará del nivel de protección mínimo ordenamiento objetivamente aplicable, que solo podrá ser mejorado por la elección de ley[570].

La aplicación de un ordenamiento distinto del que rige el contrato en virtud del art. 8 RRI deberá considerarse como un indicio de proximidad de los vínculos más estrechos en **situaciones particulares**, en las que la aplicación de otro ordenamiento sí resulte admisible. Así, podría actuar como indicio de proximidad la **aplicación de normas internacionalmente imperativas**, que apuntará hacia la mayor proximidad del Estado que haya impuesto la aplicación de tales normas. Igualmente, podría adquirir relevancia la **aplicación del núcleo duro** en los casos de desplazamiento temporal de la Directiva 96/71/CE, que revelaría una mayor proximidad con el Estado de destino[571]. Asimismo, cabe plantear si una eventual inclusión del trabajador en **procesos colectivos de modificación de las condiciones de trabajo o de despido** desarrollados conforme al ordenamiento de un Estado distinto al que *a priori* regía el contrato podría adquirir posteriormente relevancia por esta vía. La toma en consideración de esta circunstancia como indicio de proximidad solo debería admitirse, en su caso, cuando el contrato presente vinculación suficiente con el Estado en el que se desarrolló el proceso colectivo[572]. Ha de tenerse en cuenta que, si bien la voluntad de iniciar el proceso corresponde al empleador, la aplicación de la ley del Estado en el que se encuentren las bases afectadas, que rige los procesos colectivos, viene impuesta.

Como se ha visto, una de las soluciones posibles en estos casos podría consistir en permitir la inclusión del contrato de trabajo en el proceso colectivo solo si el contrato se rige por la misma ley que rige el proceso colectivo. En este caso, el proceso colectivo no tendría efectos sobre la determinación de la ley aplicable por medio de los vínculos más estrechos.

No obstante, también cabría admitir la inclusión en el proceso colectivo si el contrato presenta suficiente vinculación con el centro de trabajo/base de operaciones afectado. En este caso, es posible que el ordenamiento aplicable al contrato (lugar de trabajo habitual o establecimiento contratante) y el ordenamiento que rige el proceso colectivo sean diferentes. En este caso, la toma en consideración de la inclusión en del contrato en un proceso colectivo sí podría adquirir relevancia posteriormente sobre la determinación de la ley aplicable.

---

570 *Vid.* Capítulo IV: III.1.B) Elección tácita y vínculos más estrechos.

571 *Vid.* Capítulo III: III.4.E) Eventual incidencia del desplazamiento sobre la ley aplicable por medio de los vínculos más estrechos.

572 *Vid.* Capítulo II: III.2. E) Procesos colectivos de modificación de las condiciones de trabajo y III.4.B) Procesos de despido colectivo.

Además, debe determinarse la relevancia que debería adquirir la eventual **aplicación de un convenio colectivo** que perteneciente a un ordenamiento diferente del que rige el contrato. Así, la aplicación del convenio colectivo en el que cuyo ámbito de aplicación se encuentre incluido el contrato de trabajo podría jugar como una circunstancia que revelaría una mayor vinculación con el Estado a cuyo ordenamiento pertenece el convenio[573]. La toma en consideración de esta circunstancia como reveladora de una mayor vinculación implicaría asumir que procede la aplicación de un convenio colectivo que no pertenece al ordenamiento rector del contrato. De lo contrario, si tal aplicación se considera inadmisible conforme al art. 8 RRI, su toma en consideración como indicio de proximidad debería excluirse. En este caso, cabe plantear su posible consideración como un indicio de la existencia de una elección de ley tácita[574].

2. Compatibilidad de la interpretación amplia del lugar de trabajo habitual con la conexión de los vínculos más estrechos

A) Funcionamiento en ley aplicable

189. Como se ha visto, el TJUE ha empleado el mismo sistema para la identificación del lugar de trabajo habitual en casos de determinación de la ley aplicable *(Koelzsch y Voogsgeerd)* y de determinación de la competencia *(Nogueira)*. La utilización del mismo concepto de lugar de trabajo habitual en ambos sectores se ha impuesto sobre la base de una interpretación del principio de coherencia que justifica el empleo de un **concepto único de lugar de trabajo habitual** con el objetivo de facilitar y simplificar la aplicación de las normas de DIPr europeas.

El pragmatismo, la sencillez y la facilitación de la labor de los tribunales justifican el uso de los mismos conceptos, pero ello no implica que esta interpretación única no presente límites y necesidades de adaptación que, por otro lado, son evidentes. La forma de identificar este lugar, en principio, ha de ser la misma con independencia del sector de DIPr en el que nos encontremos, pero no se han tenido en cuenta las distintas funciones y naturaleza de foros y conexiones[575] y, en particular, que la utilización del sistema

573 Esto era lo que ocurría precisamente en el caso del asunto *Schlecker*. Pese al cambio del Estado de trabajo habitual se continuó aplicando el convenio colectivo de la empresa del Estado de trabajo habitual previo.

574 *Vid.* Capítulo IV: III.1.B) Elección tácita y vínculos más estrechos.

575 *Cf.* S. Sánchez Lorenzo, «El principio de coherencia en el Derecho internacional privado

indiciario en el ámbito de la ley aplicable plantea el problema de su **encaje con la conexión de los vínculos más estrechos**, cuestión que el TJUE no ha abordado en su jurisprudencia[576].

190. La conexión de los vínculos más estrechos responde a la necesidad de que la aplicación del ordenamiento más próximo quede garantizada en todo caso. Ello implica que la identificación del lugar de trabajo habitual en el sector de la ley aplicable en ocasiones pueda perder relevancia: en cualquier caso, el lugar de trabajo habitual actuará únicamente como una presunción y se aplicará el ordenamiento más próximo por medio de la conexión de los vínculos más estrechos.

En el asunto *Schlecker*, el TJUE estableció la forma en la que debe procederse para la aplicación de la conexión de los vínculos más estrechos: previamente ha de determinarse cuál es la ley aplicable al contrato en virtud de la conexión del lugar de trabajo habitual o, subsidiariamente, del establecimiento contratante. Una vez determinado el ordenamiento que en principio resultaría aplicable con base en las presunciones, es cuando debe valorarse la eventual existencia de una vinculación más estrecha con otro Estado diferente[577].

En el asunto *Schlecker*, en principio hubiera resultado aplicable el ordenamiento holandés, por ser los Países Bajos el Estado de trabajo habitual. No obstante, el TJUE estableció que otro ordenamiento podía resultar aplicable, tomando en consideración como indicios de proximidad del Estado de afiliación a la Seguridad Social, el Estado de tributación y la fijación del salario y otras condiciones laborales. La trabajadora había continuado afiliada al sistema de Seguridad Social alemán y tributaba en este Estado, en el que había trabajado previamente durante quince años. Igualmente, el ordenamiento alemán había continuado rigiendo el salario y otras condiciones laborales tras el traslado. Así, con la toma en consideración de estos elementos como indicios de proximidad, el ordenamiento alemán previsiblemente resultaba aplicable por ser el ordenamiento que presentaba mayor

---

europeo», *REDI*, vol. 70, n.° 2, 2018, p. 36 y np. 50; R. Morse, «From Brussels to the Hague: But What About Rome? Choice of Law and Employment Contracts», en J. Forner Delaygua, C. González Beilfuss, R. Viñas Farré (coords.), *Entre Bruselas y La Haya: estudios sobre la unificación internacional y regional del derecho internacional privado. Liber amicorum Alegría Borrás*, p. 609; C. S. A Okoli, *Place of Performance, A Comparative Analysis*, Hart, New York, 2020, p. 211 y ss.; V. Parisot, *op. cit.*, p. 636. *Vid.* C. Tuo, «Corte di giustizia dell'Unione Europea, sez. II 14 settembre 2017 – Nogueira c. Crewlink e Moreno c. Ryanair», *Il Diritto Marittimo*, 2018, pp. 411-416.

576 *Vid.* O. Fotinopoulou Basurko, *Habitualidad vs temporalidad en los contratos de trabajo ligados al transporte internacional*, *op. cit.*, p. 156; I. A. Rodríguez Cardo, «Ley aplicable y competencia judicial en la prestación de trabajo», en J. García Murcia, A. García Torres (coords.), *Libertades de circulación y derechos de protección social en la Unión Europea: un estudio de jurisprudencia del Tribunal de Justicia*, Lisboa, Juruá, 2016, pp. 462-463.

577 Ap. 35 asunto *Schlecker*.

vinculación con el contrato en virtud de la conexión de los vínculos más estrechos, decayendo la presunción del lugar de trabajo habitual.

191. En el sector aéreo, al igual que en los otros sectores del transporte internacional, la determinación indiciaria del lugar de trabajo habitual obligaría, al menos teóricamente, a efectuar una **división entre categorías de indicios de proximidad** que puede resultar artificial: por un lado, los utilizados para identificar el lugar de trabajo habitual en el asunto *Nogueira* y/u otros relacionados con la ejecución del trabajo (Estado de inicio y retorno, recepción de instrucciones y organización del trabajo, localización de las herramientas y de los aviones, residencia del trabajador, trabajo desempeñado en la base); por otro lado, las circunstancias consideradas reveladoras de una vinculación más estrecha establecidas en el asunto *Schlecker* (Estado de afiliación a la Seguridad Social, Estado de tributación, Estado cuyo ordenamiento haya regido la fijación del salario u otras condiciones de trabajo) y otras que el tribunal considere como indicios de proximidad, ajenos a la ejecución del trabajo[578].

Con el indicio de proximidad del **Estado de afiliación a la Seguridad Social** en los vínculos más estrechos, se está volviendo a tomar en consideración indirectamente el lugar de trabajo habitual. Si existe un lugar de trabajo habitual este deberá coincidir con la base de operaciones que, a su vez, habrá fijado el Estado de afiliación. El indicio de proximidad de afiliación a la Seguridad Social confirmará la mayor proximidad del Estado de trabajo habitual y carecerá de valor para revelar una mayor vinculación con otro Estado[579]. La determinación de la ley aplicable en dos fases presenta la potencialidad de que, si en la primera fase (identificación del Estado de trabajo habitual) se aprecia que la base de operaciones asignada es ficticia por no concurrir en ella los indicios, este primer análisis permite descartar el juego del Estado de afiliación a la Seguridad Social en la segunda fase (vínculos más estrechos).

El Estado X es el de partida y regreso habitual del trabajador, y en este concurren los indicios de la ejecución del trabajo. Sin embargo, en el contrato de trabajo se asigna una base de operaciones en el Estado Y, que ha determinado el Estado de afiliación a la Seguridad Social. Deberá ignorarse el indicio de afiliación a la Seguridad Social: se trata de una «base ficticia» y la toma en consideración del indicio podría contribuir a que la ley aplicable quede indirectamente fijada de forma fraudulenta si concurre con otros elementos.

Aunque no exista un lugar de trabajo habitual, el personal de vuelo contará igualmente con una base de operaciones asignada, que podrá haber determi-

578 Ello implica que no quepa tomar en consideración el Estado de afiliación a la Seguridad o de tributación en la identificación del lugar de trabajo habitual. En este sentido: L. Carballo Piñeiro, *op. cit.*, p. 109.

579 *Vid.* Capítulo III: II.1.B) Estado de afiliación a la Seguridad Social.

nado el Estado de afiliación a la Seguridad Social. La relevancia del indicio de afiliación a la Seguridad Social se despliega en estas situaciones, en las que no existe lugar de trabajo habitual. Se corre el peligro de otorgar relevancia indirecta a una base de operaciones formal para determinar la ley aplicable en los vínculos más estrechos, contraviniendo la naturaleza de la conexión, es decir, lograr la aplicación del ordenamiento realmente más próximo con el contrato. En cambio, si se aplicó la norma de afiliación a la Seguridad Social para los trabajadores que prestan servicios en múltiples Estados, está apuntará o bien al Estado de residencia del trabajador, o bien al Estado del domicilio de la empleadora.

Durante la relación laboral, el trabajador ha prestado servicios desde múltiples Estados miembros durante cortos periodos de tiempo. No existe un Estado desde el que se parta y al que se retorne habitualmente, de modo que no hay un lugar de trabajo habitual, porque el trabajador no ha prestado servicios con carácter estable en ninguno de los Estados. La presunción del lugar de trabajo habitual debe sustituirse por la del establecimiento contratante. La aerolínea estableció en el contrato que la base de operaciones se encontraba en A, el primer Estado de ejecución temporal, de modo que A ha sido el Estado de afiliación a la Seguridad Social. Debe excluirse el indicio de proximidad del Estado de afiliación a la Seguridad Social, pues ha quedado determinado por una base de operaciones formal.

192. El **Estado de tributación**, en cambio, puede jugar de forma ambivalente, pues dependerá del criterio que se haya tomado en cada Estado para determinar dónde debe pagar impuestos el personal de vuelo[580].

Si el trabajador reside en el Estado en de inicio y retorno habitual en el que concurren los indicios y tributa en este Estado, el criterio del Estado de tributación tenderá a confirmar la mayor proximidad del Estado de trabajo habitual. En cambio, si el criterio que determina la tributación es el domicilio de la aerolínea, usualmente apuntará hacia otro Estado diferente, si bien el peso de este criterio por sí solo no será suficiente para que decaiga la apariencia de mayor proximidad del lugar de inicio habitual.

193. Respecto al indicio del **ordenamiento que haya fijado el salario y otras condiciones laborales**, este tenderá a confirmar la mayor proximidad del Estado cuyo ordenamiento haya regido la relación laboral. Como se ha visto, la toma en consideración de este criterio resulta peligrosa, pues puede servir para que el ordenamiento que se ha venido aplicando *de facto*, al margen del sistema del art. 8 RRI, y obedeciendo a la voluntad impuesta unilateralmente por la aerolínea, se convierta en el ordenamiento rector del contrato. Por ello, debe limitarse a una toma en consideración de condiciones que hayan venido impuestas legítimamente[581].

580 *Vid.* Capítulo III: II.1.C) Estado de tributación de las rentas del trabajo.

581 *Vid.* Capítulo III: II.1.D) Fijación del salario y otras condiciones laborales.

194. El análisis de proximidad en dos fases resulta viable cuando haya un lugar de trabajo habitual cuya identificación no plantea problemas, pero puede volverse excesivamente formal cuando los indicios basados en la ejecución del trabajo apuntan hacia diferentes Estados. En estos casos cabría considerar la idoneidad de otro sistema, consistente en efectuar una **valoración global de proximidad** en la que se tendrían en cuenta todos los indicios de proximidad: tanto los establecidos para determinar el lugar de trabajo habitual, como para la aplicación de la conexión de los vínculos más estrechos, y aquellas otras circunstancias que el juez considere reveladoras de una mayor vinculación, sin compartimentar los indicios por «categorías» como hasta ahora se deduce de la jurisprudencia del TJUE[582]. No obstante, tal forma de proceder, en realidad, equivaldría a la determinación directa de la ley aplicable por medio de una conexión basada en la mayor proximidad, omitiendo las presunciones, y contraviniendo el funcionamiento de la cláusula de excepción del art. 8.4 RRI.

Piénsese, por ejemplo, en el caso del personal de vuelo que cuenta con una base de operaciones de la que parte y a la que retorna, pero no con periodicidad requerida (determinada a criterio del Tribunal), de manera que se descarta la existencia de un lugar de trabajo habitual. Siguiendo la jurisprudencia del TJUE, debería saltarse a la presunción del establecimiento contratante, y después comprobar en qué Estado concurren los indicios de proximidad del asunto *Schlecker*. Otra opción consistiría en comprobar si en esa base concurren eventualmente los indicios de proximidad de los vínculos más estrechos. Así podría darse en el Estado de la base una apariencia de proximidad basada en una apreciación global tanto de circunstancias relativas a la ejecución como en aspectos ajenos a la ejecución: este Estado puede ser el lugar de partida y retorno en el que, además, el trabajador se encuentra afiliado a la Seguridad Social y donde el trabajador tributa (residencia del trabajador), sin descartar la posible concurrencia de otros elementos.

B) ¿Asimilación en competencia?

195. El concepto de lugar de trabajo habitual se fundamenta, como foro y como conexión, en una presunción de mayor proximidad[583]. Cuando actúa como conexión, la proximidad es el fin en sí mismo y no persigue ningún

582 Abogando por la determinación de la ley aplicable en el sector marítimo a partir de la concurrencia de circunstancias relevantes, tanto relativas a la ejecución del trabajo como al empleador, en un determinado Estado se pronuncian S. Carbone («Conflits de lois en droit maritime», *R. des C.*, vol. 340, pp. 185-187) y O. Fotinopoulou Basurko («What Law For The International Maritime Employment Contracts?: Between Flexibility And Reasonableness», *Diritto marittimo*, vol. 115, n.º 2, 2013, pp. 302-303).

583 Se ha considerado que los criterios utilizados para determinar la competencia en los contratos de trabajo generalmente cumplen también las exigencias de proximidad en la determinación de la ley aplicable: C. Okoli, *op. cit.*, pp. 197, 199-201.

objetivo material y los vínculos más estrechos deben servir en todo caso para garantizar que se aplique el ordenamiento más próximo.

La protección del trabajador al determinar la competencia se sustancia de dos modos: dotando al trabajador de varias alternativas y permitiéndole demandar en el lugar de trabajo habitual. Así, el foro del lugar de trabajo habitual solo constituye una opción, pues el trabajador puede contar también con el foro del domicilio de la aerolínea empleadora y eventualmente con el foro de la sucursal (art. 7.5 y art. 20.2 RBIb) e, igualmente, cabe la aplicación del foro de los codemandados (art. 8.1 RBIb) en caso de múltiples empleadores.

El foro del lugar de trabajo habitual tiene el objetivo de permitir al trabajador presentar la demanda en el Estado que le resulte más próximo, en el que puede litigar más fácilmente y con menores costes. Sin embargo, en competencia no existe una alternativa análoga a los vínculos más estrechos para garantizar que el trabajador cuente en todo caso con la posibilidad de demandar en el Estado más próximo, sino que la máxima proximidad procesal a la que podrá aspirarse vendrá determinada por el lugar a partir del cual se prestan servicios indiciariamente determinado[584].

La interpretación amplia del concepto de «lugar de trabajo habitual» tiene la finalidad manifiesta de evitar que el trabajador tenga que recurrir al foro del establecimiento contratante, que se presume menos próximo. Adicionalmente, como no puede ser de otro modo, deben materializarse los objetivos generales de todo foro de competencia: garantizar la competencia del juez mejor situado para pronunciarse y la previsibilidad y seguridad jurídicas. Así, deben conciliarse los objetivos de proximidad para el trabajador con la previsibilidad y seguridad. Puede considerarse que el empleo de un método flexible para identificar el lugar a partir del cual se prestan servicios supone sacrificar estas últimas en favor de la protección del trabajador, pero esto solo será cierto si el foro sirve realmente para garantizar que el trabajador pueda presentar la demanda en aquellos tribunales que le resultan más cercanos. Lo expuesto podría justificar una selección de los indicios en la que se considerase particularmente el **domicilio del trabajador**.

Cabría plantearse una orientación material en la determinación de la competencia tomando en consideración el domicilio del trabajador como solución de cierre en el caso del personal de vuelo que presta servicios en varios Estados. Este sería considerado como el Estado de trabajo habitual cuando existen múltiples Estados de ejecución del trabajo y no se puede identificar un lugar de trabajo preeminente, pero el trabajador tiene su domicilio en uno de ellos. La solución no perjudicaría la capacidad del empleador de prever en qué Estado puede ser demandado, pues es el responsable de los cambios del lugar de trabajo.

---

584 *Vid.* en este sentido C. Schmon, *op. cit.*, pp. 84-86.

196. Al interpretar el foro del lugar de trabajo habitual en el asunto *Nogueira,* el TJUE se remitió en dos ocasiones al asunto *Schlecker*, en el que se interpretó la conexión de los vínculos más estrechos: al establecer que la relevancia de la base de operaciones para identificar el lugar de trabajo habitual desaparece si el caso presenta unos vínculos de conexión más estrechos con un lugar de trabajo distinto[585] y al establecer que el foro del lugar de trabajo habitual debe interpretarse en sentido amplio[586].

Para algunos autores, al establecer que la relevancia de la base de operaciones en la identificación del Estado de trabajo habitual desaparece cuando existen vínculos de conexión más estrechos con otro lugar de trabajo, se estaría admitiendo la discrecionalidad del tribunal para la determinación del lugar de trabajo habitual. Ello se asimilaría a una **cláusula de excepción en el ámbito de la competencia** próxima a la figura del *forum non conveniens*[587], proscrita al aplicar el RBIb[588].

Ha de tenerse en cuenta que en el asunto *Weber* ya se encontraba una precisión similar[589]. Tanto en el asunto *Weber* como en el asunto *Nogueira,*

585 Apartado 73: *La relevancia de la «base» para identificar el «lugar a partir del cual los trabajadores desempeñan habitualmente su trabajo» sólo desaparecería en el supuesto de que, habida cuenta de los elementos fácticos de cada caso, unas demandas como las examinadas en los asuntos principales presentasen unos vínculos de conexión más estrechos con un lugar de trabajo distinto de esa «base» (véanse, en ese sentido, la sentencia de 27 de febrero de 2002, Weber, C-37/00, EU:C:2002:122, apartado 53, y, por analogía, la sentencia de 12 de septiembre de 2013, Schlecker, C-64/12, EU:C:2013:551, apartado 38 y jurisprudencia citada).*

586 Apartado 57: *En cuanto a la determinación del significado del concepto de «lugar en el que el trabajador desempeñare habitualmente su trabajo», en el sentido del artículo 19, punto 2, letra a), del Reglamento Bruselas I, el Tribunal de Justicia ha declarado repetidamente que el criterio del Estado miembro en que el trabajador desempeñe habitualmente su trabajo debe interpretarse en sentido amplio (véase, por analogía, la sentencia de 12 de septiembre de 2013, Schlecker, C-64/12, EU:C:2013:551, apartado 31 y jurisprudencia citada).*

587 *Cf.* L. Pailler, «Nota a la Sentencia Nogueira», *JDI*, n.° 2, 2018, pp. 600-601; A. Nuyts, *op. cit.*, p. 88; A. Hernández Rodríguez, «Personal de vuelo de las compañías aéreas: tribunal internacionalmente competente en materia de contrato individual de trabajo (algunas reflexiones en torno a la STJUE 14 septiembre 2017 asuntos acumulados *Crewlink* y *Ryanair*)», *CDT*, vol. 10, n.° 2, 2018, p. 863; L. F. Carrillo Pozo, «Competencia judicial internacional en el trabajo aeronáutico. (Desarrollos a partir de la sentencia del TJUE de 14 de septiembre de 2017)», *op. cit.* pp. 29-30.

588 *Vid.* STJUE de 1 de marzo de 2005, asunto C-281/02 - *Owusu* (ECLI:EU:C:2005:120); T. Rauscher, A. Fehre, «Das Ende des forum non conveniens unter dem EuGVÜ und der Brüssel I-VO?», *ZEuP*, 2006, pp. 463-475.

589 En este sentido: A. Nuyts, *op. cit.*, p. 88. Apartados 52 y 53 del asunto *Weber*: *El criterio temporal mencionado en el apartado 50 de la presente sentencia, basado en la duración respectiva del tiempo de trabajo realizado en los distintos Estados contratantes de que se trata, implica lógicamente que se tenga en cuenta la totalidad del período de actividad del trabajador para determinar el lugar en el que el trabajador por cuenta ajena ha realizado la parte más significativa de su empleo y en el que, en tal supuesto, se sitúa el centro de*

la posibilidad de recurrir a un lugar de trabajo que presente una vinculación más estrecha puede considerarse como una solución para el caso de que la presunción establecida previamente no resulte satisfactoria.

En el asunto *Nogueira* la presunción de la base de operaciones como lugar de trabajo habitual decae cuando existe un lugar de trabajo más vinculado, lo que sucede cuando los indicios relativos a la ejecución del trabajo concurren en un Estado distinto de aquel en el que se encuentra la base formalmente asignada.
En el asunto *Weber*, por su parte, se establece la presunción de que el lugar de trabajo habitual es aquel en el que se ha prestado servicios durante más tiempo. Se establece también una excepción, en virtud de la cual puede considerarse lugar de trabajo habitual al último lugar en que se ha prestado servicios, pese a no tratarse del Estado en el que más tiempo se ha trabajado.

Puede interpretarse, por tanto, que en las dos Sentencias se establecen **presunciones *iuris tantum***[590], previéndose la posibilidad de que decaigan cuando exista una vinculación más estrecha con un lugar distinto de aquel al que señala la presunción. Pero por su formulación y su falta de concreción explícita, la remisión a una vinculación más estrecha con otro lugar podría interpretarse como una solución que puede operar también en el caso de que la presunción sí resulte eficaz para identificar al lugar de trabajo habitual. Operaría como una cláusula de excepción en el ámbito de la competencia, que permitiría al juez derogar su competencia a favor de otro Tribunal, por considerar que se encuentra mejor situado para conocer el litigio. Es desde esta perspectiva desde la que se podría sostener la similitud de la fórmula establecida con el *forum non conveniens*: por la flexibilidad que se incorporaría con la introducción de la fórmula de los vínculos más estrechos, el mecanismo podría asemejarse en la práctica.

Sin embargo, en la figura del *forum non conveniens* el criterio es la conveniencia de que conozca otro tribunal, y no en el de la mayor proximidad o vinculación de otros tribunales, invocado en el asunto *Nogueira*. Adicionalmente, no se cumplirían los caracteres del *forum non conveniens*[591]:

- En el *forum non conveniens* el juez ante el que se plantea la demanda ha de ser competente, y deroga su competencia a favor de otros tribu-

gravedad de su relación contractual con su empresa; El principio enunciado en el apartado anterior sólo dejaría de aplicarse en el supuesto de que, habida cuenta de los elementos fácticos del caso de autos, el objeto de la controversia presentase unos vínculos de conexión más estrechos con un lugar de trabajo distinto.

590 En este sentido, respecto al asunto *Weber*: *Cf.* U. Grušić, *The European Private International Law of Employment, op. cit.*, pp. 114-115.

591 Partiendo, en cualquier caso, de que no existe un modelo único de *forum non conveniens*, y de que la figura presenta variaciones en los sistemas que la admiten. *Cf.* M. Herranz Ballesteros, *El forum non conveniens y su adaptación al ámbito europeo*, Tirant lo Blanch, Valencia, 2011, p. 201.

nales por considerar más conveniente que estos sean los que conozcan de la reclamación. Sin embargo, el criterio del asunto *Nogueira* es la existencia de un lugar de trabajo que presente una vinculación más estrecha que el señalado por la presunción de la base de operaciones. En ese caso, los tribunales del Estado en el que se encuentra la base no serán competentes. No se deroga la competencia, porque el primer tribunal directamente no es competente.

- Se comparte la necesidad de que exista una conexión sustancial con otro Estado, distinto de aquel en el que se presentó la demanda. Sin embargo, mientras que en el *forum non conveniens* la conveniencia de que conozca otro tribunal puede fundamentarse en las circunstancias e intereses de las partes[592] o del proceso, la excepción prevista en el asunto *Nogueira* se circunscribe únicamente a las circunstancias relativas a la ejecución del trabajo. La discrecionalidad del tribunal es mucho menor, porque los criterios para la identificación del lugar de trabajo habitual se encuentran limitados a las circunstancias de la ejecución.

197. Por otro lado, la remisión al asunto *Schlecker* al establecer que el foro del lugar de trabajo habitual debe interpretarse en un sentido amplio ha llevado a que se plantee una hipotética **asimilación del foro del lugar de trabajo habitual con la conexión de los vínculos más estrechos**[593].

Sin embargo, no ha de perderse de vista que, en el sistema indiciario empleado para identificar el lugar de trabajo habitual, el Estado que presenta vínculos más estrechos solo puede ser uno de los lugares de ejecución del trabajo. Incluso cuando el TJUE se refiere a los vínculos más estrechos para la identificación del lugar de trabajo habitual, establece que estos solo podrían conducir a otro Estado en el que se haya trabajado[594]. En cambio, en

---

592 *Cf.* R. A. Brand, S. R. Jablonski, *Forum Non Conveniens, History, Global Practice, and Future Under the Hague Convention on Choice of Court Agreements*, Oxford University Press, Reino Unido, (Oxford University Press, Reino Unido, 2007, p. 104).

593 Así, se ha planteado que a raíz de la interpretación del TJUE en el asunto *Nogueira* cabría utilizar los indicios de afiliación a la Seguridad Social, tributación y parámetros utilizados para la fijación de las condiciones de trabajo (asunto *Schlecker*) para la identificación del Estado de trabajo habitual en la determinación de la competencia. *Vid.* A. Nuyts, *op. cit.*, p. 89. Ha de repararse en que ello supondría una ruptura del paralelismo o uniformidad del concepto de lugar de trabajo habitual empleado en la jurisprudencia del TJUE en el ámbito de la competencia y de la ley aplicable. El concepto empleado al determinar la ley aplicable no podría ser el mismo, porque el Reglamento Roma I establece dos conexiones diferenciadas y aplicar el mismo concepto de lugar de trabajo habitual emanado de la jurisprudencia relativa a la competencia supondría modificar de facto el sistema establecido en el artículo 8 RRI.

594 *Cf.* R. Cafari Panico, «Enhancing Protection for Weaker Parties: Jurisdiction over Individual contracts of employment», en F. Ferrari y F. Ragno, *International Litigation in Europe: the Brussels I Recast as a panacea?,* Wolters Kluwer CEDAM, Italia, 2015, p. 64.

el marco de la conexión del artículo 8.4 RRI no existe tal limitación: el Estado más vinculado puede ser tanto uno de los de ejecución del trabajo, como otro en el que no se haya trabajado, siempre que concurran los indicios de proximidad establecidos por el TJUE u otros. Por ello, no cabe plantearse una hipotética absorción por el foro del lugar de trabajo habitual de los criterios establecidos por el TJUE para identificar un ordenamiento más estrechamente vinculado.

Como se ha visto en el caso del personal de vuelo que cuenta con una base en la que no concurre la periodicidad requerida, teniendo en cuenta la jurisprudencia del TJUE, es probable es que deba descartarse la existencia de un lugar de trabajo habitual. La competencia correspondería a los Tribunales del Estado miembro en el que se encuentre el establecimiento contratante y a los del domicilio de la o las empleadoras, sin perjuicio de la posible aplicación del foro de la sucursal para retener la competencia del Estado en el que se encuentra la base de operaciones, en su caso. La ley aplicable puede ser la del Estado en la que se encuentra la base, si en este Estado de inicio y retorno además concurren los indicios de proximidad de los vínculos más estrechos (Seguridad Social, tributación u otros no basados en la ejecución del trabajo) que, en cambio, no pueden tenerse en cuenta a la hora de determinar la competencia.

Aunque se haya sostenido que se produce *de facto* una asimilación del lugar de trabajo habitual con los vínculos más estrechos[595], puede resultar más factible sostener que tal remisión al asunto *Schlecker* —en cualquier caso, técnicamente desafortunada[596]— se debería exclusivamente a la similitud del método seguido, caracterizado por la valoración de la concurrencia de determinados elementos y por su flexibilidad. Si bien se utiliza un concepto amplio y la flexibilidad caracteriza el método para identificar el foro del lugar de trabajo habitual, no se cuenta con la misma amplitud del concepto de los vínculos más estrechos de ley aplicable.

No obstante, en la práctica, la forma de proceder de algunos tribunales a la hora de identificar el lugar de trabajo habitual para la determinación de la competencia se asemeja al funcionamiento de la conexión de los vínculos más estrechos, al tomarse en consideración indicios pertenecientes a esta conexión y ajenos a la ejecución del trabajo. En este sentido resulta ilustrativa, de nuevo, la ya citada Sentencia del TSJ Valencia de 9 de enero de 2018. Como se ha mencionado, en esta Sentencia se rechaza la competencia de los tribunales españoles al considerar que el lugar de trabajo habitual se encontraba en Irlanda por los siguientes motivos: el

595 *Cf.* O. Fotinopoulou Basurko, *Habitualidad vs temporalidad en los contratos de trabajo ligados al transporte internacional, op. cit.*, p. 132. También, previamente: L. F. Carrillo Pozo, «El TJUE y el lugar de ejecución del contrato de trabajo (a propósito de las Sentencias de 15 de marzo y 15 de diciembre de 2011)», *Revista española de Derecho del Trabajo*, n.º 155, 2012, pp. 306-307.

596 En este sentido: A. Nuyts, *op. cit.*, p. 89.

trabajador estaba dado de alta en la Seguridad Social de Irlanda; aunque el trabajador pernoctaba en Valencia, siendo el lugar de inicio y finalización de la jornada laboral, el trabajo se desempeñaba a bordo de aeronaves propiedad de *Ryanair*, con nacionalidad irlandesa, a las órdenes de la compañía intermediaria; la intermediaria confeccionaba en Dublín los calendarios de trabajo de la tripulación; todas las cuestiones disciplinarias se llevaban desde el departamento de recursos humanos de la empresa en Dublín; si eran necesarias entrevistas, estas tenían lugar en Dublín; las vacaciones y las licencias por enfermedad se solicitaban online y se revisaban desde Dublín; las entrevistas para la selección del trabajador se habían realizado en Dublín; todos los contratos estaban redactados en inglés; los anuncios de trabajo se publicaron desde Dublín; y el salario se abonaba en una cuenta del trabajador abierta en una entidad irlandesa. No obstante, el fallo en esta Sentencia no obedece a un ejercicio de discrecionalidad admisible en el marco de la amplitud del concepto de lugar de trabajo habitual, sino que es directamente contraria tanto al art. 21 RBIb como a la jurisprudencia del TJUE.

III. Supuestos de múltiples Estados de ejecución del trabajo

1. Cambio estable del lugar de trabajo

A) Relevancia del último lugar de trabajo

198. En caso de **traslado transfronterizo**, nos encontraremos ante dos Estados de ejecución del trabajo —de partida y retorno— que se suceden durante el desarrollo de la relación laboral. En estos casos, han de distinguirse dos situaciones: en primer lugar, aquellas en la que el segundo Estado de ejecución del trabajo no ha llegado a convertirse en el lugar de trabajo habitual en el momento en el que se plantea la reclamación porque se ha trabajado aun durante poco tiempo en este Estado; en segundo lugar, aquellas en las que en el segundo lugar de trabajo ya concurre la nota de habitualidad en el momento en el que se plantea la reclamación.

199. El Reglamento Bruselas I bis establece expresamente la competencia de los tribunales del último Estado de trabajo, aunque este no sea el Estado de trabajo habitual. Esta referencia al último lugar en el que se haya trabajado no se encuentra en el Reglamento Roma I, por lo que en estos casos existe una **diferencia explícita** en el concepto de lugar de trabajo habitual manejado en ambos Reglamentos.

El art. 21.1b)i) RBIb establece que el trabajador puede presentar la demanda ante los Tribunales del lugar desde el cual el personal de vuelo desempeñe habitualmente su trabajo, o ante los tribunales del último lugar de trabajo. Ha de considerarse que con tal previsión se pretende establecer un criterio de competencia expreso para los casos en los que se produce un cambio estable del lugar de trabajo, pero aún no se ha trabajado durante un tiempo suficiente para que el nuevo Estado de ejecución pueda ser considerado como el Estado de trabajo habitual[597].

Como ya se ha mencionado, en el asunto *Weber*, el TJUE se refiere a la competencia del Tribunal del lugar de trabajo que presente una mayor vinculación. En aquel caso, el trabajador había prestado servicios en dos lugares y el TJUE estableció que debía tenerse en cuenta el tiempo trabajado en cada uno de estos lugares. Así, en principio, el lugar de trabajo habitual será aquel en el que durante más tiempo se haya trabajado. Sin embargo, el TJUE estableció que podría llegarse a otra conclusión si, a la vista de los elementos fácticos, el caso presentara unos «vínculos más estrechos» con un lugar de trabajo distinto. En este caso, el trabajador había prestado servicios durante la mayor parte de la relación laboral en la plataforma continental adyacente a los Países Bajos, para, posteriormente, durante los últimos tres meses del contrato, pasar a hacerlo en aguas territoriales danesas. Se estableció que el último lugar de trabajo podía ser considerado como el del lugar de trabajo habitual si, pese a que no hubiese sido el lugar en el que más tiempo se trabajó, presentaba vocación de permanencia y esa era la voluntad de las partes.

En el Reglamento no se clarifica si la competencia de los Tribunales del último lugar de trabajo constituye una alternativa o una opción, en virtud de la cual el trabajador dispondría en realidad de dos foros alternativos derivados del lugar de trabajo habitual[598]. A pesar de que constituiría la solución más protectora para los trabajadores en esta situación, la posibilidad de que exista esta facultad de elección para el trabajador es improbable y podría considerarse descartada en la práctica, teniendo en cuenta que el TJUE ha establecido con insistencia que el foro del lugar de trabajo habitual solo puede dar lugar a la

597 Una primera interpretación consistiría en que con esta referencia al último lugar de trabajo se pretende atender exclusivamente a las situaciones en las que el litigio comienza después de que se haya extinguido el contrato. *Vid.* A. L. Calvo Caravaca, J. Carrascosa González, «Contrato internacional de trabajo», *op. cit.*, p. 3536. Tal interpretación ha de descartarse, pues tales situaciones se encontrarían comprendidas sin necesidad de una referencia expresa. En cualquier caso, la referencia también puede servir para clarificar la inclusión de las situaciones en las que el contrato de trabajo ya ha concluido, pero no solo ha de interpretarse en tal sentido, sino como inclusiva también de las situaciones de traslado. *Vid.* en este mismo sentido C. Esplugues Mota, G. Palao Moreno, «Jurisdiction over individual contracts of employment», U. Magnus, P. Mankowski, *European Commentaries on Private International Law, Volume 1 Brussels Ibis Regulation*, Otto Schmidt, Köln, 2023, p. 550.

598 Se considera una opción del trabajador en L. Merret «Jurisdiction over individual contracts of employment», A. Dickinson, E. Lein, A. James (eds.) *The Brussels I Regulation Recast*, Oxford University Press, UK, 2015, p. 249. Se interpreta como una opción directa por el último lugar de trabajo habitual cuando ha habido cambios en M. Virgós Soriano, F. J. Garcimartín Alférez, *Derecho procesal civil internacional. Litigación internacional*, 2.ª ed., Aranzadi, Navarra, 2007, p. 180.

competencia de los tribunales de un único Estado. Ello implica que se adopte una posición que beneficia el empleador, que, pese a ser responsable de los eventuales cambios del lugar de trabajo, no podrá ser demandado en varios Estados miembros utilizando el foro del lugar de trabajo habitual.

Puede considerarse que el **lugar en el que durante más tiempo se ha trabajado** actúa como una **presunción**: este sería el lugar de trabajo habitual, pero la presunción decae si existe un lugar de ejecución del trabajo con mayor vinculación (el último lugar de trabajo, existiendo vocación de habitualidad en este Estado). Para que los tribunales del último lugar en el que el trabajador haya prestado servicios sean competentes, las partes deben haber tenido la intención de que este último lugar de trabajo se convirtiese en el Estado de trabajo habitual. Se deduce que la mayor vinculación consiste en la existencia de esa intención de estabilidad en el nuevo Estado, aunque en el momento en el que se plantea la reclamación no se cumpla la nota de habitualidad porque aún se ha trabajado durante poco tiempo desde ese Estado. La introducción de esta solución alternativa puede considerarse adecuada, teniendo en cuenta que el Estado donde se ha trabajado durante más tiempo presentará escasa proximidad en el momento en el que se plantea la demanda[599].

200. Estas situaciones han de distinguirse de aquellas en las que ha existido un cambio estable del lugar de ejecución del trabajo y **el segundo Estado ha pasado a convertirse en el de trabajo habitual**[600]. La determinación de la concurrencia de habitualidad en el segundo Estado puede resultar controvertida y deberá tenerse en cuenta el periodo que ya se ha trabajado en el segundo Estado en el momento en el que se plantea la reclamación.

En la STS 6664/2013 de 30 de diciembre de 2013, el TS se pronunció sobre la determinación de la competencia en un caso en el que el piloto había trabajado inicialmente durante tres años desde España. Posteriormente, tras haber celebrado un nuevo contrato de trabajo, prestó servicios durante otros tres años desde Noruega. La demanda se había planteado en España y el TS declaró la falta de competencia de los tribunales españoles. Este no sería el supuesto de hecho al que va dirigida la alternativa entre el Estado de trabajo habitual (mayor duración) y el último lugar de trabajo (mayor vinculación) del art. 21.1b)i) RBIb, pues, teniendo en cuenta el periodo de tiempo trabajado en el último Estado, cabe considerar que Noruega era el Estado de trabajo habitual.

---

599 En este sentido: U. Grušić, *The European Private International Law of Employment*, *op. cit.*, p. 113.

600 El art. 21.1b)i) RBIb se refiere a la competencia de los tribunales «del lugar en el que o desde el cual el trabajador desempeñe habitualmente su trabajo» o de los tribunales «del último lugar en que lo haya desempeñado». Teniendo en cuenta la redacción del artículo, al establecer la competencia de los tribunales del último Estado de ejecución del trabajo no se estarían contemplando los casos en los que existe habitualidad en el nuevo Estado de ejecución del trabajo, que ya serían competentes por ser los de trabajo habitual.

201. En ley aplicable, ante la **inexistencia** de una mención al **último Estado de ejecución del trabajo** en el **Reglamento Roma I**, puede sostenerse que el último lugar de trabajo en el que no concurre habitualidad carece de relevancia. Ello implicaría sostener que la conexión del lugar de trabajo habitual quedaría en principio determinada por el Estado a partir del cual se haya prestado servicios durante más tiempo, es decir, el primer Estado desde el que se ha trabajado. Extrapolar la alternativa del último lugar de trabajo del Reglamento Bruselas I bis excedería las posibilidades de una interpretación paralela que solo puede alcanzar a los conceptos que se formulan del mismo modo en ambos instrumentos. Mientras que en el Reglamento Bruselas I bis las exigencias de proximidad procesal se entenderían cumplidas en el nuevo Estado de ejecución del trabajo, en la determinación de la ley aplicable resulta más conveniente la aplicación del ordenamiento del Estado que haya presentado mayor proximidad teniendo en cuenta la duración total del contrato.

Se produciría así una ruptura del paralelismo entre la aplicación de la conexión y el foro del lugar de trabajo habitual que puede llevar a que distintos Estados sean considerados como lugares de trabajo habitual en competencia y en ley aplicable: los tribunales del último lugar de trabajo serían competentes al quedar comprendidos en el foro del lugar de trabajo habitual del Reglamento Bruselas I bis; pero *a priori* se aplicaría la ley del primer Estado donde se ha trabajado, el de mayor duración de la prestación de servicios, considerado como lugar de trabajo habitual en ley aplicable.

202. En el resto de casos, cuando haya existido un cambio estable del Estado donde se trabaja, existiendo habitualidad en el segundo Estado, la solución ha consistido en considerar como Estado de trabajo habitual al último lugar de trabajo también en el sector de la ley aplicable[601]. Esta fue la forma en que se resolvió implícitamente la identificación del Estado de trabajo habitual en el asunto *Schlecker*.

En el asunto *Schlecker* se habían celebrado dos contratos de trabajo. El primer contrato de trabajo se había ejecutado íntegramente en Alemania y tuvo una duración aproximada de 13 años. El segundo se ejecutó en Países Bajos durante aproximadamente 11 años, hasta el momento en el que el puesto se extinguió y se ofreció a la trabajadora un nuevo puesto en Alemania. Los tribunales holandeses eran com-

601 Esta solución se encontraría implícita en el art. 8.3 RRI. Al establecer que el Estado de trabajo habitual no cambia cuando el trabajador realiza su trabajo en otro país con carácter temporal, se estaría admitiendo que, *a sensu contrario*, el Estado de trabajo habitual solo cambia cuando ya exista habitualidad en otro Estado. *Vid.* M. Franzen, J. Wutte, *op. cit.*, p. 242. Repárese en que esta previsión del Reglamento Roma I podría invocarse para sostener la aplicación del ordenamiento del nuevo Estado de ejecución cuando aún se haya trabajado desde este Estado durante poco tiempo, pero exista vocación de permanencia en este Estado.

petentes por ser los del Estado de trabajo habitual, pese a que la trabajadora había trabajado durante menos tiempo en ese Estado. La ley aplicable en principio era también la holandesa. La trabajadora invocaba esta ley, que le resultaba favorable. Sin embargo, el resto de elementos de la relación laboral continuaban apuntando hacia Alemania[602].

B) Solución alternativa: determinación de la ley aplicable por tramos y competencia de los tribunales de ambos Estados

203. Como se ve, en los casos en los que existe habitualidad en el segundo Estado de ejecución del trabajo, se ha optado por establecer una ficción en virtud de la cual existiría un único lugar de trabajo habitual (el último) y, consecuentemente, una sola ley aplicable y unos únicos tribunales competentes en virtud de este foro. Se omite la relevancia del periodo trabajado previamente en otro Estado tanto en la determinación de la ley aplicable como en la determinación de la competencia. No obstante, en algunos casos, una opción más adecuada consistiría en admitir una solución al **conflicto móvil** consistente en la aplicación por tramos del ordenamiento de los Estados de ejecución del trabajo[603], así como la competencia de los tribunales de ambos Estados[604].

En ley aplicable, la solución del TJUE resulta más sencilla en la práctica, pero una aplicación por tramos puede ser más adecuada para garantizar la aplicación de una ley que presente suficiente proximidad[605]. No procedería una aplicación automática de la ley del nuevo Estado de trabajo habitual por ser el Estado desde el que se trabaja en el momento en el que se plantea

602 El empleador esa una sociedad alemana, la remuneración se pagaba en marcos alemanes, se había suscrito un seguro de jubilación con un asegurador alemán, la trabajadora había mantenido su domicilio en Alemania y estaba afiliada a la Seguridad Social de este país, y el contrato de trabajo —redactado en alemán— hacía referencia a disposiciones imperativas del Derecho alemán.

603 Esta solución al conflicto móvil laboral parece preferible a la de buscar una única ley rectora de toda la relación laboral, pues, aunque el RRI parece referirse a una —única— ley, ello se debería a que el Reglamento, simplemente, no se ocupa de las situaciones en que se produce un cambio de lugar de trabajo habitual. *Cf.* Á. Espiniella, *La relación laboral internacional*, *op. cit.*, pp. 320-321.

604 Se ha sostenido la conveniencia de que los trabajadores puedan presentar la demanda en varios Estados invocando el foro del lugar de trabajo habitual cuando existen dos o más lugares de ejecución del trabajo de igual importancia. *Vid.* U. Grušić, *The European Private International Law of Employment*, *op. cit.*, p. 131.

605 De tomarse en consideración del lugar de trabajo habitual en cada uno de los periodos, ello conduciría a la aplicación de la ley del Estado de ejecución del trabajo en cada tramo de la relación laboral, evitando una aplicación retroactiva de la ley del último Estado de ejecución. *Cf.* N. Nord, *op. cit.*, p. 327.

la reclamación, sino que la aplicación de uno u otro ordenamiento debería depender del objeto de la demanda. Asimismo, la competencia de los tribunales del primer, del segundo Estado o de ambos dependerá del momento en el que se plantee la demanda y de la pretensión que se ejercite.

Así, cabe sostener que, si el objeto de la reclamación es una condición impuesta antes del traslado en el primer Estado que se continúa aplicando posteriormente en el segundo Estado, el trabajador debería poder demandar por esa condición en ambos Estados. La ley aplicada para resolver la reclamación debería ser la del nuevo Estado de trabajo habitual.

Si el objeto de la reclamación es una condición de trabajo impuesta tras el traslado, solo los tribunales del segundo Estado serán competentes y el ordenamiento de este Estado resultará aplicable. En particular, en caso de extinción del contrato tras el traslado, la demanda debe presentarse en el segundo Estado, lugar de trabajo habitual cuando este se produce, y se aplicaría la ley de este último Estado a las condiciones del despido[606].

Si se trata de una reclamación relativa al traslado mismo o a sus condiciones, los tribunales de ambos Estados deberían ser competentes[607]. La ley aplicable deberá ser la del Estado de ejecución previo al traslado, pues será la que resultaba aplicable en el momento en que se produjo el traslado, y la que habrá regido sus condiciones[608].

606 Repárese en que aplicar exclusivamente la ley del nuevo Estado de ejecución al despido, por producirse este en el momento en el que el trabajador se encuentra trabajando ya desde este Estado puede resultar excesivamente simple. En los contratos de trabajo, la solución consistente en aplicar la ley del anterior Estado de ejecución a las situaciones agotadas antes de dicha modificación y la ley del nuevo de Estado de ejecución a los efectos permanentes de dicha relación puede resultar, además, poco protector para el trabajador. Imagínese un caso en el que en el que en el Estado de ejecución posterior no se establece ninguna protección contra el despido y se han prestado servicios durante un tiempo considerable previamente en otro Estado, en el que el mismo despido sí es objeto de protección. Cabría plantear la conveniencia de una solución específica para el caso concreto, en la que se admita una adaptación de ambas leyes. *Vid.* en este sentido. J.C. Fernández Rozas y S. Sánchez Lorenzo, *op. cit.*, p. 167.

607 En este sentido, Á. Espiniella, *La relación laboral internacional*, *op. cit.*, p. 323.

608 Cuando se trate de un cambio del Estado de trabajo habitual derivado de sucesión, los derechos mínimos de la Directiva 2001/23/CE se encontrarán garantizados siempre que el lugar de trabajo habitual previo y posterior se encuentre en un Estados miembro. *Vid.* Capitulo II: III.2.F) Efectos de la sucesión de la aerolínea empleadora sobre las condiciones de trabajo. No obstante, es posible que la protección prevista en el Estado de trabajo habitual previo fuese superior, y que el cambio de lugar de trabajo habitual redunde en una rebaja de la protección del trabajador frente a la sucesión. Una solución consistiría en mantener la protección del trabajador frente a la sucesión de la empresa tal y como se regula en el ordenamiento del Estado de trabajo habitual previo. Ello se encontraría justificado si se tiene en cuenta que este era el ordenamiento que regía el contrato en el momento en el que se produjo la sucesión. *Vid.*, en particular, sobre el conflicto móvil en sucesiones de empresas: C. Henckel, *op. cit*, pp. 270-281.

C) Aplicación de una única ley mediante la conexión de los vínculos más estrechos

204. La conexión de los vínculos más estrechos puede conducir a que se aplique un único ordenamiento, es decir, a una **omisión** del **cambio de Estado de trabajo habitual** en la determinación del régimen del contrato, siempre que el contrato muestre mayor proximidad con el mismo Estado durante toda su duración[609]. En particular, los vínculos más estrechos pueden llevar a la aplicación del ordenamiento del primer Estado de ejecución, valorándose también indicios de proximidad ajenos a la ejecución, aunque el Estado de trabajo habitual sea el último en el que se ejecutó el trabajo.

Ha de repararse en que la «actualización» del ordenamiento rector del contrato tras el cambio del Estado de ejecución del trabajo en la práctica responderá a la voluntad de la aerolínea o bien requerirá que se plantee una reclamación por parte del trabajador tras el cambio. En el asunto *Schlecker* tal voluntad de actualización no había existido y la ley aplicable debió determinarse en el momento de la extinción del contrato, momento en el que la gran mayoría de las circunstancias del contrato seguían apuntando el primer Estado de ejecución del trabajo. De este modo, la aplicación de la conexión de los vínculos más estrechos puede resultar controvertida porque permite que la ley aplicable permanezca inmutable pese a cambiar el lugar de trabajo habitual cuando el empleador —o, en su caso, ambas partes— decidan ignorar los efectos del cambio del lugar de trabajo sobre el régimen del contrato.

205. Como se ha visto, en el Reglamento Roma I no se encuentra ninguna mención expresa al último lugar de trabajo en el que aún no existe habitualidad. Si se excluye la posibilidad de determinar el régimen del contrato por tramos, la solución consistiría en aplicar el ordenamiento del Estado de ejecución previo, en el que se ha trabajado durante más tiempo. Las posibilidades de aplicar la ley de **último lugar de ejecución** de la relación laboral que no es el de mayor duración solo podrían articularse por medio de la conexión de los vínculos más estrechos. Los tribunales del último Estado de ejecución del trabajo serían competentes, pero solo podrían aplicar su ordenamiento en caso de que los indicios de proximidad de la conexión de los vínculos más estrechos condujesen a ese Estado.

---

609 En este sentido: G. Palao Moreno, «Article 8», *op. cit.*, p. 582. En contra de recurrir a los vínculos más estrechos para aplicar una única ley en esta situación particular: A. Espiniella Menéndez, *La relación laboral internacional*, *op. cit.*, p. 321. Para el autor solo cabría aplicar una única ley mediante los vínculos más estrechos si uno de los tramos tuviera más significación que el otro (por ejemplo, porque el contrato se extingue poco después de producirse el traslado).

2. Aplicación del sistema indiciario en casos de cambio sucesivo del Estado de partida y retorno

206. En ocasiones, **el Estado de inicio y retorno de los vuelos en los que presta servicios el personal de vuelo varía sucesivamente**. Estas situaciones han de distinguirse de las de desplazamiento temporal: se trata de una prestación de servicios temporal sucesiva en distintos Estados y no existe un Estado de origen al que se prevea retornar[610].

207. En algunos casos, cabe considerar que es posible identificar un Estado de trabajo habitual. Este sería aquel **desde el que durante más tiempo se hayan prestado servicios** durante la duración de la relación laboral (asunto *Weber*)[611].

Así, en el hipotético caso de que un trabajador hubiese prestado servicios los seis primeros meses de la relación laboral desde Portugal, a continuación, un año desde Francia y, por último, tres meses desde Italia, en ley aplicable podría considerarse que el Estado de trabajo habitual es Francia, por ser aquel desde el que más tiempo se trabajó. Se aplicaría el ordenamiento francés, salvo vinculación más estrecha con otro Estado. No obstante, en competencia, con fundamento en el art. 21.1.b)i) RBIb, y en consonancia con la doctrina del asunto *Weber*, podría estarse al último Estado de trabajo (Italia), pero solo si existía vocación de habitualidad en ese Estado. En cualquier caso, deberá acreditarse que Francia o Italia eran los lugares de inicio habitual del trabajo durante los respectivos periodos, en los que concurrían los indicios de la ejecución del trabajo.

208. En otros casos, puede darse la circunstancia de que no se haya trabajado en ninguno de estos Estados con carácter habitual, sino solo temporalmente. *A priori*, se tratará del tipo de casos en los que debe sustituirse el foro del Estado de trabajo habitual por el del establecimiento contratante. Asimismo, en ley aplicable operará la presunción del establecimiento contratante, salvo que exista mayor proximidad con otro Estado.

Puede plantearse un supuesto en el que un auxiliar de vuelo haya trabajado los cinco primeros meses de la relación laboral desde Portugal, a continuación, tres meses desde Francia y, antes de que se extinga la relación laboral, cuatro meses desde Italia. Aunque cupiese plantear una determinación del lugar de trabajo habitual basada en la duración de la prestación de servicios en cada uno de los Estados (competencia de los tribunales portugueses), estos tribunales pueden presentar poca o ninguna vinculación con el contrato. La opción del último Estado desde el que se haya trabajado quedará descartada si no se puede demostrar que se iba

610 *Vid.* G. Busschaert, P. Pecinovsky, *op. cit.*, pp. 93, 98.

611 *Cf.* O. Deinert, *op. cit.*, p. 138.

a trabajar desde este Estado con carácter estable y duradero, de modo que este estaba llamado a convertirse en el lugar de trabajo habitual.
En el Reglamento Roma I no existe ninguna mención expresa al criterio del último Estado de trabajo habitual, de modo que, de existir un Estado de trabajo habitual, sería Portugal, por ser el país desde el que se ha trabajado durante más tiempo.
Lo más probable será que no quepa sostener la existencia de un Estado de trabajo habitual, y que deba aplicarse la conexión/foro del establecimiento contratante. La poca proximidad que pueda presentar este ordenamiento, en principio, debería subsanarse con la aplicación del ordenamiento más próximo por medio de la conexión de los vínculos más estrechos.

209. No obstante, en las circunstancias descritas, se darán dificultades para aplicar la conexión de los vínculos más estrechos porque los indicios de proximidad tenderán a encontrarse repartidos en distintos Estados. La conexión no sirve para garantizar en todo caso la aplicación de un ordenamiento que presente suficiente proximidad, ya que probablemente ningún Estado presentará proximidad real con el contrato[612].

En esta situación, ante la **inexistencia de un Estado que presente proximidad real**, cabría plantearse la opción por el ordenamiento que resulte más beneficioso para el trabajador de entre los vinculados con el contrato. Si bien se ha descartado cualquier orientación material de la conexión de los vínculos más estrechos, en este caso no existe un ordenamiento que presente mayor proximidad. Ante la ausencia de criterios de proximidad que justifiquen la elección, aplicar un ordenamiento que resulte perjudicial para el trabajador resulta más injustificado que aplicar el ordenamiento que más le beneficie, teniendo en cuenta que la inexistencia de un ordenamiento que presente proximidad suficiente se deberá a las prácticas de la aerolínea empleadora. El principio general de protección de los trabajadores podría servir para justificar esta solución en última instancia.

210. En competencia, la única alternativa consiste en considerar que en estas situaciones no existe un Estado de trabajo habitual, con el consiguiente salto al foro del establecimiento contratante. Junto al foro del establecimiento contratante, el personal de vuelo contará con la posibilidad de demandar en el domicilio de la empleadora o empleadoras y, en su caso, en el Estado en el que se encuentre localizada una sucursal de la(s) empleadora(s).

Ha de repararse en la situación que podría darse si la(s) empleadora(s) se encuentra(n) domiciliada(s) en un tercer Estado e, igualmente, el establecimiento contratante se localiza en un tercer Estado. En estos casos, aunque el personal de vuelo haya prestado servicios íntegramente en la UE, los trabajadores no podrán

612 Ante este panorama, en la actualidad la solución a la situación de estos trabajadores ha de situarse en el plano del Derecho material, en el que tiende a reclamarse la introducción de límites para las aerolíneas a la hora de deslocalizar a los trabajadores. *Vid.* G. Busschaert, P. Pecinovsky, *op. cit.*, p. 98.

demandar en ningún Estado miembro en virtud del Reglamento Bruselas I bis, y se aplicarán las normas de competencia internas. Tomando como ejemplo la LOPJ, *a priori* el trabajador solo podría demandar en España en caso de que el contrato se hubiese celebrado en España. Así, pese a haber prestado servicios íntegramente en la UE, es posible que los trabajadores se vean forzados a presentar la demanda en terceros Estados.

En estas situaciones se evidencia la necesidad de criterios de interpretación específicos del foro de lugar de trabajo habitual. Una solución viable podría consistir en admitir, al menos en estos casos, un desdoblamiento del foro del lugar de trabajo habitual, de modo que se garantice la posibilidad de que los trabajadores que han prestado servicios en la UE puedan demandar ante los tribunales de los Estados miembros en los que han ejecutado el trabajo.

Asimismo, cabría plantear la conveniencia de que se respete la **apariencia formal** creada por la aerolínea al asignar una base de operaciones. Con la asignación de una base de operaciones en el contrato la aerolínea estaría creando una presunción de que el trabajador iba a prestar servicios habitualmente desde el Estado en el que esta se localiza. En la medida en que la fijación de esa base corresponde a la aerolínea empleadora, no podría sostenerse una imposibilidad de prever la competencia de esos tribunales.

La competencia de los Tribunales del Estado en el que se encuentra la base de operaciones, en cualquier caso, también podría articularse por medio del art. 7.5 RBIb (aerolíneas domiciliadas en la UE) o del art. 20.2 RBIb (aerolíneas domiciliadas en tercer Estado). Aunque el Estado de la base de operaciones asignada no presente la proximidad suficiente para ser considerado como lugar de trabajo habitual, pervive la posible consideración de la base de operaciones como establecimiento del empleador al que se encuentra vinculado el trabajador y la correspondiente competencia del Estado en el que esta se encuentre por medio de los foros basados en la sucursal[613].

No obstante, ha de tenerse en cuenta que la competencia de estos tribunales puede no resultar valiosa para los trabajadores. El Estado de la base de operaciones puede presentar la misma proximidad para el trabajador —nula— que el Estado del establecimiento contratante.

3. Aplicación del sistema indiciario en casos de trabajo simultáneo desde múltiples Estados

211. En ocasiones el personal de vuelo trabaja simultáneamente desde distintos Estados, combinándose la prestación de servicios desde el Estado

613 *Vid.* Capítulo IV: I.3. La base de operaciones: ¿sucursal de la aerolínea empleadora?

en el que se encuentra la base de operaciones asignada con el trabajo ocasional desde otros Estados[614].

En estas situaciones, cabe sostener la vigencia de la conexión/foro del lugar de trabajo habitual siempre que se trabaje predominantemente desde un Estado. El hecho de que, en ocasiones, los vuelos se inicien desde otros Estados no impediría que exista un lugar de trabajo habitual siempre que exista una base de operaciones desde la cual suele iniciarse la actividad del personal de vuelo, a la que retorna periódicamente, en la que concurren elementos de la ejecución del trabajo[615]. A partir de una interpretación conjunta de la jurisprudencia del TJUE, sería posible omitir la trascendencia del hecho de que el trabajo comience algunas veces desde otros Estados, siempre que sea posible identificar un «centro de gravedad» de la relación laboral.

En estas circunstancias, no obstante, el sistema indiciario pierde efectividad. Como se ha visto, de la jurisprudencia del TJUE debe concluirse que no cabe considerar como lugar de trabajo habitual a un mero Estado de partida y retorno de los vuelos. Algunos de los indicios aparecerán repartidos: tanto el del lugar de estacionamiento de las aeronaves como el lugar donde se reciben las instrucciones y se organiza el trabajo pueden concurrir en cada uno de los aeropuertos en los que inicie sus misiones de transporte el personal de vuelo. El Estado donde reside el trabajador, en cambio, puede continuar siendo eficiente como indicio, y reforzar la vinculación con el Estado de la base de operaciones.

212. En otras ocasiones, el trabajo desde distintas bases de operaciones no es ocasional, sino que puede que no exista una base de operaciones desde la que se preste servicios de forma predominante[616]. La principal dificultad es que se desconoce con qué **periodicidad** ha de retornarse al Estado de la base de operaciones para poder sostener que este es el Estado de inicio y de retorno y, en definitiva, para que la conexión/foro del lugar de trabajo habitual continúe siendo operativa. La aplicación de la conexión/foro del trabajo habitual puede depender de la extensión de los periodos durante los cuales el personal de vuelo es destinado a prestar servicios desde Estados diferentes a los de la base de operaciones asignada. Se desconoce cuándo ha de

614 *Cf.* C. Brannigan, y otros, *op. cit.*, p. 187. De las encuestas realizadas a pilotos puede deducirse que su base de operaciones contractualmente asignada es —únicamente— una de las bases desde las cuales usualmente empiezan y terminan su trabajo. Respecto a los auxiliares de vuelo, se extrae que su base contractual es donde *usualmente* empiezan y terminan su trabajo.

615 En este mismo sentido, M. Henze, *op. cit.*, pp. 363-364.

616 *Vid.* Sentencia de 14 de febrero de 2019 del Tribunal da Relação de Évora (Proceso n.º 747/18.5T8PTM-A.E1). *Ryanair* alegaba que la prestación de servicios del piloto demandante se ejecutaba desde múltiples Estados para sostener que no existía un lugar de trabajo habitual, combinando la argumentación con la pretendida asimilación de la nacionalidad de la aeronave con el Estado de trabajo habitual.

renunciarse a la posibilidad de aplicar la conexión/foro del lugar de trabajo habitual, qué nivel de «flexibilidad» admite este concepto y qué límite temporal ha de establecerse y, por tanto, cuándo ha de saltarse a la conexión/foro del establecimiento contratante. En competencia, cuando el tribunal considere que no se da la periodicidad requerida, solo cabría que este se declare incompetente.

No obstante, se han visto soluciones como la toma en consideración el número de vuelos en los que ha prestado servicios el personal de vuelo y los Estados de partida y retorno en cada uno de ellos. Así, en un caso se declaró la competencia de los tribunales franceses porque de los 41 vuelos en los que había trabajado la auxiliar de vuelo demandante, 14 vuelos habían partido de Francia, 14 vuelos habían partido de otra ciudad y el destino había sido un aeropuerto francés, mientras que 13 vuelos se habían operado entre otras ciudades europeas[617].

En ley aplicable, en caso de no existir un Estado de trabajo habitual para determinar el ordenamiento objetivo debería saltarse a la presunción del establecimiento contratante, pero los vínculos más estrechos garantizarán la aplicación del ordenamiento más próximo de entre los que muestren vinculación con el contrato. En cualquier caso, la aplicación de la conexión de los vínculos más estrechos resultará compleja, pues, al igual que en el caso anterior, es probable que los indicios de proximidad aparezcan diseminados. Así, es posible que la conexión de los vínculos tampoco sirva para garantizar la aplicación de un ordenamiento suficientemente próximo porque en algunos casos este no existirá.

4. Desplazamiento temporal de la Directiva 96/71/CE

A) Aplicación de la Directiva 96/71/CE al personal de vuelo

213. El personal de vuelo se encuentra incluido en el ámbito de aplicación personal de la Directiva 96/71/CE. A falta de una exclusión expresa, como ocurre con personal navegante de la marina mercante, generalmente se acepta que la Directiva de desplazamiento temporal resulta aplicable al personal de vuelo, sin que el carácter intrínsecamente móvil del trabajo se considere un impedimento[618].

617 *Vid.* Sentencias de la Cour de cassation de 9 septiembre de 2020 (ECLI:FR:CCASS:2020:-SO00632) y de 28 de febrero de 2018 (ECLI:FR:CCASS:2018:SO00306).

618 *Vid.* M. I. Ribes Moreno, «El concepto de trabajador temporalmente desplazado», en O. Fotinopoulou Basurko, *El desplazamiento de trabajadores en el marco de la Unión Europeo: presente y futuro*, Atelier, Barcelona, 2017, pp. 112-113. Contribuye a confirmar la inclusión del personal de vuelo en el ámbito de aplicación de la Directiva de desplazamiento

No obstante, algunas razones de peso suscitan **dudas sobre la aplicación de la Directiva** a este sector de trabajadores y requieren, aún a día de hoy, una aclaración acerca de esta cuestión. La razón fundamental es que la base jurídica de la Directiva de desplazamiento se encuentra en los arts. 53.1 y 62 TFUE (libre circulación y prestación de servicios en la UE), mientras que la base jurídica que regula la libre prestación de servicios en el sector del transporte internacional se encuentra en el Título VI TFUE. Por ello, en el asunto *Dobersberger*[619] el TJUE solo incluyó en el ámbito de aplicación de la Directiva a los trabajadores que prestaban servicios a bordo de trenes cuya actividad revestía carácter accesorio respecto al servicio de transporte, excluyendo al resto de trabajadores que prestan servicios en el sector ferroviario. Sin embargo, posteriormente, el TJUE volvió a pronunciarse sobre esta cuestión en los asuntos *Federatie Nederlandse Vakbeweging*[620], *Hungría/Parlamento y Consejo* y *Polonia/Parlamento y Consejo*[621] en sentido contrario —sosteniendo la aplicación de la Directiva de desplazamiento al transporte por carretera—, aunque de forma poco esclarecedora.

La práctica general de los Estados miembros, así como la postura adoptada por las instituciones europeas, revelan que la Directiva se aplica al personal de vuelo, por lo que esta será la perspectiva que se adopte en las

el hecho de que en la Directiva 2014/67/UE se incluya la obligación de conservar y poner a disposición de las autoridades determinados documentos por parte del empleador en el centro de trabajo, que se equipara a la base de operaciones del personal de vuelo [art. 9 de la Directiva 2014/67/UE relativa a la garantía de cumplimiento de la Directiva 96/71/CE, sobre el desplazamiento de trabajadores efectuado en el marco de una prestación de servicios, y por la que se modifica el Reglamento (UE) 1024/2012 relativo a la cooperación administrativa a través del Sistema de Información del Mercado Interior (*DO* L 159/11 de 28 de mayo de 2014)].

619 STJUE de 19 de diciembre de 2019, asunto C-16/18 (ECLI:EU:C:2020:267).

620 STJUE de 8 de diciembre de 2020, asunto C-815/18 - Federatie Nederlandse Vakbeweging (ECLI.EU.C.2020.970).

621 Ambos países sostenían la nulidad de la Directiva 2018/67/UE entre otros motivos, por haberse incluido en su ámbito de aplicación al sector del transporte por carretera, alegando que este no se encontraría incluido en la base de la Directiva. El TJUE rechazó la nulidad de la Directiva por este motivo sosteniendo que esta no tiene por objeto regular la libre prestación de servicios en el ámbito de los transportes, sino que se limita a disponer que se aplicaría al sector del transporte por carretera cuando se adoptase un acto específico. Este acto vio la luz con la Directiva (UE) 2020/1057 de 15 de julio de 2020, por la que se fijan normas específicas con respecto a la Directiva 96/71/CE y la Directiva 2014/67/UE para el desplazamiento de los conductores en el sector del transporte por carretera, y por la que se modifican la Directiva 2006/22/CE en lo que respecta a los requisitos de control del cumplimiento y el Reglamento (UE) n.º 1024/2012 (*DO* L 249/49 de 31 de julio de 2020). En esta se establecen las situaciones en las que los conductores pueden considerarse temporalmente desplazados. De este modo, parece salvarse la nulidad de la Directiva por este motivo sobre la base de que el desplazamiento de los trabajadores del transporte por carretera se regularía en el futuro por una norma específica, lo que no sucede en el transporte aéreo.

siguientes líneas. Así, debe partirse de que pilotos y auxiliares de vuelo pueden ser desplazados temporalmente a otros Estados miembros por las aerolíneas empleadoras cuando se cumplan las condiciones de la Directiva, al igual que los trabajadores de cualquier otro sector. No obstante, no pueden ignorarse dos datos: la diversidad existente en los distintos Estados miembros y el reducido número de desplazamientos temporales del personal de vuelo registrados.

214. A pesar de que no existe ninguna disposición en las normas europeas que avale tal exclusión, **en algunos Estados miembros no se aplican las normas de transposición de la Directiva de desplazamiento** al personal de vuelo. Esta exclusión en ocasiones es expresa (Polonia), mientras que en otras se produce *de facto*, ya que las autoridades de los respectivos Estados miembros no las aplican en la práctica o se trata de un criterio jurisprudencial (Chipre, Hungría, Eslovenia, Croacia)[622]. Además, ha de recordarse la postura particular adoptada por el legislador francés, en el que se establece una aplicación directa del este ordenamiento al personal de vuelo cuya base de operaciones se encuentra en Francia, lo que excluye una situación de desplazamiento temporal.

215. El reducido número de certificados de mantenimiento de la afiliación al sistema de Seguridad Social del Estado miembro de origen emitidos a favor de pilotos y auxiliares de vuelo es un dato que ha llevado a sostener que **la Directiva de desplazamiento se aplica en pocas ocasiones** en este sector[623]. Sin embargo, tal cifra puede no ser fiel a la realidad. El personal de vuelo incurriría en situaciones de desplazamiento temporal en mayor medida, pero las compañías aéreas no tramitan estos desplazamientos. Así, en ocasiones, al personal de vuelo se le continúa aplicando únicamente la ley del contrato durante el desplazamiento temporal —es decir, sin la protección del núcleo duro del Estado de destino— y continúa afiliado al sistema de Seguridad Social del Estado de origen sin que se haga constar tal desplazamiento temporal a las autoridades del Estado de destino.

216. Teniendo en cuenta lo expuesto, ha de señalarse también que la inclusión del personal de vuelo en la Directiva de desplazamiento es controvertida porque se duda de sea posible un encaje en el concepto de «desplazamiento temporal». Lo que llevaría a excluir la aplicación de la Directiva serían las dificultades para identificar verdaderas situaciones de desplazamiento temporal, que incrementan los riesgos de un uso fraudulento de la Directiva[624].

---

622 *Cf.* G. Busschaert, P. Pecinovsky, *op. cit.*, pp. 93, 98.

623 *Cf.* C. Brannigan y otros, *op. cit.*, p. 123, 129, 130. El número de certificados A1 emitidos a favor de pilotos y auxiliares de vuelo es la única fuente que permite conocer la medida en que el personal de vuelo incurre oficialmente en situaciones de desplazamiento temporal. Sin embargo, la fiabilidad de este dato es limitada, pues los certificados no se emiten solo en situaciones de desplazamiento temporal.

624 Así, se ha sostenido la necesidad de introducir una norma especial para el desplazamiento

Las dificultades en la aplicación del concepto de desplazamiento temporal se deben, a su vez, al carácter intrínsecamente móvil del trabajo y a la complejidad que reviste la identificación del lugar de trabajo habitual. Así, puede resultar particularmente complejo diferenciar con nitidez situaciones de trabajo simultáneo en múltiples Estados y situaciones de desplazamiento temporal.

Tales cuestiones entroncan con una problemática general, y no específica de este sector de trabajadores, y es que no se requiere que se haya prestado servicios con carácter habitual para la aerolínea empleadora en el Estado de origen. La Directiva 96/71/CE no solo resulta aplicable cuando se trata de una prestación de servicios temporal en un Estado miembro distinto al de trabajo habitual caracterizada por el trabajo previo y posterior en este último para la misma empleadora. Así, debe asumirse que el concepto de desplazamiento temporal de la Directiva no solo incluye estas situaciones —de desplazamiento temporal «genuino»[625]—, sino también otras que no encajarían en una concepción ortodoxa del desplazamiento temporal[626].

El desplazamiento temporal tiene que producirse en el marco de una de las tres «medidas transnacionales» establecidas en la Directiva: desplazamiento para prestar servicios en el Estado de destino para otra empresa o establecimiento perteneciente al grupo de la aerolínea, desplazamiento en el marco de un contrato de prestación de servicios (contratas o subcontratas), o desplazamiento por medio de ETT para prestar servicios en el Estado de destino para la empresa usuaria. Que el desplazamiento presente encaje en una u otra modalidad modula el concepto de desplazamiento temporal que se debe manejar. Ello redunda en la **inexistencia de un concepto único** y en la dificultad que presenta el establecimiento de unas notas que definan la situación de desplazamiento temporal con carácter general.

217. En todo caso, debe existir un contrato de trabajo celebrado previamente al desplazamiento en el **Estado de origen**, que, no obstante, puede celebrarse inmediatamente antes y con motivo de este. Igualmente, debe producirse un desplazamiento físico del trabajador del Estado miembro de origen al de destino y no cabe la contratación en el Estado de destino[627]. El Estado de origen debe ser aquel en el que **se trabaja habitualmente**, aunque no necesariamente para la empresa que, tras contratar al trabajador,

de estos trabajadores, como sucede con los trabajadores del transporte por carretera. *Vid.* R. M Rodríguez Romero, *La liberalización del sector aeronáutico y su impacto sobre las relaciones laborales individuales del personal a bordo de aeronaves*, *op. cit.* pp. 357-363.

625 Siguiendo a F. J. Gómez Abelleira: «Desplazamiento transnacional laboral genuino y ley aplicable al contrato de trabajo», *CDT*, vol. 10, n.º 1, 2018, pp. 213-232.

626 *Vid.* art. 4.3 de la Directiva 2014/67/UE, en el que se establecen indicios para determinar si el trabajador realiza temporalmente su labor en un Estado miembro distinto de aquel en el que normalmente trabaja.

627 *Vid.* asunto *CRPNPAC*.

lo desplaza[628]. El empleador debe contar con una estructura productiva y organizativa en el Estado de origen, es decir, debe llevar a cabo actividades sustantivas que no sean puramente administrativas o de gestión interna[629].

El contrato de trabajo entre la empleadora y el trabajador desplazado debe mantenerse durante todo el desplazamiento. En consecuencia, esta debe ser la que asume las **funciones propias del empleador** y no la empresa del Estado de destino. *A priori* debe existir una sociedad diferente de la empleadora que es la que se beneficiará del trabajo en el Estado de destino. Asimismo, el trabajo debe presentar vinculación suficiente con el Estado de destino[630], es decir, durante la duración del desplazamiento debe trabajarse con cierta vocación de estabilidad desde este Estado.

Evidentemente, para que pueda hablarse de un desplazamiento a efectos de la Directiva, la prestación de servicios en el Estado de destino tiene que ser temporal. Debe existir una expectativa real y factible de regreso al Estado de origen que, no obstante, no se materializa en límites temporales específicos, pese a ser la característica esencial y definitoria de la situación de desplazamiento temporal[631]. Así, un criterio difícil de concretar, como es la intención de las partes de que el trabajador retorne al Estado de origen, se convierte en presupuesto indispensable para que pueda sostenerse la existencia de una situación de desplazamiento temporal. De lo contrario, debería aplicarse el Reglamento Roma I y el contrato de trabajo quedará regido exclusivamente por el ordenamiento determinado por su art. 8.

218. Como se ve, ha de partirse, por tanto, de que la Directiva no solo resulta aplicable cuando existe un lugar de trabajo habitual en el Estado miembro de origen y un desplazamiento temporal al Estado de destino. Lo expuesto lleva a distinguir entre dos situaciones de desplazamiento temporal: una que se corresponde con una concepción ortodoxa, en la que se ha trabajado habitualmente antes en el Estado de origen y se regresa a este

---

628 *Cf.* M. Llobera Vila, *op. cit.*, p. 144. En coherencia con la definición de «trabajador desplazado» de la Directiva: *todo trabajador que, durante un período limitado, realice su trabajo en el territorio de un Estado miembro distinto de aquél en cuyo territorio trabaje habitualmente* (art. 2.1). Así, debe concluirse que el Reglamento Roma I y la Directiva manejan diferentes conceptos de «habitualidad».

629 *Vid.* art. 4.2 Directiva 2014/67/UE.

630 *Vid.* asuntos *Dobersberger* y *Federatie Nederlandse Vakbewegin.* En particular, sobre el asunto *Dobersberger*: O. Fotinopoulou Basurko, «¿Inaplicación de la Directiva de desplazamiento a los trabajadores del tren Eurostar?: Reflexiones a propósito de la sentencia del Tribunal de Justicia de 19 de diciembre de 2019», *Revista General de Derecho del Trabajo y de la Seguridad Social*, n.° 56, 2020.

631 Como se ha visto, tras la modificación operada por la Directiva (UE) 2018/957 siguen sin existir límites temporales. Únicamente se distinguen dos fases temporales, y superados los 12 o 18 meses de duración del desplazamiento el trabajador pasa a ser «desplazado de larga duración». *Vid.* Capítulo II: I.2.C) Problemas específicos en los desplazamientos de larga duración.

Estado tras el desplazamiento; y otra en la que el desplazamiento puede producirse inmediatamente tras la contratación en el Estado de origen y ni siquiera se garantiza el retorno (situaciones de desplazamiento «atípico»)[632]. De este modo, las aerolíneas, al igual que cualquier otro empleador, pueden contratar al personal de vuelo para desplazarlo inmediatamente, sin que se requiera que los trabajadores hayan trabajado previamente para la aerolínea en el Estado de origen, exigiéndose únicamente la contratación en origen y el traslado posterior de los trabajadores al Estado de destino para prestar servicios allí temporalmente.

219. La Comisión Europea ha planteado tres situaciones en las que cabe considerar desplazado temporalmente al personal de vuelo[633]: cuando se destina temporalmente al personal de vuelo a una base distinta de su base de operaciones contractualmente asignada, en casos de arrendamiento de aeronaves con tripulación y en supuestos de prestaciones transnacionales de servicios por ETT. Cada una de estas situaciones de desplazamiento será objeto a continuación de un análisis específico, valorándose las posibilidades de encaje con el concepto de desplazamiento temporal y con las modalidades de la Directiva.

B) Desplazamiento temporal a una base de operaciones distinta de la contractualmente asignada

220. Al definir este supuesto se parte de un encaje de la base de operaciones con el concepto de «establecimiento». El desplazamiento puede producirse entre bases de operaciones localizadas en distintos Estados miembros pertenecientes a la misma aerolínea, o desde una base de operaciones de la aerolínea empleadora en el Estado de origen, con destino a una base perteneciente a otra aerolínea en otro Estado miembro[634].

632 Siguiendo a M. Llobera Vila, *op. cit.*, pp. 144-166.

633 Comisión Europea, *Informe de la comisión al parlamento europeo, al consejo, al comité económico y social europeo y al comité de las regiones. Estrategia de aviación para Europa: mantener y promover los altos niveles sociales*, Bruselas, 2019, pp. 12-14.

634 El desplazamiento encajaría en la modalidad de desplazamiento intragrupo. En la Directiva este supuesto parece perfilarse como un desplazamiento dentro del grupo, es decir, *a priori* para que se produzca un encaje en tal situación de desplazamiento temporal, el trabajador debe ser desplazado para trabajar en un establecimiento de otra sociedad del grupo al que pertenece la empleadora, localizado en el Estado de destino. No obstante, generalmente se acepta que esta categoría de desplazamiento en realidad se subdivide a su vez en dos modalidades: el desplazamiento a un establecimiento perteneciente a la sociedad empleadora en el Estado de destino, y el desplazamiento a otra sociedad del grupo. *Vid.* G. Esteban de la Rosa, C. Molina Navarrete, *La movilidad transnacional de trabajadores: reglas y prácticas*, Comares, Granada, 2002, p. 136. Así, aunque el presupuesto en esta situación de desplazamiento parece ser la existencia de un grupo multinacional, se asimila a la circulación del trabajador entre diferentes centros de trabajo o establecimien-

Han de explorarse las posibilidades de encaje de las situaciones de desplazamiento temporal ortodoxo (en las que la base de operaciones en el Estado de origen se corresponde con el lugar de trabajo habitual previo al desplazamiento) y de desplazamiento atípico (contratación *ex novo* con el objetivo de desplazar inmediatamente al trabajador).

221. En el primer caso se asumiría una asimilación implícita de la base de operaciones con el lugar de trabajo habitual (Estado de origen). Así, la base de operaciones asignada debe corresponderse con el Estado de trabajo habitual y el trabajador prestará servicios temporalmente desde el Estado de destino, en el que la aerolínea empleadora u otra deberá contar con una base de operaciones. Como en el resto de casos, debe existir una expectativa plausible de que el trabajo en la base de operaciones en el Estado de origen va a retomarse tras el desplazamiento.

Cuando sí existe una trayectoria previa del trabajador en la aerolínea, el Estado desde el que se desplaza al trabajador debe corresponderse con el Estado de trabajo habitual real, si este existe. Emergen de nuevo las dificultades para identificar este lugar, así como el peligro de que se establezcan contractualmente lugares de ejecución habitual que no se corresponden con el real[635]. Si el régimen del contrato ha quedado fijado por un lugar de trabajo habitual que no es el real, el desplazamiento puede utilizarse como vía para que el trabajador continúe afiliado al Sistema de Seguridad social de ese Estado pese al cambio temporal del lugar de trabajo. Si bien los efectos en el ámbito de la ley aplicable son menores, pues la protección del trabajador debe quedar asegurada con la aplicación del núcleo duro del Estado de destino, se continuarían aplicando el resto de condiciones del Estado de origen. Así, los efectos de inmediatos del falso desplazamiento consisten en la sujeción al sistema de Seguridad Social del Estado de origen, mientras que el trabajador no queda totalmente desprotegido desde la perspectiva de las condiciones de trabajo, al encontrarse garantizada la aplicación del núcleo duro.

222. La admisión de situaciones de desplazamiento atípico conduce a que se avale la fijación de un lugar de trabajo habitual meramente formal en el Estado de contratación para fijar también un Estado de origen formal que determina la ley aplicable al contrato. En cualquier caso, se requiere el des-

---

tos pertenecientes a la empleadora. En este sentido, ha de tenerse en cuenta que la Ley 45/1999 sobre el desplazamiento de trabajadores en el marco de una prestación de servicios transnacional admite expresamente que el trabajador sea desplazado para prestar servicios en un establecimiento perteneciente a la propia sociedad empleadora [art. 2.1 b)].

635 A las autoridades de cada Estado de origen les correspondería comprobar antes de la emisión de los certificados A1 que ese Estado es verdaderamente el de trabajo habitual, pero la práctica revela que en ocasiones esta no es la forma de proceder. *Vid.* asunto *CRPNPAC* respecto a los falsos desplazamientos operados en Francia por la aerolínea *Vueling.*

plazamiento del personal de vuelo desde el «Estado de origen» al Estado de destino, y la contratación en destino excluiría la existencia de una situación de desplazamiento.

Paradójicamente, pueden ser mayores las exigencias en los casos de desplazamiento temporal ortodoxo. Es decir, cuando sí ha existido una trayectoria previa del trabajador en la aerolínea, no será posible que el desplazamiento se produzca desde un Estado distinto al de trabajo habitual. En cambio, cuando se contrata a los trabajadores para ser inmediatamente desplazados, no habrá nada que exigir, salvo la presencia del personal de vuelo en el «Estado de origen» en el momento de la celebración del contrato[636].

C) Desplazamiento de la tripulación incluida en un contrato de alquiler de aeronaves

223. Como se ha visto, este contrato, por el que la aerolínea arrendadora pone a disposición de la aerolínea arrendataria una aeronave proveyéndola de toda o parte de la tripulación, puede dar lugar a un cambio del Estado de ejecución del trabajo del personal de vuelo. Igualmente, junto a las situaciones de trabajo habitual en el Estado de origen y prestación temporal en el Estado de destino para la arrendataria, también se produciría una situación de desplazamiento temporal cuando los trabajadores comienzan a prestar servicios directamente en el Estado de destino, inmediatamente después de la contratación, sin haber trabajado previamente en el Estado de origen para la aerolínea arrendadora.

En cualquier caso, para que exista un desplazamiento temporal la tripulación debe prestar servicios con carácter estable desde el Estado de destino durante cierto periodo de tiempo, y quedan excluidas las situaciones en las que el lugar de inicio de los trayectos de la aeronave alquilada no sea estable. Adicionalmente, debe concurrir la vocación de retorno al país de origen, por lo que no puede sostenerse la existencia de una situación de desplazamiento temporal cuando la aerolínea se dedica exclusivamente al arrendamiento de aeronaves con tripulación. En este caso, el personal de vuelo no contará con un Estado de origen, sino que se producirá un cambio constante de «Estado

636 Ha de repararse en que la asignación de la base de operaciones en realidad no tendrá relevancia de cara a la existencia de una situación de desplazamiento temporal. Al convertirse en un mero requisito administrativo desvinculado de un Estado de trabajo habitual, está podría asignarse directamente en el Estado de destino, aunque el teórico lugar de trabajo habitual se encuentre en el Estado de origen formal. En cualquier caso, en el Estado de origen debe existir una base de operaciones desde la que la aerolínea empleadora opera sus vuelos, pues de lo contrario no cabría sostener que este es el Estado al que se pretende retornar para continuar trabajando para la aerolínea.

de destino», en virtud de los sucesivos contratos de alquiler de aeronaves celebrados por la aerolínea empleadora[637].

224. El arrendamiento de aeronaves con tripulación puede presentar encaje tanto en la modalidad de **desplazamiento en el seno de grupos multinacionales**, como en la modalidad **desplazamiento en el marco de un contrato de prestación de servicios**, celebrado en este caso entre aerolíneas que no pertenecen al mismo grupo multinacional.

Anteriormente ya se han planteado los problemas que puede suponer la identificación del empleador durante la duración del alquiler y la inexistencia de regulación sobre las condiciones en las que el personal de vuelo trabaja durante su duración. Para que se produzca un encaje en la situación de desplazamiento, debe mantenerse durante toda su duración el contrato con la aerolínea arrendadora y esta es la que debe ejercer como empleadora. Si la aerolínea arrendataria es la que actúa realmente como empleadora, con independencia de qué aerolínea mantenga formalmente el vínculo contractual, debería descartarse la existencia de una situación de desplazamiento temporal de la Directiva.

225. Los contratos de alquiler de aeronaves matriculadas en la UE no tienen un límite temporal preestablecido y la **duración** de los contratos muestra una significativa diversidad, extendiéndose generalmente entre uno y veinticuatro meses[638]. La Directiva 96/71/CE debe aplicarse a todos los desplazamientos, independientemente de su duración. Algunas disposiciones de la Directiva permiten a los Estados miembros de acogida no aplicar algunas condiciones del núcleo duro a los desplazamientos de corta duración en determinadas materias. Sin embargo, el resto de las disposiciones de la Directiva siguen siendo aplicables a los trabajadores desplazados[639]. Igualmente, cabe plantearse que la duración del contrato de alquiler llegue a ser de tal extensión que el personal de vuelo llegue a convertirse en desplazado de larga duración, situación en la que resultarán aplicables todas las condiciones de trabajo del Estado de destino.

---

637 En realidad, se tratará de situaciones en las que se trabaja desde el territorio de sucesivos Estados. *Vid*. Capítulo III: III.2. Aplicación del sistema indiciario en casos de cambio sucesivo del Estado de partida y retorno.

638 *Cf.* C. Brannigan y otros, *op. cit.*, p. 125.

639 Los Estados miembros de destino disponen de las siguientes opciones: decidir, tras consultarlo con los interlocutores sociales, no aplicar las normas sobre la duración mínima de las vacaciones anuales retribuidas y la remuneración cuando la duración del desplazamiento no exceda de un mes en un periodo de referencia de un año; permitir excepciones a la norma sobre remuneración establecida por los convenios colectivos cuando la duración del desplazamiento no exceda de un mes; no aplicar las normas sobre la duración mínima de las vacaciones anuales retribuidas y la remuneración por considerar que el volumen de trabajo que va a realizarse no es significativo (art. 3.3, 3.4 y 3.5 Directiva 96/71/CE).

D) Desplazamiento por medio de empresas de trabajo temporal

226. La contratación mediante intermediarias *a priori* permite un encaje en una de las modalidades de desplazamiento de la Directiva 96/71/CE (ETT). La intermediaria contrata al personal de vuelo para desplazarlo inmediatamente a otros Estados miembros, en los que presta servicios para las aerolíneas. Sin embargo, estos desplazamientos pueden ser fraudulentos por dos motivos: los trabajadores no han trabajado previamente al desplazamiento con carácter habitual en el Estado de origen (Estado de la ETT), y la actividad de la ETT no puede consistir exclusivamente en el desplazamiento de trabajadores.

227. El desplazamiento por medio de ETT reviste, por su propia naturaleza, **características particulares**: generalmente en esta modalidad no se darán situaciones de desplazamiento ortodoxo, caracterizadas por la habitualidad previa y posterior en el Estado de origen para la misma empleadora. El contrato entre la ETT y el trabajador tendrá la misma duración que la misión en el Estado de destino, y serán anecdóticas las situaciones en las que el trabajador haya prestado servicios previamente en el Estado de origen para la ETT.

En cualquier caso, la contratación en el Estado de destino no encaja en el concepto de trabajador desplazado, y la presencia previa en el Estado de origen y el trabajo habitual en este Estado constituye un requisito definitorio de la situación de desplazamiento. En caso contrario, no cabe sostener la existencia de un desplazamiento conforme a la Directiva 96/71/CE, sino que únicamente cabe aplicar el artículo 8 del RRI, de forma que el régimen del contrato quedara definido exclusivamente por la ley aplicable al contrato, y no procede la afiliación al sistema de Seguridad del Estado de origen. Si el lugar a partir del cual el personal de vuelo presta servicios habitualmente puede identificarse en el Estado de destino, el ordenamiento de este Estado regirá el contrato en exclusiva.

228. En principio, siempre que la compañía intermediaria se encuentre válidamente constituida como ETT en el Estado miembro en el que se encuentra su domicilio social podrá desplazar trabajadores para prestar servicios temporalmente en otros Estados miembros. Los Estados de destino se encuentran obligados admitir la diversidad para garantizar la libre prestación de servicios de las ETT en la UE, y no pueden imponer el cumplimiento de los requisitos establecidos en su legislación nacional para la constitución de ETTs, pues ello podría constituir un obstáculo a la libertad de prestación de servicios de las ETT en la UE.

Sin embargo, pese a que la compañía se encuentre válidamente constituida como ETT en el Estado de origen, **su actividad no puede consistir exclusivamente en desplazar trabajadores**. En el asunto *Team Power Europe*[640], el TJUE ha establecido que para que quepa el mantenimiento de

640 STJUE de 3 de junio de 2021, asunto C-784/19 (ECLI:EU:C:2021:427).

la afiliación al sistema de Seguridad Social del Estado miembro de origen, la ETT debe realizar una parte sustancial de su actividad de cesión de trabajadores en favor de empresas usuarias que estén establecidas y ejerzan sus actividades en ese Estado[641]. Es decir, ha de combinarse la puesta a disposición de trabajadores para prestar servicios en el propio Estado miembro de domicilio de la ETT con la puesta a disposición de trabajadores que prestan servicios en otros Estados, y la actividad de la ETT no puede consistir únicamente en exportar trabajadores a otros Estados miembros. El requisito debería aplicarse igualmente para que proceda la inmutabilidad de la ley aplicable al contrato, quedando garantizado de este modo un régimen coherente del desplazamiento temporal. Ello puede ser determinante, pues es posible que en el sector aéreo algunas ETT/intermediarias dirijan exclusivamente su actividad a la contratación de trabajadores que prestan servicios desde otros Estados miembros.

E) Eventual incidencia del desplazamiento temporal sobre la ley aplicable por medio de los vínculos más estrechos

229. La Directiva 96/71/CE parte de la base de que el desplazamiento temporal del trabajador no tiene efectos sobre la ley rectora del contrato de trabajo. Se excluye cualquier relevancia del desplazamiento temporal sobre la localización del contrato de trabajo a efectos de la conexión de lugar de trabajo habitual. También sobre la ley del contrato si esta queda determinada por la conexión del establecimiento contratante o de los vínculos más estrechos. Debe determinarse si esto implica que también deba descartarse que la circunstancia de que el trabajador haya sido desplazado pueda tener relevancia posteriormente en la determinación de la ley aplicable por la vía de la conexión de los vínculos más estrechos[642]. Tal cuestión puede suscitarse con carácter general en situaciones de desplazamiento, pero, particularmente, en dos casos: en supuestos de falso desplazamiento; y en los desplazamientos de larga duración, pues en este caso la integración del trabajador en el Estado de destino es mayor.

230. En cuanto a las situaciones de falso desplazamiento, incluso aunque se haya descartado la existencia de un desplazamiento temporal real y, con

641 Así debe interpretarse el art. 14. 2, del Reglamento 987/2009, por el que se adoptan las normas de aplicación del Reglamento 883/2004, sobre la coordinación de los sistemas de seguridad social (*DO* L 284/1, de 30 de octubre de 2009), para poder considerar que una ETT establecida en un Estado miembro «ejerce normalmente sus actividades» en ese Estado (asunto *Team Power Europe*).

642 *Vid.* V. Van Den Eeckhout, «The Escape-Clause of Article 6 Rome Convention (Article 8 Rome I Regulation): How Special Is the Case Schlecker?», *Tijdschrift Recht en Arbeid*, 2014, n.º 4, pp. 8-9.

ello, la aplicación de la Directiva de desplazamiento, al determinar la ley aplicable conforme al artículo 8 RRI estas prácticas podrían tener efectos igualmente sobre el régimen del contrato a través de los vínculos más estrechos.

Así, en supuestos de **falso desplazamiento por medio de compañías intermediarias,** de acuerdo con la doctrina del TJUE, el ordenamiento del supuesto Estado de origen podría ser considerado como el más estrechamente vinculado con la relación laboral. Tanto si existe un lugar de trabajo habitual como si no existe, los indicios de afiliación a la Seguridad Social y eventualmente de tributación apuntarán al Estado de origen ficticio, en el que se encuentra establecida la compañía intermediaria. Por ello, los criterios de Seguridad Social y tributación han de omitirse cuando hayan quedado fijados de forma fraudulenta a través de falsos desplazamientos.

231. En los desplazamientos de larga duración se produce el mismo fraccionamiento existente desde el origen con la Directiva 96/71/CE, pero cuando se trata de trabajadores desplazados de larga duración se amplía el ámbito material de aplicación de la ley del Estado de destino. El fraccionamiento se produce solo en la práctica, pues formalmente, con independencia de la duración del desplazamiento la ley aplicable al contrato de trabajo solo es una y permanece inmutable[643].

232. Pueden plantearse situaciones de mayor vinculación con el Estado de destino cuando el trabajador haya sido contratado para ser desplazado inmediatamente tras la celebración del contrato de trabajo, o cuando se haya prestado servicios en el Estado de origen antes del desplazamiento durante muy poco tiempo. Si el trabajador presta servicios en el Estado de destino durante un periodo de tiempo considerable, e incluso llega a ser trabajador desplazado de larga duración, se le aplicarán todas las condiciones laborales del Estado de destino. Transcurridos 24 meses, se encontrará también afiliado al sistema de Seguridad Social del Estado de destino.

Imagínese que cuando termina el desplazamiento, tras haber vuelto a prestar servicios durante un breve periodo de tiempo en el Estado de origen o inmediatamente, se extingue su contrato de trabajo. El desplazamiento no habrá sido un episodio de la relación laboral, sino que la relación laboral habrá consistido únicamente en la prestación de servicios en el Estado de destino. Si en estas circunstancias se plantease un litigio el contrato de trabajo podría considerarse más estrechamente vinculado con el Estado al que el trabajador fue desplazado.

643 Al quedar excluida la posibilidad de aplicar las normas del Estado de destino a la celebración y a la resolución del contrato de trabajo, no cabe hablar de un cambio fáctico de la ley aplicable al contrato, sino de un cambio del estatuto de derechos y condiciones de trabajo y de la existencia, de hecho, de un fraccionamiento de la ley aplicable al contrato de trabajo. *Vid.* Capítulo II: I.2.C) Problemas específicos en los desplazamientos de larga duración.

Aunque se sostenga un encaje de estas situaciones en la noción de desplazamiento y deba mantenerse la ficción inmutabilidad de la ley aplicable durante la duración del desplazamiento, en este momento la Directiva 96/71/CE ya no resultará aplicable, pues su única misión es la de garantizar el disfrute de ciertas condiciones de trabajo durante la duración del desplazamiento. Pese a que el lugar de trabajo habitual —formal— no habrá variado en ningún momento, *de facto*, el contrato de presentará mayor vinculación con el Estado de destino.

En estos casos, la conexión de los vínculos más estrechos podría llevar a la aplicación completa del ordenamiento del Estado de destino, que en realidad habrá sido el Estado de trabajo habitual. Los vínculos más estrechos tendrían el efecto, así, de testar la proximidad real del contrato con uno u otro ordenamiento, y servirán para **atajar** las consecuencias de **desplazamientos atípicos y fraudulentos**. Asumiendo que en tales situaciones puede producirse un desplazamiento temporal, no obstante, ha de explorarse la posibilidad de que la conexión de los vínculos más estrechos sirva para corregir los efectos de tales situaciones de desplazamiento. Así, es necesario verificar si el desplazamiento temporal puede adquirir relevancia en la conexión de los vínculos más estrechos o si, por el contrario, se considera inadmisible cualquier efecto del desplazamiento temporal sobre la ley aplicable al contrato de trabajo. Se evidencia la necesidad persistente de clarificar las relaciones entre la Directiva de desplazamiento y el Reglamento Roma I, aún más acusada tras la modificación de la Directiva y la introducción de la modalidad de desplazamientos de larga duración.

5. Desplazamiento temporal regido por el Reglamento Roma I

233. El art. 8.2 RRI establece que el Estado de trabajo habitual no cambia cuando el trabajador realiza su trabajo temporalmente en otro país, de modo que se ha considerado que la Directiva 96/71/CE vendría a rellenar la «laguna» que introduce esta previsión del Reglamento Roma I[644]. Sin embargo, también puede sostenerse que el concepto de desplazamiento temporal manejado por ambos instrumentos es diferente, y que las situaciones de cambio temporal del Estado de trabajo temporal reguladas en ambos instrumentos son distintas.

Lo previsto en el considerando 36 RRI vendría a funcionar como apoyo de esta segunda posición. El presupuesto para que exista un desplazamiento temporal en el considerando 36 RRI y en la Directiva de desplazamiento temporal, en principio, es el mismo, al establecerse en el primero que «la realiza-

644 *Cf.* J. J Kuipers, *op. cit.*, p. 237, T. Jaspers, F. Pennings, S. Peters, *European Labour Law*, Intersentia, Cambridge, 2019, p. 100.

ción del trabajo en otro país se considera temporal cuando se supone que el trabajador va a reanudar su trabajo en el país de origen tras realizar su tarea en el extranjero». Así, en el **Reglamento Roma I** se establece una **ficción de habitualidad** en el Estado de origen, excluyéndose cualquier relevancia del desplazamiento temporal sobre la localización del contrato de trabajo a efectos de la conexión de lugar de trabajo habitual, siempre que se haya trabajado previamente y se retorne a ese Estado[645]. En cambio, para que se produzca un desplazamiento temporal de la Directiva 96/71/CE no se requiere la existencia de un lugar de trabajo habitual en el Estado de origen, sino la contratación del trabajador en ese Estado, y un desplazamiento posterior desde ese Estado al de destino. La Directiva no establece una ficción de inmutabilidad del lugar de trabajo habitual, sino que excluye, más ampliamente, que el desplazamiento temporal pueda tener efectos sobre la ley del contrato de trabajo[646].

Adicionalmente, en el considerando 36 se establece que *la celebración de un nuevo contrato de trabajo con el empleador original o con un empleador que pertenezca al mismo grupo de empresas que el empleador originario no debe excluir que se considere que el trabajador realiza su trabajo en otro país de manera temporal*. Esta previsión confirmaría la exclusión de una regulación homogénea de la situación de desplazamiento temporal en ambos instrumentos. La celebración de un nuevo contrato con la sociedad para la que se prestan servicios en el Estado miembro de destino excluye la aplicación de la Directiva, pues, según esta, el contrato de trabajo con el empleador del Estado de origen ha de mantenerse durante toda la duración del desplazamiento. En cambio, en el Reglamento Roma I la celebración de un nuevo contrato de trabajo no excluiría la posibilidad de que se considere que existe una única relación laboral cuyo régimen se determine *a posteriori* de forma unitaria siempre que la prestación de servicios en otro Estado y para otro empleador del grupo haya sido temporal[647].

234. Cuando el trabajador presta servicios temporalmente en un Estado distinto al de ejecución habitual del trabajo fuera de las modalidades previs-

645 Es decir, el Reglamento Roma I sí exige que el Estado de origen sea el Estado de trabajo habitual para que quepa establecer esta ficción. *Cf.* A. van Hoek, M. Houwerzijl, «"Posting" and "Posted Workers": The Need for Clear Definitions of Two Key Concepts of the Posting of Workers Directive», *Cambridge Yearbook of European Legal Studies*, vol. 14, 2012, pp. 16-17.

646 Se excluye un cambio de la ley aplicable al contrato de trabajo, que puede ser la del Estado de trabajo habitual si este existe, pero también la del Estado en el que se encuentra el establecimiento contratante en su defecto, o haber quedado determinada por la conexión de los vínculos más estrechos. *Cf.* A. van Hoek, M. Houwerzijl, *Complementary Study on the Legal Aspects of the Posting of Workers in the Framework of the Provision of Services in the European Union*, Universidad de Amsterdam, 2011, p. 26.

647 *Vid.* L. F. Carrillo Pozo, «La ley aplicable al contrato de trabajo plurilocalizado: el Reglamento Roma I», *op. cit.,* pp. 139-140.

tas en la Directiva, la ley aplicable durante el desplazamiento temporal se rige exclusivamente por el Reglamento Roma I. **La Directiva tiende a absorber todos los posibles supuestos desplazamiento temporal** que pueden darse en la práctica[648], pero cabe plantearse la eventual aplicación del Reglamento Roma I en algunas situaciones de desplazamiento temporal. El Reglamento Roma I se aplicará en exclusiva cuando el personal de vuelo es desplazado temporalmente y, a pesar de un eventual encaje en las situaciones de desplazamiento de la Directiva, esta no se aplica. Pueden plantearse otras situaciones, como son la contratación en el Estado de destino por una aerolínea distinta de la originalmente empleadora, pasando la aerolínea del Estado de destino a ejercer como empleadora temporalmente. Adicionalmente, deben tenerse en cuenta en este sentido las situaciones en las que el personal de vuelo sea desplazado a una base de operaciones perteneciente a la aerolínea empleadora localizada en un Estado diferente al de trabajo habitual, pues el encaje de la base de operaciones en el concepto de «establecimiento» a estos efectos no debe darse por asegurado en todos los casos.

Al contrario de lo que sucede en la situación de desplazamiento temporal de la Directiva, para que quepa mantener una ficción de habitualidad en el Estado de origen en el Reglamento Roma I debe haberse trabajado habitualmente para la empleadora en este Estado. El Estado de origen debe ser en todo caso el Estado de trabajo habitual. Así, si el desplazamiento se produce de forma inmediata tras la contratación, no cabrá sostener que el lugar de trabajo habitual es el Estado de origen, sino que este será el Estado al que se envía al personal de vuelo.

Si se ha trabajado habitualmente en el Estado de origen, se admitiría la existencia de una situación de desplazamiento siempre que el trabajo en el Estado de destino sea temporal y vaya a reanudarse posteriormente en el Estado de origen. Los problemas en este sentido son los mismos que plantea la aplicación de la Directiva de desplazamiento temporal: no existe un límite temporal al desplazamiento y la existencia de una situación de desplazamiento dependería de que la voluntad de retorno al Estado de origen sea real y se materialice.

---

648 *Cf.* D.M. Cairós Barreto, «El ámbito objetivo de aplicación de la Directiva 96/71/CE y la prevención de abusos y elusión de normas. Los desplazamientos realizados a través de empresas de trabajo temporal», en O. Fotinopoulou Basurko (coord.), *El desplazamiento de trabajadores en el marco de la Unión Europea: presente y futuro*, Atelier, Barcelona, 2017, pp. 124-125. Serían casos de desplazamiento temporal del Reglamento Roma I aquellos en que un trabajador se desplace a otro Estado miembro para continuar prestando servicios para la empleadora en el Estado de destino, sin que exista un establecimiento de la empleadora en ese Estado. Esta situación no puede darse en los contratos de trabajo del personal de vuelo, en los que la prestación de servicios desde el Estado de destino siempre requerirá la existencia de una base de operaciones de la aerolínea empleadora en ese Estado.

El trabajador no contará con la protección del núcleo duro de condiciones de trabajo del Estado de destino. Cabría la aplicación de ciertas normas de este Estado como normas de policía del lugar de ejecución, pero ello dependerá de la apreciación del tribunal competente, en caso de que se plantee un litigio. El tribunal competente se determinará exclusivamente conforme al Reglamento Bruselas I bis, y en principio no existirá la posibilidad para el trabajador de demandar en el Estado en el que trabaja temporalmente, pues, como se ha visto, la referencia al último Estado de trabajo en el Reglamento Bruselas I bis se refiere a exclusivamente a los casos en los que exista vocación de permanencia en ese Estado[649]. Solo cabría plantear la eventual aplicación del foro de la sucursal (art. 7.5 RBIb), que podría utilizarse para demandar en el Estado de trabajo temporal por encontrarse allí la base de operaciones del trabajador, como establecimiento al que el personal de vuelo se encuentra temporalmente vinculado[650].

649 No obstante, ha de tenerse en cuenta la solución adoptada en el asunto *Pugliese*, en el que se admitió que la trabajadora presentase la demanda en el Estado en el que, en principio, trabajaba temporalmente.

650 *Vid.* Capítulo IV: I.3. La base de operaciones: ¿sucursal de la aerolínea empleadora?

CAPÍTULO IV

DETERMINACIÓN DE LA LEY APLICABLE Y DE LA COMPETENCIA POR CIRCUNSTANCIAS AJENAS A LA EJECUCIÓN DEL TRABAJO

I. Foros y conexiones basados en la figura del empleador

1. Inexistencia de lugar de trabajo habitual: la conexión y el foro del establecimiento contratante

A) Establecimiento que capta al trabajador

235. La entrada en juego de la conexión/foro del establecimiento contratante se supedita a la inexistencia de un lugar de trabajo habitual. Así, las posibilidades de que el establecimiento contratante se convierta en la conexión que determinará el ordenamiento objetivo y de que el trabajador pueda demandar en el Estado en el que este se encuentra dependen, en primer término, de la amplitud con la que se interprete el concepto de «lugar de trabajo habitual». Dada la interpretación de que ha sido objeto este concepto, la entrada en juego de la conexión/foro del establecimiento contratante tendrá lugar en pocas ocasiones. Las posibilidades se incrementan cuando existen cambios sucesivos del lugar de inicio de la prestación de servicios o este tiene lugar simultáneamente desde múltiples Estados, pues en estas situaciones será probable que no pueda identificarse un Estado de trabajo habitual del personal de vuelo. Así, la deslocalización de sus trabajadores por parte de las compañías aéreas tiene el efecto de que el ordenamiento *a priori* destinado a regir el contrato sea el del Estado en el que se localiza el establecimiento por

medio del cual fueron contratados. En competencia, los trabajadores podrán presentar la demanda en este Estado y no tendrán la posibilidad de presentar la demanda en los distintos Estados de ejecución del trabajo.

Cuando el lugar de trabajo habitual se encuentra en un tercer Estado, en ley aplicable, en cualquier caso, deberá identificarse el tercer Estado de trabajo habitual utilizando el sistema indiciario. Se aplicará la ley de ese tercer Estado, siempre que no exista otro Estado que presente mayor proximidad. En competencia, en cambio, debe verificarse la interpretación correcta. La primera opción consistiría en excluir el salto al establecimiento contratante siempre que exista un lugar de trabajo habitual, aunque este se encuentre en tercer Estado. Ha de repararse en que, si se asume esta posición, la interpretación amplia del concepto de lugar de trabajo habitual puede perjudicar al trabajador, pues le impide recurrir al foro del establecimiento contratante cuando este se localiza en la UE[651]. La segunda interpretación consistiría en considerar que la inexistencia de un lugar de trabajo habitual en la UE debe suponer el salto al foro del establecimiento contratante, admitiéndose una excepción a al carácter subsidiario del foro del establecimiento contratante que favorecería a los trabajadores[652].

236. Al carácter expresamente subsidiario de la conexión/foro del establecimiento contratante se suman unas **posibilidades muy reducidas de que adquiera relevancia práctica**, tanto en competencia como en ley aplicable. El TJUE ha contribuido al carácter residual de esta conexión/foro con una interpretación formal del concepto de establecimiento contratante (establecimiento que contrata al trabajador). Se descarta la posibilidad de identificar el establecimiento contratante con la sociedad empleadora o con el establecimiento de ocupación efectiva (centro de trabajo). La interpretación favorece una eventual manipulación del foro/conexión e implica que en muchas ocasiones el Estado en el que se encuentra el establecimiento contratante no presente proximidad en términos procesales ni conflictuales[653]. En estas circunstancias, es probable

651 *Cf.* P. Jiménez Blanco, *op. cit.*, p. 229.

652 El art. 21.1 b) ii) se refiere literalmente a la situación en la que el trabajador «no desempeña o no ha desempeñado habitualmente su trabajo en un único Estado», sin mencionar que deba tratarse de un Estado miembro, por lo que esta interpretación ha de considerarse excluida. Fue la solución dada por el TJUE en el asunto *Six Constructions*, en el que el TJUE sostuvo que no cabía aplicar el art. 5 del Convenio de Bruselas cuando el trabajo se ejecuta íntegramente en varios Estados fuera de la UE y solo se regresa a un Estado miembro en el que no se ejecuta el trabajo. No obstante, ha de tenerse en cuenta que en aquel momento no existían diferencias en cuanto a los foros disponibles para el trabajador y para el empleador, de modo que el salto al establecimiento contratante en la UE habría implicado habilitar este foro también para el empleador. Por ello, puede sostenerse que el fallo en este caso tenía su base en la protección del trabajador en este sentido, y no serviría para justificar la exclusión del salto al establecimiento contratante en la actualidad. *Cf. Ibidem*, pp. 121-122.

653 *Cf.* L. Carballo Piñeiro, *op. cit.*, p. 113; O. Fotinopoulou Basurko, «De nuevo sobre la ley aplicable al contrato de embarque (A propósito de la STJUE de 15 de diciembre de 2011, Asunto C-384/10, caso Voogsgeerd vs Navimer S.A.», *RDS*, n.° 58, 2012, p. 141.

que la ley aplicable quede determinada por la conexión de los vínculos más estrechos y que el trabajador, si puede, opte por presentar la demanda en otro Estado invocando alguno de los otros foros disponibles.

237. Al interpretar la conexión del establecimiento contratante (art. 8.3 RRI) en el asunto *Voogsgeerd*[654], el TJUE estableció que para la identificación de este establecimiento solo pueden tenerse en cuenta los **elementos relacionados con la celebración del contrato**.

En el asunto *Voogsgeerd*, el contrato de trabajo se había celebrado en la sede de una sociedad, pero la empleadora según el contrato era otra sociedad del mismo grupo. Los barcos en los que el trabajador prestaba servicios pertenecían a la empleadora formal, que pagaba el salario. Sin embargo, el trabajador recibía instrucciones de la empresa en cuyas instalaciones se había celebrado el contrato y debía presentarse en el lugar que esta le indicaba para trabajar y recibir tales instrucciones, de modo que esta también ejercía funciones propias del empleador. Ante la posible inexistencia de un lugar de trabajo habitual, debía determinarse cuál de las dos empresas era el establecimiento contratante.

El TJUE estableció que, en principio, el establecimiento contratante es un establecimiento que forma parte de la estructura de la sociedad que contrata al trabajador, es decir, debe pertenecer a la sociedad empleadora. No obstante, tanto entidades con personalidad jurídica como establecimientos sin personalidad jurídica pueden serlo, siempre que se garantice la estabilidad del establecimiento.

Para identificar este establecimiento deben tenerse en cuenta exclusivamente los elementos relacionados con la conclusión del contrato, en particular: el establecimiento que publicó el anuncio de contratación y el que realizó la entrevista para seleccionar al trabajador. En contrapartida, no deben tenerse en cuenta las circunstancias relacionadas con la ocupación efectiva del trabajador o con las condiciones en las que se ejecuta el trabajo (dónde se reciben las instrucciones, dónde debe presentarse el trabajador para iniciar el trabajo), que son elementos que únicamente deben tomarse en consideración al identificar el lugar de trabajo habitual. Así, se deduce que el establecimiento contratante es el establecimiento que captó al trabajador, que puede coincidir o no con el que ejerce las funciones propias del empleador. En el asunto *Voogsgeerd* el establecimiento contratante previsiblemente era el establecimiento en el que se había celebrado el contrato. Es posible que la empresa a la que pertenecía este establecimiento también fuese la empleadora del trabajador, pero el hecho de que esta hubiese desempeñado funciones propias de la empleadora no era relevante a la hora de identificar el establecimiento contratante.

238. En consecuencia, en primer lugar, se desvincula el concepto de establecimiento contratante de la figura del **empleador**. Ello tiene relevancia por-

654 Como se ha visto, en el asunto *Voogsgeerd* se interpretó también la conexión del lugar de trabajo habitual. *Vid.* Capítulo III: I.1. Interpretación única en ley aplicable y competencia: Estado de partida y retorno habitual reforzado con indicios de proximidad.

que el establecimiento que contrata al trabajador puede encontrarse localizado en un Estado diferente de aquel en el que la sociedad empleadora se encuentra establecida, incluso cuando esta contrata directamente a los trabajadores.

En el asunto *Voogsgeerd*, sin embargo, se introducen excepciones que permiten adaptar la interpretación para evitar la manipulación de la conexión[655] y, con ello, la fijación fraudulenta de la ley objetiva y el foro de competencia. El establecimiento que contrató al trabajador pierde la condición de «establecimiento contratante» si ha actuado por cuenta de otra sociedad, que es la que realmente ejerce como empleadora y, además, la situación real es diferente de la refleja el contrato.

La Sentencia no es, ni mucho menos, esclarecedora en este punto. De ella se deduce que solo cuando existan elementos relativos al proceso de contratación que permitan constatar que la empresa que aparece como empleadora en el contrato actuó realmente en nombre y por cuenta de otra empresa podrá considerarse que esta segunda empresa es el establecimiento contratante. Para ello, tribunal debe tomar en consideración todos los elementos objetivos que permitan establecer la existencia de una situación real que difiere de la que se desprende de los términos del contrato. El ejercicio de la facultad de dirección por una u otra empresa no resulta determinante para considerar que el trabajador fue en realidad contratado por una sociedad distinta de la que figura como empleadora en el contrato, si bien es una de las circunstancias que debe tomarse en consideración. El problema que presenta esta solución es que el TJUE parte de que la empresa que aparece como empleadora en el contrato es el establecimiento contratante, cuando inmediatamente antes ha negado que tal identidad deba darse en todos los casos.

La consecuencia de tal escisión en el sector de la ley aplicable consiste en que la presunción de mayor proximidad en defecto de lugar de trabajo habitual concurre en el Estado en el que se encuentra el establecimiento contratante y no en el Estado en el que se encuentra establecida la empleadora. Pese a que esta última opción podría resultar más eficiente en términos de proximidad, ha de considerarse descartada. Las circunstancias relacionadas con la figura del empleador, en consecuencia, solo podrán tomarse en consideración como indicios de proximidad en los vínculos más estrechos.

Asumiendo que aquí también opera el **paralelismo** en la interpretación de los conceptos comunes de los Reglamentos Roma I y Bruselas I bis, este concepto de «establecimiento contratante» será el mismo que debe emplearse en la determinación de la competencia en defecto de Estado de trabajo habitual [art. 21.1 b) ii)]. En competencia, tal escisión entre empleadora y establecimiento contratante presenta consistencia con el sistema del Reglamento

655 *Vid.* O. L. Knöfel, «Navigare necesse est - Zur Anknüpfung an die einstellende Niederlassung im Europäischen Internationalen Arbeitsrecht der See», *IPRax*, n.° 2, 2014, p. 135; O. Deinert, *op. cit.*, p. 151.

Bruselas I bis, al evitar el solapamiento directo del foro del establecimiento contratante con el del domicilio del demandado. El trabajador ya dispone de la posibilidad de presentar la demanda en el Estado del domicilio de la empleadora utilizando el foro del domicilio del demandado, de modo que con tal interpretación se tendería a preservar un ámbito de aplicación propio del foro del establecimiento contratante.

239. En segundo lugar, el establecimiento contratante no tiene por qué ser el establecimiento al que el trabajador se encuentra vinculado por su ocupación efectiva. Así, no cabe sostener una equiparación entre la base de operaciones, como **centro de trabajo** del personal de vuelo, y establecimiento contratante. En otros sectores, el Estado en el que se encuentra el centro de trabajo puede ser aquel al que conduzca la presunción en defecto de lugar de trabajo habitual porque es posible que este sea también el establecimiento a través del cual se contrató al trabajador. En el sector aéreo, en cambio, la posibilidad de que la base de operaciones sea el establecimiento contratante se encuentra descartada, porque, aunque puede valorarse su encaje en el concepto de establecimiento, nunca es el establecimiento encargado de la captación de los trabajadores[656].

En competencia, cabe la posibilidad de demandar en el Estado en el que se encuentra el centro de trabajo o establecimiento de ocupación efectiva recurriendo a los foros basados en la sucursal del empleador. De nuevo, con la interpretación dada al concepto de «establecimiento contratante» también se tiende a preservar un ámbito de aplicación propio del foro, teniendo en cuenta que el Estado de trabajo habitual suele ser aquel en el que se encuentra el centro de trabajo y que, cuando difieren, el art. 7.5 o el art. 20.2 RBIb ya permitirían presentar la demanda en el Estado en el que se encuentra el centro de trabajo.

En ley aplicable, en cambio, la eventual toma en consideración del centro de trabajo solo puede articularse si se toma como un indicio de proximidad de la conexión de los vínculos más estrechos.

240. Por último, el Estado en el que se localiza el establecimiento contratante no tiene por qué coincidir con el Estado en el que tuvo lugar la celebración del contrato o en el que se encontraba el trabajador cuando fue captado[657]. El Estado de celebración y el de captación son elementos sin relevancia en competencia. En ley aplicable, solo pueden adquirir trascendencia indirectamente si se toman como indicio de proximidad de los vínculos más estrechos (Estado de captación) o como indicio de una elección de ley tácita (Estado de celebración del contrato).

656 Se sostiene la consideración de la base de operaciones como establecimiento contratante del personal de vuelo, a pesar de la doctrina del TJUE en el asunto *Voogsgeerd* en M. Henze, *op. cit.*, pp. 368-369.

657 *Cf.* E. de Götzen, «The EU Private International Law of Employment: Can It Be a Possible Shift Towards More Labour Protection in Europe?», *op. cit.*, p. 54.

241. Incluso cuando no es posible identificar un lugar de trabajo habitual y se produce un salto, *a priori*, al establecimiento contratante, esta conexión/foro tiene pocas posibilidades de aplicarse:

- En ley aplicable solo actúa como una presunción, y en cualquier caso deberá aplicarse el ordenamiento de Estado que presente mayor proximidad mediante la conexión de los vínculos más estrechos. La relevancia de esta conexión pervive, en muchos casos, por la posibilidad de que, ante la inexistencia de un Estado de trabajo habitual, el Estado del establecimiento contratante actúe como la referencia a partir de la cual se identifican vínculos de proximidad con otro Estado diferente en virtud del art. 8.4 RRI. Por ello, la aplicación del ordenamiento del establecimiento contratante se considera como una opción más teórica que real[658].
- En competencia, tenderá a producirse un solapamiento con el foro del domicilio del empleador demandado o con los foros de la sucursal (artículos 7.5 y 20.2 RBIb). Este solapamiento implica que el trabajador ya pueda demandar en el Estado en el que se encuentra el establecimiento que le contrató en virtud de otros foros, también cuando sí existe un lugar de trabajo habitual[659]. No obstante, incluso cuando tal solapamiento no se produzca, la activación del foro será poco probable, porque el Estado en el que se encuentra el establecimiento contratante puede resultar poco próximo para el trabajador[660].

B) Identificación del establecimiento contratante del personal de vuelo

242. Si bien, *a priori*, las potencialidades del establecimiento contratante cuando actúa como conexión y como foro consistirían en la **facilidad de su identificación** y en la **previsibilidad**[661], la extensión de diversas formas de intermediación en la contratación del personal de vuelo conduce a que su identificación resulte compleja y a que no pueda conocerse con seguridad cuál de las compañías intervinientes deberá ser considerada como tal.

658 *Vid.* U. Grušić: «Should the Connecting Factor of the 'Engaging Place of Business' Be Abolished in European Private International Law?», *The International and Comparative Law Quarterly,* vol. 62, n.º 1, 2013, pp. 173-192.

659 *Vid.* L. Merret, *Employment Contracts in Private International Law, op. cit.*, p. 124.

660 Dado que el foro del establecimiento contratante se solapa con otros foros generales del Reglamento Bruselas I bis y presenta poco interés en términos de proximidad para el trabajador, también se ha planteado su supresión en caso de que el Reglamento Bruselas I bis sea reformado. *Vid.* U. Grušić, «Jurisdiction in Employment Matters under Brussels I bis: A Proposal for Reform», *EAPIL blog* (23 de febrero de 2023).

661 *Vid.* en este sentido: O. Fotinopoulou Basurko, «De nuevo sobre la ley aplicable al contrato de embarque», *op. cit.*, p. 144.

243. Cuando la contratación se realiza directamente por la aerolínea, esta es el establecimiento contratante. En el caso más sencillo, si la aerolínea capta a los trabajadores desde el Estado en el que tiene su administración central, la ley objetiva será la de este Estado, salvo que se aplique la conexión de los vínculos más estrechos.

En competencia, el foro del domicilio del empleador demandado y del establecimiento contratante se solaparán: ambos determinarán la competencia de los tribunales del Estado en el que se encuentra establecida la aerolínea. Salvo que exista más de una empleadora, las posibilidades para el personal de plantear la demanda en un Estado distinto se sustanciarán, en su caso, a través del foro de la sucursal, si ha existido una base de operaciones que pueda considerarse como el establecimiento con el que el trabajador se encuentra vinculado por su ocupación efectiva.

244. En el asunto *Voogsgeerd*, el TJUE parte de que el establecimiento contratante es un establecimiento perteneciente a la estructura orgánica del empleador, que capta al trabajador. No se contemplan las situaciones en las que captación es llevada a cabo por terceros[662]. Así, se desconoce el modo en que se debe identificar al establecimiento contratante cuando la captación es llevada a cabo por agencias que seleccionan a los trabajadores que luego son contratados por las aerolíneas. Igualmente, no existe certeza respecto a la posibilidad de atribuir la condición de establecimiento contratante a las ETT, que captan al personal de vuelo y son las empleadoras en el contrato.

245. Cabe sostener que cuando en la contratación del personal de vuelo intervienen **agencias que únicamente llevan a cabo los procesos de selección**, la agencia es la sociedad que ha captado al trabajador y a través de la cual se ha celebrado el contrato con la aerolínea, de modo que podría ser considerada como el establecimiento contratante[663]. Si bien puede interpretarse que la agencia habrá actuado por cuenta de la aerolínea, el contrato no reflejará una situación que difiera de la real, pues la aerolínea es la que figurará como empleadora en el contrato.

En ocasiones los procesos de selección son llevados a cabo por agencias que se desplazan para captar a los trabajadores en distintos Estados. Del asunto *Voogsgeerd* se deduce que en estos casos no cabe considerar a la agencia como el establecimiento contratante[664]. Ello conduciría a Estados que previsiblemente no presentarán ninguna vinculación con el contrato.

---

662 En este sentido: P. Maestre Casas, «El contrato de trabajo de marinos a bordo de buques mercantes (A propósito de la STJUE de 15 diciembre 2011, Jan Voogsgeerd y Navimer SA, As. C-384/10)», *CDT*, vol. 4, n.° 2, 2012, p. 339.

663 En contra de la consideración de la agencia como establecimiento contratante: R. Kidner, «Jurisdiction in European Contracts of Employment», *Industrial Law Journal*, n.° 27, 1998, p. 112.

664 Tal y como se establece en el asunto *Voogsgeerd*, una presencia meramente transitoria en un Estado de un agente procedente de otro Estado para la contratación de trabajadores no constituye un establecimiento que vincula el contrato con el segundo Estado (ap. 55).

En el sector de la competencia, atribuir la condición de establecimiento contratante a la agencia tendería a preservar la aplicación del foro del establecimiento contratante, pues la aerolínea ya puede ser demandada utilizando el foro del domicilio de demandado. Al requerirse una presencia estable de la agencia en el Estado en el que se lleva a cabo el proceso de selección, el foro/conexión tenderá a apuntar hacia el Estado en el que reside el trabajador cuando es captado. En contrapartida, el establecimiento contratante puede presentar una vinculación escasa con el contrato de trabajo si posteriormente el trabajo se ejecuta íntegramente en otros Estados.

246. Cuando el personal de vuelo es **contratado a través de una ETT**, esta es la sociedad que capta a los trabajadores, de modo que la ETT debe ser considerada como el establecimiento contratante. Al mismo tiempo, la ETT será la empleadora junto con la aerolínea usuaria[665].

Si la contratación se realiza por medio de compañías intermediarias/ETT que pertenecen a la aerolínea es posible que en algunos casos pueda considerarse a esta última como el verdadero establecimiento contratante. Ha de tenerse en cuenta que, aunque figuran como empleadoras en el contrato, en ocasiones las intermediarias no desempeñan ninguna función real. Podría sostenerse que la realidad formal no se corresponde con las circunstancias reales de la contratación y que la ETT actúa por cuenta de la aerolínea. En ley aplicable, la presunción conduciría al Estado del domicilio de la aerolínea. En competencia, sin embargo, la identificación del «verdadero establecimiento contratante» perderá relevancia, pues ambas serán empleadoras y tanto la ETT como la aerolínea ya pueden ser demandadas utilizando el foro del domicilio del demandado. En cualquier caso, puede resultar conveniente mantener la realidad formal (ETT como establecimiento contratante) si de este modo se incrementan las opciones para el trabajador.

247. La presumible previsibilidad de la conexión/foro del establecimiento contratante también queda en entredicho cuando se produce un **cambio de localización** de este establecimiento. En estos casos, puede tener lugar una ruptura de la aplicación paralela de los Reglamentos Roma I[666] y Bruselas I bis[667].

---

665 Se considera a la ETT como el establecimiento contratante no por ser la encargada de captar a los trabajadores, sino por ser la que figura en el contrato como empleadora en A. L. CALVO CARAVACA, J. CARRASCOSA GONZÁLEZ, «Contrato internacional de trabajo», *op. cit.*, pp. 3562-3563.

666 El art. 8.3 RRI se refiere a la *«ley del país donde esté situado el establecimiento a través del cual haya sido contratado el trabajador»*. En virtud del art. 19.3 RRI ha de entenderse como el lugar donde esté situado el establecimiento en el momento de la celebración del contrato, de modo que la conexión es inmutable pese a las alteraciones posteriores en la localización del establecimiento.

667 El art. 21.1 b) ii) RBIb se refiere al *«lugar en que esté o haya estado situado el establecimiento que haya empleado al trabajador»*.

La formulación del foro del establecimiento contratante en el Reglamento Bruselas I bis plantea dudas, al referirse al Estado en el que «esté o haya estado situado» el establecimiento. Tal formulación puede deberse a las distintas alteraciones que puede sufrir el foro. Así, en caso de que el establecimiento desaparezca, se mantiene la competencia de los tribunales del Estado en el que este se encontraba en el momento de la contratación. En caso de que el establecimiento cambie de localización podría existir una opción para el trabajador de demandar en el Estado de la antigua localización o en el de la nueva localización. Tal interpretación, no obstante, no presenta consistencia con la doctrina del TJUE, que, como se ha visto, al interpretar el foro del lugar de trabajo habitual ha sostenido insistentemente que el foro solo puede conducir a la competencia de los tribunales de un único Estado. Si se excluye tal posibilidad de optar por una u otra localización para el trabajador, solo cabría atenerse a la localización actual del establecimiento en el momento de la presentación de la demanda.

De este modo, en caso de extinción del establecimiento, se mantendrá la competencia del Estado en el que este se encontraba en el momento de la celebración del contrato y se aplicará el ordenamiento de este mismo Estado (art. 19.3 RRI). En cambio, en situaciones de cambio de localización del establecimiento contratante, mientras que al determinar la ley aplicable habrá de estarse igualmente a la localización del establecimiento en el momento de la celebración del contrato[668], en competencia operaría el criterio general de la localización actual en el momento en el que se plantea la demanda[669].

C) Interacción con los vínculos más estrechos

248. La conexión de los vínculos más estrechos puede dar lugar a **resultados ambivalentes**, al actuar en dos sentidos en relación con el Estado en el que se localiza el establecimiento contratante: impidiendo que se aplique el ordenamiento de este Estado, aunque no exista un lugar de trabajo habitual; o conduciendo a la aplicación del ordenamiento de este Estado, incluso cuando sí exista un Estado de trabajo habitual.

249. Cuando no pueda identificarse un único lugar de trabajo habitual y deba recurrirse a la conexión del establecimiento contratante, esta actuará como una mera presunción. Los vínculos más estrechos permiten verificar la proximidad del Estado del establecimiento contratante: este ordenamiento solo se aplicará si se confirma la presunción de mayor proximidad. Si el Estado en el que se localiza el establecimiento contratante no es el más próximo ese ordenamiento no se aplicará, de modo que, en la práctica, a la

668 *Cf.* R. Plender, M. Wilderspin, *op. cit.*, p. 350.

669 En el mismo sentido: L. Carballo Piñeiro, *op. cit.*, p. 114.

conexión de los vínculos más estrechos se le otorga la función de corregir las debilidades del establecimiento contratante en términos de proximidad.

Si el personal de vuelo se encuentra afiliado a la Seguridad Social y ha pagado impuestos por las rentas del trabajo en otro Estado, será probable que se considere que este Estado es el más próximo al contrato. En función del juego de los indicios de proximidad y su concurrencia en el caso particular, cabe plantear dos alternativas fundamentales: la aplicación del ordenamiento del Estado donde reside el trabajador o bien la aplicación del ordenamiento del Estado del domicilio de la aerolínea empleadora.

En el ámbito de la Seguridad Social, cuando el personal de vuelo no trabaja de forma estable desde un Estado la solución consiste en inaplicar la regla de la base de operaciones y aplicar subsidiariamente la regla para los trabajadores que ejercen actividades en dos o más Estados miembros (art. 13 Reglamento 883/2004). En primer lugar, procede la afiliación al sistema de Seguridad Social del Estado en el que resida el trabajador, siempre que ejerza una parte sustancial de su actividad en ese Estado. Dicho de otro modo, si el trabajador ejerce parte del trabajo desde el Estado en el que reside, procederá la afiliación en este Estado y el indicio de proximidad apuntará hacia el Estado donde reside el trabajador. En cambio, si el trabajador no ejerce una parte sustancial de su actividad en el Estado miembro en el que reside, procede la afiliación al sistema de Seguridad Social del Estado miembro en el que tenga su sede o domicilio el empleador, de modo que el indicio de proximidad apuntará hacia ese Estado[670].

Igualmente, el indicio del Estado de tributación por las rentas del trabajo puede apuntar tanto hacia el Estado de la residencia del trabajador como hacia el Estado del empleador. En situaciones de doble imposición, si el convenio sigue el modelo de la OCDE, será probable que corresponda tributar en el Estado de la residencia del trabajador. No obstante, existen otras soluciones y no puede descartarse la aplicación de convenios que sigan criterios distintos[671].

Una toma en consideración del Estado en que fue captado el trabajador como indicio de proximidad podría tender a reforzar la apariencia de vinculación con el Estado de la residencia del trabajador, mientras que el empleo de indicios relacionados con el ejercicio de las funciones propias del empleador podría contribuir a una apariencia de mayor vinculación con el Estado de la aerolínea empleadora.

250. Ha de tenerse en cuenta la relevancia que puede adquirir la conexión del establecimiento contratante como **solución de cierre** en caso de que ningún Estado presente suficiente proximidad. Así, es posible que el Estado del establecimiento contratante presente poca proximidad, pero que tampoco pueda identificarse un Estado que presente mayor vinculación mediante la conexión de los vínculos más estrechos. Pueden darse casos en los que indi-

670 *Vid.* Capítulo III. II.1.B) Estado de afiliación a la Seguridad Social.

671 *Vid.* Capítulo III: II.1.C) Estado de tributación de las rentas del trabajo.

cios de proximidad se encuentren dispersos y no concurran en un mismo Estado, de modo que la conexión de los vínculos más estrechos no pueda emplearse para determinar la ley aplicable. En esta situación, la presunción del establecimiento contratante podría recobrar vigencia como única vía para poder determinar el ordenamiento aplicable.

251. Los vínculos más estrechos siempre deberían conducir a la aplicación del ordenamiento realmente más próximo, de modo que, si este ordenamiento fuera aquel en el que se localiza el establecimiento contratante, deberá aplicarse, aunque exista un lugar de trabajo habitual. Igualmente, los criterios de afiliación a la Seguridad Social y pago de impuestos, como mínimo, deberían concurrir en el Estado del establecimiento contratante para que este resulte aplicable. En esta situación, la localización del establecimiento que contrató al trabajador podría actuar como otro indicio de proximidad, al igual que el domicilio de la aerolínea empleadora.

No obstante, los casos en los que la conexión de los vínculos más estrechos tenga tal efecto serán poco comunes y existe el peligro de que la ley aplicable quede determinada por indicios que hayan quedado fijados de forma fraudulenta por medio del establecimiento contratante.

Como ya se ha visto, la aplicación de la conexión de los vínculos más estrechos puede resultar particularmente problemática en supuestos de falsos desplazamientos operados a través de ETTs, en los que el criterio de afiliación a la Seguridad Social apuntará hacia el Estado de origen ficticio, coincidente con el del domicilio de la ETT (establecimiento contratante y empleadora). La fijación fraudulenta del Estado de afiliación a la Seguridad Social y, eventualmente, también del Estado de tributación, debe conducir a que tales circunstancias se excluyan y no sean consideradas como indicios de proximidad.

2. Domicilio del empleador: el foro de los codemandados

252. Dada la interpretación de que ha sido objeto el concepto de «establecimiento contratante», en la determinación de la ley aplicable las circunstancias relativas a la(s) empleadora(s) solo podrán adquirir relevancia a través de la conexión de los vínculos más estrechos.

En competencia, el trabajador podrá presentar la demanda en todo caso en el domicilio de la empleadora. En casos de **múltiples empleadoras** la demanda podrá presentarse contra todas ellas en el Estado de trabajo habitual o en el Estado en el que se localice el establecimiento contratante. Adicionalmente, la remisión del art. 20.1 RBIb al art. 8.1 RBIb permite que la demanda contra todas las sociedades empleadoras pueda presentarse en el domicilio de cualquiera de ellas, siempre que todas se encuentren domiciliadas en la UE.

El foro puede jugar cuando el propio objeto de la reclamación sea el reconocimiento de la condición de empleadora de una sociedad que difiere de la que figura como tal en el contrato[672]. Así, el personal de vuelo podrá demandar a la aerolínea en el Estado del domicilio de la filial o de la arrendataria que hayan actuado como empleadoras y viceversa. La competencia de estos tribunales debe considerarse previsible para ambas empleadoras, pues existe una relación previa entre todos los codemandados anterior al comienzo del litigio.

El foro del art. 8.1 RBIb puede jugar, asimismo, cuando una misma reclamación se dirige contra diferentes sociedades y solo una de ellas figura como empleadora en el contrato. Acreditada la existencia de una relación laboral y la conexidad requerida entre ambas reclamaciones, la atribución de la condición de empleadora a una u otra o a ambas sociedades será una cuestión perteneciente al fondo del asunto, que no sería necesario resolver para determinar la competencia.

253. Cuando una de las sociedades empleadoras se encuentre domiciliada en un tercer Estado no cabrá la aplicación del art. 8.1 RBIb para atraer a esta sociedad al domicilio en la UE de otra de las empleadoras[673]. En este sentido, cabe sostener que la sucursal en la UE de una empleadora domiciliada en tercer Estado también equivale a domicilio en la UE en el marco del art. 8.1 RBIb, habilitando la aplicación del foro de los codemandados[674]. La relevancia de la sucursal se sustanciaría en dos sentidos: permitiría que el empleador de tercer Estado sea demandado en el domicilio en la UE de otro empleador codemandado y, al mismo tiempo, permitiría atraer al empleador de la UE al Estado miembro de la sucursal/domicilio del empleador de tercer Estado. En contra de tal posibilidad cabría invocar la eventual falta de previsibilidad de la competencia de los tribunales del Estado de la sucursal para los empleadores codemandados, algo que, no obstante, podría descartarse si se tiene en cuenta que ha de tratarse de una sucursal involucrada en el contrato.

En cualquier caso, cuando una de las empleadoras se encuentre domiciliada en tercer Estado (sin sucursal en la UE) y la otra tenga su domicilio en

672 *Vid.* sobre estos casos: Á. Espiniella Menéndez, *La relación laboral internacional*, *op. cit.*, p. 468; U. Grušić, *The European Private International Law of Employment*, *op. cit.*, p. 126.

673 Sin embargo, se ha sostenido que una interpretación coherente con la finalidad tuitiva de los foros de trabajadores obligaría a extender la aplicación del foro frente a empleadores domiciliados en terceros Estados. *Cf.* I. Heredia Cervantes, «Artículo 8.1» en P. Blanco-Morales Limones y otros (coords.), *Comentario al Reglamento (UE) n.° 1 1215/2012 relativo a la competencia judicial, el reconocimiento y la ejecución de resoluciones judiciales en materia civil y mercantil*, Thomson Reuters Aranzadi, Navarra, 2016, pp. 296-297.

674 En contra de tal interpretación: Á. Espiniella Menéndez, *La relación laboral internacional*, *op. cit.*, pp. 469-470. Para el autor, la aplicación del art. 8.1 RBIb debería referirse en sentido estricto a domicilio y no a otros establecimientos y se requeriría el empleo de un concepto de domicilio homogéneo, precisamente porque se utiliza frente a otros codemandados.

España, la competencia de los tribunales españoles para la reclamación contra la empleadora domiciliada en tercer Estado podría basarse en el art. 22 ter 3 LOPJ[675].

254. Por último, ha de tenerse en cuenta que la relevancia del foro de los codemandados no se limita a las situaciones en las que existe una reclamación laboral contra más de una sociedad. El art. 8.1 RBIb también permite al trabajador presentar la demanda en el domicilio de cualquiera de los demandados cuando una reclamación laboral contra el empleador presenta vinculación con una reclamación extracontractual frente a un tercero[676].

El foro puede invocarse cuando una reclamación laboral frente a la sociedad empleadora presenta conexión con una reclamación por daños contra otra sociedad. Así podría suceder, por ejemplo, cuando se trate de una reclamación derivada de un accidente laboral sucedido mientras se trabajaba para la aerolínea arrendataria y esta no sea considerada como empleadora del personal de vuelo. Igualmente, este foro podría utilizarse si la reclamación laboral contra la empleadora presenta vinculación con una reclamación por daños frente a otro trabajador de la aerolínea[677].

3. La base de operaciones: ¿sucursal de la aerolínea empleadora?

255. La consideración de la base de operaciones como un establecimiento secundario de la aerolínea empleadora presenta interés porque permitiría al personal de vuelo plantear la demanda en el Estado en el que esta se localizada cuando no exista un lugar de trabajo habitual. Ello puede suponer que los trabajadores dispongan de un foro que le resulte más próximo que el resto de los disponibles (establecimiento contratante y domicilio del empleador).

---

675 Desde esta perspectiva, el foro del art. 22 ter 3 se aplicaría de forma complementaria al art. 25 LOPJ, en el que no se contempla expresamente la posibilidad de atraer a empleadores codemandados domiciliados en tercer Estado. Ello implicaría reconocer cierto valor supletorio a las normas civiles de la LOPJ en las normas del orden social: Á. Espiniella Menéndez, *La relación laboral internacional*, *op. cit.*, p. 470.

676 *Cf.* I. Heredia Cervantes, *op. cit.*, p. 285; H. Muir Watt, M. Hashiguchi, S. Nateshan, D. Sturua, «Art. 8 Brussels I bis», en U. Magnus, M. Mankowski (eds.), *European Commentaries on Private International Law: Brussels Ibis Regulation*, Otto Schmidt, Köln, 2023, pp. 376-377; M. Virgós Soriano, F. J. Garcimartín Alférez, *op. cit.*, p. 213. En este caso, la aplicación del art. 8.1 RBIb no se deberá a la remisión del art. 20.1, restringida a los casos en los que todas las reclamaciones contra los codemandados son reclamaciones contractuales.

677 En este sentido: L. Merret, *Employment Contracts in Private International Law, op. cit*, p. 133.

Se tratará de situaciones residuales, pues, en cualquier caso, para que los tribunales del Estado en el que se encuentra la base de operaciones asignada sean competentes esta debería presentar suficiente vinculación con el contrato de trabajo, lo que no será común. Si el Estado en el que se encuentra la base de operaciones no ha sido el de trabajo habitual, previsiblemente no existirá vinculación real con esa base.

Si existe un Estado de trabajo habitual pueden plantearse dos situaciones diferentes. La primera sería una situación en la que la base de operaciones asignada se encuentra localizada en el Estado de trabajo habitual. En este caso, la competencia de los tribunales del Estado de la base de operaciones mediante el foro de la sucursal carecería de relevancia, porque los mismos tribunales ya serían competentes con base en el foro del Estado de trabajo habitual. La segunda situación sería aquella en la que existe un Estado de trabajo habitual, que no es el mismo que aquel en el que se encuentra la base de operaciones asignada. En este caso, la competencia de los tribunales de este último estado con base en el foro de la sucursal debe descartarse, porque se tratará de una base de operaciones ficticia, es decir, no existirá vinculación e integración real del personal de vuelo en esa base de operaciones.

En estas circunstancias, la posibilidad de que el trabajador mantenga la alternativa de demandar en el Estado en el que se encuentra la base de operaciones podría articularse por dos vías. La primera, cuya viabilidad ha de descartarse, consistiría en admitir una ficción en virtud de la cual este sería el Estado de trabajo habitual, con base en la apariencia creada por la aerolínea empleadora al asignar la base de operaciones. La segunda implica partir de que la base de operaciones es el centro de trabajo, es decir, el establecimiento del empleador en el que se encuentra integrado el trabajador. El trabajador podría demandar en este Estado utilizando el foro del art. 7.5 RBIb o del art. 20.2 RBIb, en función de que la empleadora se encuentre domiciliada en un Estado miembro o en un tercer Estado. Para que quepa tal asimilación, la base de operaciones ha de presentar encaje en el concepto de «establecimiento» y la reclamación del trabajador debe presentar vinculación suficiente con su actividad[678].

678 En la STSJ de Girona de 25 de junio de 2015 (ECLI ES: TSJCAT:2015:6221) se parte de que el auxiliar de vuelo no trabajaba habitualmente en España porque los servicios se prestaban a bordo de una aeronave registrada en Irlanda. Ello lleva al TSJ a sostener implícitamente la inaplicación del foro del Estado de trabajo habitual. El TSJ se declara competente porque la base de operaciones en el aeropuerto español es un «centro de operaciones que se manifiesta de modo duradero hacia el exterior como una prolongación de la casa matriz». La Sentencia fue recurrida por *Ryanair,* y en la STS 562/2019 de 24 de enero de 2019 (ECLI:ES:TS:2019:562) se determinó la competencia de los tribunales españoles, pero ahora siguiendo la doctrina del TJUE, y tomando la base de operaciones no como sucursal, sino en la aplicación del foro del lugar de trabajo habitual.

256. En los litigios laborales, se requiere una **interpretación específica** de los foros basados en la sucursal que preserve su efecto útil y permita su articulación en el sistema de foros disponibles para los trabajadores en el Reglamento Bruselas I bis. En virtud de la interpretación general del art. 7.5 RBIb se requeriría que el trabajo se ejecute en el Estado en el que se encuentra la sucursal[679] o su aplicación como establecimiento en el marco de cuyas operaciones se contrata al trabajador. Proyectada esta interpretación sobre los litigios laborales, el foro de la sucursal carecería de relevancia práctica, pues tendería a solaparse con el del lugar de trabajo habitual o con el del establecimiento contratante.

La interpretación más adecuada consistiría en asimilar el foro de la sucursal con el establecimiento del empleador en el que el trabajador se encuentra integrado por su actividad, de modo que se tendería a una equiparación con el **centro de trabajo**. Ello no excluye solapamientos en algunos casos (significativamente con el foro del Estado de trabajo habitual), pero favorece que el foro tenga un ámbito de aplicación propio en los litigios laborales[680].

257. Las posibilidades de encaje de la base de operaciones en el concepto de «sucursal» de los arts. 7.5 y 20.2 RBIb han de valorarse. Pueden ser limitadas si se tiene en cuenta que la base de operaciones es un local sin capacidad de gestión autónoma, cuya actividad se determina íntegramente desde el Estado en el que se encuentra domiciliada la aerolínea y sin capacidad para negociar con terceros. Aunque se presume permanencia, el encaje podría llegar a depender de los medios humanos y materiales que se hayan dispuesto en la base por parte de la aerolínea, circunstancia que en la práctica parece diferir. No obstante, teniendo en cuenta la amplitud del concepto de «establecimiento» del Reglamento Bruselas I bis cabe plantear su posible encaje, al menos en determinados casos[681].

Asimismo, como argumento a favor de considerar la base de operaciones como una sucursal de a efectos del Reglamento Bruselas I bis puede invocarse el hecho de que esta ya haya sido considerada como un estableci-

---

679 En ocasiones se ha exigido que los servicios sean ejecutados en el Estado en el que se encuentra la sucursal, aunque tal exigencia ha sido tratada de forma oscilante por el TJUE. Tras el asunto *Lloyd's Register of Shipping v Campenon Bernard* [STJUE de 6 de abril de 1995, asunto C-439/93 (ECLI:EU:C:1995:104)] parecía haberse excluido, pero en el asunto *Ryanair* [STJUE de 11 de abril de 2019, asunto C-464/18, (ECLI:EU:C:2019:311)] el TJUE ha rescatado este requisito.

680 *Cf.* L. Merret, *Employment Contracts in Private International Law, op. cit.*, pp. 129-130.

681 *Vid.* M. Mankowski, «Art. 7» en U. Magnus, M. Mankowski (eds.), *European Commentaries on Private International Law. Brussels Ibis Regulation*, Otto Schmidt, Köln, 2022, pp. 340-344. Un ejemplo de interpretación amplia del concepto de «establecimiento» en un litigio laboral puede verse en G. Palao Moreno, «El yate como establecimiento secundario a efectos de la determinación de la competencia judicial en materia de contrato individual de trabajo (A propósito de la Sentencia TS de 19 de noviembre de 2019)», *REEI* n.º 39, 2020, pp. 19-25.

miento de las aerolíneas en otros ámbitos. Así, como se ha visto, la base de operaciones ha sido asimilada a un establecimiento al determinar el Estado de afiliación a la Seguridad Social y al definir la situación de desplazamiento temporal del personal de vuelo.

258. Adicionalmente, para que quepa la aplicación del foro de la sucursal debe tratarse de una reclamación relativa a su explotación, lo que en litigios laborales debería traducirse en la exigencia de que exista una vinculación real del contrato de trabajo con ese establecimiento. Puede sostenerse que ello ocurre cuando el personal de vuelo retorna a la base periódicamente[682], aunque no con la periodicidad requerida como para que el Estado en el que esta se localice sea el de trabajo habitual, y el trabajo asignado queda determinado por la pertenencia del trabajador a esa base de operaciones.

259. Asumiendo el posible encaje de la base de operaciones en los foros basados en la sucursal, ha de analizarse su articulación con el foro del establecimiento contratante.

En caso de aerolíneas domiciliadas en la UE, el personal de vuelo podría demandar en cualquier caso a la aerolínea en el Estado miembro en el que se encuentre domiciliada. Adicionalmente contará con las siguientes alternativas:

- Si ha sido contratado por una sociedad diferente (ETT u otra aerolínea del grupo) domiciliada en la UE, podrá demandar a la aerolínea y a la sociedad que le ha contratado en el Estado en el que esta última se encuentra establecida con base en el foro del domicilio del demandado (codemandadas) o con base en el foro del establecimiento contratante. También podrá demandar a la sociedad que le ha contratado y a la aerolínea en el Estado en el que la aerolínea se encuentra domiciliada. Adicionalmente, puede demandar a la aerolínea en el Estado en el que se encuentra la base de operaciones a la que se encuentra vinculado por la ejecución del trabajo.
- Cuando el trabajador haya sido contratado por un establecimiento de la aerolínea localizado en un Estado miembro, *a priori* tanto el art. 7.5 como el foro del establecimiento contratante servirían para demandar a la aerolínea en el Estado en el que se encuentra el establecimiento contratante. El art. 7.5 podría invocarse también para demandar en el Estado de la base de operaciones.

En caso de aerolíneas domiciliadas fuera de la UE:

- Si el trabajador ha sido contratado por otra sociedad domiciliada en la UE, podrá demandar a la aerolínea y a esta sociedad en el Estado miembro en el que esta se encuentre establecida con base en el foro

682 En este sentido: L. MERRET, *Employment Contracts in Private International Law, op. cit.*, p. 129.

del establecimiento contratante. El foro del domicilio del demandado serviría para demandar a la ETT o a la filial en la UE. El art. 20.2 RBIb podría servir para permitir al trabajador demandar a la aerolínea en el Estado miembro de la base de operaciones.

- Si el trabajador ha sido contratado por un establecimiento secundario de la aerolínea en la UE podrá demandar a la aerolínea en el Estado en el que se encuentre este establecimiento utilizando el foro de la sucursal en la UE o el foro del establecimiento contratante. Igualmente, el art. 20.2 RBIb podría servir para permitir al trabajador demandar en el Estado miembro en el que se encuentre la base de operaciones.
- Si el trabajador ha sido contratado directamente por la aerolínea y no existen otras empleadoras, en defecto de lugar de trabajo habitual solo cabrá articular la demanda en la UE a través de una interpretación del foro de la sucursal del art. 20.2 RBIb que admita la posibilidad de demandar en el Estado de la base de operaciones asignada al trabajador. Si el trabajador ha sido contratado a través de una ETT, otra sociedad del grupo o un establecimiento de la aerolínea localizados también en tercer Estado la situación sería idéntica.

4. Articulación de los foros basados en la figura del empleador

260. El juego de los foros del establecimiento contratante [art. 21.1 b) ii) RBIb], de la sucursal en la UE (art. 7.5 RBIb), de la sucursal en Estado miembro (art. 20.2 RBIb), del domicilio del empleador demandado (art. 4 RBIb) y, adicionalmente, del foro de los codemandados (art. 8.1 RBIb), *a priori*, pone a disposición del trabajador un **haz de foros basados en la figura del empleador**. El foro del establecimiento contratante en la mayor parte de los casos se solapa con alguno de los restantes, de modo que su relevancia práctica será muy limitada, pues el trabajador puede demandar en el Estado en el que se encuentra este establecimiento incluso cuando sí existe lugar de trabajo habitual:

- Si el establecimiento contratante es el establecimiento principal de la aerolínea, el trabajador ya podrá demandar en ese Estado en virtud del foro del domicilio del demandado. En caso de múltiples empleadoras domiciliadas en la UE, el art. 8.1 RBIb garantiza la posibilidad de demandar a la aerolínea, que figura como empleadora en el contrato y es al mismo tiempo el establecimiento contratante, y a otra sociedad que actúe como empleadora pese a no aparecer en el contrato en el domicilio de cualquiera de ellas.
- Cuando el establecimiento contratante es un establecimiento perteneciente a una aerolínea domiciliada en un Estado miembro, el foro de la sucursal del art. 7.5 RBIb permitiría presentar la demanda en el Estado

en el que se localice este establecimiento[683]. Si el foro de la sucursal en la UE es aplicado en litigios laborales como establecimiento en el marco de cuyas operaciones se contrata al trabajador, se suprime la relevancia práctica del foro del establecimiento contratante.

- Igualmente, cuando se trate de un empleador domiciliado en tercer Estado que ha celebrado el contrato a través de una sucursal en Estado miembro, el trabajador podría presentar la demanda en ese Estado a través del foro del art. 20.2 RBIb.

261. El foro del establecimiento contratante mantendría su ámbito de aplicación propio cuando se trata de una **aerolínea empleadora que contrata al personal de vuelo por medio de otra sociedad** independiente que no ha actuado como empleadora[684].

La relevancia del foro del establecimiento contratante se mantendría, por ejemplo, si una aerolínea domiciliada en tercer Estado recurre a una agencia de reclutamiento domiciliada en la UE. El foro del establecimiento contratante permitiría al personal de vuelo presentar la demanda en el Estado miembro en el que se encuentre domiciliada la agencia, siempre que el proceso de selección se haya llevado a cabo en ese mismo Estado.

El foro del establecimiento contratante también conserva vigencia cuando el establecimiento que contrató al trabajador se extingue después de la contratación. Es la única opción para que el trabajador conserve la posibilidad de demandar en el Estado en el que se encontraba el establecimiento en el momento de la celebración del contrato.

II. Litigios iniciados por el empleador

1. El foro del domicilio del trabajador

262. En caso de que el trabajador sea el demandado, la reclamación solo podrá presentarse en el Estado miembro en el que se encuentre domiciliado[685], a salvo de sumisión tácita con las garantías del art. 26 RBIb, o de que, existiendo una demanda previa del trabajador, la empleadora presente una demanda reconvencional.

683 No será una situación habitual. Las aerolíneas no suelen contar con establecimientos distintos de las bases de operaciones en otros Estados miembros. La existencia de oficinas fuera de los aeropuertos u otro tipo de establecimientos secundarios parece residual y, en cualquier caso, cuando existen, no se dedican a la contratación del personal de vuelo.

684 *Vid.* U. Grušić, *The European Private International Law of Employment, op. cit.*, pp. 123-125.

685 Si el empleador presenta una reclamación contra el trabajador por daños generados en el ejercicio de su trabajo, esta reclamación debería calificarse como laboral y, en consecuencia, solo cabría que la demanda se plantease en el Estado del domicilio del trabajador. *Vid.* Capítulo II: III.3.B) Daños causados por el personal de vuelo durante la ejecución del trabajo.

263. Los eventuales **cambios del domicilio del trabajador** posteriores a la contratación implicarán también un cambio de los tribunales competentes en caso de que el trabajador sea demandado por la empleadora. Ello es posible por la desvinculación que puede darse entre el Estado de trabajo habitual, desde el cual parten los vuelos en los que prestan servicios los trabajadores, y el Estado donde estos residen y/o se encuentran domiciliados (que puede ser, por ejemplo, el de destino habitual de los vuelos).

Sin embargo, como se ha visto, en ocasiones las compañías aéreas introducen cláusulas en el contrato que obligan al trabajador a residir a una determinada distancia de la base de operaciones asignada, con el objetivo de que los trabajadores puedan estar disponibles si se les requiere incorporarse al trabajo con carácter urgente por necesidades sobrevenidas. La validez de esta cláusula contractual deberá determinarse conforme a la ley del contrato. La introducción de esta cláusula en el contrato, adicionalmente, tiene efectos sobre la competencia, porque permite a la aerolínea fijar el domicilio del personal de vuelo, excluyendo potenciales cambios de los tribunales competentes.

264. Si el trabajador se encuentra **domiciliado en un tercer Estado**, la demanda no podrá presentarse en la UE con base en el Reglamento Bruselas I bis, a pesar de que el trabajo se ejecute en la UE. En esta situación, debe determinarse si es posible un salto a las normas de competencia internas. El recurso a las normas de competencia internas, en la práctica, supondría dejar sin efecto la protección establecida para el trabajador demandado en el Reglamento Bruselas I bis.

Así, la demanda podría plantearse en España, a pesar de que el trabajador se encuentre domiciliado en un tercer Estado, cuando los servicios se hayan prestado en España, si el contrato se celebró en España o si ambas partes tienen la nacionalidad española (art. 25 LOPJ).

2. Excepciones al foro del domicilio del trabajador: reconvención de la empleadora

265. Respecto a la sumisión tácita del trabajador demandado, el art. 26 incorpora un mecanismo protector que supedita su eficacia a la exigencia de que se trate de una sumisión informada, en la que el trabajador comparezca haciendo alegaciones sobre el fondo conociendo las consecuencias de no impugnar la competencia de unos tribunales diferentes a los de su domicilio[686].

686 La imprecisión de esta previsión es criticada. *Vid.* M. C. Vaquero López, «Mecanismos de Derecho Internacional Privado Europeo para la protección de los trabajadores en supuestos de deslocalización de empresas», *op. cit.*, p. 449.

266. Desde el punto de vista del trabajador demandado, la reconvención (art. 22 RBIb) será la única vía para presentar una demanda en su domicilio cuando este no se encuentra en ninguno de los Estados cuyos tribunales sean competentes en virtud del Reglamento Bruselas I bis. Desde el punto de vista de la(s) empleador(as), la reconvención se convierte en una excepción al foro del domicilio del trabajador, de modo que estas acceden a los foros en principio disponibles exclusivamente para este.

El foro reconvencional encuentra fundamento en la necesidad de que un único tribunal conozca de pretensiones recíprocas para garantizar el objetivo de buena administración de justicia (economía procesal y coherencia) que, de este modo, parece prevalecer sobre el objetivo de proteger al trabajador como parte débil[687]. Así, resulta especialmente problemática cuando el **personal de vuelo no disponga de foros próximos** para presentar la demanda. Significativamente, en caso de que, en defecto de lugar de trabajo habitual, tenga que acudir al foro del establecimiento contratante o del domicilio de la(s) empleador(as). Estas serán las responsables de que no existan foros próximos para el trabajador y, asimismo, se beneficiarán de la posibilidad de demandar reconvencionalmente ante tribunales que les resultan próximos.

267. Las demandas han de presentar conexidad y se requiere un origen común de ambas. Hasta el momento, el TJUE solo se ha pronunciado en una ocasión sobre la reconvención en litigios laborales en el asunto *Petronas Lubricants Italy*[688]:

> El demandante era un directivo que había trabajado durante catorce años para la matriz del grupo multinacional en Italia. Posteriormente, trabajó en Polonia para una filial del grupo. Después de cinco años, se celebró un nuevo contrato con la filial polaca, manteniéndose el contrato con la matriz italiana. Trece años después fue despedido por ambas sociedades, que justificaban el despido alegando que el directivo había cobrado varias cantidades de forma indebida. El trabajador presentó una demanda por despido contra la matriz (respecto al primer contrato) en Italia. La matriz italiana demandó en reconvención reclamando el reembolso de las cantidades que el trabajador habría cobrado indebidamente. La sociedad reclamaba por créditos de la sociedad polaca, que no había sido demandada, y habían sido cedidos tras la presentación de la demanda por el trabajador.

En el asunto *Petronas Lubricants Italy,* el TJUE admitió la reconvención de la matriz, pese a tratarse de una reclamación por créditos cedidos por otra empleadora. Es decir, a pesar de que el origen de la reclamación se encontrase en otro contrato de trabajo. El requerimiento de un **origen común de**

687 *Cf.* Á. Espiniella Menéndez, «La reconvención en los litigios sobre contratos internacionales de trabajo (Comentario a la STJUE de 21 de junio de 2018, asunto c-1/17, Petronas Lubricants Italy)», *CDT*, 2019, vol. 11, n.º 2, p. 607.

688 STJUE de 21 de junio de 2018, asunto C-1/17 (ECLI:EU:C:2018:478).

las reclamaciones ha sido objeto de una interpretación amplia y no se ha delimitado de forma precisa **cuándo debe entenderse que tal fundamento común existe**.

La reconvención del art. 22 RBIB podrá operar cuando el trabajador plantea una demanda y a continuación el empleador presenta una reclamación por daños, pero calificada como laboral, contra el trabajador. En cambio, no será posible plantear una demanda reconvencional cuando, tras una reclamación laboral del trabajador, la empleadora pretenda plantear una reclamación por daños que no pueda calificarse como laboral. Sería el caso, por ejemplo, de un despido tras la participación en una huelga en la que el trabajador haya provocado daños. Si el trabajador demandase por el despido y la empleadora pretendiese plantear una reclamación por los daños, la reclamación de la empleadora no podría plantearse ante esos mismos tribunales con base en el foro reconvencional del art. 22 RBIb. La demanda reconvencional del art. 22 RBIb se limitaría a los casos en los que ambas reclamaciones puedan calificarse como laborales y ha de asumirse que la calificación extracontractual de los daños provocados por los trabajadores en el contexto de una huelga del Reglamento Roma II se extiende también al Reglamento Bruselas I bis. Tampoco cabría plantear la demanda reconvencional por estos daños con base en el art. 8.3 RBIb, pues en la sección 5 del Reglamento Bruselas I bis no se encuentra una remisión a este artículo.

III. Mejora hipotética mediante la autonomía de la voluntad

1. Incremento de la protección del trabajador

A) Validez de la cláusula de elección de ley

268. La ley aplicable a la validez de la cláusula de elección de ley debe determinarse de forma autónoma (art. 3.5 RRI). Así, la comparación de favorabilidad debe extenderse al consentimiento de empleador y de trabajador respecto a la cláusula de elección de ley (art. 10.1 RRI). Las disposiciones no derogables del ordenamiento objetivo actúan también aquí como estándar mínimo protector y la ley elegida solo se aplicaría al consentimiento si beneficia al trabajador[689].

---

689 Partiendo de la literalidad del art. 10.1 RRI («*la existencia y la validez del contrato, o de cualquiera de sus disposiciones, estarán sometidas a la ley que sería aplicable en virtud del presente Reglamento si el contrato o la disposición fueran válidos*»), la consecuencia de la existencia de una elección de ley debe ser, precisamente, que la validez de la cláusula de elección de ley quede sometida a la comparación de mayor favorabilidad, como si la cláusula fuese válida. Así, no cabe sostener que, determinada la validez de la cláusula de

Junto a la aplicación de la ley objetiva y del ordenamiento elegido, *a priori*, tanto empleador como trabajador pueden invocar la ley del Estado de su residencia habitual para establecer que no han dado su consentimiento a la cláusula de elección de ley[690] (art. 10.2 RRI). Esta posibilidad queda restringida a los casos en los que para el trabajador o para el empleador no era razonable prever el efecto del consentimiento dado según la ley aplicable al contrato (objetiva o elegida). En cualquier caso, la posibilidad de que la aerolínea empleadora invoque la ley del Estado de su administración central puede considerarse, por un lado, contraria y difícilmente conciliable con la protección que se trata de garantizar en el art. 8 RRI y, por otro, carente de viabilidad, pues la aerolínea será la que habrá introducido unilateralmente la cláusula de elección de ley en el contrato.

En caso de que se produzca un traslado inmediatamente posterior a la celebración del contrato para prestar servicios en el que será el Estado de trabajo habitual, el Estado de residencia del trabajador que deberá tomarse como referencia será el del momento de la celebración del contrato. La invocación de la ley de la residencia del trabajador en el consentimiento puede darse cuando por motivo del idioma

la elección de ley, la ley elegida rige exclusivamente el consentimiento. *Vid.* en sentido contrario la Sentencia del BAG de 19 de marzo de 2014 [5 AZR 252/12 (B)] (https://www.bundesarbeitsgericht.de/entscheidung/5-azr-252-12-b/). En la Sentencia se sostiene que una vez determinada la validez de la cláusula de elección del Derecho alemán, la consecuencia es que el consentimiento y la existencia del contrato se someten exclusivamente a la ley alemana. En el caso tal posicionamiento resultó determinante. Se trataba de un trabajador del transporte internacional por carretera domiciliado en Portugal cuyo empleador se encontraba domiciliado en Alemania. En el contrato se introdujo por parte del empleador una cláusula que reducía el plazo de prescripción de las acciones del trabajador por reclamación de cantidades debidas. Según esa cláusula la acción del trabajador ya había prescrito. El trabajador sostenía que no había consentido la celebración del contrato válidamente porque, aunque las negociaciones se habían desarrollado en portugués, el contrato se había redactado en alemán, idioma que no comprendía, por lo que no había tenido conocimiento de la cláusula de prescripción. El BAG aplicó exclusivamente el Derecho alemán, en el que el desconocimiento del idioma no constituye un vicio del consentimiento.

690 Asimismo, cabe la posible entrada en juego de normas internacionalmente imperativas que determinen la ausencia de consentimiento y, con ello, la nulidad de la cláusula o del contrato. Las normas sobre vicios del consentimiento suelen ser imperativas, de manera que el trabajador contará usualmente con la protección que le garantice el ordenamiento objetivo, pero ha de tenerse en cuenta que las dificultades para identificar el lugar de trabajo habitual y la posible aplicación de los vínculos más estrechos pueden conducir a que el consentimiento se emita válidamente de conformidad con una ley que finalmente no es la realmente aplicable al contrato en virtud del art. 8 RRI. Por ello, no deberían declararse nulos en perjuicio del trabajador un contrato o una cláusula de elección de ley válidamente consentidos conforme a la ley del lugar de trabajo habitual inicialmente fijado por no haberse respetado las normas del consentimiento del verdadero lugar de trabajo habitual, identificado posteriormente. Igualmente, teniendo en cuenta que la aplicación de los vínculos más estrechos se produce *a posteriori*, tampoco deberían declararse nulos la cláusula o el contrato por no haberse respetado las normas de consentimiento de otra ley más estrechamente vinculada. *Cf.* Á. Espiniella, *La relación laboral internacional*, *op. cit.*, p. 115.

empleado en el contrato el trabajador no podía comprender el contenido de la cláusula. Su juego como mecanismo protector para el personal de vuelo habitualmente será poco probable, ya que los contratos suelen redactarse en otros idiomas, pero su conocimiento suele ser un requisito para la contratación.

269. No obstante, la posibilidad de sostener invalidez de la cláusula de elección de ley por la existencia de vicios del consentimiento parece encontrarse, en la práctica, descartada. En los contratos de trabajo la solución no consistiría en cuestionar la validez del pacto de elección de ley por la inexistencia de un consentimiento real de los trabajadores, sino en limitar los efectos de la elección. Se presupone y asume que en la mayoría de las ocasiones se trata de **contratos de adhesión**, que no existe negociación y que el margen de la autonomía de la voluntad de los trabajadores se reduce a la posibilidad de aceptar o rechazar la celebración del contrato. La invalidez de la cláusula de elección podría terminar perjudicando al trabajador, que perdería la posibilidad de invocar el Derecho elegido en caso de que su aplicación le beneficie en alguna reclamación.

La «interpretación autónoma» del TJUE sobre el consentimiento del trabajador en la cláusula de elección de ley ha confirmado esta posición. En el asunto *Gruber Logistics* se partió del carácter de contratos de adhesión de los contratos de trabajo y se admitió expresamente la validez de las cláusulas predispuestas, introducidas unilateralmente por el empleador. En este pronunciamiento el TJUE estableció que ha de admitirse la utilización de cláusulas tipo redactadas previamente por el empresario y que la inserción por parte de este de una cláusula de elección de ley en un contrato de trabajo previamente redactado no implica que no haya existido libre elección, pues para el TJUE el trabajador ejerce su libertad de elección mediante la aceptación de tal cláusula.

Del asunto *Gruber Logistics* se deduce que las cláusulas de elección de ley introducidas unilateralmente por el empleador son generalmente válidas, y la consecuencia de tal validez es que el contrato ha de someterse a la comparación de favorabilidad del art. 8 RRI.

La compañía *Ryanair* introducía en los contratos de trabajo de su personal de vuelo una cláusula de elección de ley en virtud de la cual los contratos quedarían sometidos en su totalidad al ordenamiento jurídico irlandés. La validez de la cláusula ha de admitirse, pero solo tendrá efectos en el hipotético caso de que el ordenamiento irlandés resultase más beneficioso para el trabajador en su regulación de alguna materia. En ocasiones también se prevé que en caso de que esta dejara de ser aplicable «debido a cambios legislativos, directiva legal u otro cambio que la compañía considerara sustantivo, el contrato de trabajo será nulo, el empleo en la compañía cesará y el trabajador recibirá el pago de la cuantía reglamentaria en lugar de preaviso»[691]. Así, la aerolínea introduce en los contratos una «causa de nulidad» en

691 El contenido íntegro de esta cláusula puede encontrarse en algunas de las Sentencias que

virtud de la cual si el ordenamiento irlandés dejase de aplicarse el contrato sería nulo, y se pretenden establecer también las consecuencias de tal causa de nulidad. En cuanto a las consecuencias de la nulidad del contrato serán las previstas en el ordenamiento objetivo y se encuentran sometidas al principio de mayor favorabilidad [art. 12.1 e) RRI]. Respecto a la ley aplicable a las causas de nulidad introducidas en el contrato, en el Reglamento Roma I únicamente se contempla la nulidad derivada de vicios del consentimiento, incapacidad o forma, y no se determina expresamente cuál es la ley aplicable a otras posibles causas de nulidad. La solución más plausible consistiría en someter la validez material de tal causa de nulidad a la ley del contrato: es decir, al ordenamiento objetivo, aplicándose la ley irlandesa (elegida) solo en beneficio del trabajador. Ello implicaría que el contrato solo podría ser considerado nulo en caso de que se produjese un encaje con los motivos de nulidad previstos en el ordenamiento objetivo[692]. Previsiblemente, la inaplicación de la ley elegida no podrá operar como un motivo de nulidad pues, desde una perspectiva de Derecho comparado, las causas de nulidad se basan únicamente en vicios o irregularidades negociales y la autonomía de la voluntad no opera, con carácter general, en el ámbito de la nulidad contractual, sino que las causas de nulidad son únicamente las establecidas en la ley[693]. En cualquier caso, la toma en consideración de la ley elegida a estos efectos deberá descartarse, pues si esta admitiese la nulidad del contrato no resultaría más protectora que el ordenamiento objetivo en el que esta no se admite[694].

---

han visto la luz a raíz de los litigios iniciados por los trabajadores: *La relación laboral entre la compañía y Ud se regirá en todo momento por las leyes vigentes y modificadas periódicamente en la República de Irlanda. Con independencia del Régimen de Seguridad Social al que esté adscrito, su contrato se rige por la Legislación laboral irlandesa y sus derechos serán los que estipulan las leyes de la República de Irlanda (incluidos, pero sin estar limitados a los permisos de maternidad/paternidad, baja por enfermedad, beneficios por desempleo y jubilación). Tendrán Jurisdicción los Tribunales Irlandeses en cualquier asunto relacionado con la ejecución y rescisión de este contrato. En caso de que esta cláusula dejara de ser aplicable debido a cambios legislativos, directiva legal u otro cambio que la compañía considerara sustantivo, este contrato será nulo y su empleo en la compañía cesará y recibirá el pago de la cuantía reglamentaria en lugar de preaviso* [Sentencia 87/2020 del TSJ Madrid, de 5 de febrero de 2020 (ECLI: ES: TSJM:2020:727)].

692 Las causas de la nulidad por capacidad, forma, contenido o consentimiento se someten al ordenamiento que regula cada una de estas cuestiones. Las causas de nulidad por capacidad y forma se rigen por su propia norma de conflicto, y a las consecuencias de la nulidad por estos motivos se aplicará la ley objetiva o la ley elegida más favorable. La ley del contrato se aplica al contenido y al consentimiento, de manera que la ley objetiva o la ley elegida más favorable serán las que determinen tanto las causas como las consecuencias de la nulidad del contrato o de alguna de las cláusulas contractuales por estos motivos.

693 *Vid.* L. Díez-Picazo, *Fundamentos de derecho civil patrimonial, Tomo I*, 6.ª ed., Aranzadi, Navarra, 2012, p. 187.

694 La pretendida causa de nulidad podría reconducirse a un motivo de extinción del contrato en caso de que se produjese un hipotético encaje con alguno de los previstos en la ley objetiva. Cabe plantearse el caso de que en la ley objetiva se permita que se pacten libremente causas de extinción del contrato no previstas en la ley o que exista un régimen de despido libre. La interpretación de la cláusula y, por tanto, la determinación de su encaje

270. Aunque se admita la validez general de las cláusulas de elección de ley introducidas en el contrato, pervive la necesidad de garantizar un conocimiento preciso de la trascendencia de la cláusula y del funcionamiento del mecanismo protector del art. 8 RRI por parte del trabajador. Ante la inexistencia de una obligación de información al trabajador por parte del empleador[695], cabe plantear la idoneidad de que se introdujese en el Reglamento Roma I un **mecanismo protector similar al del art. 26.2 del Reglamento Bruselas I bis** frente a la sumisión tácita del trabajador demandado[696]. Este consistiría en la introducción de una obligación expresa para el tribunal de asegurarse de que el trabajador conoce la protección que le asiste en virtud de las normas no disponibles del ordenamiento objetivo, y de la posibilidad de disfrutar de una mayor protección conforme al ordenamiento elegido. Así, no podría darse por sentado que el trabajador ha fundamentado la demanda con pleno conocimiento del funcionamiento del mecanismo protector del art. 8.1 RRI, sino que al tribunal le correspondería determinar si el trabajador contaba con el conocimiento suficiente de la protección que le garantizaban cada uno de los ordenamientos cuando planteó la demanda fundamentándola en uno u otro Derecho[697].

---

en otros motivos de extinción del contrato deberá realizarse conforme a la ley objetiva, y la ley irlandesa solo podría aplicarse si excluye tal interpretación en beneficio del trabajador. En el ordenamiento español, por ejemplo, se admite que el contrato se extinga por causas consignadas válidamente en el contrato, pero estas no pueden constituir un abuso de derecho manifiesto por parte del empresario.

695 *Vid.* en este mismo sentido, respecto a los contratos con consumidores: P. Mankowski, «Just how free is a free choice of law in contract in the EU?», *JPIL*, vol. 13, n.° 2, 2017, pp. 231-258. La Directiva (UE) 2019/1152 puede tener cierta relevancia también en este ámbito, pues al imponer a los empleadores la obligación de informar a los trabajadores sobre los elementos y condiciones esenciales de su relación laboral desde la celebración del contrato puede contribuir a clarificar el ordenamiento jurídico conforme al cual estos se han regido desde el inicio. Sin embargo, en el texto de la Directiva se echa en falta una mención explícita en cuanto a la obligación de clarificar por parte del empleador desde el inicio del contrato el o los ordenamientos conforme a los cuales se determinan las condiciones laborales. Repárese en que la Directiva hubiese constituido una buena oportunidad para dotar de mayor eficiencia en la práctica al mecanismo protector del art. 8 RRI. En este sentido, podría haberse introducido una obligación expresa para el empleador de clarificar conforme a qué ordenamiento —objetivo o elegido— han quedado determinadas cada una de las condiciones laborales, fundamentando la aplicación de uno u otro ordenamiento en la comparación de favorabilidad que debería haberse efectuado previamente.

696 En este sentido: A. Junker, «Rumänische Lastwagenfahrer in Italien und Deutschland – Anwendbares Recht und Mindestlohn: Urteil des Europäischen Gerichtshofs vom 15.7.2021: C-152/20 und C-218/20: Rechtssache SC Gruber Logistics», *Europäische Zeitschrift für Arbeitsrecht*, 2022, p. 5 (paginación digital).

697 Como se verá, este posicionamiento tiene claras implicaciones sobre la prueba del Derecho extranjero. *Vid.* Capítulo IV: III.1.E) La prueba del Derecho objetivo y del Derecho elegido.

B) Elección tácita y vínculos más estrechos

271. Los elementos tomados en consideración para la determinación del ordenamiento objetivo deben ser exclusivamente los relacionados con la ejecución del trabajo (para la identificación del lugar de trabajo habitual) u otros elementos de la relación laboral (en la conexión de los vínculos más estrechos). La posibilidad de que exista una elección de ley tácita introduce una tercera categoría de elementos que han de ser tomados en consideración en el momento de determinar el régimen contractual y requiere una compleja delimitación entre indicios de la conexión de los vínculos más estrechos e indicios de la existencia de una elección tácita[698].

En la aplicación de la conexión de los vínculos más estrechos deben tomarse en consideración únicamente elementos con valor suficiente para revelar la existencia de mayor proximidad conflictual con otro ordenamiento, excluyéndose las circunstancias fijadas por voluntad de la empleadora[699]. La valoración de estas circunstancias como indicios de proximidad favorecería una fijación indirecta del ordenamiento objetivo. Por ello, los **elementos fijados unilateralmente por la empleadora,** en su caso, han de considerarse como indicios de la existencia de una elección de ley tácita, de modo que la protección del ordenamiento objetivamente aplicable quede garantizada y solo pueda elevarse la protección del trabajador.

El concepto de «elección tácita» requiere una adaptación en los contratos de trabajo, porque en este ámbito, siempre que se trate de un trabajador sin poder de negociación, esta no será producto de una concurrencia de voluntades y de la intención libre de las partes de que su contrato se rija por por un ordenamiento determinado. Ha de tenerse en cuenta que pocos actos de los trabajadores serán susceptibles de generar la apariencia de una elección de ley tácita, tal y como esta se interpreta en términos generales[700]. Admitida

---

698 Respecto a las dificultades para distinguir elecciones de ley tácitas y vínculos más estrechos, en general, *vid.*, C. S. A. Okoli, y G. O. Arishe, «The Operation of the Escape Clauses in the Rome Convention, Rome I Regulation and Rome II Regulation», *JPIL*, vol. 8, n.º 3, 2012, pp. 524-529.

699 Como se ha visto, en el asunto *Schlecker* se establecieron los indicios de proximidad que han de ser tomados en consideración en los vínculos más estrechos, priorizando el Estado de afiliación a la Seguridad Social, el Estado de tributación y los parámetros relacionados con la fijación del salario u otras condiciones de trabajo. No se descarta que otras circunstancias del caso puedan ser tomadas en consideración, sino que se sostuvo que para determinar los vínculos más estrechos deben tenerse en cuenta todas las circunstancias del asunto.

700 El Reglamento Roma I admite las elecciones tácitas en los contratos de trabajo, al igual que en el resto de contratos, y sin tener en cuenta los caracteres particulares que presenta la autonomía de la voluntad en estos contratos. Si el concepto de «elección tácita» se aplica sin matizaciones, pese a admitirse esta modalidad de elección, en la práctica, con carácter general, no se aplicaría. En la mayor parte de los casos no podría sostenerse su existencia, pues del comportamiento del trabajador no podría deducirse que existe una intención libre por su parte de que su contrato se rija por una determinada ley.

expresamente la validez de los pactos de elección de ley impuestos unilateralmente por el empleador en el contrato (asunto *Gruber Logistics*), correlativamente, cabe sostener que una elección de ley tácita, que solo debería beneficiar al trabajador, puede deducirse exclusivamente de los actos del empleador. Igualmente, cabe sostener que existe una elección de ley tácita cuando el empleador ha generado con sus actos una expectativa razonable de la aplicación de un determinado ordenamiento para el trabajador y, particularmente, cuando lo ha venido aplicando de hecho para determinar las condiciones laborales.

272. Todas las **circunstancias relativas a la celebración del contrato** han de descartarse como indicios de proximidad de los vínculos más estrechos y ser tomadas, en su caso, como elementos relevadores de la existencia de una elección de ley: el empleo del modelo de contrato de trabajo de un determinado Estado[701], el lugar de celebración, el idioma del contrato[702], o el lugar de negociación que no coincida con el Estado de captación del trabajador.

Adicionalmente, debe descartarse la toma en consideración como indicios de proximidad de otras circunstancias también disponibles para el empleador y que tampoco revelan proximidad, como son la moneda o el lugar de pago del salario. El valor de estos elementos como indicios de la existencia de una elección de ley también puede ser cuestionado. *A priori*, solo deberían tomarse en consideración si concurren junto con otros que sirvan realmente para deducir la opción por la aplicación de un determinado ordenamiento y no una elección hipotética.

273. Respecto a los **contratos vinculados**, en primer lugar, es necesario determinar qué se entiende por tal: puede tratarse de los celebrados previamente entre las mismas partes[703], pero también se plantea la toma en consideración de los contratos de otros trabajadores que presten servicios en el mismo centro de trabajo[704], e incluso podría plantearse la toma en consideración de otros contratos que hayan incidido sobre la relación laboral, como el de puesta a disposición entre la ETT y la empresa usuaria, o el de arrendamiento de una aeronave con tripulación[705].

---

701 *Vid.* asunto *Gruber Logistics*. Sobre este indicio, desde una perspectiva general, no específica sobre los contratos de trabajo, *vid.*: M. Penadés Fons, *Elección tácita de ley en los contratos internacionales*, Aranzadi, Navarra, 2012, pp. 150-153.

702 Algunos de estos criterios han sido considerados como reveladores de la existencia de elecciones de ley tácitas y también han servido para justificar la aplicación de la cláusula de escape: *vid.*, P. Orejudo Prieto de los Mozos, «El idioma en el contrato en el Derecho Internacional Privado», *AEDIPr*, n.º 10, 2010, p. 179.

703 *Cf.* Okoli, C. S. A., y Arishe, G. O., *op. cit.*, p. 534.

704 *Cf.* Merret, L., *Employment contracts in private international law*, *op. cit.*, p. 211.

705 En este sentido, sosteniendo la relevancia de los contratos vinculados en las relaciones triangulares en grupos de empresas ETT: U. Grušić, *The European Private International Law of Employment*, *op. cit.*, pp. 142-143.

Como se ve, se ha planteado la toma en consideración de contratos relacionados, concluidos entre las mismas o distintas partes (compañía empleadora y terceros). Contra la toma en consideración de estos últimos, no obstante, se ha sostenido que no alcanzan el umbral de certeza requerido por el Reglamento Roma I[706]. No se encuentra justificación para deducir la voluntad de que los contratos de trabajo se rijan por la misma ley que rige estos contratos, por más que se encuentren vinculados e influyan en la relación laboral.

Asumiendo que los únicos contratos que pueden ser tomados en consideración son los celebrados previamente entre el trabajador y la sociedad, ha de determinarse si estos juegan como un indicio de proximidad de los vínculos más estrechos o como un elemento revelador de una elección de ley[707]. Pueden considerarse como un indicio de proximidad cuando se trate de contratos anteriores que hayan quedado regidos por un ordenamiento determinado conforme a las conexiones objetivas del art. 8 RRI. Con ello se tiende a preservar un régimen uniforme de la relación laboral, pese a que se hayan celebrado distintos contratos. En cambio, cuando en los anteriores contratos haya existido una elección de ley, que no se haya introducido en el contrato en cuestión, la elección expresa en los anteriores contratos debería jugar como un indicio de una elección tácita en el posterior. La elección, en cualquier caso, quedará corroborada si el ordenamiento elegido en los anteriores contratos ha continuado aplicándose con posterioridad[708].

---

706 *Cf.* M. Penadés Fons, *op. cit.*, pp. 145-146.

707 Según el informe *Giuliano-Lagarde* se puede presumir una elección de ley tácita cuando en contratos anteriores entre las mismas partes se haya introducido una elección de ley expresa (p. 15), mientras que en los considerandos 20 y 21 RRI los contratos vinculados se consideran como indicio de vinculación del art. 4. *Vid.* en este sentido, M. Penadés Fons, *op. cit.*, pp. 147-148.

708 El asunto *Jenkinson/Consejo y otros* es una buena muestra de la compleja interacción que puede darse entre elecciones de ley tácitas y vínculos más estrechos en los contratos de trabajo. Se habían celebrado once contratos de trabajo consecutivos y elegido ley en los nueve primeros. En los dos últimos, por el contrario, no había existido elección de ley. Se determinó la ley aplicable a los dos últimos contratos mediante los vínculos más estrechos y se estableció que el ordenamiento aplicable era el que había sido elegido en los nueve primeros. No se menciona en ningún momento la necesidad de efectuar una comparación de favorabilidad entre ordenamiento objetivo y elegido, de modo que parece partirse de que la mayor favorabilidad del ordenamiento elegido se encontraba acreditada y de que este fue el ordenamiento que rigió los nueve primeros contratos en exclusiva. Una solución más coherente con el esquema del art. 8 RRI hubiese consistido en omitir la elección de ley en los contratos previos a la hora de determinar el ordenamiento objetivo. La elección expresa en los contratos previos podría haberse considerado como un elemento determinante de la existencia de una elección extensiva también a los dos últimos contratos, debiendo tomarse en consideración las circunstancias particulares del caso para establecer si realmente existía la voluntad de elegir el mismo ordenamiento. No obstante, la omisión de la misma elección de ley en los dos últimos contratos, pudiendo haberse elegido, al igual que en los anteriores, podría considerarse como un indicio claro de que el empleador no quería que se aplicase ese mismo ordenamiento en los posteriores, al menos en el momento de la celebración de los contratos.

274. En cuanto a la **mención de un convenio colectivo** en el contrato, siempre que se trate de un convenio con eficacia normativa, ha de ser considerada como un elemento revelador de una elección tácita del ordenamiento al que pertenece el convenio[709]. Con la referencia al convenio se estará haciendo una referencia a una norma de este ordenamiento. Si la referencia se hace a un convenio en el que el contrato de trabajo no se encuentra incluido, la aplicación del convenio se encontraría descartada, pero no debería excluirse su toma en consideración como indicio de una elección de ley tácita del ordenamiento al que pertenece el convenio.

275. Adicionalmente, cabría plantear la eventual consideración de la base de operaciones asignada en el contrato como un indicio de la existencia de una elección tácita. En contra de entenderlo como indicio de la elección del ordenamiento en el que se encuentra la base, debe recordarse que la asignación de una base de operaciones constituye una obligación impuesta por normas de Derecho aeronáutico. A favor, puede argumentarse que con la asignación de una concreta base de operaciones se genera la apariencia de que el ordenamiento de ese Estado va a ser el aplicable, como Estado de trabajo habitual y, en particular, se presumirá la aplicación del convenio colectivo correspondiente a esa base.

276. Igualmente, ha de valorarse la incidencia que pueda tener la imposición de un ordenamiento por parte del empleador. Una **ley que se aplica *de facto*** para regir las condiciones laborales. Sería el caso en el que se aplica un ordenamiento por ser el del Estado trabajo habitual, cuando realmente no lo es. Como ya se ha visto, salvo en supuestos particulares, en la aplicación de los vínculos más estrechos debería evitarse tomar en consideración la aplicación de una ley distinta de la que debería haber regido el contrato en virtud del art. 8 RRI. De lo contrario se facilita la conversión de una ley impuesta en la ley del contrato de trabajo. Por ello, la aplicación de un ordenamiento que no es aquel al que dirigen las conexiones del art. 8 RRI debería interpretarse como un indicio de la elección de ese ordenamiento. Ese ordenamiento ya habrá venido rigiendo el contrato de trabajo, probablemente en perjuicio del trabajador, e interpretando su aplicación como una elección tácita se tiende a que no deje de aplicarse precisamente cuando en una concreta reclamación pueda beneficiar al trabajador.

---

709 *Cf.* L. Merret, *Employment Contracts in Private International Law, op. cit.*, p. 204; M. Henze, *op. cit*, p. 340. En contra de considerar la referencia a un convenio colectivo como un indicio de elección tácita: A. L. Calvo Caravaca, J. Carrascosa González, «Contrato internacional de trabajo», *op. cit.*, p. 3579; Deinert, *op. cit.*, p. 108. *Vid.* Sentencia de la Cour de Cassation, de 27 de mayo de 2009 (08-41.908) (https://www.legifrance.gouv.fr/juri/id/JURITEXT000020685332/2023), en la que se consideró que existía una elección de tácita de la ley estadounidense porque la aerolínea empleadora de la auxiliar de vuelo demandante tenía su sede en EEUU, el contrato estaba redactado en inglés y había sido firmado en EEUU, y hacía referencia a las condiciones de trabajo definidas por un convenio colectivo estadounidense.

En particular, ha de evaluarse la relevancia que pueda tener **la aplicación de un convenio colectivo** que no forma parte del ordenamiento rector del contrato. Esto puede ocurrir en las distintas situaciones en las que el ordenamiento que rige el contrato es uno distinto de aquel en el que se encuentra la base de operaciones asignada. Cabe plantear su consideración como un indicio de una elección tácita del ordenamiento al que pertenece el convenio, pero quizá sea aventurado sostener que la aplicación del convenio revela la voluntad de la aerolínea de que se aplique el ordenamiento del que forma parte. La aplicación del convenio puede considerarse una obligación para la aerolínea cuando la base de operaciones haya sido el establecimiento al que realmente se encontraba vinculado el trabajador. No obstante, su consideración como un indicio de proximidad de los vínculos más estrechos también resulta problemática porque, desde el punto de vista opuesto, si el convenio no pertenece al ordenamiento rector del contrato, la aerolínea no se encontraría obligada a aplicarlo[710]. La disyuntiva puede resolverse atendiendo, en última instancia, al principio de protección del trabajador. En la medida en la que siempre resultará más protectora una elección de ley que una fijación del ordenamiento aplicable por medio de los vínculos más estrechos, debería optarse por interpretar la aplicación del convenio como un indicio de elección de ley que, en cualquier caso, tendría que confirmarse a partir de un análisis de todas las circunstancias del caso.

C) Autonomía de la voluntad y convenios colectivos

277. En principio, la aplicación de un **convenio colectivo que no forma parte del ordenamiento objetivo** solo es posible si existe una elección del ordenamiento al que pertenece el convenio o a través de una incorporación por referencia en el contrato de trabajo.

En el primer caso, para que quepa la aplicación del convenio perteneciente al ordenamiento elegido, el contrato de trabajo deberá encontrarse al mismo tiempo incluido dentro del ámbito de aplicación del convenio. Generalmente, debería tratarse de una **elección del ordenamiento en el que se encuentra la base de operaciones asignada** al trabajador cuando este no es el ordenamiento objetivo.

Ello es poco probable en la práctica, y las posibilidades de que la autonomía de la voluntad conflictual sirva para articular la aplicación del convenio colectivo en el que el contrato se encuentra incluido serán, en cualquier caso, limitadas. Podría darse esta situación cuando se elija expresamente la ley del Estado de trabajo

710 De las conclusiones del AG en el asunto *Schlecker* se deduce que uno de los elementos que han de ser valorados en la aplicación de los vínculos más estrechos es precisamente el hecho de que las condiciones de trabajo hayan quedado fijadas por un determinado convenio. *Vid.* ap. 69.

habitual, en el que se encuentra la base de operaciones asignada (cumplimiento del ámbito de aplicación del convenio), pero la ley aplicable haya quedado determinada por los vínculos más estrechos (el convenio no pertenece al ordenamiento objetivo). En el mismo supuesto, si no existe una elección de ley expresa, pero se ha aplicado la ley del Estado de trabajo habitual y el convenio colectivo de la base asignada, estas circunstancias podrán interpretarse como indicios de la existencia de una elección de ley tácita de este ordenamiento.

La eventual **incorporación por referencia** del convenio colectivo en el contrato[711] siempre dependerá de la voluntad de la aerolínea empleadora y del modo en el que se formule la mención al convenio en el contrato. En función de cómo se efectúe esta, puede dar lugar a una aplicación directa de las disposiciones del convenio o ser interpretada como un indicio de una elección tácita del ordenamiento al que pertenece el convenio. La posibilidad de que un convenio colectivo pueda aplicarse por su incorporación por referencia en el contrato no quedará restringida a los casos en los que el contrato se encuentre incluido en el ámbito de aplicación del convenio. Por esta vía, podrán aplicarse, incluso, las disposiciones de un convenio en el que el contrato no se encuentre incluido.

En el resto de casos, cuando no exista una elección del ordenamiento del convenio colectivo ni una incorporación por referencia, la aplicación de la protección del convenio solo será posible dentro de los márgenes concedidos a la autonomía de la voluntad material, y la aplicación del convenio *a priori* no resultará exigible para el empleador[712].

278. Adicionalmente, debe determinarse si es posible que la elección de ley conste en un convenio colectivo.

El convenio colectivo de pilotos de *Ryanair* en España establece lo siguiente: *«4.1. Las relaciones laborales de los pilotos se regirán por el Derecho español y se someterán a la jurisdicción y competencia de los juzgados y tribunales españoles»*[713].

La situación general será aquella en la que el convenio colectivo se aplica, precisamente, porque este pertenece al ordenamiento objetivo de los contratos en él incluidos. En este caso, la supuesta elección de ley no tendría relevancia, porque el ordenamiento español ya se aplica como ordenamiento objetivo. Teniendo en cuenta la evolución de las relaciones laborales de la aerolínea *Ryanair* en España, la cláusula debe interpretarse como un compromiso asumido por la aerolínea de aplicar el ordenamiento al que remiten las

711 *Cf.* Á. Espiniella Menéndez, *La relación laboral internacional*, *op. cit.*, p. 88.

712 No obstante, se han mantenido otras posiciones al respecto: *vid.* Capítulo II. II.2. Integración de los convenios colectivos en la ley del contrato de trabajo.

713 El convenio colectivo se aplica a todos los pilotos cuya base de operaciones se encuentra en España, así como a aquellos "con contrato español", pero cuya base de operaciones se encuentre temporalmente en otro Estado, por encontrarse en destacamento (art. 2.5).

normas de conflicto (el español, como lugar de trabajo habitual) y desistir de su voluntad de imponer la aplicación del ordenamiento irlandés.

Sin embargo, también puede darse otra situación diferente, en la que el contrato de trabajo se encuentra incluido en el ámbito de aplicación del convenio, porque el piloto se encuentra vinculado a una base de operaciones española, pero en la que el ordenamiento español no rige el contrato, porque no exista un Estado de trabajo habitual o la ley objetiva se determina por los vínculos más estrechos. En esta situación, la consideración de esta cláusula del convenio como una elección de la ley española sí podría tener relevancia, porque el ordenamiento objetivo será uno diferente. *A priori* las cláusulas de elección de ley deben encontrarse incluidas en el contrato[714], pero ello no excluye que la cláusula del convenio pueda tomarse como un indicio de una elección tácita del ordenamiento español.

D) Comparación entre ordenamientos

279. Como se ha visto, el juez debe determinar, en primer lugar, cuál es la ley objetivamente aplicable conforme a las conexiones del artículo 8 RRI, e identificar las normas simplemente imperativas de ese ordenamiento que resulten aplicables al caso. En un segundo paso, el juez debe comparar estas con las disposiciones análogas del ordenamiento jurídico elegido para determinar si la ley elegida garantiza al trabajador un nivel de protección superior. La dificultad reside en que se desconoce cómo debe efectuarse la comparación y no existe seguridad al respecto[715]: tomando como referencia la materia concreta objeto de la reclamación, o considerando globalmente ambos ordenamientos.

Es habitual que los tribunales no realicen ninguna comparación y partan de que el ordenamiento español es más favorable con carácter general, para pasar a aplicarlo directamente (STSJ Cataluña de 25 de junio de 2015[716], STSJ de Madrid de 5 de febrero de 2020[717], Sentencia del Juzgado de lo Social n.º 5 de Palma de Mallorca de 5 de mayo de 2020[718]). En algunas de las Sentencias se menciona la falta de prueba de la ley elegida, pero solo como un motivo adicional que llevaría a su inaplicación.

En los litigios planteados por los trabajadores de *Ryanair* en España, los tribunales parecen optar por un modelo de comparación global, partiendo del

714 *Cf.* J.C. Fernández Rozas, S. Sánchez Lorenzo, *op. cit.*, p. 681

715 *Cf.* M. Franzen, J. Wutte, *op. cit.*, p. 239.

716 ECLI: ES: TSJCAT: 2015:6221.

717 ECLI: ES: TSJM:2020:727.

718 ECLI: ES: JSO:2020:1629.

conocimiento de que el ordenamiento elegido es poco protector, pero esta comparación no se realiza de forma explícita y en las Sentencias no constan los parámetros conforme a los cuales se realiza. Esta actuación es censurable, ya que si el pacto de elección de ley es válido no puede ser ignorado[719], procediendo como si tal elección de ley no existiese, y ello puede impedir la aplicación del ordenamiento elegido en aquello que sí beneficie al trabajador.

280. Tanto el modelo de comparación global o como el de comparación parcial presentan inconvenientes. Con una comparación global no queda garantizada la aplicación de la norma que en la situación concreta resulte más favorable para el trabajador. Un ordenamiento podría resultar globalmente considerado más protector, pero resultar menos favorable en la materia concreta objeto del litigio y con ello se frustraría el objetivo protector del art. 8 RRI[720]. Se requeriría por parte del juez el conocimiento de todas las disposiciones no derogables del ordenamiento objetivo y un conocimiento completo del ordenamiento elegido —y la consiguiente prueba—, lo que no es realista ni técnicamente viable. Por ello, aunque aparentemente es el sistema más sencillo y podría parecer el mecanismo más adecuado al reducir las posibilidades de que se produzca un fraccionamiento del régimen del contrato[721], con carácter general se rechaza la viabilidad de este modelo y su aplicación[722].

281. La **comparación parcial se perfila como la única realmente operativa**, pero también es problemática[723]. Implica el fraccionamiento de la ley aplicable y, en consecuencia, corre riesgo la coherencia del contrato. Presenta grandes dificultades aplicativas porque presupone la identificación de unidades en los respectivos ordenamientos que resulten separables y comparables entre sí[724]. Esta puede realizarse norma a norma o comparando en conjunto las normas reguladoras de una determinada institución (por ejem-

719 *Cf.* O. Deinert, *op. cit.*, pp. 101-102. P. Juárez Pérez, *op. cit.*, p. 400.

720 *Vid.* Sentencia del BAG de 10 de abril de 2014 (2 AZR 741/13) [https://openjur.de/u/751270.html].

721 *Cf.* O. Fotinopoulou Basurko, *La determinación de la ley aplicable al contrato de trabajo internacional*, *op. cit.*, p. 105.

722 *Vid.* P. Coursier, *op. cit.*, p. 249.

723 El informe *Giuliano-Lagarde* parece pronunciarse a favor de una comparación parcial o analítica, y se remite, a modo de ejemplo, en concreto, al plazo de aviso previo al despido. En efecto, el Informe *Giuliano-Lagarde* prevé que, si la ley objetiva concede a los trabajadores una protección mayor que la que resulta del derecho elegido, ello no implica que la elección de dicha ley sea ineficaz en su conjunto. Por el contrario, en principio, la ley elegida sigue siendo aplicable, y en caso de que las disposiciones del Derecho objetivamente aplicable protejan mejor a los trabajadores que la ley elegida, por ejemplo, concediéndoles un plazo de aviso previo más largo, dichas disposiciones prevalecerán sobre las disposiciones correspondientes de la ley elegida y se aplicarán en su lugar (página 23).

724 A favor de una comparación por materias o instituciones y no por reglas, pues sería esta última la que generaría la fragmentación del contrato: L. Carballo Piñeiro, *op. cit.*, p. 187.

plo, el despido)[725]. Una tercera opción, consiste en comparar categorías sustantivas de normas, es decir, comparar grupos de reglas que se refieren a la cuestión particular que sea objeto del litigio dentro de una institución concreta (causas del despido, protección del trabajador frente al despedido)[726].

282. Del artículo 8 RRI se deduce con claridad la necesidad de que quede garantizada la aplicación del ordenamiento jurídico que resulte más protector para el trabajador, pero no puede deducirse que ello implique necesariamente que puedan combinarse las normas de distintos ordenamientos que resulten más favorables. No obstante, tampoco existen indicios de que la voluntad del legislador de la UE sea excluir que el trabajador goce de un régimen específico fruto de una combinación de ordenamientos, distinto tanto de la ley objetivamente aplicable como de la ley elegida, y diferente, por tanto, del que goza cualquier trabajador cuyo contrato de trabajo no es transfronterizo[727]. No obstante, en cualquier caso, ha de tratarse de una combinación de ordenamientos, y no de una acumulación de las disposiciones favorables de ambos.

283. Definir las porciones de ordenamientos que resultan comparables, y con ello el nivel de fraccionamiento y de combinación de disposiciones admisible queda a discrecionalidad del respectivo tribunal. Cabe sostener que cada una de las pretensiones del trabajador ha de quedar resuelta por un único ordenamiento, pero si existen varias pretensiones relativas a materias distintas que se acumulen en una misma demanda, nada impediría que se aplique a cada una de ellas el ordenamiento elegido o el ordenamiento objetivo en función de cuál resulta más favorable.

Ha de tenerse en cuenta que, al optar por un modelo de la comparación por instituciones o grupos de normas, se descarta una toma en consideración aislada de los plazos de ambos ordenamientos. Ciñéndonos a los casos de despido, el plazo para interponer la acción que deberá aplicarse será, en principio, el del ordenamiento que provea globalmente al trabajador de una mayor protección contra el

725 *Cf.* M. J. Serrano García, *op. cit.*, p. 150.

726 *Cf.* R. Plender, M. Wilderspin, *op. cit.*, p. 340. En este sentido, se ha sostenido que las materias enumeradas en el núcleo duro de condiciones de trabajo de la Directiva de desplazamiento podrían tomarse como ejemplo de materias separables. Igualmente, pueden tomarse como referencia las materias enumeradas en el Reglamento Roma I como aquellas que quedan sometidas a la ley del contrato (art. 12). *Cf.* U. Grušić, *op. cit.*, p. 123; M. Gardeñes Santiago, «La regulación conflictual del contrato de trabajo en el Reglamento Roma I: una oportunidad perdida», *AEDIPr*, n.º 8, 2008, p. 406.

727 Como se ha visto, los problemas son similares a los que se suscitan en relación con el núcleo duro de condiciones de trabajo de la Directiva de desplazamiento, ámbito en el que tampoco existen indicios de que pretenda excluirse una combinación de las regulaciones del Estado de origen y del Estado de destino en las materias incluidas en el núcleo duro que resulte favorable para los trabajadores.

despido[728]. Ha de recordarse la necesidad de preservar la coherencia del contrato al delimitar las porciones de los respectivos ordenamientos que pueden ser objeto de comparación. Dentro de estas porciones habitualmente existe cierta compensación entre las distintas disposiciones. Por ello, podría sostenerse que, a efectos de la comparación, deberá tenerse en cuenta globalmente lo previsto en cada uno de los ordenamientos respecto al plazo para demandar, los requisitos para la existencia de una causa de despido justificada, el plazo de preaviso y la protección frente a un despido injustificado[729].

No obstante, desde una perspectiva práctica, ha de tenerse en cuenta que el plazo para interponer la acción contra el despido solo es relevante cuando en uno de los ordenamientos esta ya se ha extinguido mientras que en otro no, de manera que el trabajador solo conserva las posibilidades de demandar conforme a uno de los dos ordenamientos, el objetivo o el elegido. Esta es una de las situaciones en las que ceñirse a las circunstancias particulares del caso resulta indispensable, porque el ordenamiento conforme al cual la acción ya ha prescrito puede prever una mayor protección contra el despido, pero si este se aplicase el trabajador ni siquiera podría presentar una demanda, al haber expirado el plazo. En el resto de casos, si en el momento en el que el trabajador presenta la demanda se cumple el plazo de ambos ordenamientos, el plazo de prescripción de la acción contra el despido ni siquiera debería valorarse a la hora de determinar la mayor o mejor favorabilidad, porque no tendrá trascendencia en el caso concreto.

284. Una vez identificada la unidad separable y comparable de ambos ordenamientos, la complejidad se encuentra en determinar la mayor favorabilidad de una u otra regulación. No será infrecuente que la regulación de ambos ordenamientos en la unidad adoptada presente un nivel de protección que *a priori* pueda considerarse equivalente, pero dentro de esa unidad pueden coexistir disposiciones que resulten más o menos favorables para el trabajador en la situación concreta. La cuestión que se plantea en estas situaciones es si, una vez constatado por el juez que el **estándar de protección** de ambos ordenamientos es **equivalente**, puede tenerse en cuenta la **opinión del trabajador**, y su preferencia en el caso concretó, de manera que este sea el que decide finalmente qué ordenamiento se aplica[730].

La admisibilidad de una toma en consideración de la opinión del trabajador depende de la perspectiva que se adopte sobre el papel de la autonomía de la voluntad y de la ley elegida en el sistema del art. 8 RRI. Algunos autores sos-

728 En la Sentencia de la Cour de Cassation de 12 de julio de 2010 (07-44.655), en cambio, se toma aisladamente el plazo de prescripción para demandar por despido de un trabajador del transporte por carretera (https://www.courdecassation.fr/decision/6079bb559ba5988459c57035).

729 En este sentido, Sentencia del BAG de 10 de abril de 2014 (2 AZR 741/13).

730 *Vid.* U Grušić, *The European Private International Law of Employment*, *op. cit.* p. 152; E. Sinander, «Gruber and Samidani Trans: Dépeçage for International Employment Contracts», EAPIL blog (21 de agosto de 2021).

tienen que, una vez el juez ha llegado a la convicción de que la regulación de ambos ordenamientos presenta el mismo estándar de protección para el trabajador, no debe tenerse en cuenta la preferencia de este, sino que debe aplicarse el ordenamiento elegido[731]. Desde este punto de vista, la *lex contractus* es la ley elegida, y atendiendo a la dicción literal del artículo 8 RRI, esta debe aplicarse, porque no se estaría privando al trabajador de la protección que le garantizan las normas no derogables del ordenamiento objetivo[732].

Desde una perspectiva opuesta, cabe sostener que lo que se pretende con la regulación de la autonomía de la voluntad en los contratos de trabajo en el Reglamento Roma I es que se aplique en todo caso el ordenamiento más beneficioso para el trabajador. Desde esta perspectiva, cuando el juez no puede determinar cuál es el ordenamiento más beneficioso conforme a criterios objetivos, habrá de atenderse a la preferencia subjetiva del trabajador en la situación particular, porque solo de esta manera se garantizaría la efectividad del principio de favorabilidad del art. 8 RRI.

Así, no será infrecuente que, en un litigio por despido improcedente, las medidas de protección dispensadas al trabajador despedido difieran en el ordenamiento objetivo y del ordenamiento elegido, por ejemplo, porque en uno se prevé la readmisión del trabajador, mientras que según el otro ordenamiento el trabajador debe ser indemnizado. La protección garantizada por ambos ordenamientos puede considerarse suficiente y equivalente, pero no existirán criterios objetivos para determinar su mayor o menor favorabilidad, de modo que correspondería al trabajador escoger cuál de las soluciones le resulta más favorable.
En caso de que uno de los ordenamientos prevea el resarcimiento del trabajador injustamente despedido con una indemnización o con la readmisión, mientras que en el otro se dé la opción al trabajador de elegir entre la indemnización o la readmisión, el ordenamiento que prevé la opción del trabajador será el más favorable. En este caso el tribunal podrá determinar por sí mismo cuál es el ordenamiento más favorable, pues las respuestas de ambos ordenamientos no son equivalentes, como ocurría en el caso anterior.

285. Así, la toma en consideración de la opinión del trabajador puede configurarse como una **solución de cierre una vez constatada la equivalencia** aparente de la protección dispensada por ambos ordenamientos. Esta posición resulta adecuada si se tiene en cuenta que la cláusula de elección de ley suele ser introducida en el contrato de forma unilateral por el empleador, de forma que permitir al trabajador elegir entre uno u otro orde-

---

731 *Cf.* E. de Götzen, «The EU Private International Law of Employment: Can It Be a Possible Shift Towards More Labour Protection in Europe?», en M. Borraccetti (ed.), *Labour Migration in Europe*, vol. II, 2018, p. 57.

732 *Cf.* O. Deinert, *op. cit.*, p. 100. Así, se considera que la ley elegida debería aplicarse siempre que ofrezca una «protección comparable» a la de la ley objetiva. *Vid.* de nuevo Sentencia del BAG de 10 de abril de 2014 (2 AZR 741/13).

namiento contribuiría a reequilibrar la posición de las partes. En muchas ocasiones el ordenamiento elegido habrá regido el contrato en su totalidad en perjuicio del trabajador hasta el momento en que se plantea la reclamación. La omisión de la toma en consideración la opinión del trabajador le podría impedir beneficiarse del ordenamiento elegido precisamente cuando le resulta protector.

E) La prueba del Derecho objetivo y del Derecho elegido

286. La alegación y prueba del Derecho extranjero condiciona la efectividad del mecanismo protector del art. 8 RRI[733]. El sistema del artículo 8 RRI parte, implícitamente, de una situación en la que el trabajador que inicia un litigio conoce cuál es el ordenamiento objetivamente aplicable, qué normas de este ordenamiento no son disponibles y si le resultan más favorables estas o las de la ley elegido. Solamente partiendo de este presupuesto el trabajador podría fundamentar la demanda en el Derecho que le resulte más beneficioso y alegar y probar las normas pertinentes si este no es el ordenamiento del foro, lo que en ocasiones supondrá atribuir una carga desproporcionada al trabajador.

287. Como se ha mencionado, resultaría idónea la introducción de un **mecanismo protector similar al del art. 26 RBIb en el Reglamento Roma I**, de forma que se garantice por el tribunal un conocimiento preciso del trabajador sobre el significado de la cláusula de elección de ley introducida en el contrato. No cabría una aplicación directa del ordenamiento invocado por el trabajador en la demanda si este no es realmente el ordenamiento que le provee una mayor protección. Así, el juez debería asegurarse de que el trabajador conoce la protección que le asiste en virtud de las normas no disponibles del ordenamiento objetivo en caso de que la demanda se haya invocado el Derecho elegido.

La eficacia de tal mecanismo quedaría condicionada por las **dificultades que puede plantear su articulación procesal** pues consistiría en dar una nueva oportunidad al trabajador para que este pueda plantear la demanda fundamentándola en el ordenamiento que realmente más le favorece. En cualquier caso, el sistema, por sí mismo, no eximiría al trabajador de la carga de efectuar la comparación entre ordenamiento objetivo y elegido ni tampoco de la obligación de probar la ley en la que finalmente fundamenta la demanda en caso de ser una extranjera.

288. Incluso aunque se garantice el conocimiento por parte del trabajador de la protección que le asiste, tal garantía puede carecer de efectos en la

733 *Cf.* M. Gardeñes Santiago, «La regulación conflictual del contrato de trabajo en el Reglamento Roma I: una oportunidad perdida», *op. cit.*, pp. 406-407. *Vid.* M. Casado Abarquero, *op. cit.,* pp. 288-294.

práctica sin la colaboración del juez a la hora de probar el Derecho extranjero más favorable. Así, el sistema planteado debería complementarse con un tratamiento específico de la prueba del Derecho extranjero en estos casos, en el que las obligaciones probatorias serán diferentes para las normas del ordenamiento objetivo y para las del ordenamiento elegido[734].

Si la **garantía del nivel mínimo de protección** que proveen las normas no disponibles del ordenamiento objetivo se considera obligatoria, la exigencia de probar estas normas debe atenuarse o suprimirse, trasladando, en su caso, la carga de probar el Derecho objetivo al tribunal competente[735].

En cambio, si el empleador o el trabajador pretenden que se apliquen las **normas del ordenamiento elegido**, generalmente se acepta que asumirán la carga procesal de probar las normas de este ordenamiento. Su aplicación es facultativa y se acepta que es una carga que debe corresponder a quién beneficia[736]. Sin embargo, si se considera que el mecanismo de la elección de ley continúa siendo una medida protectora para el trabajador cuando esta le beneficia, y que el objetivo del art. 8 RRI es que se aplique el ordenamiento más favorable para el trabajador en todo caso, podría ser adecuado plantear la idoneidad de unas exigencias probatorias distintas para trabajador y empleadora cuando uno y otra pretenden que se aplique el ordenamiento elegido. En este sentido, podría resultar conveniente

734 En principio, si no se alegan y prueban las normas del ordenamiento jurídico elegido y las normas imperativas del ordenamiento objetivo, resultará imposible para el tribunal realizar la comparación exigida. En este sentido se pronuncia la sentencia del TSJ de Canarias de 2 de septiembre de 2019 (ECLI: ES: TSJICAN:2019:2361). En este caso, se aplicó directamente la ley española aludiendo expresamente a la falta de prueba del derecho irlandés (elegido) por parte de *Ryanair*, en el que la compañía fundamentaba su contestación a la demanda.

735 La prueba de oficio, en este caso, debe efectuarse no solo para completar la actuación del trabajador, sino incluso para suplirla totalmente cuando no haya prueba mínima. *Cf.* Á. Espiniella Menéndez, *La relación laboral internacional*, *op. cit.*, p. 529. La obligación de que la ley objetiva quede probada de oficio se extendería a todos los casos, no solo aquellos en los que exista elección de ley. *Vid.* en este sentido la Sentencia del BAG de 7 de mayo de 2020 (2 AZR 692/19) [https://openjur.de/u/2316491.html]. El auxiliar de vuelo demandante había presentado la demanda en Alemania por ser el Estado del domicilio de la aerolínea empleadora, fundamentándola, asimismo, en el Derecho alemán. Sin embargo, la ley aplicable era la del Estado de trabajo habitual (India). En primera instancia, se desestimó la demanda sin probar la ley india. En apelación se revocó la Sentencia, ordenando la prueba de oficio del Derecho indio. En cualquier caso, ha de tenerse en cuenta que la exigencia de una prueba de oficio que garantice la protección prevista en los Reglamentos europeos para las partes débiles hasta el momento no puede deducirse de la jurisprudencia del TJUE. *Cf.* S. Corneloup, «L'application facultative de la loi étrangère dans les situations de disponibilité du droit et l'application uniforme des règles de conflit d'origine européenne», en *L'application du droit étranger*, Société de Législation Comparée, Francia, 2018, p. 81.

736 *Cf.* F. J. Garcimartín Alférez, *Sobre la norma de conflicto y su aplicación judicial*, Tecnos, Madrid, 1994, p. 53.

atenuar la obligación de probar el Derecho extranjero elegido cuando es el trabajador quien lo invoca, considerando suficiente su alegación y un mínimo esfuerzo probatorio, que puede complementarse con la colaboración del tribunal. En cambio, en caso de que el Derecho extranjero elegido sea invocado por la aerolínea, esta deberá asumir exclusivamente la carga de la prueba.

Adicionalmente, debe valorarse si el hecho de que la elección de ley sea una **elección unilateral** introducida en el contrato por la aerolínea, debe tener alguna relevancia en este ámbito. Así, cabría plantear la conveniencia de que se exija la prueba del Derecho elegido a la aerolínea no solo cuando es la propia aerolínea quien lo invoca, sino en todas las reclamaciones, para garantizar que la comparación entre ordenamientos, obligatoria a causa de tal elección unilateral, pueda efectuarse.

2. Ampliación de tribunales competentes

289. La posibilidad de ampliar los tribunales competentes a favor del trabajador se reduce a la existencia de un acuerdo de elección de tribunal en las condiciones del art. 23 RBIb, mientras que cuando el demandante sea el empleador solo cabrá una sumisión tácita del trabajador en las condiciones del art. 26 RBIb.

En cuanto a la sumisión expresa, el Reglamento Bruselas I bis solo admite acuerdos de elección de tribunal posteriores al nacimiento del litigio o que permitan al trabajador demandar ante tribunales distintos de los ya competentes en virtud del Reglamento. La elección de tribunal introducida por el empleador en el contrato solo puede tener el efecto de incrementar las alternativas disponibles para el trabajador, que conserva intacta su facultad de elegir el tribunal ante el que plantea la demanda.

Cuando el lugar de trabajo habitual establecido en el contrato no se corresponda con el real o no exista realmente lugar de trabajo habitual, se habrá generado una expectativa para el trabajador de que podrá demandar en ese Estado. La fijación de ese lugar en el contrato corresponde exclusivamente al empleador, que podrá prever la posibilidad de ser demandado en ese Estado. No obstante, la fijación de un falso lugar de trabajo habitual en el contrato no puede asimilarse a un pacto de sumisión, de modo que las posibilidades de que el trabajador mantenga la opción de demandar en este Estado solo podrán articularse, en su caso, por medio de una equiparación de la base de operaciones asignada con el establecimiento/sucursal del empleador en el que se encuentra integrado el trabajador. Si no se admitiese el juego de los foros basados en la sucursal para que el trabajador conserve la posibilidad de demandar en el Estado de la base de operaciones asignada, el tribunal debería declararse incompetente (art. 28 RBIb).

Si se trata de un pacto que amplía los tribunales disponibles para el trabajador, la sumisión será válida y el tribunal elegido será competente. No obstante, sería deseable la existencia de una obligación para los tribunales, similar a la del art. 26.2 RBIb, de informar al trabajador de los efectos del pacto y cerciorarse de que es conocedor de que continúa disponiendo de otros foros alternativos.

CONCLUSIONES

I. Calificación de la relación en situaciones de trabajo atípico

1. Los contratos de trabajo del personal de vuelo se caracterizan por la extensión del trabajo atípico y por el hecho de que varias sociedades pueden encontrarse involucradas en la contratación y en el desarrollo de la relación laboral. Ello genera dificultades para determinar la propia existencia de una relación laboral y, en su caso, para identificar a la(s) empleadora(s). El encaje con el concepto autónomo europeo de contrato de trabajo, con las notas básicas de subordinación, remuneración e integración del trabajador en la empresa, actúa como presupuesto para la aplicación de las conexiones y foros laborales en estos casos.

2. La determinación de la existencia de una relación laboral resulta compleja en casos de trabajo atípico. Se plantean problemas de calificación en dos niveles: en primer lugar, ha de evaluarse el encaje con el concepto autónomo europeo de contrato de trabajo, determinante de la aplicación de las conexiones y foros laborales; posteriormente, puede darse un conflicto de calificaciones si la relación recibe una calificación diferente conforme a la ley aplicable al contrato.

3. Cuando los pilotos prestan servicios sin que exista un contrato con la aerolínea, en principio, la inexistencia de remuneración supondría que quedasen excluidos de la protección de las normas de DIPr especiales en materia laboral. Sin embargo, cuando se reclama el reconocimiento de la existencia de una relación laboral, la aplicación de las conexiones y foros protectores debe encontrarse garantizada con carácter general, aunque no se cumpla la nota de remuneración del concepto autónomo de contrato de trabajo. En este caso, el piloto podría demandar a la aerolínea utilizando los foros laborales y el art. 8 RRI determinaría la ley aplicable.

Es posible que se reconozca la existencia de una relación laboral con la aerolínea conforme al ordenamiento aplicable y que el piloto obtenga la remuneración correspondiente a los servicios prestados. Ello es compatible con una eventual reclamación por daños contra la aerolínea que quedaría incluida en el ámbito de aplicación de las conexiones y foros laborales.

4. La prestación de servicios por cuenta propia ha de considerarse incompatible con el trabajo de los pilotos. Generalmente se trata de supuestos de «falso trabajo autónomo», porque se cumplen las notas definitorias del concepto europeo de contrato de trabajo. Debe preservarse una amplitud suficiente del concepto autónomo, evitando el recurso a criterios procedentes del concepto de contrato de trabajo de los ordenamientos nacionales. Esto supondrá que en ocasiones se apliquen las conexiones y foros laborales, aunque la relación no sea considerada como laboral en el ordenamiento aplicable.

La calificación de la relación como contrato de trabajo por cuenta ajena implicará la aplicación de las conexiones y foros laborales protectores para los trabajadores. Si existe elección de ley, la calificación de la relación se encontrará sometida a la comparación de favorabilidad del artículo 8 RRI. Si la calificación difiere en el ordenamiento objetivo y en el ordenamiento elegido, deberá aplicarse el ordenamiento en el que la relación sea calificada como laboral.

5. En las modalidades contractuales a demanda la relación entre el personal de vuelo y la aerolínea deberá calificarse como laboral siempre se caracterice por la subordinación, evitando la inaplicación de las normas protectoras de DIPr por la marginalidad de estas modalidades contractuales.

La validez de las cláusulas contractuales que permiten fijar libremente el tiempo de trabajo se encontrará sometida a la comparación de favorabilidad del art. 8 RRI. Es probable que el régimen del contrato tenga que redefinirse conforme al ordenamiento objetivo. *A priori*, la aplicación de las normas que regulan estos contratos introducidas por la Directiva 2019/1152 solamente se encuentra garantizada cuando el ordenamiento de un Estado miembro sea el objetivo o el elegido.

II. Identificación de las empleadoras en la determinación de la ley aplicable y la competencia

6. La identificación del empleador también actúa como presupuesto para la aplicación de la ley del contrato e influye en la determinación de la competencia en casos de intermediación en la contratación y de múltiples empleadores. La relación del personal de vuelo con cada uno de los sujetos implicados en el contrato deberá calificarse también conforme al concepto autónomo. Se trata de un único contrato de trabajo, en el que coexisten al mismo tiempo varias relaciones laborales, dada la pluralidad de sociedades implicadas en la parte empleadora. La ley del contrato se aplicará a todas las relaciones que sean calificadas como laborales. La identificación de los empleadores conforme al concepto autónomo determina la posi-

bilidad de invocar los foros laborales por parte del trabajador frente a las distintas sociedades y, particularmente, la aplicación del foro del domicilio del demandado.

En cualquier caso, en la determinación de la competencia, debe preservarse la condición de empleadora de la sociedad que figura como empleadora en el contrato, aunque realmente no ejerza como tal. Las exigencias de previsibilidad aconsejan el mantenimiento de la condición formal de empleadora de esta sociedad, y ello puede resultar favorable para el trabajador, al ampliar los foros disponibles.

En ley aplicable la figura de la empleadora solo puede adquirir relevancia en la conexión de los vínculos más estrechos. La correcta identificación de la(s) empleadora(s) continúa siendo clave, pues empleadoras formales o meras intermediarias no deben influir sobre la determinación del ordenamiento rector del contrato mediante los vínculos más estrechos.

7. En los casos de contratación por medio de ETT y en el seno de grupos multinacionales, distintas sociedades ejercen funciones propias de la empleadora. Deberían considerarse como empleadoras a efectos de las normas de DIPR a la sociedad que figura como empleadora en el contrato y a todas las que ejerzan funciones propias del empleador en virtud de las notas del concepto autónomo de contrato de trabajo.

8. El personal de vuelo puede verse incluido en un contrato de alquiler de aeronave con tripulación celebrado entre compañías aéreas. Ello implica que una aerolínea distinta de la que figura como empleadora en el contrato puede ejercer temporalmente funciones propias de la empleadora. A efectos de la aplicación de las normas de DIPr, la consideración de la aerolínea arrendataria como empleadora puede llegar a depender de las circunstancias del caso: de la duración del contrato de alquiler en relación con la duración total del contrato de trabajo, del momento en el que se plantee la reclamación o de la vinculación que presente la reclamación con las funciones asumidas por la arrendataria.

III. Aplicación de normas ajenas al régimen contractual

9. El contrato de trabajo del personal de vuelo se encuentra afectado por normas ajenas al ordenamiento rector del contrato. Entre estas, han de destacarse las normas de Derecho aeronáutico, que provocan una fragmentación del régimen del contrato, al condicionar el acceso y el desarrollo de las profesiones de piloto y de auxiliar de vuelo y regular el tiempo de trabajo. La relevancia de la «base de operaciones» en la determinación del Estado de afiliación a la Seguridad Social, en la aplicación de los convenios colectivos y en los procesos colectivos puede conducir a que un ordenamiento distinto del que rige el contrato influya sobre este.

10. Las licencias resultan determinantes en la celebración del contrato y, asimismo, influyen en el desarrollo y la continuidad de la relación laboral. La validez del contrato queda supeditada a la previa obtención de las licencias por parte del personal de vuelo con independencia de cuál sea la ley aplicable al contrato de trabajo. La suspensión o la pérdida de la licencia implica que el trabajador no puede continuar, temporal o definitivamente, ejerciendo como piloto o como auxiliar de vuelo. Ello vendrá impuesto por una norma internacionalmente imperativa de Derecho público, pero las condiciones en que se producen la extinción o la suspensión del contrato y la protección dispensada a los trabajadores quedan regidas por la ley del contrato.

11. Las condiciones de trabajo regidas por normas de seguridad aérea se encuentran fuera del ámbito de aplicación de la ley del contrato. Se trata de normas internacionalmente imperativas de Derecho público ajenas al régimen contractual. Estas normas regulan aspectos relativos al tiempo de trabajo, e introducen requerimientos específicos sobre el estado físico-psíquico del personal de vuelo, que de este modo se sustraen del ámbito de aplicación típico de la ley del contrato.

12. Adicionalmente, la modificación de las condiciones de trabajo o el despido de los trabajadores pueden venir impuestos por procesos colectivos que se desarrollan conforme a lo dispuesto en el ordenamiento en el que se encuentra la base de operaciones asignada al trabajador. Las medidas resultantes de tales procesos colectivos deben ser compatibles con las previstas en el ordenamiento rector del contrato cuando sea uno diferente.

13. Deben respetarse las normas de prevención de riesgos laborales de los todos los Estados en los que se ejecute el trabajo. Los ordenamientos de los Estados de ejecución del trabajo fijan la protección mínima del trabajador en esta materia, que la ley del contrato solo puede elevar. Las normas de prevención de riesgos laborales de los Estados de ejecución podrán aplicarse como normas internacionalmente imperativas o como normas del lugar de cumplimiento del art. 12.2 RRI.

14. También se encuentran fuera del ámbito de aplicación de la ley del contrato los daños derivados de tratos discriminatorios sufridos antes de la celebración del contrato, durante los procesos de selección. Estos daños se consideran excluidos del Reglamento Roma II por afectar a la intimidad y a los derechos relacionados con la personalidad y quedarán sometidos a las normas de conflicto nacionales. Los Estados en los que se llevan a cabo los procesos de selección podrán aplicar sus normas laborales internacionalmente imperativas que tengan por objeto prevenir tales prácticas discriminatorias.

IV. Aplicación de la(s) ley(es) del contrato

15. El régimen laboral de la tripulación queda determinado por el art. 8 RRI, que solo permite que la ley elegida eleve el nivel de protección fijado

por las normas no disponibles del ordenamiento objetivamente aplicable. La extensión del ámbito regulado por normas no disponibles en el ordenamiento objetivo delimita el ámbito de aplicación de la ley elegida: en el ámbito que el ordenamiento objetivo concede a la autonomía material de las partes rige íntegramente el ordenamiento elegido; en el regulado por las normas no disponibles ha de efectuarse una comparación de favorabilidad para aplicar uno u otro ordenamiento.

16. La responsabilidad precontractual de la aerolínea cuando los trabajadores costean la formación proporcionada por esta con la expectativa de que se celebre posteriormente un contrato de trabajo que finalmente no llega a celebrarse, se encontrará sometida a la ley hipotética del contrato (art. 12.2 RRII) y a la comparación de favorabilidad. Lo mismo sucede con las reclamaciones de las aerolíneas contra los pilotos si costean su formación y no llega a celebrarse el contrato de trabajo según lo pactado previamente.

17. El reparto de las funciones del empleador entre la ETT y la empresa usuaria y las condiciones laborales del personal de vuelo cedido por la ETT se encuentran sometidos a la comparación entre el ordenamiento objetivo y el ordenamiento elegido.

El principio de igualdad de trato entre trabajadores cedidos por la ETT y trabajadores contratados directamente por la empresa usuaria puede tener el efecto de elevar el nivel de protección mínimo que, de este modo, queda determinado por las condiciones laborales de los trabajadores contratados por la usuaria.

18. Cuando la aerolínea empleadora es adquirida por otra compañía aérea se produce un cambio en la figura del empleador. La protección del personal de vuelo en esta situación queda sometida a la ley del contrato. La Directiva 2001/23/CE establece el nivel de protección mínimo del que debe gozar el personal de vuelo cuando la compañía aérea empleadora se encuentra establecida en un Estado miembro de la UE y cambia de titularidad. No obstante, esta protección, *a priori*, solo se encuentra garantizada cuando el ordenamiento objetivo o el elegido es el de un Estado miembro.

19. Las posibilidades de ejercer el derecho de huelga por parte de los trabajadores quedan condicionadas por la regulación de este derecho en el Estado en el que se ejecuta el trabajo y se celebra la huelga. Sin embargo, las consecuencias del ejercicio del derecho de huelga, como el despido o las sanciones que de este puedan derivarse, se encuentran íntegramente sometidas a la ley del contrato y ha de rechazarse una toma en consideración de la regulación del derecho de huelga en el Estado en el que esta se lleva a cabo.

20. La calificación contractual o extracontractual de los daños provocados por el personal de vuelo en el ejercicio de su trabajo y de los accidentes de trabajo determina su sometimiento directo a la ley del contrato, o bien un sometimiento probable a la ley del contrato de trabajo, por la vía de los vínculos más estrechos del art. 4 RRII. La calificación contractual debería

garantizarse en cualquier caso siempre que se trate de un accidente derivado de un incumplimiento de las normas de prevención de riesgos laborales por parte de la empleadora, por derivarse de un incumplimiento contractual del empleador.

V. La conexión/foro del lugar de trabajo habitual

21. La conexión y el foro del lugar de trabajo habitual quedan determinados por el Estado de partida y retorno del personal de vuelo en el que deben concurrir otros elementos de la ejecución del trabajo. No puede tratarse de un mero Estado de partida y retorno, sino que se exige un plus de proximidad con este lugar, cuya existencia debe evidenciarse a partir de una valoración global de los elementos relacionados con la ejecución del trabajo que concurren en ese Estado.

La relevancia del concepto amplio de lugar de trabajo habitual se sustancia en el sector de la competencia, pues en el sector de la ley aplicable solo actúa como una presunción, y de existir otro ordenamiento que presente mayor proximidad, siempre deberá aplicarse ese otro ordenamiento.

Una fijación del lugar de partida y regreso basada en el ahorro de costes sociales y laborales no podrá considerarse fraudulenta si este es el Estado de trabajo habitual real, identificado a partir de las circunstancias de la ejecución del trabajo.

Resulta conveniente una toma en consideración de la actividad global de los trabajadores en las instalaciones de la aerolínea en el aeropuerto de partida y retorno: si este es el lugar de recepción de las instrucciones, donde se ejecuta parte del trabajo y transcurren tiempos de descanso y de espera, será una circunstancia relevante para la identificación del Estado de trabajo habitual. Igualmente, el Estado en el que residen los trabajadores es un criterio útil para identificar el lugar de trabajo habitual, significativamente cuando estos se encuentran contractualmente obligados a residir a una determinada distancia del aeropuerto.

22. La base de operaciones contractualmente asignada al personal de vuelo solo actúa como una mera presunción, que decae cuando los elementos de la ejecución del trabajo no concurren en el Estado en el que esta se encuentra. La exclusión de una asimilación base de operaciones asignada/lugar de trabajo habitual resulta adecuada técnicamente y desde el punto de vista de la protección de los trabajadores. Asimilar el lugar de trabajo habitual con un concepto de Derecho material aéreo uniforme de la UE, ajeno a los objetivos y naturaleza de las normas de DIPr, no encontraría justificación. Igualmente, la exclusión de tal asimilación resulta adecuada porque de lo contrario se facilitaría una fijación fraudulenta del lugar de trabajo habitual en casos de bases de operaciones formales y ficticias.

Cuando los elementos de la ejecución del trabajo concurren en la base de operaciones asignada se produce una asimilación fáctica con el lugar de trabajo habitual. No se producirán distorsiones porque se aplicará el convenio colectivo de esa base de operaciones, que fijará también el Estado de afiliación a la Seguridad Social y será el centro de trabajo a efectos de eventuales procesos colectivos de despido o de modificación de las condiciones de trabajo.

Una base de operaciones ficticia —localizada en un Estado diferente de aquel en el que concurren los indicios de la ejecución del trabajo— no deberá tener relevancia en la identificación del lugar de trabajo habitual. El convenio colectivo de la base de operaciones asignada no podrá aplicarse por no pertenecer al ordenamiento rector del contrato. La base de operaciones ficticia, no obstante, podrá haber fijado el Estado de afiliación a la Seguridad Social y supuesto la inclusión del trabajador en un eventual proceso colectivo de despido o modificación de las condiciones de trabajo.

Igualmente, una base de operaciones formal —cuando no existe lugar de trabajo habitual— podrá haber determinado el convenio colectivo aplicable, el Estado de afiliación a la Seguridad Social, o haber supuesto la inclusión del trabajador en un eventual proceso colectivo de despido o modificación de las condiciones de trabajo.

La base de operaciones, como criterio determinante del ámbito de aplicación de los convenios colectivos y del Estado de afiliación a la Seguridad Social, puede interferir indirectamente sobre la determinación de la ley aplicable en la conexión de los vínculos más estrechos.

En competencia, resulta conveniente una asimilación de la base de operaciones con el foro de la sucursal (art. 7.5 y 20.2 RBIb) cuando esta pueda asimilarse a un establecimiento de la aerolínea empleadora en el que los trabajadores se encuentran integrados. De este modo, en algunos casos de bases formales el personal de vuelo conservaría la posibilidad de demandar en el Estado de la base de operaciones asignada.

23. Han de distinguirse distintas situaciones de trabajo en múltiples Estados: cuando se produce un cambio estable del Estado de partida y retorno; cuando se produce un cambio sucesivo del Estado de partida y retorno; cuando el trabajo se ejecuta simultáneamente desde distintos Estados; y cuando el trabajo se ejecuta temporalmente en un Estado distinto al de partida y retorno habitual.

24. En casos de cambio estable puede darse una aplicación diferente del concepto de lugar de trabajo habitual en el sector de la competencia y en el sector de la ley aplicable. En el Reglamento Bruselas I bis existe una mención expresa al último lugar de trabajo que no se encuentra en el Reglamento Roma I. El foro del lugar de trabajo habitual quedará determinado por el último Estado en el que se haya trabajado si existía vocación de habitualidad en ese Estado.

La inexistencia de una previsión análoga en el Reglamento Roma I conduce a plantear la admisión de una determinación de la ley aplicable por tramos, de modo que la solución al conflicto móvil consistiría en aplicar la ley del Estado de trabajo habitual previo o posterior al cambio en función de la pretensión que se ejercite.

25. La existencia de un lugar de trabajo habitual puede descartarse cuando el Estado de partida y retorno ha cambiado de forma sucesiva durante la duración de la relación laboral. No obstante, para salvaguardar la aplicación de la conexión/foro puede considerarse como lugar de trabajo habitual el Estado desde el que durante más tiempo se haya trabajado. El problema que plantea tal interpretación es que puede conducir a Estados que presenten nula proximidad tanto en términos conflictuales como en términos procesales con el contrato de trabajo en el momento en el que se plantea la demanda.

26. Los casos de trabajo simultáneo desde múltiples Estados son aquellos en los que con mayor probabilidad no podrá identificarse un Estado de trabajo habitual. La interpretación que efectúen los tribunales nacionales respecto a la periodicidad requerida para el retorno al Estado de partida es un elemento clave, pues puede existir un Estado de partida y retorno en el que no concurra el requisito de habitualidad por este motivo.

27. Si el personal de vuelo es desplazado para prestar servicios temporalmente en un Estado distinto al de trabajo habitual y se produce un encaje en el concepto y categorías de desplazamiento temporal de la Directiva 96/71/CE, los trabajadores contarán con la protección del núcleo duro y podrán plantear reclamaciones relativas a esas condiciones de trabajo en el Estado al que han sido temporalmente desplazados. La aplicación de la Directiva de desplazamiento no requiere habitualidad en el Estado de origen y este puede ser un Estado miembro en el que únicamente se haya celebrado el contrato con carácter previo al desplazamiento.

El personal de vuelo puede encontrarse en una situación de desplazamiento temporal de la Directiva 96/71/CE cuando es desplazado desde un Estado en el que la aerolínea empleadora cuenta con una base de operaciones (Estado de origen) para ejecutar el trabajo temporalmente desde una base de operaciones perteneciente a otra aerolínea en otro Estado (Estado de destino). Ambas aerolíneas pueden pertenecer al mismo grupo multinacional, y este desplazamiento temporal también puede producirse en el marco de un contrato de aeronaves con tripulación. El personal de vuelo también se encontrará temporalmente desplazado conforme a la Directiva si es contratado por una ETT en el Estado de origen para prestar servicios para la aerolínea en el Estado de destino. Para ello, la ETT debe combinar la puesta a disposición de trabajadores para prestar servicios en el propio Estado de origen con la puesta a disposición transfronteriza.

Fuera de estos supuestos, el desplazamiento temporal se regirá exclusivamente por el Reglamento Roma I. Se requiere habitualidad en el Estado de origen para establecer una ficción de inmutabilidad del lugar de trabajo. Las condiciones de trabajo quedarán determinadas exclusivamente por la ley del contrato determinada por el art. 8 del Reglamento Roma I y generalmente serán las del ordenamiento del Estado de trabajo habitual (Estado de origen). *A priori*, el personal de vuelo no podrá demandar en el Estado en el que se encuentra temporalmente desplazado. Solo cabría una aplicación de las condiciones de trabajo del Estado de destino como normas internacionalmente imperativas del Estado de ejecución (art. 9.3 RRI), discrecional para el tribunal competente.

VI. La conexión/foro del establecimiento contratante

28. En defecto de lugar de trabajo habitual, la conexión/foro subsidiario del establecimiento contratante quedará determinada por el establecimiento perteneciente a la aerolínea empleadora que haya seleccionado al trabajador. Deben resolverse las situaciones en las que la contratación se efectúa por terceros. En caso de contratación por medio de ETT, esta será el establecimiento contratante y, a su vez, la ETT compartirá la condición de empleadora con la aerolínea. En caso de selección a través de agencias de colocación, estas podrían ser consideradas como el establecimiento contratante, mientras que la aerolínea será la empleadora.

29. Las prácticas en la contratación del personal de vuelo conducen a que el Estado en el que se encuentra el establecimiento contratante usualmente no presente una proximidad suficiente con el contrato de trabajo. Por ello, en defecto de Estado de trabajo habitual, generalmente la ley del contrato quedará determinada por los vínculos más estrechos. La necesidad de recurrir sistemáticamente a la conexión de los vínculos más estrechos para solventar las deficiencias de proximidad que presenta la presunción del establecimiento contratante resulta criticable. No obstante, la presunción del establecimiento contratante puede recobrar cierta relevancia como solución de cierre en casos de deslocalización de los trabajadores, cuando no pueda determinarse el ordenamiento objetivo con base en los vínculos más estrechos porque los indicios de proximidad se presenten dispersos.

30. Generalmente, en defecto de Estado de trabajo habitual, el trabajador simplemente pierde un foro. El foro del establecimiento contratante solo dispone de un ámbito de aplicación propio cuando el empleador no está domiciliado en la UE y contrata al trabajador por medio de otra sociedad que sí está domiciliada en la UE. En el resto de casos, el foro del establecimiento contratante tenderá a solaparse con los foros de la sucursal y del domicilio del empleador o empleadores demandados. Así, el trabajador puede demandar en el Estado en el que se localiza la sociedad que le contrató utilizando otros foros, incluso cuando sí existe un lugar de trabajo habitual.

VII. Aplicación de un ordenamiento más estrechamente vinculado

31. La conexión/foro del lugar de trabajo habitual y la conexión de los vínculos más estrechos tienen en común su aplicación basada en la valoración de indicios. En la identificación del lugar de trabajo habitual deben tenerse en cuenta exclusivamente las circunstancias relacionadas con la ejecución del trabajo. Deben excluirse otros elementos ajenos a la ejecución, que solo podrán tomarse en consideración en la conexión de los vínculos más estrechos, y permanecerán ignorados en el sector de la competencia.

32. En la aplicación de la conexión de los vínculos más estrechos, la discrecionalidad del tribunal competente adquiere relevancia en tres momentos: la selección de los indicios de proximidad; la valoración global de los mismos; y la determinación del Estado en el que concurre la mayor proximidad. Esto último implica establecer, en última instancia, si el ordenamiento del Estado en el que concurren los indicios de proximidad debe prevalecer sobre el ordenamiento del Estado al que apunten las presunciones de lugar de trabajo habitual/establecimiento contratante, decayendo estas.

33. En la selección de los indicios han de tenerse en cuenta prioritariamente los establecidos expresamente por el TJUE en su jurisprudencia: el Estado de afiliación a la Seguridad Social, el Estado de tributación por las rentas del trabajo y el Estado cuyo ordenamiento ha influido en la fijación del salario y otras condiciones laborales. Identificar los criterios en que se ha basado la afiliación a la Seguridad Social, la tributación y la aplicación de determinadas normas a las condiciones laborales resulta indispensable para excluir su toma en consideración como indicios de proximidad si estas circunstancias han quedado establecidas de forma fraudulenta.

En caso de que exista un Estado de trabajo habitual, el indicio de afiliación a la Seguridad Social deberá coincidir con ese Estado. Si existe un lugar de trabajo habitual pero el trabajador estaba afiliado al sistema de Seguridad Social de otro Estado, el indicio debe descartarse.

Adquiere relevancia el modo en que se determine el Estado a la afiliación a la Seguridad Social cuando no existe un lugar de trabajo habitual. El indicio puede conducir en este caso al Estado donde reside el trabajador si desempeña una parte significativa del trabajo en ese Estado. De lo contrario apuntará hacia el Estado del empleador.

El indicio del Estado de tributación puede jugar de modo ambivalente: generalmente apuntará hacia el Estado de la residencia del trabajador o hacia el Estado del domicilio del empleador. Solo revela una proximidad fáctica y es cuestionable su valor en términos de proximidad conflictual.

El indicio de los parámetros empleados para la fijación del salario y otras condiciones laborales solo puede adquirir relevancia cuando se trate de condiciones impuestas imperativamente conforme a un determinado ordenamiento, al margen de la voluntad del empleador.

La inclusión del trabajador en un proceso colectivo de modificación de las condiciones laborales o de despido puede actuar, asimismo, como indicio de proximidad. La base de operaciones asignada, cuando pueda asimilarse al centro de trabajo, adquiriría de este modo relevancia indirecta.

Adicionalmente, ha de verificarse la posibilidad de que un desplazamiento temporal de la Directiva 96/71/CE pueda tener efectos sobre la determinación de la ley aplicable por esta vía. La mayor proximidad con el Estado de destino se dará particularmente en los casos de desplazamiento temporal de larga duración en los que no haya existido habitualidad previa ni posterior en el Estado de origen, pues ese ordenamiento habrá regido el contrato durante toda su extensión.

34. Cuando no existe un lugar de trabajo habitual, es posible que la aplicación de la conexión de los vínculos más estrechos conduzca a que se aplique el ordenamiento del Estado del domicilio del trabajador o el del domicilio del empleador. La aplicación de uno u otro ordenamiento dependerá del criterio que haya determinado el Estado de afiliación a la Seguridad Social y el Estado de tributación. Si el trabajador ha quedado incluido en un proceso colectivo de despido o modificación de las condiciones de trabajo por la base de operaciones asignada (base de operaciones formal), solo podrá tomarse esta circunstancia como indicio de proximidad si la base de operaciones puede asimilarse al establecimiento del empleador al que el trabajador se encontraba realmente vinculado. Además, cabe la toma en consideración de otras circunstancias, como el Estado en el que fue captado el trabajador.

Cuando existe un lugar de trabajo habitual, las posibilidades de que se aplique otro ordenamiento mediante los vínculos más estrechos serán reducidas. Si una base de operaciones ficticia ha determinado el Estado de afiliación a la Seguridad Social deberá omitirse esta circunstancia. La eventual aplicación de otro ordenamiento diferente al de trabajo habitual dependerá del Estado de tributación, de la posible influencia de normas ajenas a ese ordenamiento en la fijación de las condiciones de trabajo en situaciones particulares (desplazamiento temporal) o de la toma en consideración de otras circunstancias como indicios de proximidad (Estado de captación del trabajador, domicilio del empleador, domicilio del trabajador).

VIII. Ejercicio y alcance de la elección de ley

35. Las debilidades generales que presenta la regulación de la autonomía de la voluntad del art. 8 RRI se manifiestan en el sector aéreo: necesaria identificación previa de las normas imperativas del ordenamiento objetivo, subordinación del mecanismo protector a la prueba del Derecho extranjero, y complejidad de la comparación entre ordenamiento objetivo y elegido.

36. En el nivel mínimo de protección del ordenamiento objetivo deben incluirse todas las normas no disponibles de este ordenamiento. Determinadas disposiciones, como las que regulan el salario mínimo, las normas de prevención de riesgos laborales o las antidiscriminatorias, probablemente se considerarán normas internacionalmente imperativas en el ordenamiento objetivo, y la protección mínima de los trabajadores en estas materias se encontrará también garantizada. Las normas no disponibles pueden encontrarse en los convenios colectivos y en las normas de transposición de las Directivas laborales y ambos casos se plantean problemas de aplicación cuando se cumple su respectivo ámbito de aplicación, pero no forman parte del ordenamiento objetivo.

Por el modo en que delimitan su ámbito de aplicación las Directivas laborales, cabe plantear su eventual aplicación, aunque el ordenamiento de un Estado miembro no rija el contrato. Las situaciones problemáticas son aquellas en las que el trabajo se ha ejecutado en la UE, pero resulta aplicable el ordenamiento de un tercer Estado. Particularmente problemáticas son las situaciones en las que el ordenamiento aplicable ha quedado determinado por la conexión de los vínculos más estrechos, porque esta podría funcionar como un «escape» del Derecho laboral europeo, aunque el trabajo se haya ejecutado en la UE. No existen disposiciones con carácter internacionalmente imperativo expreso en el texto de las Directivas laborales, de modo que la eventual aplicación de sus normas protectoras con tal carácter corresponderá a la voluntad de los Estados, manifestada en las correspondientes normas de transposición o identificada por los tribunales nacionales. La jurisprudencia del TJUE podría invocarse para justificar una aplicación de las normas de transposición en todos los casos incluidos en el ámbito de aplicación de la Directiva, aunque la ley aplicable no sea la de un Estado miembro de la UE.

La aplicación del convenio colectivo de la base de operaciones asignada cuando este no forma parte del ordenamiento rector del contrato no se encuentra garantizada. La autonomía de la voluntad conflictual es la única vía para la aplicación del convenio colectivo en estos casos, a salvo de una eventual incorporación por referencia del convenio en el contrato. La remisión a un convenio colectivo en el contrato y la aplicación *de facto* de un convenio deben considerarse como indicios de la existencia de una elección de ley tácita del ordenamiento al que pertenece el convenio. La asignación de una base de operaciones en el contrato podría considerarse como un indicio de la elección de la ley del Estado en el que se encuentre esa base de operaciones, pues con tal asignación se genera una presunción de que ese es el Estado de trabajo habitual y de que el convenio colectivo de esa base de operaciones resulta aplicable. En el resto de casos, la aplicación del convenio colectivo solo podrá ser resultado de la autonomía material.

37. Los pactos de elección de ley introducidos unilateralmente por el empleador en el contrato de trabajo se consideran válidos, al sostenerse

que el trabajador ejerce su libertad de elección mediante la aceptación de la cláusula. Su eficacia queda condicionada a la mayor favorabilidad de la ley elegida en comparación con la ley objetiva. La elección de ley solo debería incrementar la protección del trabajador, pero habitualmente las compañías aéreas imponen la aplicación de ordenamientos con niveles de protección inferiores a los del ordenamiento objetivo, imposición que solo se corrige una vez se plantea una demanda.

Debe extrapolarse el criterio de validez de los pactos de elección de ley expresos a las elecciones tácitas de ley, de modo que estas pueden identificarse exclusivamente a partir del comportamiento de la aerolínea. Deberán considerarse como indicadores de la existencia de una elección tácita los actos del empleador que generan una expectativa realista de la aplicación de un determinado ordenamiento para el trabajador.

38. La protección del trabajador debería extenderse a la alegación y prueba del Derecho extranjero, de modo que siempre quede garantizada la protección del ordenamiento objetivo. Cabe plantear una obligación para el tribunal de cerciorarse de que el trabajador es conocedor del funcionamiento del mecanismo protector del art. 8 RRI, tanto en cuanto a la protección mínima del ordenamiento objetivo, como respecto a la eventual elevación del nivel de protección por el ordenamiento elegido. Esta forma de proceder garantizaría la efectividad del mecanismo protector del art. 8 RRI, sin embargo, su articulación procesal puede resultar inviable.

Si el ordenamiento objetivo establece una mayor protección y no ha sido probado, deberá procederse a la prueba de oficio. En cuanto al Derecho elegido, las exigencias probatorias han de ser diferentes en función de cuál sea la parte que lo invoca. Si la empleadora es quien lo invoca, deberá probarlo íntegramente. En cambio, si el trabajador es quien lo invoca cabe exigir solo alegación y mínimo esfuerzo probatorio que podrá complementarse con la colaboración del tribunal.

39. A la hora de efectuar la comparación entre ordenamientos, la única opción viable es una comparación por instituciones o grupos de normas en función de la materia objeto de reclamación y en la que se respete la coherencia de la regulación de esa cuestión. Cuando el ordenamiento elegido y el ordenamiento objetivo ofrezcan medidas protectoras diferentes ante una misma situación cuya mayor o menor favorabilidad no pueda ser determinada por el tribunal, deberá tomarse en consideración de la opinión del trabajador.

BIBLIOGRAFÍA CITADA

I. Obras de carácter general

Basedow, J.: *EU Private Law: Anatomy of a Growing Legal Order*, Intersentia, Cambridge, 2021.

Calvo Caravaca, A. L., Carrascosa González, J.: *Tratado de Derecho internacional privado*, 2.ª ed., Tirant lo Blanch, Valencia, 2022.

Díez-Picazo, L.: *Fundamentos de derecho civil patrimonial, Tomo I: Introducción a la teoría del contrato*, 6.ª ed., Aranzadi, Navarra, 2012.

Fernández Rozas, C., Sánchez Lorenzo, S.: *Derecho internacional privado*, 16.ª ed., Civitas Thomson Reuters, Navarra, 2022.

Garcimartín Alférez, F. J.: *Derecho internacional privado*, 6.ª ed., Civitas Thomson Reuters, Navarra, 2021.

Hess, B.: *Europäisches Zivilprozessrecht*, 2.ª ed., de Gruyter, Berlin/Boston, 2020.

Jaspers, T., Pennings, F., Peters, S.: *European Labour Law*, Intersentia, Cambridge, 2019.

Martín Valverde, A., García Murcia J.: *Derecho del trabajo*, 32.ª ed., Tecnos, Madrid, 2023.

Morillas Jarillo, M. J., Petit Lavall, M. V., Guerrero Lebrón, M. J.: *Derecho aéreo y del espacio*, Marcial Pons, Madrid, 2014.

Plender, R., Wilderspin, M.: *The European Private International Law of Obligations*, 5.ª ed., Sweet&Maxwel, Reino Unido, 2020.

Tapia Salinas, L.: *Derecho aeronáutico*, Bosch, Barcelona, 1993.

Van Het Kaar, D.: *International Civil Aviation: Treaties Institutions and Programmes*, Eleven International Publishing, Países Bajos, 2019.

Virgós Soriano, M., Garcimartín Alférez, F. J.: *Derecho procesal civil internacional: Litigación internacional*, 2.ª ed., Aranzadi, Navarra, 2007.

II. Monografías

ALOUPI, N.: *La nationalité des véhicules en droit international public*, Pedone, Paris, 2020.

BALLESTEROS BARROS, A. M.: *La responsabilidad de la sociedad dominante en los grupos internacionales de sociedades*, Civitas Thomson Reuters, Navarra, 2018.

BRAND, R. A., JABLONSKI, S. R.: *Forum Non Conveniens, History, Global Practice, and Future Under the Hague Convention on Choice of Court Agreements*, Oxford University Press, Reino Unido, 2007.

CABEZA PEREIRO, J.: *El ámbito del trabajo subordinado y del trabajo autónomo en el Derecho de la Unión Europea,* Bomarzo, Albacete, 2020.

CALLSEN, R.: *Eingriffsnormen und Orde public-Vorbehalt im Internationalen Arbeitsrecht*, Nomos, Alemania, 2015.

CÁMARA BOTÍA, A.: *El contrato de trabajo aeronáutico*, Civitas, Madrid, 1994.

CAMPO COMBA, M.: *The Law Applicable to Cross-Border Contracts Involving Weak Parties*, Springer, Hamburgo, 2021.

CARBALLO PIÑEIRO, L.: *International Maritime Labour Law*, Springer, Hamburgo, 2015.

CARRILLO POZO, L. F.: *El contrato internacional: la prestación característica*, Publicaciones del Real Colegio de España, Bolonia, 1994.

CASADO ABARQUERO, M.: *La autonomía de la voluntad en el contrato de trabajo internacional,* Aranzadi, Navarra, 2008.

CONTRERAS HERNÁNDEZ, Ó.: *Desplazamiento de trabajadores en la Unión Europea: estado actual y nuevos horizontes*, Bomarzo, Albacete, 2020.

COURSIER, P.: *Le conflit de lois en matière de contrat de travail: Étude en droit international privé français*, LGDJ, Francia, 1993.

DEINERT, O.: *International Labour Law under the Rome Conventions,* Beck/Hart/Nomos, Alemania, 2017.

DOGANIS, R.: *The Airline Business*, 2.ª ed., Routledge, Reino Unido/EEUU/Canadá, 2006.

ESPINIELLA MENÉNDEZ, Á.: *La relación laboral internacional*, Tirant lo Blanch, Valencia, 2022.

ESTEBAN DE LA ROSA, G., MOLINA NAVARRETE, C.: *La movilidad transnacional de trabajadores: reglas y prácticas*, Comares, Granada, 2002.

Fotinopoulou Basurko, O.: *La determinación de la ley aplicable al contrato de trabajo internacional*, Aranzadi, Pamplona, 2006.

— *Habitualidad vs temporalidad en los contratos de trabajo ligados al transporte internacional*, Atelier, Barcelona, 2019.

Francq, S.: *L'applicabilité du droit communautaire dérivé au regard des méthodes du droit international privé*, Bruylant, Francia, 2005.

Garcimartín Alférez, F. J.: *Sobre la norma de conflicto y su aplicación judicial*, Tecnos, Madrid, 1994.

Grušić, U.: *The European Private International Law of Employment,* Cambridge University Press, Cambridge, 2015.

Guardans Cambó, I.: *Contrato internacional y Derecho imperativo extranjero*, Aranzadi, Navarra, 1992.

Hanley, D.P.: *Aircraft Operating Leasing: A Legal and Practical Analysis in the Context of Public and Private International Air Law* (tesis doctoral), Universidad de Leiden, 2011. Disponible en: https://scholarlypublications.universiteitleiden.nl/handle/1887/18146.

Henckel, C.: *Cross-Border Transfers of Undertakings* (tesis doctoral), Universidad de Groningen, 2016. Disponible en: chrome-extension://efaidnbmnnnibpcajpcglclefindmkaj/https://research.rug.nl/files/37553891/Complete_thesis.pdf.

Henze, M.: *Die Anknüpfung von mobilen Arbeitsverhältnissen anhand des Art. 8 Rom I-Verordnung*, Nomos, Alemania, 2017.

Herranz Ballesteros, M.: *El forum non conveniens y su adaptación al ámbito europeo*, Tirant lo Blanch, Valencia, 2011.

Jenderek, F.: *Die arbeitsrechtliche Stellung geschäftsführender Organmitglieder im Internationalen Privatrecht*, Mohr Siebeck, Alemania, 2015.

Jiménez Rojas, F.: *La relación individual de trabajo en los grupos de empresa*, Editum, Murcia, 2014.

Jorens, Y.: *Cross-border EU Employment and its Enforcement*, Springer, Hamburgo, 2022.

Kuipers, J. J: *EU Law and Private International Law: The Interrelationship in Contractual Obligations*, Martinus Nijhoff Publishers, Leiden, 2012.

Laurichesse, C.: *La grève en droit international privé* (tesis doctoral), Universidad de Borgoña, 2014. Disponible en: https://theses.hal.science/tel-01219460.

Liukkunen, U.: *The Role of Mandatory Rules in International Labour Law: A Comparative Study in the Conflict of Laws*, Talentum, Helsinki, 2004.

LLOBERA VILA, M.: *El desplazamiento transnacional de trabajadores*, Tirant lo Blanch, Valencia, 2013.

MARTÍN-POZUELO LÓPEZ, Á.: *La Seguridad Social de los trabajadores migrantes en la Unión Europea: Ley aplicable a afiliación y cotización*, Tirant lo Blanch, Valencia, 2022.

MATHIEU, B.: *Directives européennes et conflits de lois*, LGDJ, Francia, 2015.

MENÉNDEZ SEBASTIÁN, P.: *Competencia judicial y ley aplicable al contrato de trabajo con elemento extranjero*, Lex Nova, Valladolid, 2006.

MERRET, L.: *Employment Contracts in Private International Law*, Oxford University Press, Reino Unido, 2022.

MIHMAN, N.: *Les rapports de travail mobiles*, LGDJ, Francia, 2022.

MORGENSTERN, F.: *Conflictos internacionales de Derecho laboral: Investigación sobre la ley aplicable a la relación laboral internacional,* Centro de Publicaciones Ministerio de Trabajo y Seguridad Social, Madrid, 1987.

MOURA RAMOS, R. M.: *Da lei aplicável ao contrato de trabalho internacional*, Almedina, Portugal, 1991.

OKOLI, C.S.A.: *Place of Performance: A Comparative Analysis*, Hart, New York, 2020.

OUDKERK, D., ROGERS, A.: *International Employment Disputes*, Sweet&-Maxwell, Reino Unido, 2019.

PALAO MORENO, G.: *Los grupos de empresas multinacionales y el contrato individual de trabajo*, Tirant lo Blanch, Valencia, 2000.

PATOCCHI, P. M.: *Règles de rattachement localisatrices et règles de rattachement à caractère substantiel*, Georg, Ginebra, 1985.

PENADÉS FONS, M.: *Elección tácita de ley en los contratos internacionales*, Aranzadi, Navarra, 2012.

PETIT LAVALL, M. V.: *Los acuerdos entre compañías aéreas en la normativa comunitaria liberalizadora del sector aéreo*, Tirant lo Blanch, Valencia, 2000.

PIRODDI, P.: *La tutela del contraente debole nel reglamento Roma I*, CEDAM, Italia, 2012.

RESTELLINI, J.: *Labour Relations in Aviation*, Wolters Kluwer, Países Bajos, 2022.

RIPOLL CARULLA, S.: *El Derecho Internacional de la navegación aérea a los 60 años del Convenio de Chicago*, Instituto Iberoamericano de Derecho Aeronáutico y del Espacio, y de la Aviación Comercial, Madrid, 2006.

Rodiere, P.: *La convention collective de travail en droit international. Contribution á l'étude des normes juridiques de source professionnelle*, Litec, Francia, 1987.

Rodríguez Romero, R. M.: *La liberalización del sector aeronáutico y su impacto sobre las relaciones laborales individuales del personal a bordo de aeronaves*, Aranzadi, Navarra, 2022.

Sabido Rodríguez, M.: *La protección del trabajador en sucesiones internacionales de empresas*, Aranzadi, Navarra, 2009.

Sanguineti Raymond, W.: *Redes empresariales y Derecho del trabajo,* Comares, Granada, 2016.

Schmon, C.: *The Interconnection of the EU Regulations Brussels I Recast and Rome I*, Springer, Reino Unido, 2020.

Scraback, B.: *Das prinzip der Konfliktkonzentration in der Brüssel Ia-VO*, Mohr Siebeck, Alemania, 2022.

Serrano García, M. J.: *Competencia judicial y ley aplicable en el ámbito de los contratos de trabajo internacionales,* Reus, Murcia, 2011.

Thomas, F.: *Les relations de travail offshore: Contribution à l'étude du pluralisme juridique*, Presses Universitaires d'Aix-Marseille, Francia, 2019.

Trimarchi, A.: *International Aviation Labour Law,* Routledge, Nueva York, 2022.

Tugores-García, A.: *Analysis of Global Airline Alliances as a Strategy for International Network Development*, Massachusetts Institute of Technology, 2012.

Virgós Soriano, M.: *Lugar de celebración y de ejecución en la contratación internacional*, Tecnos, Madrid, 1989.

Zabalo Escudero, M. E.: *El contrato de trabajo en el Derecho internacional privado español*, Bosch, Barcelona, 1983.

Zanobetti, A.: *Il rapporto internazionale di lavoro marittimo*, Bolonia University Press, Bolonia, 2008.

III. Artículos y contribuciones en obras colectivas

Álvarez González, J.: «Las alianzas de compañías aéreas desde el prisma del derecho comunitario de la competencia», en A. Menéndez Menéndez (dir.), *La regulación de la industria aeronáutica*, Civitas, Navarra, 2016, pp. 743-777.

Anaya López, V. J.: «Aspectos legales y estratégicos en los procesos de cierre de bases», en I. Sánchez Del Río Moreta (dir.), *Derecho laboral aéreo solidario por el covid-19*, Universidad Pontificia Comillas de Madrid, Madrid, 2020, pp. 171-186.

Arastey Sahún, M. L., Oró Martínez, C.: «Capítulo 33: Aspectos laborales del traspaso de empresas (Directiva 2001/23/CE del Consejo, de 12 de marzo de 2001)», en M. E. Casas Baamonde y Otros (dirs.), *Derecho social de la Unión Europea: Aplicación por el Tribunal de Justicia*, BOE, Madrid, 2023, pp. 1407-1437.

Barnier, L. M., Calame, C., Vandewattyne, J.: «Le low cost dans le secteur aérien», *La nouvelle revue du travail*, n.° 12, 2018.

Belintxon Martin, U.: «Derecho internacional privado y prevención de riesgos laborales en el sector del transporte en la UE: especial mención al sector aéreo y por carretera», en J. L. Goñi Sein, J. L. Iriarte Ángel (dirs.), *Prevención de riesgos laborales y protección social de trabajadores expatriados*, Aranzadi, Pamplona, 2019, pp. 155-190.

Beria, P., Laurino, A., Postorino, M. N.: «Low-cost Carriers and Airports: A Complex Relationship», en J. D. Bitzan, J. H. Peoples (eds.), *The Economics of Airport Operations*, Emerald Publishing, UK, 2017, pp. 361-386.

Bernaciak, M.: «Introduction: Social Dumping and the EU Integration Process», en M. Bernaciak (ed.), *Market Expansion and Social Dumping in Europe*, Routledge, Londres, 2015, pp. 1-22.

Bochove, L. M.Van: «Overriding Mandatory Rules as a Vehicle for Weaker Party Protection in European Private International Law», *ELR*, n.° 3, 2014, pp. 147-156.

Bonomi, A.: «Article 9», en U. Magnus, P. Mankowski (eds.), *European Commentaries on Private International Law: Rome I Regulation*, Otto Schmidt, Köln, 2017, pp. 599-661.

Bouza Vidal, N.: «Aspectos actuales de la autonomía de la voluntad en la elección de la jurisdicción y de la ley aplicable a los contratos internacionales», *Cursos de Derecho internacional y relaciones internacionales de Vitoria-Gasteiz,* 2004, pp. 31-91.

Bunker, D. H.: «Aircraft Wet Leasing: The Perils and the Benefits», *Annals of Air and Space Law*, vol. 25, 2000, pp. 67-82.

Busschaert, G.: «End of the Ryanair Saga: a Trade Union Victory with a Bitter Taste for the Employees Involved (BE)», *European Employment Law Cases*, 2021, n.° 34, pp. 171-176.

CACHARD, O.: *Le transport international aérien de passagers, R. des C.*, vol. 373, 2015, pp. 9-216.

CAFARI PANICO, R.: «Enhancing Protection for Weaker Parties: Jurisdiction over Individual contracts of employment», en F. FERRARI, F. RAGNO (eds.), *International Litigation in Europe: the Brussels I Recast as a panacea?*, Wolters Kluwer CEDAM, Italia, 2015, pp. 41-66.

CAIRÓS BARRETO, D. M.: «El ámbito objetivo de aplicación de la Directiva 96/71/CE y la prevención de abusos y elusión de normas. Los desplazamientos realizados a través de empresas de trabajo temporal», en O. FOTINOPOULOU BASURKO (coord.), *El desplazamiento de trabajadores en el marco de la Unión Europea: presente y futuro*, Atelier, Barcelona, 2017, pp. 121-149.

CALVELLINI, G., FROSECCHI, G., TUFO, M.: «The Ryanair case in the Italian and European framework: who decides the rules of the game?», *Centre for the Study of European Labour Law Massimo d'Antona Working papers*, n.º 148, 2019.

CAÑAS ZARRAOA, N.: «Falso autónomo y figuras afines en la aviación. Tratamiento desde una perspectiva comunitaria», I. SÁNCHEZ DEL RÍO MORETA (dir.), *Derecho laboral aéreo solidario por el covid-19*, Universidad Pontificia Comillas de Madrid, Madrid, 2020, pp. 101-116.

CARBONE, S.: «Conflits de lois en droit maritime», *R. des C.,* vol. 340, 2010, pp. 63-270.

CARRASCOSA GONZÁLEZ, J.: «El contrato internacional de trabajo y la ley del país de ejecución de la prestación laboral en el derecho internacional privado de la unión europea», *Revista Justicia & Trabajo*, n.º 2, 2023, pp. 61-88

CARRILLO POZO L. F.: «Competencia judicial internacional en el trabajo aeronáutico (Desarrollos a partir de la Sentencia del TJUE de 14 de septiembre de 2017)», *Revista española de derecho del trabajo*, n.º 210, 2018, pp. 19-48.

— «El TJUE y el lugar de ejecución del contrato de trabajo (a propósito de las Sentencias de 15 de marzo y 15 de diciembre de 2011)», *Civitas. Revista española de Derecho del Trabajo,* n.º 155, 2012, pp. 291-315.

— «La ley aplicable al contrato de trabajo en el Reglamento Roma I», *Civitas. Revista española de derecho del trabajo*, n.º 152, 2011, pp. 1023-1068.

— «La ley aplicable al contrato de trabajo plurilocalizado: el Reglamento Roma I», *Revista del Ministerio de empleo y Seguridad Social*, n.º 132, 2017, pp. 129-162.

Carrizo Aguado, D.: «Las relaciones internacionales de trabajo tras el asunto *Roi Land. Ivestments*: la importancia del nexo de subordinación entre el empleado y la empresa», *La Ley UE*, n.º 109, 2022.

Castellanos Ruíz, M. J.: «Contratos internacionales de *leasing*de grandes aeronaves civiles», *CDT*, vol. 8, n.º 2, 2016, pp. 92-203.

Clerici, R.: «Rapporti di lavoro, ordine pubblico e Convenzione di Roma del 1980», *Riv. dir. int. pr. proc.*, 2003, pp. 809-830.

— «Quale favor per il lavoratore nel Regolamento Roma I?», en G. Venturini, S. Bariatti (eds.), *Nuovi strumenti del diritto internazionale privato, Liber Fausto Pocar*, Giuffrè, Milán, 2009, pp. 215-230.

Contreras de la Rosa, I.: «Eficiencias competitivas en el mercado aéreo asociadas a los modelos de empleo de las aerolíneas y las nuevas tendencias europeas ante este fenómeno», *RDT*, n.º 22, 2018, pp. 61-79.

Corneloup, S.: «L'application facultative de la loi étrangère dans les situations de disponibilité du droit et l'application uniforme des règles de conflit d'origine européenne», en *L'application du droit étranger*, Société de Législation Comparée, Francia, 2018, pp. 75-93.

Crespo Hernández, A.: «La Ley aplicable a los contratos del personal civil internacional de las misiones de la Unión Europea. A propósito de la STGUE de 10 de noviembre de 2021», *CDT*, vol. 15, n.º 2, 2023, pp. 1176-1186.

Defossez, A.: «Les rapports entre la Directive détachement et le règlement Rome I: on efface tout et on recommence?», en J. S. Berge, S. Francq, M. Gardeñes Santiago (eds.), *Boundaries of European Private International Law*, Bruylant, Bruselas, 2015, pp. 483-503.

Defossez, D.: «The Uberisation of Aircrew Through the Use of Bogus Self-Employment Contracts», *Air and Space Law*, vol. 46, n.º 6, 2021, pp. 665-686.

Díez Ramos, D.: «El control operacional de la aeronave como elemento diferenciador entre el "wet lease agreement" y el chárter aéreo», En F. Martínez Sanz y M. V. Petit Lavall (dirs.), *Estudios de Derecho aéreo: aeronave y liberalización*, Marcial Pons, Madrid, 2009, pp. 141-149.

Domanico, F.: «The European Airline Industry: Law and Economics of Low-Cost Carriers», *Eur. J. Law Econ.*, n.º 23, 2007, pp. 199-221.

Edström, Ö.: «Collective Labour Law in the Nordic Countries», en J. Basedow (dir.), *Employee Participation and Collective Bargaining in Europe and China*, Mohr Siebeck, Alemania, 2015, pp. 3-28.

Eeckhout, V. Van Den: «The Escape-Clause of Article 6 Rome Convention (Article 8 Rome I Regulation): How Special Is the Case Schlecker?», *Tijdschrift Recht en Arbeid*, 2014, n.º 4. Disponible en: https://papers.ssrn.com/sol3/papers.cfm?abstract_id=2403417.

— «The Instrumentalisation of Private International Law; Quo Vadis? Rethinking the Neutrality of Private International Law in an Era of Globalisation and Europeanisation of Private International Law», en J. S. Bergé, S. Francq, M. Gardeñes Santiago (eds.), *Boundaries of European Private International Law*, Bruylant, Bruselas, 2015, pp. 387-406.

Escribano Gutiérrez, J.: «El trabajo no remunerado en la jurisprudencia del Tribunal de Justicia de la Unión Europea», *Revista Internacional y Comparada de relaciones laborales y derecho del empleo*, vol. 10, n.º 1, 2022, pp. 9-38.

Espiniella Menéndez, Á.: «Convenio de Lugano y concepto de contrato de trabajo de personal directivo: Sentencia del Tribunal de Justicia de 11 de abril de 2019, asunto C-603/17: *Bosworth y Hurley*», *La Ley UE*, n.º 70, 2019.

— «La reconvención en los litigios sobre contratos internacionales de trabajo (Comentario a la STJUE de 21 de junio de 2018, asunto c-1/17, Petronas Lubricants Italy)», *CDT*, 2019, vol. 11, n.º 2, pp. 604-615.

— «Las masas activa y pasiva en los concursos secundarios (STJ 3ª 18 abril 2024, ass. C-765/22 y C-772/22: Air Berlin)», *La Ley UE*, nº 127, 2024.

— «Responsabilidad civil por accidentes de trabajo transfronterizos», *REEI*, n.º 37, 2019.

Esplugues Mota, C., Palao Moreno, G.: «Section 5: Jurisdiction over individual contracts of employment (Articles 20-23)», en U. Magnus, M. Mankowski (eds.), *European Commentaries on Private International Law: Brussels Ibis Regulation*, Otto Schmidt, Köln, 2023, pp. 537-557.

Esteve-Segarra, A.: «*Zero hours contracts*: hacia la flexibilidad absoluta del trabajo en la era digital», *RDS*, n.º 82, 2018, pp. 37-60.

Fallon, M.: «Le détachement européen des travailleurs, à la croisée de deux logiques conflictualistes», *Rev. crit. dr. int. pr.*, vol. 4, n.º 97, 2008, pp. 781-818.

Ferrari, F.: «Art. 12», en U. Magnus, M. Mankowski (eds.), *European Commentaries on Private International Law: Rome I Regulation*, Otto Schmidt, Köln, 2017, pp. 717-739.

Folchi, M.O.: «Los contratos de utilización de aeronaves», en F. Martínez Sanz, M. V. Petit Lavall (dirs.), *Estudios de Derecho aéreo: Aeronave y liberalización,* Marcial Pons, Madrid 2009, pp. 21-49.

Fotinopoulou Basurko, O.: «¿Cuál es el lugar de desempeño habitual de la prestación de servicios de un tripulante aeronáutico?: El avión como *locus laboris* a efectos del *forum* (sic)», *Jurisdicción social: Revista de la Comisión de lo Social de Juezas y Jueces para la Democracia*, n.º 189, 2018, pp. 57-64.

— «De nuevo sobre la ley aplicable al contrato de embarque (A propósito de la STJUE de 15 de diciembre de 2011, Asunto C-384/10, caso Voogsgeerd vs Navimer S.A.», *RDS*, n.º 58, 2012, pp. 121-151.

— «El trabajo "transnacional": Retos presentes y futuros de la ejecución de servicios extraterritoriales», *Labos*, vol. 4, n.º 1, 2023, pp. 21-58.

— «¿Inaplicación de la Directiva de desplazamiento a los trabajadores del tren Eurostar?: Reflexiones a propósito de la sentencia del Tribunal de Justicia de 19 de diciembre de 2019», *Revista General de Derecho del Trabajo y de la Seguridad Social*, n.º 56, 2020.

— «La banalización de la tripulación de aeronaves: ¿colaboración empresarial o cesión ilegal de trabajadores? (A propósito de la Sentencia de la Sala de lo Social del Tribunal Supremo núm. 5913, de 20 de julio de 2007)», en F. Martínez Sanz, M. V. Petit Lavall (dirs.), *Estudios de Derecho aéreo: Aeronave y liberalización*, Marcial Pons, Madrid, 2009, pp. 167-184.

— «La directiva sobre desplazamiento de trabajadores: convergencias y divergencias con los reglamentos de coordinación de sistemas de seguridad social europeos», *Revista del Ministerio de Empleo y Seguridad Social*, n.º 142, 2019, pp. 71-100.

— «La huelga en el derecho de la UE desde la perspectiva del Derecho Internacional Privado», en O. Fotinopoulou Basurko (dir.), *El derecho de huelga en el derecho internacional*, Tirant lo Blanch, Valencia, 2016, pp. 161-219.

— «What Law For The International Maritime Employment Contracts?: Between Flexibility And Reasonableness», *Diritto marittimo*, vol. 115, n.º 2, 2013, 287-303.

Francq, S.: «The scope of Secondary Community Law in the Light of the Methods of Private International Law - or the other way around?», *YPIL*, vol. 8, 2009, pp. 333-378.

Franzen, M., Wutte, J.: «Article 8 Rome I», G.P. Callies, M. Renner (eds.) *Rome Regulations*, Commentary, 3.ª ed., Wolters Kluwer, Países Bajos, 2020, 231-277.

Franzen, M.: «Chapter 9: Conflicts of Laws in Employment Contracts and Industrial Relations», en R. Blanpain (ed.), *Comparative Labour Law* *and Industrial Relations in Industrialized Market Economies*, Kluwer Law International, Alphen aan den Rijn, 2014, pp. 245-267.

Fratea, C.: «Transporte aéreo *low cost* y protección de los trabajadores: ¿el derecho internacional privado de la Unión Europea como herramienta de política social?», en P. Jiménez Blanco y Á. Espiniella Menéndez (dirs.), *Nuevos escenarios del derecho internacional privado de la contratación*, Tirant lo Blanch, Valencia, 2021, pp. 458-496.

Gamet, L.: «Personnel des aéronefs et lois sociales françaises: les compagnies low cost dans les turbulences du droit social français», *DS*, n.º 5, 2012, pp. 502-509.

García Gutiérrez, L.: «El "doble escalón" del Derecho Internacional Privado: sobre la toma en consideración de otro ordenamiento jurídico en la interpretación del derecho material aplicable», en J. C. Fernández Rozas (ed.), *Pacis Artes. Obra homenaje al profesor Julio D. González Campos*, vol. 2, Edifer, Madrid, 2005, pp. 1547-1561.

Gardeñes Santiago, M.: «Derecho imperativo y contrato internacional de trabajo», *Revista del Ministerio de Empleo y Seguridad Social,* n.º 132, 2017, pp. 163-188.

— «La regulación conflictual del contrato de trabajo en el Reglamento Roma I: una oportunidad perdida», *AEDIPr*, n.º 8, 2008, pp. 387-424.

— «Le détachement transnational de travailleurs dans le cadre des prestations de services: un sujet spécialement difficile pour le marché intérieur», en *Mélanges en l'honneur du Professeur Joël Molinier*, LGDJ, Francia, 2012, pp. 255-278.

— «Normas materiales imperativas o leyes de policía en materia de trabajo: sus problemas de aplicación en el espacio intracomunitario de relaciones laborales», en D. Moura Vicente, J. Miranda, L. De Lima Pinheiro (coords.), *Estudios en Memoria del Profesor António Marques dos Santos*, vol. I, Almedina, Portugal, 2005, pp. 381-413.

Gaudemet-Tallon, H.: «Sur l'affaire Air Afrique», *DS*, n.º 5, 1986, pp. 406-418.

Gómez Abelleira, F. J.: «Desplazamiento transnacional laboral genuino y ley aplicable al contrato de trabajo», *CDT*, vol. 10, n.º 1, 2018, pp. 213-232.

— «La regulación comunitaria de la ley aplicable a la relación laboral en el espacio internacional», en M. E. Casas Baamonde, R. Gil Alburquerque, *Derecho social de la Unión Europea. Aplicación por el Tribunal de Justicia*, 2.ª ed., Francis Lefebvre, Madrid, 2019, pp. 1315-1340.

Gonzalez Campos, J. D.: «Diversification, spécialisation,flexibilisation etmatérialisation des règles de droit international privé», *R. des C.*, n.º 287, 2000.

González Vega, J. A.: «¿A vueltas con la "obsesión por el territorio"?: el Tribunal de Justicia, la plataforma continental y la aplicación espacial del Derecho de la UE (Comentario a la Sentencia TJUE de 17 de enero de 2012, A. Salemink c. Raad van Bestuur van het Uitvoeringsinstituut werknemersverzekeringen, asunto C-347/10)», *RGDE*, n.° 30, 2013.

— «Instalaciones *"offshore"* y competencia judicial: el Convenio de Bruselas de 1968, el TJCE y la "obsesión por el territorio"», *La Ley*, n.° 4, 2002, pp. 1779-1787.

Goñi Urriza, N.: «Responsabilidad del empresario por los daños ocasionados a los trabajadores en derecho internacional privado», en J. L. Goñi Sein y J. L. Iriarte Ángel (dirs.), *Prevención de riesgos laborales y protección social de trabajadores expatriados*, Aranzadi, Pamplona, 2019, pp. 399-424.

Götzen, E. De: «The EU Private International Law of Employment: Can It Be a Possible Shift Towards More Labour Protection in Europe?», en M. Borraccetti (ed.), *Labour Migration in Europe*, vol. II, 2018, pp. 45-68.

— «Contratto di lavoro, criteri di collegamento e legge applicabile: luci e ombre del Regolamento (CE) n. 593/2008», *Riv. dir. int. pr. proc.*, n.° 3, 2014, pp. 529-560.

Grušić, U.: «Should the Connecting Factor of the 'Engaging Place of Business' Be Abolished in European Private International Law?», *ICLQ*, vol. 62, n.° 1, 2013, pp. 173-192.

— «The Right to Strike v. Fundamental Economic Freedoms in the English Courts, Again: Hiding Behind the 'Public Law Taboo' in Private International Law», *JPIL*, vol. 9, n.° 3, 2013, pp. 413-430.

Guichaoua, H.: «Une avancée remarquable dans la lutte contre le travail illégal et le dumping social du fait des entreprises étrangères: les arrêts Easy Jet et Vueling», *Le Droit Ouvrier*, n.° 791, 2014, pp. 385-791.

Hansen, L. L.: «Applicable Employment Law after Rome I: The Draft Rome I Regulation and Its Importance for Employment Contracts», *European Business Law Review*, 2008, vol. 19, n.° 4, pp. 767-774.

Heinze, C.: «Der Internationale Arbeitskampf», *RabelsZ*, n.° 73, 2009, pp. 770-792.

Heredia Cervantes, I.: «Artículo 8.1» en P. Blanco-Morales Limones y otros (coords.), *Comentario al Reglamento (UE) n.° 1 1215/2012 relativo a la competencia judicial, el reconocimiento y la ejecución de resoluciones judiciales en materia civil y mercantil*, Thomson Reuters Aranzadi, Navarra, 2016, pp. 284-300.

HERNÁNDEZ RODRÍGUEZ, A.: «Personal de vuelo de las compañías aéreas: tribunal internacionalmente competente en materia de contrato individual de trabajo (algunas reflexiones en torno a la STJUE 14 septiembre 2017 asuntos acumulados *Crewlink* y *Ryanair*)», *CDT*, vol. 10, n.º 2, 2018, pp. 852-865.

HOEK, A. VAN, HOUWERZIJL, M.: «"Posting" and "Posted Workers": The Need for Clear Definitions of Two Key Concepts of the Posting of Workers Directive», *Cambridge Yearbook of European Legal Studies*, vol. 14, 2012, pp. 419-451.

HOEK, A.VAN: «Collective Labour Law in the Brussels I bis Regulation», en P. MANKOWSKI (ed.), *Research handbook on the Brussels Ibis Regulation*, Elgar, UK, 2020, pp. 172-187.

— «Private International Law Rules for Transnational Employment: Reflections from the European Union», en A. BLACKETT, A. TREBILCOCK (eds.), *Research handbook on transnational labour law*, Elgar, 2015, pp. 438-454.

— «Private International Law: An Appropriate Means to Regulate Transnational Employment in the European Union?», *ELR*, n.º 3, 2014, pp. 157-169.

HOWE, J., SÁNCHEZ, E., STEWARD, A.: «Job Loss» en M. W. FINKIN, G. MUNDLAK (eds.), *Comparative labour law*, Elgar, Reino Unido, 2017, pp. 268-295.

HUGUET MONFORT, J.: «El arrendamiento de aeronaves y la atribución del control operacional en los *dry lease* y *wet lease agreements»*, en F. MARTÍNEZ SANZ Y M. V. PETIT LAVALL (dirs.), *Régimen del transporte en un entorno económico incierto*, Marcial Pons, Madrid, 2010, pp. 351-368.

IRIARTE ÁNGEL, J.L: «La precisión del lugar habitual de trabajo como foro de competencia y punto de conexión en los reglamentos europeos», *CDT*, vol. 10, n.º 2, 2018, pp. 477-496.

JACOBS, A. T. J. M.: «Chapter 22: The Law of Strikes and Lockouts», en R. BLANPAIN (ed.), *Comparative Labour Law and Industrial Relations in Industrialized Market Economies*, Kluwer Law International, Alphen aan den Rijn, 2014, pp. 731-799.

JAMBU-MERLIN, R.: «La loi aplicable aux accidents du travail en Droit international et en Droit communautaire», *R. des C.*, vol. 180, 1983, pp. 239-294.

JAULT-SESEKE, F.: «De la competence du juge du lieu d´éxécution habituel du travail pour le personnel navigant des compagnies aériennes», *Rev. crit. dr. int. pr.,* n.º 2, 2018, pp. 279-290.

— «L'appréhension de la responsabilité des groupes de sociétés par le droit international privé: l'exemple du droit du travail et du droit de l'insolvabilité», en *Droit International Privé* (*Travaux du Comité Francais de Droit International Privé*), 2013, Pedone, Francia, pp. 77-92.

— «La détermination des accords collectifs applicables aux relations de travail internationales», en *Le droit international privé, esprit et méthodes, Mélanges Paul Lagarde*, Dalloz, Paris, 2005, pp. 455-473.

Jiménez Blanco, P: «Los foros de competencia en materia de contrato de trabajo en los Convenios de Bruselas y de Lugano», en A. Borrás Rodríguez (ed.): *La revisión de los Convenios de Bruselas de 1968 y Lugano de 1988 sobre competencia judicial y ejecución de resoluciones judiciales: una reflexión preliminar española*, Marcial Pons, Madrid, 1998, pp. 221-230.

Juárez Pérez, P.: «El conflicto de *Ryanair*: una lectura desde el Derecho internacional privado», *CDT*, vol. 11, n.° 1, 2019, pp. 372-407.

— «Tripulantes de cabina de pasajeros y contrato internacional de trabajo (STSJ de Islas Baleares núm. 54/2021, de 19 de febrero)», *CDT*, vol. 14, n.° 1, 2022, pp. 745-757.

Junker, A.: «Anmerkung zu BAG, Urteil vom 29.10.1992 – 2 AZR 267/92: Betriebsübergang über die Grenze (Lufthansa-Berlinverkehr)», *SAE*, n.° 1, 1994, pp. 37-43.

— «Gewöhnlicher Arbeitsort und vorübergehende Entsendung im Internationalen Privatrecht» en S. Lorenz, A. Trunk, H. Eidenmüller (eds.), *Festschrift für Andreas Heldrich zum 70 Geburtstag*, Beck, Munich, 2005, pp. 719-739.

— «Rumänische Lastwagenfahrer in Italien und Deutschland –Anwendbares Recht und Mindestlohn: Urteil des Europäischen Gerichtshofs vom 15.7.2021: C-152/20 und C-218/20: Rechtssache SC Gruber Logistics», *EuZA*, 2022, pp. 64-72.

Kidner, R.: «Jurisdiction in European Contracts of Employment», *Industrial Law Journal*, n.° 27, 1998, pp. 103-120.

Knöfel, O.L.: «Flugpersonal im europäischen Arbeitsprozessrecht: zugleich Anmerkung zu EuGH, Urt. v. 14.9.2017, verb. C-168/16 u. C-169/16 (Nogueira u.a. vs. Crewlink Ireland Ltd. u. Moreno Osacar vs. Ryanair Designated Activity Company, vormals Ryanair Ltd.)», *GPR*, vol. 16, n.° 1, 2019, pp. 43-48.

— «Grenzüberschreitende Organhauftung als Arbeitnehmerhaftung? Urteil des Europäischen Gerichtshofs vom 10.9.2015 – Rechtssache Holterman Ferho Exploitatie und andere», *EuZA*, 2016, n.° 3, pp. 348-367.

— «Navigare necesse est - Zur Anknüpfung an die einstellende Niederlassung im Europäischen Internationalen Arbeitsrecht der See», *IPRax*, n.º 2, 2014, pp. 130-136.

— «The Sweet Escape – Zur Ausweichklausel im Europäischen Internationalen Arbeitsvertragsrecht», *EuZA*, n.º 7, 2014, pp. 375-385.

Lagarde, P.: «Le principe de proximité dans le droit international privé contemporain», *R. des. C.*, vol. 196, 1986, pp. 9-238.

— «Sur le contrat de travail international: analyse rétrospective d'une évolution mal maîtrisée», *Les transformations du droit du travail, Études offertes à Gérard Lyon-Caen*, Dalloz, Paris, 1989, pp. 83-96.

Laulom, S., Lhernould, J.P.: «Le détachement des travailleurs intérimaires dans l´Union européenne», *Revue de Droit du Travail*, n.º 5, 2012, pp. 308-322.

Lazić, V.: «Rules on Jurisdiction in Weaker Party Disputes», en V. Lazić, M. Mankowski, *The Brussels I-Bis Regulation: Interpretation and Implementation*, Edward Elgar PL, Reino Unido/EEUU, 2023, pp. 220-276.

Llorente Gómez De Segura, C.: «Los contratos internacionales de utilización de aeronaves: a modo de síntesis», *CDT*, 2012, vol. 4, n.º 1, pp. 151-164.

Maestre Casas, P.: «El contrato de trabajo de marinos a bordo de buques mercantes (A propósito de la STJUE de 15 diciembre 2011, Jan Voogsgeerd y Navimer SA, As. C-384/10)», *CDT*, vol. 4, n.º 2, 2012, pp. 322-341.

Magallón Elósegui, N.: «El régimen de Ley aplicable a los trabajadores desplazados con carácter temporal tras la directiva 2018/957/CE», en P. Jiménez Blanco y Á. Espiniella Menéndez, *Nuevos escenarios del derecho internacional privado de la contratación*, Tirant lo Blanch, Valencia, 2021, pp. 529-554.

Mankowski, P., Knöfel, O.: «On the Road again oder: Wo arbeitet ein Fernfahrer? Neues vom europäischen Internationalen Arbeitsvertragsrecht», *EuZA*, n.º 4, 2011, pp. 521-536.

Mankowski, P.: «Article 1», en U. Magnus, P. Mankowski (eds.), *European Commentaries on Private International Law: Rome II Regulation*, Otto Schmidt, Köln, 2019, pp. 56-129.

— «Article 7» en U. Magnus, M. Mankowski (eds.), *European Commentaries on Private International Law: Brussels Ibis Regulation*, Otto Schmidt, Köln, 2022, pp. 108-359.

— «Employment Contracts under Article 8 of the Rome I Regulation», F. Ferrari, S. Leible (eds), *Rome I Regulation: The Law Applicable to Contractual Obligations in Europe*, Sellier European Law Publishers, Munich, 2009, pp. 171-216.

— «Europäisches Internationales Arbeitsprozessrecht - Weiteres zum gewöhnlichen Arbeitsort», *IPRax*, 2003, pp. 21-28.

— «Just how free is a free choice of law in contract in the EU?», *JPIL*, vol. 13, n.º 2, 2017, pp. 231-258.

— «Rumpfarbeitsverhältnis und lokales Arbeitsverhältnis (komplexe Arbeitsverhältnisse) im Internationalen Privat-und Prozessrecht», *RIW*, n.º 2, 2004, pp. 133-141.

Marchal Escalona, N.: «El desplazamiento de trabajadores en el marco de una prestación transnacional de servicios: hacia un marco normativo europeo más seguro, justo y especializado», *RDCE*, n.º 62, 2019, pp. 81-116.

— «La interacción entre el Reglamento Roma I y la Directiva de desplazamiento de trabajadores» en O. Fotinopoulou Basurko (dir.), *Derecho transnacional del trabajo, derechos humanos y multinacionales: una mirada interdisciplinar*, Atelier, Barcelona, 2022, pp. 177-206.

— «La autonomía de la voluntad conflictual y sus límites en los contratos laborales en el sector del transporte por carretera», *Bitácora Millennium DIPr*, n.º 14, 2021.

Martínez Moreno, C.: «El concepto de trabajador», en M. E. Casas Baamonde, R. Gil Alburquerque, *Derecho Social de la Unión Europea: Aplicación por el Tribunal de Justicia*, 2.ª ed., Francis Lefebvre, Madrid, 2019, pp. 201-220.

— «Nuevos empleadores y empleados: ¿hacia un nuevo concepto de relación de trabajo?», en L. A. Fernández Villazón (coord.) *Derecho y nuevas tecnologías*, 2020, Aranzadi, Navarra, pp. 493-514.

Menéndez Sebastián, P.: «Competencia judicial y ley aplicable a un conflicto colectivo sobre cesión internacional de trabajadores. A propósito de la Sentencia del Tribunal Supremo de 20 de julio de 2007 (recurso 76/2006)», *Justicia laboral: revista de Derecho del Trabajo y de la Seguridad Social*, n.º 33, 2008, pp. 75-92.

Merret L.: «Jurisdiction over individual contracts of employment», A. Dickinson, E. Lein, A. James (eds.), *The Brussels I Regulation Recast*, Oxford University Press, Reino Unido, 2015, pp. 239-253.

Miñarro Yanini, M.: «Contrato internacional de trabajo y "expatriados" de Ryanair: ¿Cuál es el "lugar habitual de trabajo"?: Comentario a la Sentencia del Tribunal de Justicia de la Unión Europea de 14 de septiembre de 2017 (asuntos C-168 y 169/2016)», *Revista de Trabajo y Seguridad Social. CEF*, n.º 416, 2017, pp. 169-178.

— «Descentralización productiva y precariedad laboral: la "cara B" del "low cost" en el sector de la aviación», *Trabajo y derecho: nueva revista de actualidad y relaciones laborales*, n.º 62, 2020, pp. 26-43.

Monereo Pérez, J.L., Moreno Vida, M.N.: «La directiva marco 89/391/CEE como eje del Derecho social comunitario de la prevención de riesgos laborales», en M.E. Casas Baamonde y Otros (dirs.), *Derecho social de la Unión Europea*, BOE, Madrid, 2023, pp. 833-868.

Morsa, M.: «Dumping social dans le secteur du transport européen: Appel à un meilleur encadrement européendes pratiques sociales?», *JTT*, n.º 1200, 2014, pp. 421-430.

Morse, R.: «From Brussels to the Hague: But What About Rome? Choice of Law and Employment Contracts», en J. Forner Delaygua, C. González Beilfuss, R. Viñas Farré (coords.), *Entre Bruselas y La Haya: estudios sobre la unificación internacional y regional del derecho internacional privado. Liber amicorum Alegría Borrás,* Marcial Pons, pp. 601-610.

— «Industrial Action in the Conflict of Laws», en G. Venturini, S. Bariatti (eds.), *Nuovi strumenti del diritto internazionale privato, Liber Fausto Pocar*, Giuffrè, Milán, 2009, pp. 723-733.

Morvan, P.: «Y a-t-il du droit français dans l'aviation? (Réflexions sur les salariés *low cost*, de Air afrique à easiyJet)», DS, n.º 2, 2007, pp. 191-196.

Muir Watt, H., Hashiguchi, M., Nateshan, S., Sturua, D.: «Art. 8 Brussels I bis», en U. Magnus, M. Mankowski (eds.), *European Commentaries on Private International Law: Brussels Ibis Regulation*, Otto Schmidt, Köln, 2023, pp. 359-392.

Nord, N.: «La nécessaire refonte du système de conflit de lois en matière de contrat de travail international», *Rev. crit. dr. int. pr.*, n.º 2, 2016, pp. 309-330.

Nuyts, A.: «L'affaire Ryanair: Le for compétent pour les litiges avec le personnel de cabine», *Revue de droit commercial belge*, n.º 1, 2019, pp. 84-90.

O' Sullivan, M.: «Introduction to Zero Hours and On-Call Work in Anglo-Saxon Countries», en M. O' Sullivan y Otros (eds.), *Zero hours and On-call Work in Anglo-Saxon Countries*, Springer, Singapur, 2019, pp. 1-20.

Okoli, C. S. A., y Arishe, G. O., «The Operation of the Escape Clauses in the Rome Convention, Rome I Regulation and Rome II Regulation», *JPIL*, vol. 8, n.º 3, 2012, pp. 513-545.

OREJUDO PRIETO DE LOS MOZOS, P.: «El idioma en el contrato en el Derecho Internacional Privado», *AEDIPr*, n.º 10, 2010, pp. 155-182.

PAILLER, L.: «Nota a la Sentencia Nogueira», *JDI*, n.º 2, 2018, pp. 592-601.

PALAO MORENO, G.: «Article 8», *European Commentaries of Private International Law: Rome I Regulation*, Otto Schmidt, Köln, 2017, pp. 577-599.

— «El yate como establecimiento secundario a efectos de la determinación de la competencia judicial en materia de contrato individual de trabajo (A propósito de la Sentencia TS de 19 de noviembre de 2019)», *REEI* n.º 39, 2020, pp. 19-25.

— «La "nueva" regulación europea en materia de ley aplicable al contrato individual de trabajo: el artículo 8 del Reglamento Roma I», en J. M. GOERLICH PESET, Á. A. BLASCO PELLICER (coords.), *Trabajo, contrato y libertad: estudios jurídicos en memoria de Ignacio Albiol*, Universidad de Valencia, Valencia, 2010, pp. 429-440.

— «The law applicable to a non-contractual obligation with respect to an industrial action: A Commentary on Article 9 of the Rome II Regulation», *YPIL*, vol. 9, 2007, pp. 715-126.

PARISOT, V.: «Vers une cohérence verticale des textes communautaires en droit du travail?: Réflexion autour des arrêts Heiko Koelzsch et Jan Voogsgeerd de la Cour de justice», *JDI,* n.º 2, 2012, pp. 597-660.

PATAUT, E.: «A la recherche du lieu d'exécution du travail: les travailleurs des transports entre droit international privé et droit de l'Union», en C. LEMAIRE, F. MARTUCCI, L. IDOT, *Concurrence et Europe. Liber amicorum Laurence Idot*, Concurrences, Francia, 2022, pp. 427-442.

PERARO, C.: «Right to collective action in cross-border employment contexts: a fundamental social right not yet covered by EU private international law», *UNIO -EU Law Jounal*. vol. 2, n.º 2, 2016, pp. 20-38.

POESEN, M.: «Concurrent liabilities and jurisdiction over individual contracts of employment under the Brussels I Regulation», *JPIL*, vol. 16, n.º 2, 2020, pp. 320-333.

POLAK, M.V.: «"Laborum dulce leninem"? Jurisdiction and Choice of Law Aspects of Employment Contracts», en J. MEEUSEN, M. PERTEGAS AND G. STRAETMANS (eds.), *Enforcement of international contracts in the European Union: convergence and divergence between 'Brussels I' and 'Rome I'*, Intersentia, Amberes, 2004, pp. 323-342.

RAUSCHER, T., FEHRE, A.: «Das Ende des forum non conveniens unter dem EuGVÜ und der Brüssel I-VO?», *ZEuP*, 2006, pp. 463-475.

RENNER, M.: «Article 9 Rome I», en G. P. CALLIES, M. RENNER (eds.), *Rome regulations: Commentary,* 3.ª ed. Wolters Kluwer, Países Bajos, 2020, pp. 257-277.

Restellini, J.: «Wet Lease: Convenience Comes at a Cost. Synopsis of the Relevant Rules in the European Union», *The Aviation & Space Journal*, vol. 19, n.º 4, pp. 9-21.

Ribes Moreno, M. I.: «El concepto de trabajador temporalmente desplazado», en O. Fotinopoulou Basurko, *El desplazamiento de trabajadores en el marco de la Unión Europeo: presente y futuro*, Atelier, Barcelona, 2017, pp. 97-120.

— «Los contratos de trabajo de los trabajadores del transporte desde la perspectiva del Derecho social europeo y la política social europea: aspectos críticos», en O. Fotinopoulou Basurko (dir.), *Los trabajadores del transporte en el Derecho de la Unión Europea*, Aranzadi, Navarra, 2022, pp. 49-80.

Ripoll Martínez de Bedoya, M. A.: «El régimen jurídico de las profesiones aeronáuticas», en A. Menéndez Menéndez (dir.), *La regulación de la industria aeronáutica*, Civitas, Navarra, 2016, pp. 1103-1133.

Rodiere, P.: «Le droit du travail international et le transport aérien (à propos d' Air Affrique)», *DS*, n.º 9-10, 1986, pp. 709-714.

Rödl, F.: «Article 9 Rome II», en G. P. Callies, M. Renner (eds.), *Rome regulations: commentary,* 3.ª ed., Wolters Kluwer, Países Bajos, 2020, pp. 691-705.

Rodríguez Cardo, I. A.: «Ley aplicable y competencia judicial en la prestación de trabajo», en J. García Murcia, A. García Torres (coords.), *Libertades de circulación y derechos de protección social en la Unión Europea: un estudio de jurisprudencia del Tribunal de Justicia*, Juruá, Lisboa, 2016, pp. 471-499.

— «Capítulo II. Problemas de aplicación de las Seguridad Social en el espacio: el conflicto de leyes en Reglamento 883/2004», en C. Sánchez-Rodas Navarro (dir.), *Los reglamentos de coordinación de sistemas de seguridad social en la Unión Europea*, Laborum, Murcia, 2021, pp. 41-60.

Rodríguez Mateos, P.: «Una perspectiva funcional del método de atribución», *REDI*, vol. 40, n.º 1, 1988, pp. 79-126.

Rodríguez Romero, R. M.: «Nuevas perspectivas en relación con la extinción del contrato laboral de los pilotos de vuelos comerciales una vez cumplida la edad de 65 años: (a propósito de la S. TJUE de 5 de julio de 2017, asunto C-190/16, caso "Fries" C. Lufthansa)», en M. V. Petit Lavall, A. Puetz (dirs.), *El transporte como motor del desarrollo socioeconómico,* Marcial Pons, Madrid, 2018, pp. 515-533.

— «Tiempo de trabajo, registro de jornada y trabajadores móviles: el caso particular del personal aéreo», *El Estatuto de los Trabajadores. 40 años Después, XXX Congreso Anual de la Asociación Española de Derecho del Trabajo y de la Seguridad Social*, Ministerio de trabajo y Economía Social, Madrid, 2020, pp. 905-924.

— «Trabajadores aéreos en el ámbito comunitario y su protección frente al dumping social intracomunitario: A propósito de la STJUE de 14 de septiembre de 2017», *RGDTTS*, n.º 47, 2017.

Ruiz Rodríguez, R.: «Aplicación de la jurisprudencia Wikingerhof del TJUE sobre delimitación entre materia contractual y extracontractual a supuestos de infracción del secreto comercial», en **A. Fernández Pérez** (coord.), *El Derecho internacional privado ante la(s) crisis de la globalización*, Aranzadi, Pamplona, 2023, pp. 183-207.

Sala Franco, T.: «La Directiva (UE) 2019/1152 del Parlamento Europeo y del Consejo, de 20 de junio de 2019, relativa a unas condiciones laborales transparentes y previsibles en la Unión Europea y su transposición en el ordenamiento laboral español», *Revista Española de Derecho del Trabajo*, n.º 251, 2022, pp. 29-48.

Salah Mohamed Mahmoud, M.: «Loi d'autonomie et méthodes de protection de la partie faible en droit international privé», *R. des C.*, vol. 315, 2005, pp. 141-264.

San Martín Mazzuconni, C.: «Las empresas de trabajo temporal», M. E. Casas Baamonde, R. Gil Alburquerque (dirs.), *Derecho social de la Unión Europea. Aplicación por el Tribunal de Justicia*, 2.ª ed., Francis Lefebvre, Madrid, 2019, pp. 719-743.

Sánchez Lorenzo, S.: «El principio de coherencia en el Derecho internacional privado europeo», *REDI*, vol. 70, n.º 2, pp. 17-47.

Sánchez-Urán Azaña, M. Y.: «El concepto de trabajador en el contexto de la protección flexible del Derecho del trabajo en le UE», *La ley UE*, n.º 50, 2017.

Sia, A. L. M.: «Sulla recente giurisprudenza della Corte di Giustizia UE e alcune possibili consequenze sul modello di business delle compagnie low cost», en M.V. Petit Lavall, A. Puetz (dirs.), *El transporte como motor del desarrollo socioeconómico*, Marcial Pons, Madrid, 2018, pp. 535-545.

Sinander, E.: «The role of Foreseeability in Private International Law», *Nordic Journal of Labour Law*, vol. 1, n.º 1, 2023, pp. 1-23.

Sindres, D.: «Précisions de la Cour de justice sur la portée du choix de la loi applicable à un contrat individuel de travail», *Rev. crit. dr. int. pr.*, 2022, n.º 1, pp. 137-153.

Snodgrass, P.: «Aviation Flags of Convenience: Ireland and the Case of Norwegian Airlines International», *Issues in Aviation Law and Policy*, vol. 14, n.º 2, 2015, pp. 245-276, esp. pp. 271-273.

Sousa Gonçalves, A. S. de: «The Crewlink and Ryanair cases and the international employment contract», en M. Miguel Carvalho (ed), *Law&Technology E. Tec. Yearbook*, Universidad de Minho, Minho, 2018, pp. 57-75.

Temming, F.: «The case of Sandra Nogueira and Others v. Crewlink Ireland ltd. And Miguel José Moreno Osacar v. Ryanair Designated Activity Company. Comment to Court of Justice of the European Union (Second Chamber), judgement of 14 September 2017, Case C-168/16», *ELLJ.*, vol. 9, n.º 2, 2018, pp. 206-215.

Torralba Mendiola, E. C.: «La aplicación de las leyes de policía contenidas en directivas de la Unión Europea. El ejemplo de la regulación de la cadena alimentaria», *REDI*, vol. 75, n.º 1, 2023, pp. 137-160.

Thiede, T.: «Obituario al Libel Turism», *AEDIPr*, n.º 13, 2013, pp. 487-512.

Tuo, C.: «Corte di giustizia dell'Unione Europea, sez. II 14 settembre 2017 – Nogueira c. Crewlink e Moreno c. Ryanair», *Il Diritto Marittimo*, 2018, pp. 402-421.

Ungerer J.: «Explicit Legislative Characterisation of Overriding Mandatory Provisions in EU Directives: Seeking for but Struggling to Achieve Legal Certainty», *JPIL*, 2021, vol. 17, n.º 3, pp. 399-420.

Vașcella, N.: «Giurisdizione e legge applicabile al rapporto di lavoro del personale impiegato a bordo di aeromobili tra nazionalità dell'aeromobile e base di servicio», *Diritto delle relazioni industriali: rivista della Associazione lavoro e riceche*, vol. 28, n.º 2, 2018, pp. 629-637.

Vaquero López, M. C.: «La determinación del lugar de ejecución de la prestación laboral del personal de vuelo como foro de competencia judicial internacional», *La Ley UE*, n.º 54, 2017.

— «Desplazamiento de trabajador dentro de un grupo de empresas y determinación de la competencia judicial internacional de los tribunales españoles. Comentario a la STS (sala de lo social, sección 1.ª), núm. 244/2022, de 22 de marzo», *REEI*, n.º 44, 2022.

— «Mecanismos de Derecho Internacional Privado Europeo para la protección de los trabajadores en supuestos de deslocalización de empresas», *AEDIPr,* n.º 17, 2017, pp. 425-471.

Verschueren, H.: «The European Internal Market and the Competition Between Workers», *ELLJ*, vol. 6, n.º 2, pp. 128-151.

Zanobetti, A.: «Employment Contracts and the Rome Convention: The Koelzsch Ruling of the European Court of Justice», *CDT*, vol. 3, n.º 2, 2011, pp. 338-358.

IV. Otros documentos

Bocquet, É.: *Rapport d'information sur le dumping social dans les transports européens*, Senado francés, Comisión ordinaria de 2013-2014, n.º 450, 2014.

Brannigan C., y Otros: *Study on Employment and Working Conditions of Aircrews in the EU Internal Aviation Market.*, Comisión Europea, Bruselas, 2019.

Busschaert, G., Pecinovsky, P.: *The Application of the EU Posting Rules to Aircrew, EU Project Research Report for a «Support for Social Dialogue» in the Civil Aviation Sector*, Bruselas, 2019.

Comisión Administrativa de Coordinación de los Sistemas de Seguridad Social (CACSS), *Practical Guide on the Aplicable Legislation in the European Union, (UE), the European Economic Area (EEA) and in Switzerland*, Comisión Europea, Bruselas, 2013.

Comisión Europea, *Informe de la Comisión al Parlamento Europeo, al Consejo, al Comité Económico y Social Europeo y al Comité de las Regiones. Estrategia de aviación para Europa: mantener y promover los altos niveles sociales,* Bruselas, 2019.

Countouris, N. y Otros: *Report on Temporary Employment Agencies and Temporary Agency Work*, OIT, 2017.

Giuliano, M., Lagarde, P.: *Informe relativo al Convenio sobre la ley aplicable a las obligaciones contractuales* (DO C 327/1 de 11 de diciembre de 1992).

Grušić, U.: «Jurisdiction in Employment Matters under Brussels I bis: A Proposal for Reform», *EAPIL blog* (23 de febrero de 2023). Disponible en: https://eapil.org/2023/02/23/jurisdiction-in-employment-matters-under-brussels-i-bis a-proposal-for-reform/.

Hoek, A. Van, Houwerzijl, M.: *Complementary Study on the Legal Aspects of the Posting of Workers in the Framework of the Provision of Services in the European Union*, Comisión Europea, 2011.

Itf: *Consecuencias negativas de la constante liberalización: tendencia hacia las banderas de conveniencia al estilo del sector marítimo, 38.º periodo de sesiones de la asamblea de la OACI*, 2013.

JORENS, Y., Y OTROS: *Atypical Employment in Aviation*, Comisión Europea, Bruselas, 2015.

MILIEU SRL: *Study to support the preparation of a report on the application of Regulation (EU) No 1215/2012 on jurisdiction and the recognition and enforcement of judgments in civil and commercial matters (Brussels Ia Regulation)*, Comisión Europea, Bruselas, 2023.

O'BRIEN, C., SPAVENTA, E., DE CONINCK, J.: *Comparative Report 2015: The Concept of Worker Under Article 45 TFEU and Certain Non-standard Forms of Employment,* Comisión Europea, Bruselas, 2016.

OIT: *La aviación civil y los cambios en su entorno laboral*, Ginebra, 2013.

— *Non-standard employment around the world*, Ginebra, 2016.

SINANDER, E.: «Gruber and Samidani Trans: Dépeçage for International Employment Contracts», *EAPIL blog* (21 de agosto de 2021). Disponible en: https://eapil.org/2021/08/23/the-cjeu-on-gruber-and-samidani-trans-depecage-for-international-employment-contracts/.

STEER DAVIES GLEAVE: *Study on Employment and Working Conditions in Air Transport and Airports*, Comisión Europea, Bruselas, 2015.

TRAFIKSTYRELSEN, *Report of working group on «social dumping» in aviation*, 2014. Disponible en: https://www.eurocockpit.be/sites/default/files/social_dumping_rt_danish_transport_authority_2014.pdf

JURISPRUDENCIA CITADA

TJUE

- STJUE de 19 de marzo de 1964, asunto C-75/63 - *Unger/Bedrijfsvereniging voor Detailhandel en Ambachten* (ECLI:EU:C:1964:19)
- STJUE de 3 de julio de 1986, asunto C-66/85 - *Lawrie-Blum/Land Baden-Württemberg* (ECLI:EU:C:1986:284)
- STJUE de 15 de enero de 1987, asunto C-266/85 - *Shenavai* (ECLI:EU:C:1987:11)
- STJUE de 27 de septiembre de 1988, asunto C-189/87 - *Kalfelis* (ECLI:EU:C:2002:555)
- STJUE de 15 de febrero de 1989, asunto C-32/88 - *Six Constructions* (ECLI:EU:C:1988:552)
- STJUE de 31 de mayo de 1989, asunto C-344/87 - *Bettray/Staatssecretaris van Justitie* (ECLI:EU:C:1989:226)
- STJUE de 27 de marzo de 1990, asunto C-113/89 - *Rush Portuguesa/ Oficina Nacional de Inmigración* (ECLI:EU:C:1990:142)
- STJUE de 26 de febrero de 1992, asunto C-3/90 - *Bernini* (ECLI:EU:C:1992:89)
- STJUE de 26 de febrero de 1992, asunto C-357/89 - *Raulin v Minister van Onderwijs en Wetenschappen* (ECLI:EU:C:1992:87)
- STJUE de 13 de julio de 1993, asunto C-125/92 - *Mulox* (ECLI:EU:C:1993:306)
- STJUE de 9 de agosto de 1994, asunto C-43/93 - *Vander Elst* (ECLI:EU:C:1994:310)
- STJUE de 6 de abril de 1995, asunto C-439/93 - *Lloyd's Register of Shipping v Campenon* (ECLI:EU:C:1995:104)
- STJUE de 9 de enero de 1997, asunto C-383/95 - *Rutten* (ECLI:EU:C:1997:7)
- STJUE de 23 de noviembre de 1999, asunto C-369/96 - *Arblade* (ECLI:EU:C:1999:575)

- STJUE de 15 de marzo de 2001, asunto C-165/98 - *Mazzoleni* (ECLI:EU:C:2001:162)
- STJUE de 25 de octubre de 2001, asunto C-49/98 - *Finalarte y otros* (ECLI:EU:C:2001:564)
- STJUE de 27 de febrero de 2002, asunto C-37/00 - *Weber* (ECLI:EU:C:2002:122)
- STJUE de 19 de noviembre de 2002, asunto C-188/00 - *Bülent Kurz* (ECLI:EU:C:2002:694)
- STJUE de 10 de abril de 2003, asunto C-437/00 - *Pugliese* (ECLI:EU:C:2003:219)
- STJUE de 5 de febrero de 2004, asunto C-18/02 - *Torline* (ECLI:EU:C:2004:74)
- STJUE de 7 de septiembre de 2004, asunto C-456/02 - *Trojani* (ECLI:EU:C:2004:488)
- STJUE de 1 de marzo de 2005, asunto C-281/02 - *Owusu* (ECLI:EU:C:2005:120)
- STJUE de 26 de mayo de 2005, asunto C-478/03 - *Celtec* (ECLI:EU:C:2005:321)
- STJUE de 11 de diciembrede 2007, asuntoC-438/05 -*The International Transport Workers' Federation and The Finnish Seamen's Union*(ECLI:EU:C:2007:772)
- STJUE de 18 de diciembre de 2007, asunto C-341/05 - *Laval un Partneri* (ECLI:EU:C:2007:809)
- STJUE de 19 de junio de 2008, asunto C-319/06 - *Comisión/Luxemburgo* (ECLI:EU:C:2008:350)
- STJUE de 1 de julio de 2010, asunto C-471/08 - *Parviainen* (ECLI:EU:C:2010:391)
- STJUE de 11 de noviembre de 2010, asunto C-232/09 - *Danosa* (ECLI:EU:C:2010:674)
- STJUE de 30 de junio de 2011, asunto C-397/10 - *Comisión/Bélgica* (ECLI:EU:C:2011:444)
- STJUE de 15 de marzo de 2011, asunto C-29/10 - *Koelzsch* (ECLI:EU:C:2011:151).
- STJUE de 13 de septiembre de 2011, asunto C-447/09 - *Prigge y otros* (ECLI:EU:C:2011:573)
- STJUE de 15 de diciembre de 2011, asunto C-384/10 - *Voogsgeerd* (ECLI:EU:C:2011:842)
- STJUE de 17 de enero de 2012, asunto C-347/10 - *Salemink* (ECLI:UE:C:2012:17).

- STJUE de 19 de julio de 2012, asunto C-154/11 - *Mahamdia* (ECLI:EU:C:2012:491)
- STJUE de 12 de septiembre de 2013, asunto C-64/12 - *Schlecker* (ECLI:EU:C:2013:551)
- STJUE de 13 de marzo de 2014, asunto C-548/12 - *Brogsitter* (ECLI:EU:C:2014:148)
- STJUE de 19 de marzo de 2015, asunto C-266/13 - *Kik* (ECLI:EU:C:2015:188)
- STJUE de 9 de julio de 2015, asunto C-229/14 - *Balkaya* (ECLI:EU:C:2015:455)
- STJUE de 10 de septiembre de 2015, asunto C-47/14 - *Holterman Ferho Exploitatie y otros* (ECLI:EU:C:2015:574)
- STJUE de 18 de octubre de 2016, asunto C-135/15 - *Nikiforidis* (ECLI:EU:C:2016:774)
- STJUE de 17 de noviembre de 2016, asunto C-216/15 -*Betriebsrat der Ruhrlandklinik gGmbH y Ruhrlandklinik gGmbH*(ECLI:EU:C:2016:883)
- STJUE de 5 de julio de 2017, asunto C-190/16 - *Fries* (ECLI:EU:C:2017:513)
- STJUE de 14 de septiembre de 2017, asunto C-168/16 - *Nogueira y otros* (ECLI:EU:C:2017:688)
- STJUE de 21 de junio de 2018, asunto C-1/17 - *Petronas Lubricants Italy* (ECLI:EU:C:2018:478)
- STJUE de 4 de julio de 2018, asunto C-532/17- *Wirth y otros* (ECLI:EU:C:2018:527)
- STJUE de 11 de abril de 2019, asunto C-464/18 - *Ryanair* (ECLI:EU:C:2019:311)
- STJUE de 19 de diciembre de 2019, asunto C-16/18 - *Dobersberger* (ECLI:EU:C:2020:267)
- STJUE de 24 de noviembre de 2020, asunto C-59/19 - *Wikingerhof* (ECLI:EU:C:2020:950)
- STJUE de 11 de abril de 2019, asunto C-603/17 - *Bosworth and Hurley* (ECLI:EU:C:2019:310)
- STJUE de 8 de mayo de 2019, asunto C-631/17 - *Inspecteur van de Belastingdienst* (ECLI:EU:C:2019:381)
- STJUE de 2 abril 2020, asuntos acumulados C-370/17 y C-37/18 - *CRPNPAC* (ECLI:EU:C:2020:260)
- STJUE de 8 de diciembre de 2020, asunto C-620/18 - *Hungría/Parlamento y Consejo*, (ECLI:EU:C:2020:1001)

- STJUE de 8 de diciembre de 2020, asunto C-626/18 - *Polonia/Parlamento y Consejo,* (ECLI:EU:C:2020:1000)
- STJUE de 8 de diciembre de 2020, asunto C-815/18 - *Federatie Nederlandse Vakbeweging* (ECLI:EU:C:2020:976)
- STJUE de 25 de febrero de 2021, asunto C-804/19 - *Markt 24* (ECLI:EU:C:2021:134)
- STJUE de 3 de junio de 2021, asunto C-280/20 - *Generalno konsulstvo na Republika Bulgaria* (ECLI:EU:C:2021:443)
- STJUE de 3 de junio de 2021, asunto C-784/19 - *Team Power Europe* (ECLI:EU:C:2021:427)
- STJUE de 15 de julio de 2021, asunto C-152/20 - *SC Gruber Logistics* (ECLI:EU:C:2021:600)
- STJUE de 19 de mayo de 2022, asunto C-33/21 - *INAIL e INPS* (ECLI:EU:C:2022:402)
- STJUE de 20 de octubre de 2022, asunto C-604/20 - *ROI Land Investments* (ECLI:EU:C:2022:807)
- STJUE de 18 de abril de 2024, asuntos acumulados C-765/22 - *Luis Carlos y otros*, y C-772/22- *Victoriano y otros* (ECLI:EU:C:2024:331)

TGUE

- STGUE de 10 de noviembre de 2021, asunto T-602/15 RENV - *Jenkinson/Consejo y otros* (ECLI:EU:T:2021:764)

ESPAÑA

- STS 925/1994 de 16 de febrero de 1994 (ECLI:ES: TS: 1994: 925)
- STS 4830/1997 de 7 de julio de 1997 (ECLI:ES:TS:1997:4830)
- STS de 20 de julio de 2007 (ECLI: ES:TS:2007:5913)
- STSJ de Madrid de 30 de diciembre de 2008 (ECLI:ES:TSJM:2008:27281)
- STSJ de Cataluña de 26 de marzo de 2010 (ECLI: ES: TSJCAT: 2010:3907).
- STSJ de Madrid de 14 de diciembre de 2012 (ECLI: ES: TSJM: 2012:18626).
- STS de 30 de diciembre de 2013 (ECLI:ES:TS:2013:6664)
- STSJ de Cataluña de 14 de enero de 2014 (ECLI:ES:TSJCAT:2014:72).

- Sentencia del Juzgado de lo Social n.º 1 de Girona de 21 de julio de 2014 (ECLI:ES:JSO:2014:317)
- STSJ Cataluña de 25 de junio de 2015 (ECLI: ES: TSJCAT: 2015:6221)
- TSJ de Girona de 25 de junio de 2016 (ECLI ES: TSJCAT:2015:6221)
- STSJ Valencia de 9 de enero de 2018 (ECLI: ES: TSJCV:2018:239)
- SAN 1512/2018 de 30 de abril de 2018 (ECLI:ES:AN:2018:1512)
- Sentencia del Juzgado de lo Social n.º 1 de Santa Cruz de Tenerife de 7 de septiembre de 2018 (ECLI:ES:JSO:2018:3697)
- STS 562/2019 de 24 de enero de 2019 (ECLI:ES:TS:2019:562)
- STSJ de Cataluña de 27 de mayo de 2019 (ECLI: ES: TSJCAT:2019:3088)
- STSJ de Canarias de 2 de septiembre de 2019 (ECLI: ES: TSJICAN:2019:2361)
- STSJ de Madrid de 5 de febrero de 2020 (ECLI:ES:TSJM:2020:727)
- SAN de 17 de abril de 2020 (ECLI: ES:AN:2020:8029)
- STSJ de Cataluña de 13 de enero de 2021 (ECLI:ES:TSJCAT:2022:301)
- SAN de 17 de marzo de 2021 (ECLI:ES:AN:2021:698)
- SAN de 18 de octubre de 2021 (ECLI:ES:AN:2021:4221)
- STSJ de Madrid de 17 de octubre de 2022 (ECLI:ES:TSJM:2011:3096)

ALEMANIA

- Sentencia del BAG de 29 de octubre de 1992 (2 AZR 267/92)
- Sentencia del BAG del 20 de agosto de 2003 (5 AZR 45/03)
- Sentencia del BAG de 21 de julio de 2009 (9 AZR 404/08)
- Sentencia del LAG Berlín de 13 de febrero de 2014 (42 Ca 1022/14)
- Sentencia del BAG de 19 de marzo de 2014 (5 AZR 252/12)
- Sentencia del BAG de 10 de abril de 2014 (2 AZR 741/13)
- Sentencia del BAG de 7 de mayo de 2020 (2 AZR 692/19)

FRANCIA

- Sentencia de la Cour de Cassation de 27 de mayo de 2009 (08-41.908)
- Sentencia de la Cour de Cassation de 12 de julio de 2010 (07-44.655)
- Sentencia de la Cour de Cassation de 28 de febrero de 2018 (ECLI:FR:CCASS:2018:SO00306)

- Sentencia de la Cour de Cassation de 9 septiembre de 2020 (ECLI:FR:CCASS:2020:SO00632)
- Sentencia de la Cour de Cassation de 20 de diciembre de 2023 (ECLI:FR:CCASS:2023:SO02209)

DINAMARCA

- Sentencia del Tribunal del Trabajo de Dinamarca de 1 de julio de 2015 (AR2015.0083)

ITALIA

- Sentencia del Tribunal de Roma n.° 13018, de 7 de febrero de 2017
- Sentencia de la Corte di Cassazione n.° 20819, de 21 de julio de 2021

PAÍSES BAJOS

- Sentencia del Rechtbank Oost-Brabant, de 1 de noviembre de 2018 (ECLI:NL:RBOBR:2018:5330)
- Sentencia Gerechtshof's-Hertogenbosch, de 5 de julio de 2018 (ECLI:NL:GHSHE:2018:2826)

PORTUGAL

- Sentencia del Tribunal da Relação de Évora de 14 de febrero de 2019 (747/18.5T8PTM-A.E1)
- Sentencia del Supremo Tribunal de Justiça de 27 de octubre de 2021 (19733/19.1T8LSB.L1.S2)

REINO UNIDO

- Sentencia de 20 de junio de 2013, High Court of Justice Queen´s Bench Division (Commercial Court), asunto *British Airways plc, International Consolidated Airlines Group S.A. v. Sindicato Español de Pilotos de Líneas Aéreas, The International Federation of Airline Pilots Association* (EWHC 1657)
- Sentencia de 5 de abril de 2022, asunto *J. Lutz v. Ryanair DAC and MCG Aviation Ltd* (ET/3201452/2020)

Made in United States
Orlando, FL
04 November 2026

90204514R00195